A Ginástica em questão

2ª edição
Revisada e ampliada

INSTITUTO PHORTE EDUCAÇÃO
PHORTE EDITORA

Diretor-Presidente
Fabio Mazzonetto

Diretora-Executiva
Vânia M. V. Mazzonetto

Editor-Executivo
Tulio Loyelo

A Ginástica em questão

Corpo e movimento

2ª edição
Revisada e ampliada

Roberta Gaio
Ana Angélica Freitas Góis
José Carlos Freitas Batista
(Organizadores)

Phorte
editora

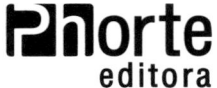

São Paulo, 2010

A ginástica em questão: corpo e movimento
Copyright © 2010 by Phorte Editora

Rua Treze de Maio, 596
CEP: 01327-000
Bela Vista – São Paulo – SP
Tel./fax: (11) 3141-1033
Site: www.phorte.com.br
E-mail: phorte@phorte.com

Nenhuma parte deste livro pode ser reproduzida ou transmitida de qualquer forma ou por quaisquer meios eletrônico, mecânico, fotocopiado, gravado ou outro, sem autorização prévia por escrito da Phorte Editora Ltda.

CIP-BRASIL. CATALOGAÇÃO-NA-FONTE
SINDICATO NACIONAL DOS EDITORES DE LIVROS, RJ

G41
2.ed.

A ginástica em questão: corpo e movimento / Roberta Gaio, Ana Angélica Freitas Góis; José Carlos Freitas Batista (Org.). - 2.ed. - São Paulo: Phorte, 2010.
480p. : il.

Inclui bibliografia
ISBN 978-85-7655-278-9

1. Ginástica2. Exercícios físicos. 3. Educação física. I. Gaio, Roberta. II. Gois, Ana Angélica. III. Batista, José Carlos de Freitas.

10-2132.   CDD: 796.41
                    CDU: 796.4

10.05.10   19.05.10   019102

Impresso no Brasil
Printed in Brazil

Organizadores

Roberta Gaio

É graduada em Educação Física pela Pontifícia Universidade Católica de Campinas, especialista em Ginástica Rítmica pelas Faculdades Integradas Castelo Branco – Rio de Janeiro, especialista em Motricidade Humana pela Pontifícia Universidade Católica de Campinas, mestre e doutora em Educação – Educação Motora pela Universidade Metodista de Piracicaba. É professora da pós-graduação – mestrado em Educação no Centro Universitário Moura Lacerda – Ribeirão Preto, membro dos grupos de pesquisa "Constituição do sujeito no contexto escolar" – CUML/CNPq e "Dança e Diversidade" – UFSE/CNPq, autora dos livros *Ginástica Rítmica Popular: uma proposta educacional*, *Para além do corpo deficiente: histórias de vida* e *Composição coreográfica em Ginástica Rítmica: diálogo entre o compreender e o fazer*, e organizadora dos livros *Caminhos Pedagógicos da Educação Especial* e *Metodologia da Pesquisa e Produção do Conhecimento* (Editora Vozes) e *Ginástica Rítmica: da iniciação ao alto nível* (Editora Fontoura).

Ana Angélica Freitas Góis

É graduação em Educação Física pela Universidade Federal de Sergipe, especialista em Ginástica Especial Corretiva pelas Faculdades Metropolitanas Unidas, mestre em Educação Física e doutora em Educação (bolsista pela CAPES (CNPq) pela Universidade Metodista de Piracicaba. É professora-efetiva do Núcleo de Dança no Campus Laranjeiras da Universidade Federal de Sergipe (UFS) e líder do Grupo de Pesquisa Dança & Diversidade (UFS/SE-CNPq).

José Carlos de Freitas Batista

É graduado em Educação Física pela Faculdade de Educação Física de Santo André, especialista em Desenvolvimento e Motricidade Humana pela Universidade Estadual Paulista, mestre em Educação pela Universidade Metodista de Piracicaba e doutor em Educação Física pela Universidade Estadual de Campinas. É professor e diretor do Departamento de Educação da Universidade Nove de Julho e possui experiência na área de Educação Física, com ênfase em Pedagogia do Movimento, atuando principalmente nos seguintes temas: Educação Física, Atividade Física, Ginástica, Saúde, Didática, Metodologia do Ensino e Educação.

Autores

Ademir De Marco

Licenciado em Psicologia pela Universidade Metodista de Piracicaba e Psicólogo pela mesma instituição, especialista em Neuroanatomia e Órgãos Sensoriais pelo IB/UNICAMP/CNPq, mestre em Anatomia Humana pela Universidade Estadual de Campinas e doutor em Anatomia/Neuroanatomia Humana pelo ICB da Universidade de São Paulo. Professor-associado e pesquisador da Faculdade de Educação Física da Universidade Estadual de Campinas. Tem experiência na área de Morfologia, com ênfase em Anatomia, atuando principalmente nos seguintes temas: Neuroanatomia, Neuropsicologia, Mecanismos Neurais da Aprendizagem, com ênfase no Desenvolvimento Infantil, e na área da Educação Física.

Adriana Maria Wan Stadnik

Graduada em Educação Física e especialista em Recreação, Lazer e Animação Sociocultura pela Universidade Estadual de Londrina, mestre em Engenharia de Produção – Área de Mídia e Conhecimento pela Universidade Federal de Santa Catarina e doutoranda em Estudos da Criança – Área de Educação Física, Lazer e Recreação pela Universidade do Minho, Braga (Portugal). Professora do Departamento Acadêmico de Educação Física da Universidade Tecnológica Federal do Paraná, diretora do Comitê de Ginástica Geral da Federação Paranaense de Ginástica e integrante do Comitê de Ginástica Geral da Confederação Brasileira de Ginástica (CBG).

Aurora Martínez Vidal

Licenciada em Educação Física pelo INEF de Madrid (Universidad Politécnica) e doutora em Belas Artes pela Faculdade de Belas Artes da Universidade de Vigo (Espanha). Professora-titular da Faculdade de Ciências de Educação (Campus de Ourense) da Universidade de Vigo (Espanha), onde foi diretora do Departamento de Didáticas Especiais. Autora de diversos artigos e livros na área de Educação Física e Ginástica Rítmica.

Bárbara Elisabeth Laffranchi

Graduada em Educação Física pela Faculdade de Educação Física da Universidade do Norte do Paraná e em Administração de Empresas pela Universidade Estadual de Londrina, especialista em Ginástica Rítmica pela Universidade Norte do Paraná e doutoranda em Educação Física pela Universidade de Lisboa (Portugal). Técnica da Seleção Brasileira de Conjunto de Ginástica Rítmica, bicampeã Pan-Americana de Conjunto em Winnipeg (Canadá) e Santo Domingo (República Dominicana). Oitava melhor do mundo na modalidade de Conjunto GR nas Olimpíadas de Sidney (Austrália) e Atenas (Grécia).

Catia Mary Volp

Graduada em Educação Física pela Universidade de São Paulo, mestre em Artes – Controle Motor pela Universidade de Iowa, doutora em Psicologia – Psicologia Escolar pelo Instituto de Psicologia da Universidade de São Paulo e livre-docente pela Universidade Estadual Paulista.

Christiano Bertoldo Urtado

Graduado em Educação Física pela Universidade Estadual Paulista, mestre em Educação Física pela Universidade Metodista de Piracicaba – Núcleo de Performance Humana e doutorando em Ciências Médicas – Universidade Estadual de Campinas. Professor dos cursos de pós-graduação da Universidade Gama Filho: Reabilitação Cardíaca e Grupos Especiais; Fisiologia do Exercício – Prescrição do Exercício; Bases Nutricionais da Atividade Física; Condicionamento Físico e Saúde no Envelhecimento; e Fisiologia e Treinamento Aplicados a Atividades de Academia e Clubes. Coordenador do curso de pós-graduação (*lato sensu*) em Fisiologia Humana e do Exercício da Universidade Cruzeiro do Sul – Módulo Caraguatatuba.

Cláudio de Oliveira Assumpção

Graduado em Educação Física, especialista em Fisiologia do Esforço e mestre em Educação Física pela Universidade Metodista de Piracicaba. *Personal trainer* e professor da graduação da Faculdade Integração Tietê e da Faculdade Anhanguera. Possui experiência nas áreas de Educação Física (docência e coordenação), com ênfase em Anatomia Humana e Neuroanatomia, Cineantropometria, Musculação, Treinamento Desportivo e *Personal Training*, e Enfermagem e Biomedicina (docência), com ênfase em Anatomia Humana, Neuroanatomia e Fisiologia, atuando principalmente com os seguintes temas: qualidade de vida, treinamento de força, exercício físico, atividade física e musculação, treinamento desportivo e terceira idade, importância do ensino da anatomia na atuação profissional do enfermeiro e do biomédico. Docente de vários cursos de pós-graduação pelo Brasil, vinculados a Universidade Gama Filho, Instituto Aleixo, Unimódulo, FEFISO, Anhanguera, Uirapuru, Claretianos e ESEF.

Crystiane Vasconcelos Andrade Toscano

Graduada em Educação Física pela Universidade Federal de Sergipe e mestre em Educação Especial pelo Instituto Superior Pedagógico Enrique José Varona - Título convalidado pela Universidade Federal da Bahia. Professora da Universidade Federal de Alagoas, Centro de Educação – Curso de Educação Física, supervisora do Conteúdo Deficiência Intelectual do Curso de Especialização em Atendimento Educacional Especializado (Universidade Federal do Ceará – MEC), coordenadora de projetos de pesquisa e extensão nas áreas de Aprendizagem e Desenvolvimento Motor dirigidos a crianças com deficiências e Transtornos Globais do Desenvolvimento da UFAL, orientadora de trabalhos de conclusão de cursos, graduação e especialização, no tema Educação Especial e Inclusiva, produtora de artigos e capítulos de livros na área da Educação Física (Educação Especial e Inclusiva). Avaliadora *ad hoc* da Revista *Motriz* do Departamento de Educação Física da UNESP/Rio Claro.

Idico Luiz Pellegrinotti

Doutor em Anatomia pela Universidade Estadual Paulista. Professor-titular e pesquisador do mestrado em Educação Física da FACIS/Universidade Metodista de Piracicaba, na área de Movimento Humano e Esportes, professor-associado aposentado da Universidade Estadual de Campinas e organizador do livro *Performance Humana: saúde e esportes*. Participou da implantação dos cursos de graduação, bacharelado e pós-graduação na Universidade Estadual de Campinas e de pós-graduação na Universidade Metodista de Piracicaba.

Jorge Sergio Pérez Gallardo

Licenciado em Educação Física, especialista em Folclore e em Ginástica Artística pelo Instituto de Educação Física, Desportes e Recreação da Universidade do Chile, em Ginástica Artística e em Trampolim Acrobático pelo Instituto Superior de Esportes de Colônia (Alemanha), mestre em Educação Física e doutor em Psicologia Experimental pela Universidade de São Paulo, e livre-docente pela Faculdade de Educação Física da Universidade Estadual de Campinas.

José Francisco Daniel

Graduado em Educação Física pela Pontifícia Universidade Católica de Campinas e mestre em Educação Física – Núcleo de Performance Humana pela Universidade Metodista de Piracicaba. Professor da Faculdade de Educação Física da Pontifícia Universidade Católica de Campinas e da Faculdade de Americana, integrante da Comissão Técnica da Equipe de basquetebol da Winner (Limeira) e professor de Educação Física para grupos específicos em parceria com UBS de Americana.

Jonato Prestes

Graduado em Educação Física e especialista em Treinamento Desportivo pela Universidade Estadual de Maringá, mestre em Educação Física – Núcleo de Performance Humana pela Universidade Metodista de Piracicaba e doutor em Ciências Fisiológicas pela Universidade Federal de São Carlos. Professor do programa de mestrado e doutorado em Educação Física da Universidade Católica de Brasília.

Luciana de Souza Cione Basto

Graduada em Educação Física e especialista em Treinamento e Técnico Desportivo e Medicina Esportiva pela Escola Superior de Educação Física e Desportos de Catanduva, e mestre em Educação Física – Núcleo de Corporeidade, Pedagogia do Movimento e Lazer pela Universidade Metodista de Piracicaba. Professora das Faculdades Integradas Padre Albino, no Curso de Educação Física, ministrando as disciplinas Atividades Físicas para Grupos Especiais e Aprendizagem Motora, consultora em atividades físicas adaptadas e palestrante em cursos de graduação, pós-graduação e outros eventos da área educacional.

Márcia Regina Aversani Lourenço

Graduada em Educação Física e especialista em Ginástica Rítmica pela Universidade Norte do Paraná, e mestre em Educação Física pela Universidade Metodista de Piracicaba. Coordenadora e professora do Curso de graduação em Educação Física e pós-graduação/especialização em Ginástica Rítmica da Universidade Norte do Paraná, árbitra Expert da Federação Internacional de Ginástica (FIG) e autora do livro *Composição Coreográfica em Ginástica Rítmica: diálogo entre o compreender e o fazer* (Editora Fontoura).

Marco Antonio Coelho Bortoleto

Graduado em Educação Física pela Universidade Metodista de Piracicaba, mestre em Educação Física pela Universidade Estadual de Campinas, doutor pela Universidade de Lleida, no Instituto Nacional de Educação Física da Catalunha (Espanha), e pós-doutor pelo Laboratório do Centro de Estudos das Actividades Desportivas, da Faculdade de Motricidade Humana da Universidade Técnica de Lisboa. Professor da Faculdade de Educação Física da Universidade Estadual de Campinas e pesquisador na área de Educação Física, com ênfase na Ginástica e no Circo, enfocando as seguintes temáticas: cultura de treinamento da ginástica artística (antropologia do esporte e etnografia), relações das atividades circenses com a Educação Física, formação e conceitos da ginástica geral, formação de acrobatas, bem como em estudos fundamentados na Praxiologia Motriz. Coordenador do Grupo de Estudo e Pesquisa nas Artes Circenses (Circus – FEF – Unicamp – CNPq) e do Grupo de Pesquisa da Ginástica (GPG). Foi professor de acrobacias na escola de Circo Rogelio Rivel em Barcelona (Espanha), atuou como artista circense em diversas companhias brasileiras e estrangeiras, com participação em espetáculos e festivais na Espanha, em Portugal, na França, na Argentina, no Brasil e no Chile como acrobata, perna de pau e malabarista. Formador de cursos no Brasil, na Espanha, em Portugal, na Argentina e na Colômbia. Membro de Palhaços Sem Fronteiras, da Xarxa Groga (rede internacional de projetos de arte e transformação social) e da Rede Latino-Americana de Escolas de Circo, consultor do Ministério da Cultura – FUNARTE e coordenador do Grupo Ginástico Unicamp (GGU).

Maria Fátima de Carvalho Castro

Graduada em Educação Física pela Faculdade de Educação Física de Santo André, especialista em Ginástica de Aparelhos e em Handebol pela Universidade de São Paulo, em Desporto Escolar pela Universidade Federal de Viçosa e mestre em Educação pelo Centro Universitário Salesiano. Professora-titular das Faculdades Integradas de Santo André, professora da Universidade Bandeirante de São Paulo e árbitra internacional de Ginástica Artística pela CBG e FIG.

Maria Teresa Bragagnolo Martins

Graduada em Educação Física pela Faculdade de Educação Física de Santo André e mestre em Educação pelo Centro Universitário Salesiano. Professora-titular das Faculdades Integradas de Santo André.

Marynelma Camargo Garanhani

Licenciada em Educação Física pela Universidade Federal do Paraná e doutora em Psicologia da Educação pela Pontifícia Universidade de São Paulo. Professora do Departamento de Educação Física e do Programa de Pós-Graduação em Educação da Universidade Federal do Paraná (Linha de Pesquisa: Cultura, Escola e Ensino), vice-coordenadora do Núcleo de Estudos e Pesquisas em Infância e Educação Infantil da Universidade Federal do Paraná e autora das Orientações Pedagógicas para a Educação Física nos anos iniciais do Ensino Fundamental de nove anos do Estado do Paraná.

Patrícia Stanquevisch

Graduada em Educação Física e especialista em Educação Física Adaptada pela Faculdade de Educação Física de Santo André, e mestre em Educação Física pela Universidade Metodista de Piracicaba. Diretora e proprietária da Academia de Ginástica Geral Movimentus.

Pino Díaz Pereira

Doutora em Psicologia, treinadora e árbitra nacional de Ginástica Rítmica em Vigo (Espanha), ex-componente da Seleção Nacional Espanhola de Ginástica Rítmica, professora-titular da Universidade de Vigo (Espanha) e membro do Comitê Técnico da Federação Galega de Ginástica.

Regina Simões

Graduada em Educação Física e especialista em Motricidade Humana pela Pontifícia Universidade Católica de Campinas, mestre em Educação – Filosofia da Educação pela Universidade Metodista de Piracicaba e doutora em Educação Física – Educação Motora pela Universidade Estadual de Campinas. Professora da graduação em Educação Física da Universidade Federal do Triângulo Mineiro, membro do Núcleo de Estudos e Pesquisas em Corporeidade e Pedagogia do Movimento – NUCORPO, autora dos livros *Corporeidade e Terceira Idade* (Editora UNIMEP) e *Exercícios e Hidroginástica: proposta de exercícios para idosos* (Phorte Editora), e organizadora das obras *Fenômeno esportivo no início de um novo milênio*, *Esporte como fator de qualidade de vida*, *Educação Física: intervenção e produção de conhecimento* (Editora UNIMEP) e *Educação Física e produção de conhecimento* (Editora UFPA).

Renata Pascoti Zuzzi

Graduada e mestre em Educação Física pela Universidade Metodista de Piracicaba. Professora da Universidade Federal do Pará, especificamente do Curso de Educação Física, do *Campus* Universitário de Castanhal. Possui experiência na área de Educação Física, com ênfase em Relações de Gênero, Formação Profissional, atuando principalmente com os seguintes temas: Gênero, Escola, Esporte, Corporeidade, Formação de professores e professoras. Organizadora da coletânea *Meninas e meninos na Educação Física: Gênero e Corporeidade no Século XXI* (Editora Fontoura).

Renata Costa de Toledo Russo

Mestre em Educação e doutora em Psicologia pela Universidade Católica de Campinas. Coordenadora do Departamento de Extensão e Especialização em Educação Física Escolar e docente da Escola Superior de Educação Física de Jundiaí, e professora da Faculdade de Educação Física da Pontifica Universidade Católica de Campinas. Possui experiência na área de Educação e Educação Física, atuando principalmente com os seguintes temas: Educação Física, Corpo, Inclusão, Deficiente e Imagem Corporal.

Silvia Deutsch

Graduada em Educação Física pela Faculdade de Educação Física de Santo André, especialista em Técnicas Desportivas – Ginástica Olímpica e mestre em Educação Física pela Escola de Educação Física da Universidade de São Paulo, doutora em Psicologia – Área Psicologia Experimental pelo Instituto de Psicologia da Universidade de São Paulo e livre-docente pela Universidade Estadual Paulista.

Tânia Mara Vieira Sampaio

Bacharel em Teologia, licenciada em Pedagogia com Habilitação em Magistério para Deficientes Mentais, mestre em Ciências da Religião e doutora em Ciências da Religião pela Universidade Metodista de Piracicaba. Docente e orientadora no Programa de Mestrado e Doutorado, e na graduação em Educação Física da Universidade Católica de Brasília, membro da Comissão Nacional de DST/Aids do Ministério da Saúde e coordenadora do Comitê de Ética em Pesquisa da Universidade Católica de Brasília. Atua na linha de pesquisa Aspectos Socioculturais e Pedagógicos relacionados à Atividade Física e Saúde, possui experiência na área de Educação Física, atuando, principalmente, com os seguintes temas: Lazer-Gênero, Gênero-Corporeidade, Lazer-Saúde-HIV/Aids, Lazer Adaptado, Lazer e Políticas Públicas, Lazer-Religião e Festas, Fundamentos Histórico-Filosóficos da Educação Física e Esporte e Lazer.

Wagner Wey Moreira

Graduado em Educação Física e mestre em Educação – Filosofia da Educação pela Universidade Metodista de Piracicaba, doutor em Psicologia da Educação e livre-docente pela Universidade Estadual de Campinas. Professor da graduação em Educação Física da Universidade Federal do Triângulo Mineiro, líder do Núcleo de Estudos e Pesquisas em Corporeidade e Pedagogia do Movimento – NUCORPO, bolsista produtividade do CNPq, autor dos livros *Educação Física e esportes: perspectivas para o século XXI*, *Educação Física escolar: uma abordagem fenomenológica, Qualidade de vida e educação: complexidade e educação, Século XXI: a era do corpo ativo, Fenômeno esportivo no início de um novo milênio, Esporte como fator de qualidade de vida, Educação Física: intervenção e produção de conhecimento e Educação Física e produção de conhecimento.*

Yumi Yamamoto Sawasato

Graduada e mestre em Educação Física pela Universidade de São Paulo, com cursos de extensão em Ginástica Artística na Suíça e no Japão. Professora das disciplinas de Ginástica Artística do Centro Universitário FMU e das Faculdades Integradas de Santo André e árbitra internacional de Ginástica Artística, com participações em Jogos Olímpicos, Campeonatos Mundiais, entre outros.

Apresentação – 1ª edição

O rico universo da Ginástica: as ginásticas

Podemos afirmar que a origem da Ginástica se confunde com a origem da Educação Física. O primeiro registro histórico que se tem é da Antiguidade, quando a Ginástica aparece como movimentos sistematizados para desenvolver corpos belos e esbeltos de homens fortes e protetores da pátria. Daquele tempo até os dias de hoje, "tudo mudou, mas nada mudou".[1]

O universo da Ginástica existe nos dias de hoje a partir dos movimentos que foram sistematizados por longos anos de existência da humanidade, e esses conteúdos da Educação Física atendem, atualmente, aos interesses e às necessidades do ser humano na realidade presente.

Assim sendo, esta obra tem como objetivo apresentar uma vasta discussão sobre o tema, considerando os diversos tipos de Ginástica que o ser humano, independentemente do sexo, pode vivenciar e desfrutar a partir da prática pedagógica de atividades física e esportiva.

Podemos dividir a Ginástica em dois tipos: Ginástica competitiva e Ginástica não competitiva. Dessa divisão que fizemos, podemos, nesse momento, mergulhar no imenso universo dos movimentos gímnicos, seja pela estrada da Federação Internacional de Ginástica, conhecendo as Ginásticas consideradas esportes, seja pelo canal das atividades gímnicas pedagógicas, terapêuticas, corretivas, de condicionamento, de apresentação, de lazer, entre outros objetivos e interesses que podemos encontrar a partir da experiência em Ginásticas não competitivas.

Convidamos o(a) leitor(a) a viajar conosco e com os diversos autores que compõem esta obra pelo mundo da(s) Ginástica(s), refletindo sobre o tema e estudando esse vasto universo, para cada vez mais perceber o quanto é impossível conhecer totalmente as realidades corpóreas, complexas e diversificadas, que é o ser humano em possibilidades de movimentos gímnicos.

Dra. Roberta Gaio

---

[1] BRANDÃO, C. R. Aprender, aprender na cultura, aprender culturas em mudança. In: CASALI, A. et al. *Empregabilidade e educação*: novos caminhos no mundo do trabalho. São Paulo: PUC Editora, 1997.

Apresentação – 2ª edição

Multiculturalismo: diversos corpos e infinitos movimentos

É senso comum afirmarmos que os seres humanos sempre exploraram os movimentos para a realização de diversas tarefas, inclusive para adquirir vigor físico; porém, é pertinente dizermos que esses movimentos, atualmente, são alvo de muitas pesquisas e estudos, que podem nos auxiliar a melhorar nossa qualidade de vida, em todos os aspectos, inclusive e fundamentalmente em relação à saúde e à longevidade. Enfim, são diversos corpos experimentando infinitos movimentos.

Assim, novamente estamos aqui reunidos, nós e grandes nomes da Educação Física, para refletir sobre os seres humanos e seus movimentos, mais especificamente sobre os diversos tipos de movimentos que são denominados Ginástica, com o intuito de contribuir com a formação profissional na área, bem como ampliar o horizonte dos(as) professores(as) que pretendem conhecer, planejar e aplicar seus conhecimentos na escola ou fora dela, tendo o universo das Ginásticas como referencial.

Esta obra é continuação da primeira edição de mesmo nome e pretende trazer à baila novos olhares sobre a Ginástica como conteúdo da Educação Física. Esse conteúdo pode e deve ser explorado com crianças, jovens, adultos e idosos, independentemente do sexo e de limitações física, sensorial ou intelectual. A ginástica é para todos, eis a temática que veio para ficar.

Sintam-se convidados a saborear esses saberes sobre diversos tipos de Ginástica e sintam-se, também, desafiados a entender e atender a todos, sem distinção, em aulas de Educação Física, vivenciando os múltiplos movimentos ritmados e expressivos que emanam das Ginásticas.

Dra. Roberta Gaio

Prefácio – 1ª edição

O século XX caracterizou-se, segundo pensadores contemporâneos, pelo fato de o ser humano redescobrir o corpo, declinando um pouco a ênfase na lógica cognitiva racionalista. Esses mesmos pensadores apontam, provavelmente, para que o século XXI possa se constituir como a "era do corpo ativo", na qual se buscará, calcada em conceitos de qualidade de vida, uma existência em que valores da corporeidade possam se explicitar.

Nesse contexto, a prática de atividades físicas merece atenção especial, tanto na formação de profissionais capacitados para o ensino e a supervisão dessas atividades, nos cursos de Licenciatura e Bacharelado em Educação Física, quanto na vivência de processos pedagógicos que colaborem para uma corporeidade saudável e consciente, exercitada de forma permanente.

Se essas são as perspectivas, é necessário, para que possam se concretizar, olhar para a história das vivências corporais, mais precisamente nas manifestações de conhecimentos elaborados pela cultura corporal e/ou do movimento. Entre as histórias das lutas, dos jogos, dos esportes, das ginásticas, das danças, todas presentes na(s) cultura(s) referida(s), é fácil constar períodos cíclicos, como, por exemplo, a dominância das ginásticas nos séculos XVIII e XIX e a prevalência dos esportes no século XX.

E para este alvorecer do século XXI, quais são as possibilidades? Ao observarmos o quadro estrutural das pequenas, médias e grandes cidades, é fácil encontrar um grande número de instituições e espaços voltados para as práticas das atividades físicas, tais como clubes, academias, escolas, hotéis, logradouros públicos, entre outros, onde esportes, ginásticas, danças e lutas são vivenciados por homens e mulheres de todas as faixas etárias.

Destacam-se, nesse conjunto, as atividades ginásticas, oferecidas quer na forma de esportes, como a Ginástica Olímpica e a Ginástica Rítmica, quer na forma de movimentos ginásticos das mais variadas formas, praticados para a aquisição ou a conservação da saúde. É comum, atualmente, observarmos crianças, jovens, adultos e idosos, de ambos os sexos, participando de programas ginásticos. Esse número aumenta cada vez mais, o que indica a possibilidade de se efetivar o século XXI com a volta da prática generalizada da ginástica. Quais seriam, então, as possíveis diferenças dos movimentos ginásticos dos séculos XVIII e XIX com os deste século XXI? Algumas pistas de respostas já podem ser encontradas nesta obra, em que o único conceito de movimento mecânico e acrítico, que levava ao disciplinamento corporal vivenciado no passado, passa a ser internalizado de forma consciente por seus praticantes na busca de uma vida melhor.

A afirmação anterior pode ser comprovada quando observamos os argumentos apresentados em vários dos artigos constantes neste livro, como o conceito de *performance* apresentado por Ídico Pellegrinotti; a importância da ginástica para o desenvolvimento infantil e a criatividade motora, de Ademir de Marco, Aurora Martinez e Pino Diaz; os movimentos ginásticos para o corpo idoso, de Regina Simões; a ginástica como elemento de inclusão, de Roberta Gaio; e a prática da ginástica em academias, de José Carlos de Freitas Batista.

Trata-se do movimento ginástico ressurgindo com força, sob nova roupagem, mais abrangente, mais dinâmico, com valores educativos de aquisição de conhecimentos. É a ginástica a serviço do conceito de qualidade de vida na busca constante de superações.

O que se espera, com a leitura deste livro, é a descoberta da ginástica não como uma tarefa destinada a moldar corpos atléticos e perfeitos, em um padrão estético estabelecido pela mídia, mas como uma possibilidade da vivência da cultura corporal e/ou do movimento, incorporando o saber movimentar-se, respeitando-se as possibilidades corporais, quaisquer sejam elas, na busca de ser sempre mais.

Por fim, cumprimento os organizadores da obra, os professores Roberta Gaio e José Carlos de Freitas Batista, pela apresentação de uma visão plural do movimento ginástico, não restringindo esse conhecimento a algum tipo de dogma que empobreceria o escrito. Espero que este livro seja, de um lado, referência para futuras discussões acadêmicas sobre o assunto e, de outro, fonte de consulta e aprendizado para os praticantes das mais variadas formas de ginástica.

Wagner Wey Moreira
Universidade Metodista Piracicaba
Piracicaba, verão de 2004.

Prefácio – 2ª edição

Quando iniciei minha atuação profissional na FEF\Unicamp, participei da estruturação de um grupo de pesquisa em Ginástica Geral (hoje denominada Ginástica para Todos), com o qual desenvolvemos propostas práticas apresentadas por meio de composições coreográficas, com o objetivo de proporcionar o conhecimento de novas formas de interpretar a ginástica, o que chamamos de "banco de ideias". Com esse grupo, participamos de diferentes eventos, especialmente festivais que permitiram conhecer a "família da ginástica", já que, como acontece em congressos da área, as pessoas que os frequentam se tornam conhecidas e, posteriormente, amigas.

Foi nesse contexto que conheci a Profa. Roberta e o Prof. Carlos, do mundo da Ginástica, do qual faço parte há muitos anos.

Surpreendeu-me o convite para prefaciar este livro, e não posso ocultar que me faz sentir honrado porque significa um reconhecimento do meu labor e da minha contribuição à Ginástica brasileira.

A contribuição se traduz numa visão diferenciada para mostrar e apresentar ao público os resultados de todo um processo coletivo de construção e interpretação de temas, utilizando diferentes manifestações da ginástica e da cultura corporal, na forma de esquemas ou coreografias desenvolvidas pelos próprios alunos, o que lhes possibilita sua própria interpretação da realidade e/ou fantasias, mediante composições coreográficas que representem a síntese do trabalho desenvolvido durante um semestre na disciplina de Ginástica Geral. O pano de fundo dessa visão é a futura atuação profissional no âmbito escolar, enfocando as diferentes manifestações culturais de seus alunos, requisito necessário para trabalhar na ótica do multiculturalismo na escola.

Essa alternativa foi desenvolvida pelo fato de a preparação profissional em Educação Física ter mudado pouco, até agora, apesar da significativa melhora dos discursos e discussões teóricas. O problema principal radica na orientação das disciplinas práticas (matérias práticas), isto é, o modelo desportivo/competitivo, sob o qual as metodologias visam ao domínio de técnicas já consagradas pela tradição, e o aluno é visto como atleta.

Assim, o que está em discussão é a possibilidade de os conteúdos práticos serem estruturados a partir das produções culturais dos diversos grupos sociais que constituem os países de América Latina, assumindo a responsabilidade de socializar os conhecimentos que permitam a construção de identidades (cultura patrimonial) e que os alunos compreendam o porquê de consumir e produzir determinadas manifestações culturais (cultura popular).

Por essa razão, acreditamos que os profissionais da Educação Física devem ser preparados como pesquisadores das realidades escolares, com a finalidade de utilizar a experiência de vida de seus alunos na estruturação do currículo escolar, ideia que também está presente neste livro.

À medida que lia cada um dos capítulos deste livro, encontrava amigos e colegas: os Professores Catia, Silvia, Ademir, Roberta, José Carlos, Ídico, Regina, Marquinhos (apelido carinhoso de Marcos Bortoletto), Patrícia e Maria Teresa, que abordaram, de forma consistente e competente, diferentes porções do mundo da Ginástica, em suas múltiplas contribuições: para crianças, deficientes, idosos, o que foi uma experiência muito agradável.

Em um dos capítulos, a Profa. Roberta classifica a Ginástica em dois grupos; pessoalmente, prefiro classificá-la em três, uma vez que a Faculdade de Educação Física da Unicamp a assumiu em três disciplinas. Os três grupos são: Ginástica Formativa, utilizada na preparação física, estética e na reabilitação; Ginástica Competitiva, que se caracteriza por esportes como Ginástica artística masculina e feminina, Ginástica Rítmica, Ginástica Acrobática, trampolinismo etc.; e Ginástica Demonstrativa, conhecida como Ginástica Geral.

A partir desse enfoque, pude ter uma melhor compreensão desta obra e dimensionar sua magnitude, que, em alguns momentos, detém-se em uma das modalidades da Ginástica e, em outros, nas inter-relações da Ginástica com as Artes, a Saúde e a Qualidade de Vida.

Este trabalho contribui com a delimitação do campo de atuação da Educação Física (o que é da maior importância, visto que muitos dos seus conteúdos, também, podem ser focados por outras áreas), quando mostra as especificidades da nossa área e adverte sobre suas deficiências.

Podemos inferir, pelo menos, duas conclusões fundamentais do exposto nesta obra: uma é a necessidade de melhorar a formação profissional; a outra é que, por mais diversificados que sejam os conteúdos ginásticos e seus objetivos, eles pertencem à Educação Física.

A lógica de cada capítulo e a coerência de seus autores fazem deste livro um material bibliográfico de indiscutível valor acadêmico, que só pode enriquecer o campo de atuação do professor de Educação Física.

Regina Simões faz um estudo sobre a terceira idade com uma visão diferente da tradicional que "infantiliza" o idoso, apresentando-o na sua especificidade.

Os artigos de Ademir de Marco e Regina versam sobre os extremos do ciclo de vida. Ambos apontam caminhos para trabalhar de acordo com as características, necessidades e expectativas das pessoas.

Márcia Aversani e Roberta Gaio, Yumi Yamamoto e Maria Fátima de C. Castro e Bárbara Laffranchi tratam de temas específicos da Ginástica de Competição.

Outros autores escrevem sobre os elementos que acompanham, de longa data, as atividades físico-educativas com uma delicadeza sublime, como é o caso de Silvia Deutisch e Cátia Volp, cujo tema é música.

Roberta Gaio e Luciana de Souza Cione abordam a aplicação da ginástica em portadores de necessidades especiais do ponto de vista da igualdade e da alteridade. Chrystiane Vasconcelos Andrade Toscano apresenta uma pesquisa sobre expressão corporal em portadores de sofrimento psíquico, do tipo esquizofrênico, e a história e evolução do tratamento de doentes mentais.

O livro finaliza com os textos de José Carlos de Freitas Batista, Patrícia Stanquevisch, Maria Teresa Bragagnolo Martins e Ana Angélica Góis, que mostram a importância da Ginástica Geral na formação e atuação profissional do professor de Educação Física.

Prof. Dr. Jorge Sergio Pérez Gallardo
Livre-docente do Departamento de Educação Motora da FEF/Unicamp

Sumário

Parte 1: Ginástica, ciência e cultura

1 Ginástica e pesquisa: considerações científicas e metodológicas — 31
Ademir de Marco

2 Influência da música na prática da Ginástica — 53
Silvia Deutsch e Catia Mary Volp

3 Do corpo usado ao corpo conhecido: uma reflexão a partir da Educação Física e da Ginástica — 77
Renata Russo

4 A Ginástica e as atividades circenses — 97
Marco Antonio Coelho Bortoleto

Parte 2: Ginástica, saúde e lazer

5 Performance humana: vida da vida — 123
Idico Luiz Pellegrinotti

6 Ginástica: atividade física e saúde — 131
José Francisco Daniel

7 Ginástica em academias — 147
Jonato Prestes e Cláudio de Oliveira Assumpção

8 A prática da Ginástica como um lazer sério — 169
Adriana Maria Wan Stadnik

Parte 3: Ginástica na escola

9 As influências da prática da Ginástica para o desenvolvimento humano na infância e na adolescência — 189
Ademir de Marco

10 Saberes da Ginástica na educação escolar — 211
Marynelma Camargo Garanhani

11 Ginástica Rítmica na escola: ações e reflexões — 227
Roberta Gaio

12 Gênero, corporeidade e cultura: a realidade da Educação Física escolar   249
Renata Pascoti Zuzzi e Tânia Mara Vieira Sampaio

13 As habilidades criativas como fundamentos da Ginástica Rítmica: uma proposta para seu aprendizado e desenvolvimento   275
Aurora Martínez Vidal e Pino Díaz Pereira

Parte 4: Ginástica para grupos especiais

14 (Re)quebrando e (re)bolando padrões com o idoso   293
Regina Simões

15 Ginástica especial para os diferentes: reconhecendo limites e descobrindo possibilidades   309
Roberta Gaio e Luciana de Souza Cione Bastos

16 Oficinas de expressão corporal: trajetórias e representações de usuários de serviços de saúde mental   323
Chrystiane Vasconcelos Andrade Toscano

17 Ginástica para a melhor idade   347
Christiano Bertoldo Urtado e Cláudio de Oliveira Assumpção

Parte 5: Ginástica como esporte

18 Ginástica Rítmica: reflexões sobre arte e cultura   371
Márcia Regina Aversani Lourenço e Roberta Gaio

19 A dinâmica da Ginástica Olímpica (GO)   391
Yumi Yamamoto Sawasato e Maria Fátima de Carvalho Castro

20 Ginástica Rítmica: da iniciação ao treinamento de alto nível   421
Bárbara Elisabeth Laffranchi e Márcia Regina Aversani Lourenço

Parte 6: Ginástica e formação profissional

21 Discussões sobre a Ginástica de Academia no curso de Educação Física: possibilidades de encontro   445
José Carlos de Freitas Batista

22 Ginástica Geral: uma reflexão sobre formação e capacitação profissional   463
Patrícia Stanquevisch e Maria Teresa Bragagnolo Martins

23 Educar a partir das experiências individuais: reflexões sobre o processo ensino-aprendizagem da Ginástica Geral   475
Ana Angélica Freitas Góis

Parte 1
Ginástica, ciência e cultura

1 Ginástica e pesquisa
Considerações científicas e metodológicas

Ademir de Marco

Para iniciar a conversa...

Considero extremamente importante e relevante o tema sobre o qual me foi concedido o privilégio e o prazer de discorrer nesta obra, ou seja, as pesquisas em Ginástica. Inicialmente, avalio que se trata de um universo muito diversificado, tal como o é a própria Educação Física. Na tentativa de fundamentar esse pensamento, relaciono alguns temas constantes do livro *A ginástica em questão*, organizado pelos professores Roberta Gaio e José Carlos de Freitas Batista e publicado em 2006, o qual apresenta capítulos abordando a Ginástica sob os mais variados enfoques: como *performance* humana, suas influências para o desenvolvimento infantil e adolescente, o uso e o conhecimento do corpo a partir da Educação Física e da Ginástica, Ginástica de academia, seus padrões de movimento com o idoso, a descoberta de possibilidades para os diferentes, a formação e a capacitação profissional na Ginástica Geral, a dinâmica da Ginástica Olímpica, a iniciação e o alto nível na Ginástica Rítmica e a criatividade no seu aprendizado.

Afora esses exemplos, também busquei na produção da Faculdade de Educação Física (FEF) da Unicamp estudos elaborados na forma de monografias, dissertações e teses, no período de 1991 a 2007. Dessa forma, pude verificar que a Ginástica foi pesquisada em seus mais diversos ramos: Ginástica Laboral, Ginástica Localizada, Ginástica Escolar, Ginástica Geral, Ginástica Acrobática, Ginástica Artística (Olímpica) e Ginástica Rítmica (Desportiva), com prevalência dos estudos nas áreas destas duas últimas modalidades, com aproximadamente 40% das pesquisas realizadas e apresentando multiplicidade dos temas e dos objetivos visados.

A partir dos exemplos acima, anuncio a complexidade que representa a presença da Ginástica na forma de diferentes disciplinas, em todos os currículos dos cursos de graduação em Educação Física, quer sejam de Licenciatura ou Bacharelado. Assim, o início da formação profissional desperta o aluno para uma área altamente relevante, pois permite integrar todos os princípios que norteiam o projeto pedagógico de um curso de graduação, os quais, geralmente, incluem enunciados técnicos, biológicos, históricos, psicológicos, sociológicos, filosóficos, antropológicos e pedagógicos. Portanto, a Ginástica, independentemente da modalidade considerada, possibilita o desenvolvimento integral do ser humano desde a primeira infância, pois não se limita ao crescimento ou à aprendizagem de habilidades específicas, mas promove também a inserção social da criança, contribuindo para sua formação enquanto pessoa.

O conteúdo da Ginástica também é desenvolvido na forma de cursos de especialização (*lato sensu*) e constitui disciplinas em cursos de mestrado e doutorado (*stricto sensu*), nos quais algumas linhas de pesquisa priorizam a Ginástica como tema para investigação por meio de monografias, dissertações e teses, respectivamente. Nos cursos de graduação, são desenvolvidos projetos de pesquisa na forma de iniciação científica e trabalhos de conclusão de curso. Devem ser lembrados, ainda, os projetos comunitários ou de extensão. Portanto, atualmente, é inequívoca a realidade pela qual ocorre o desenvolvimento da Ginástica no Brasil, destacando-se os centros de treinamento para atletas de alto nível, os quais, nas últimas duas décadas, evoluíram em relação à fundamentação técnica e científica dos trabalhos e metodologias de treinamentos realizados. Este fato se evidencia no progresso alcançado, o qual é demonstrado pelos resultados obtidos por nossos ginastas em competições nacionais e internacionais, que estão relacionados na última parte deste capítulo.

Ciência e pesquisa

Antes de adentrar o universo específico da Ginástica, faz-se necessária a análise introdutória sobre alguns aspectos do pensamento científico vigente na atualidade. Início com uma elucidativa citação:

> A preocupação em descobrir e explicar a natureza vem desde os primórdios da humanidade. Os atuais sistemas de pensamentos científicos são o resultado de toda uma tradição de reflexão e análise voltadas para a explicação das questões que se referem às forças da natureza que subjugaram os homens à morte. À medida que o conhecimento religioso também se voltou para a explicação desses fenômenos, com base nas concepções revestidas de caráter dogmático, baseadas em relações da divindade, o caráter da verdade era impregnado dessas noções supra-humanas. O conhecimento filosófico, porém, volta-se para o estudo racional dessas mesmas questões, na tentativa de captar a essência imutável do real, da compreensão das leis da natureza através da investigação racional. No século XVI, surgiu uma forma de pensamento que propunha encontrar um conhecimento embasado em maiores certezas na procura do real. (Silveira Barros; Lehfeld, 2000, p. 56)

Historicamente, considera-se que a ciência se origina da dicotomia e do debate entre a Igreja e os pensadores ou filósofos, que explicavam os fenômenos existentes por meio da Física, da Matemática e da Lógica, pois elas figuram entre as ciências predominantes no século XVI. Assim, buscamos o clássico exemplo de Galileu Galilei (1564-1642), precursor do método científico, que, defendendo o postulado de Copérnico, afirmava que a Terra girava em torno do Sol, e não o contrário, como era o pensamento defendido pela Igreja e apresentado como "verdade". Assim, a Ciência que passou a comportar métodos, os quais, por sua vez, exigem metodologias para serem expressos na prática, consiste em demonstrar, experimentalmente, as afirmações sobre todo e qualquer fenômeno físico, natural e humano.

Desde seus primórdios, a Ciência recebeu inúmeras formas de classificação. Como não temos o objetivo de aprofundar essa análise, pois não faz parte do escopo deste livro, citamos uma das classificações que ocupa grande parte da literatura científica e sua linha epistemológica, com a finalidade única de apresentar um exemplo de taxionomia científica, na qual as ciências são geralmente classificadas em *formais*, que são as *lógico-matemáticas*, e *reais* (ou *factuais*), que lidam com fatos. As ciências reais podem ser classificadas em dois grupos: as *naturais* (Física, Química, Biologia) e as *humanas* (Psicologia, Sociologia, Economia etc.) (Naves, 2004).

Outro ponto importante para ser destacado é o da figura do próprio pesquisador. Geralmente em Ciência e pesquisa, muito se escreve sobre conceitos, procedimentos metodológicos e métodos e exacerbam-se as análises detalhadas e exaustivas sobre todos os componentes da pesquisa científica. Porém, muito pouco é descrito sobre o pesquisador ou a pessoa sobre quem se pesquisa. Por que um estudante, um profissional ou um professor, ou mesmo um cidadão decide pesquisar? Quais os fatores que influenciam a pesquisa? Quais os temas, os problemas, os objetivos, as metodologias e os contextos a serem pesquisados?

Aprendemos, com a literatura sobre a Ciência e a pesquisa, que os grandes cientistas apresentam em comum uma qualidade, que é a *curiosidade*. Ninguém fará investigação alguma se não houver algo chamando a atenção e incitando-o a pensar e verificar as possibilidades para a solução da incógnita que se apresenta diante de si. É assim que iniciamos as pesquisas, sempre diante de um fenômeno, uma realidade ou um processo que não se mostra totalmente descoberto ou aparente. São denominados "problemas" pela formatação científica todos os eventos que nos impulsionam a elaborar e desenvolver um projeto de pesquisa, a fim de obter as respostas para a questão metodológica formulada.

É importante lembrar que a curiosidade é inerente à espécie humana, estando diretamente relacionada com a nossa capacidade de atenção, sensorial e perceptiva. Desde os primeiros dias de vida, o recém-nascido já demonstra "interesse" pelo que acontece à sua volta. Agita-se quando acontecem mudanças no ambiente, como as alterações de luminosidades ou sonoras que ocorrem, por exemplo, quando luzes são acesas e vozes são emitidas na sua proximidade. Como demonstração máxima dessa interação, podem-se citar as agitações de segmentos corporais e os movimentos dos olhos, quando ouve a voz de sua mãe.

Outra situação clássica é a da exploração do ambiente que a criança realiza quando adquire a habilidade motora de engatinhar, locomovendo-se pelos diversos espaços de sua casa, tocando os objetos dos quais consegue se aproximar. Podemos comparar esse comportamento às pesquisas que estamos analisando, pois não há dúvidas de que a criança, ao desempenhar essas ações, demonstra curiosidade pelos estímulos que se apresentam diante de seus olhos. É lógico que as respostas que ela pode emitir nessas situações são limitadas e correspondem ao seu estágio de desenvolvimento cognitivo e motor.

Essa linha de raciocínio demonstra, portanto, que a pesquisa é parte integrante da espécie humana. Ao se comprar algum bem material, sempre é feita uma pesquisa de preço ou, ao se comprar frutas, por exemplo, verificamos a cor, a consistência, apalpamos uma a uma e até mesmo as cheiramos, antes de colocá-las em nossa cesta. Quando decidimos ingressar num curso universitário, conversamos com nossos pais, pessoas que atuam na área escolhida, nossos professores do Ensino Médio e, como medida de caráter mais científico e, talvez, para nossa própria conscientização e decisão, nos submetemos aos testes vocacionais, pois, além do respaldo científico, indicam as prováveis áreas de conhecimento para as quais poderemos ter aptidão.

Capra (2004), analisando os valores humanos e suas relações com a ciência e a tecnologia, postula que esses aspectos são inseparáveis, diferentemente do que presumimos ou é afirmado nos meios científicos. Concordo plenamente com este autor e me empenho, neste capítulo, a explicitar minhas ideias sobre esta indissociabilidade entre a ciência, a pesquisa e a pessoa humana. Ainda que os preceitos científicos neguem com veemência essas relações com a argumentação da neutralidade científica, o autor deixa claro seu pensamento ao exprimir que:

> Na realidade, os fatos científicos emergem de toda uma constelação de percepções, valores e ações humanos; em uma palavra, emergem de um paradigma, dos quais não podem ser separados. Embora grande parte das pesquisas detalhadas possa não depender explicitamente do sistema de valores do cientista, o paradigma mais amplo, em cujo âmbito essa pesquisa é desenvolvida, nunca será livre de valores. Portanto, os cientistas são responsáveis pelas suas pesquisas não apenas intelectualmente, mas também moralmente. (Capra, 2004, p. 28)

Portanto, sob o viés psicológico, pode ser inferido que não escolhemos, de forma aleatória ou ao acaso, nosso futuro profissional. Ao contrário, há uma busca pela compatibilidade entre nossa maneira de ser, enquanto pessoa, e como indivíduo integrante de uma família, de uma sociedade e de uma cultura, com o que desejamos desempenhar profissionalmente. Talvez possa ser sugerido que a profissão faça parte da idiossincrasia de uma pessoa e, quando essas características individuais e psicológicas se coadunam com o exercício profissional, dizemos que "aquela pessoa nasceu para ser o profissional que é", ou seja, apresenta extrema competência e sucesso. Rotineiramente, ouvimos alguém dizer que determinado profissional tem o "dom" para exercer certa atividade; fala-se também em "sacerdócio" e "vocação". Muitas vezes ouvimos esses comentários a respeito do desempenho profissional de alguém, como médicos, professores e atendentes, que se mostram atenciosos, respeitosos, éticos, motivadores e competentes tecnicamente. A pessoa certa na profissão certa significa realização pessoal e profissional, ocorrendo complementação entre o ser e o fazer, interação que, em minha opinião, torna-se sinônimo de prazer, felicidade e doação.

Todo esse pensamento desenvolvido anteriormente pode ser aplicado ao pesquisador. São qualidades inerentes e necessárias ao efetivo desenvolvimento de pesquisas científicas. Assim, pesquisador e pesquisa se completam; a ciência e, por conseguinte, a pesquisa, surge das reflexões e das interações entre o ser pensante e os fenômenos a serem investigados. Teorias passam a ser elaboradas, gerando experimentos que visam sustentá-las cientificamente. Esta prática, por sua vez, nega, altera ou confirma preceitos teóricos e, dessa conjunção, criam-se métodos e metodologias que constituem a operacionalização da ciência, sendo estabelecido, portanto, um processo reverberante mantido até os dias atuais. Dessa forma, o pensamento científico se alicerça no rigor, na disciplina e na fidedignidade dos procedimentos adotados, e a ciência passa a ser anunciada por meio de cuidadosos discursos.

> Forma especial de conhecimento da realidade empírica. É um conhecimento racional, metódico e sistemático, capaz de ser submetido à verificação. Busca o conhecimento sistemático do universo. Não é produto de um processo meramente técnico, mas do espírito humano. (Silveira Barros e Lehfeld, 2000, p. 3)

Essa sistematização do conhecimento se torna evidente para nós a partir do momento em que podemos evoluir do senso comum para as estratégias metodológicas científicas. Considero, por exemplo, que o interesse e o desafio que um cientista ou pesquisador apresenta estão ligados com os *objetivos* de uma pesquisa; a curiosidade e a criatividade são imprescindíveis para a delimitação do *problema* a ser investigado, enquanto os possíveis benefícios, as contribuições para uma área do conhecimento ou uma disciplina e o próprio prazer pelo estudo representam a *justificativa* para o estudo. Por fim, pontuo a disciplina, o rigor e a persistência para a concretização de uma pesquisa como requisitos integrantes da *metodologia*. Encerro a análise desse item com a pergunta: "O que é pesquisa?" Apresento, na sequência, um exemplo de resposta a qual considera que pesquisar "é simplesmente reunir informações necessárias para encontrar resposta para uma pergunta e, assim, chegar à solução de um problema". (Booth, Colomb e Williams, 2004).

Essa definição nos remete a dois conceitos básicos: *problema* e *pergunta*. Com relação ao *problema*, é preciso diferenciar o problema prático de pesquisa. O primeiro, na maioria das vezes, surge do cotidiano em alguma dificuldade enfrentada ou da busca de solução para questões relativamente simples, que não apresentam complexidade e não implicam rigorosa e sistematizada fundamentação teórica. Já o segundo compreende todo um contexto teórico-empírico que propicia o surgimento das perguntas que direcionarão o desenvolvimento da pesquisa na busca das devidas respostas.

O problema de pesquisa pode se originar de um problema prático (isso ocorre muitas vezes), e as respostas obtidas na pesquisa poderão solucionar ou, no mínimo, apontar possíveis estratégias, como a realização de novas pesquisas para o equacionamento de problemas práticos. O conhecimento em Educação Física avança nessas duas direções tanto em relação às questões práticas como por meio de pesquisas contextualizadas no campo teórico e empírico. Adentraremos agora o terceiro item deste capítulo, para abordar o universo específico da pesquisa em Educação Física.

Pesquisa em Educação Física (Ciências Biológicas e Ciências Humanas)

Em primeiro lugar, ao tratarmos da questão da pesquisa na Educação Física, é relevante pontuar que, historicamente, essa área do conhecimento caracteriza-se por sua fundamentação em duas importantes ciências: Humanas e Biológicas. Na esfera institucional, a Educação Física é classificada como pertencente às Ciências da Saúde tanto pela Coordenação de Aperfeiçoamento de Pessoal de Nível Superior (Capes) como pelo Conselho Nacional de Desenvolvimento Científico e Tecnológico (CNPq) e pela Fundação de Amparo à Pesquisa do Estado de São Paulo (Fapesp). Nesses três órgãos de fomento à pesquisa, a classificação em Ciências da Saúde engloba também as áreas de Medicina, Odontologia, Farmácia, Enfermagem, Nutrição, Saúde Coletiva, Fisioterapia, Fonoaudiologia e Terapia Ocupacional. Isso significa que a Educação Física está incluída entre as chamadas "ciências duras", pois nesse núcleo predominam disciplinas como a Biologia, Bioquímica, Fisiologia, Imunologia, Histologia, Patologia, Anatomia, Biomecânica, Cinesiologia, entre outras.

Assim, de certa forma, essa classificação, ao mesmo tempo que beneficia o componente biológico da Educação Física, interfere, do ponto de vista epistemológico, no desenvolvimento dessa área no plano das Ciências Humanas, pois a produção do núcleo denominado sociocultural apresenta características metodológicas bastante diferenciadas das Ciências Naturais. Portanto, ainda que se reconheçam os esforços para que essa produção seja analisada e avaliada com fidedignidade, inevitavelmente haverá perdas e comprometimento do real significado desses estudos e pesquisas, pois, ao ser julgado sob o mesmo prisma das Ciências Biológicas, este conteúdo perde em sua essência.

Entretanto, a área de Ciências Humanas, nessas três instituições, congrega disciplinas como Filosofia, Ética, Sociologia, História, Antropologia, Teoria e Método, Psicologia e Educação, todas presentes e mantendo estreita interface com a Educação Física, por meio dos currículos de graduação, disciplinas de pós-graduação, áreas de concentração, linhas de pesquisas e trabalhos de extensão. Assim, fica claro para nós o difícil dilema no qual se desenvolve a Educação Física, pois, apesar de todo o empenho e competência para que esta área se mantenha atual e com estudos, pesquisas e currículos organizados em ambas as vertentes (Humanas e Biológicas), o fato concreto de ser reconhecida e classificada, institucionalmente, como Ciências da Saúde acaba por lhe configurar identidade das Ciências Biológicas, justamente pelo fato de representar a ciência hegemônica na saúde.

Por conseguinte, a Educação Física, na maioria das vezes, é entendida e até mesmo avaliada pelas agências de fomento com base nas ciências positivistas. Esse é o quadro que se configura, ainda que um significativo contingente de profissionais, docentes e pesquisadores da Educação Física, que atuam fundamentados nas Ciências Humanas, venham discutindo e combatendo a hegemonia desse paradigma científico nas últimas décadas.

Essa situação nos dá uma exata noção do quanto a Educação Física torna-se contraditória pela ótica burocrática e administrativa dos vários órgãos governamentais que apoiam, financeiramente, o desenvolvimento das pesquisas em nosso país. Explicito esta realidade apenas para que fique patente a dificuldade para a Educação Física se impor como área autônoma do conhecimento para, dessa forma, obter o reconhecimento institucional dos órgãos de pesquisa.

Porém, é preciso reconhecer, também, que a própria área da Educação Física, no interior de seus cursos de pós-graduação, não está isenta de incoerências e inconsistências teóricas, ao apresentar, entre os seus vinte cursos credenciados pela Capes, denominações díspares e múltiplas sob a orientação epistemológica. Como exemplos, estão os cursos Ciências da Atividade Física, Ciências da Motricidade, Ciências da Reabilitação, Ciências do Movimento Humano (dois cursos) e Educação Física (quinze cursos).

Essa realidade não contribui para que a Educação Física evolua nas suas questões epistemológicas, bem como para a definição de seu objeto de estudo, pois essa multiplicidade temática, conceitual e metodológica mantém o *status quo* da área em um patamar que inviabiliza o debate no sentido de elevar a Educação Física para o *status* de Ciência, apesar dos constantes diálogos que são mantidos. Ainda que reconheçamos que toda unanimidade seja negativa e improdutiva, do ponto de vista epistemológico e científico, a atual disparidade dificulta a aproximação conceitual que possa gerar, após algum tempo, a concordância, ainda que provisória e instável, do objeto de estudo da Educação Física.

Essa temática foi, exaustivamente, discutida na década de 1990. Inúmeros são os autores (Bracht, Santin, Manuel Sérgio, Taffarel, Faria Júnior, Freire, Moreira, Castellani) aos quais recorro para exemplificar a plêiade de interessados em discutir o objeto de estudo da Educação Física. Alguns desses autores são citados por Gamboa (1994), quando este analisa a pesquisa em Educação Física e suas inter-relações. O autor reforça a visão que já apresentei de que o predomínio das denominadas subáreas das ciências naturais (Medicina, Fisiologia, Antropometria, Biomecânica), nos anos 1980 e principalmente nos anos 1990, passa a sofrer o embate das Ciências Humanas, de forma sistematizada e aguda, por meio do crescimento de disciplinas como Filosofia, Pedagogia, Psicologia, Antropologia e Sociologia. Passam a predominar, também, os estudos e o interesse por temas de matrizes teóricas, e, consequentemente, surgem os debates epistemológicos.

De acordo com Gamboa (1994, p. 36), "o interesse pelas matrizes teóricas indica uma fase salutar da pesquisa, que significa o avanço na passagem das questões instrumentais, técnicas e metodológicas para as teóricas e epistemológicas".

Na análise que os autores mencionados neste livro fazem do objeto de estudo e do campo de pesquisa em Educação Física surge o conceito da "flutuação", ou seja, as pesquisas nessa área ora se fundamentam nas disciplinas das Ciências Biológicas ou Naturais, ora nas das Ciências Humanas. Embora ocorra essa oscilação, ainda assim verifica-se o predomínio da primeira tendência. A literatura destaca que pesquisar não significa, simplesmente, enunciar hipóteses, determinar problemas, estabelecer metodologias e aplicar teorias, recursos que, no caso da Educação Física, são oriundos, prioritariamente, das duas ciências já descritas, como se fossem tomados emprestados temporariamente. Pesquisar implica a elaboração de referenciais teóricos específicos e do delineamento de opções epistemológicas condizentes com a natureza da área (Gamboa, 1994, p. 36).

Portanto, a área do conhecimento denominada Educação Física deve se aventurar na busca de sua identidade, o que implica necessidade de se arriscar ao "novo", desnudando-se de velhos paradigmas e alçando novos voos.

Evidentemente, essa tarefa não é fácil; prova disso são as várias décadas em que esse debate e a incessante busca acontecem nos meios acadêmicos e científicos da Educação Física. Penso que todos que atuam nessa área, no mínimo, há vinte anos, possuem plena consciência do desafio a ser vencido, com o qual nos defrontamos em cada pesquisa realizada, que é o da criação e do estabelecimento de metodologias e problemas próprios da Educação Física. Ou seja, esse deve ser o ponto de partida e o ponto de chegada, sem empréstimos ou doações das duas ciências dominantes e dominadoras em relação à Educação Física.

Autores como Santin e Manuel Sérgio reconhecem a maturidade da área de Educação Física para que esta defina seu objeto de estudo e se estabeleça como uma "ciência emergente" ou em construção. Partindo desse pressuposto, deve-se entender que o movimento, a motricidade, a ação do corpo humano, a expressão corporal, a corporeidade, a prática esportiva, a dança, o jogo, a ação recreativa, as atividades de lazer e as condutas motoras constituem a base conceitual que subsidia a busca deste objeto de estudo.

Porém, o grande desafio é olharmos para estes, desprovidos de "préconceitos" ou valores arraigados, os quais assimilamos das demais disciplinas aqui descritas. É preciso que nos atenhamos aos próprios fenômenos da Educação Física, que podem ser entendidos como os apresentados anteriormente.

Portanto, quando é decidido rechaçar as duas ciências que até aqui ampararam a Educação Física (até demais, diga-se), vislumbra-se uma via alternativa para as pesquisas nessa área, cujo objeto reúne a ação e a prática, colidindo com a estabelecida dicotomia de ciências básicas e aplicadas ou de Ciências Biológicas (Naturais) e Humanas.

> Tentando respostas para essas questões e considerando que esses novos campos epistemológicos têm a ação e a prática como pontos de partida e de chegada da produção de conhecimentos, dos registros, das sistematizações e das elaborações e articulações explicativas e compreensivas, seus estatutos científicos se definem melhor sendo entendidos como ciências práticas

> ou da ação. Dessa forma, a Educação Física perfila-se como uma ciência com relativa especificidade, por ter um objeto próprio: a motricidade humana, as ações-reações, os movimentos do corpo humano, as práticas desportivas, as condutas motoras etc. (Gamboa, 1994, p. 38)

Conforme dito anteriormente, a prática esportiva ajusta-se perfeitamente nesse novo desafio, entendido como o objeto de estudo e, consequentemente, com a orientação para a pesquisa que conjugue a ação e a prática. Assim, encontramos na Ginástica pesquisas que visam, por exemplo, à construção de metodologia própria e à prática no contexto escolar sob o enfoque fenomenológico, investigando também o caráter objetivo e subjetivo da Ginástica Artística. Nesse sentido, é oportuno destacar o pensamento de vários autores que enfatizam a cultura corporal:

> O homem se apropria da cultura corporal dispondo sua intencionalidade para o lúdico, o artístico, o agonístico, o estético ou outros, que são representações, ideias, conceitos produzidos pela consciência social e que chamaremos de "significações objetivas". Em face delas, ele desenvolve um "sentido pessoal" que exprime sua subjetividade e relaciona as significações objetivas com a realidade de sua própria vida, do seu mundo e de suas motivações. (Soares et al., 1992, p. 92)

No próximo item, que constitui a parte final deste capítulo, abordarei essa questão específica da metodologia de pesquisa na Ginástica.

Metodologia de pesquisa em Ginástica (Artística e Rítmica)

Antes de tratar da questão específica da pesquisa em Ginástica Artística e Rítmica, julgo necessário fazer referência ao atual nível da Ginástica de competição no Brasil, o qual pode ser pautado como altamente positivo. Com a finalidade de ilustrar essa afirmação, registro abaixo alguns dos resultados expressivos obtidos pelos nossos atletas, disponíveis no *site* da Confederação Brasileira de Ginástica, como os da Seleção brasileira permanente de Ginástica Rítmica (conjunto). Destaco os Jogos Pan-Americanos de Winnipeg, no Canadá, em 1999, os Jogos Pan-Americanos de Santo Domingo na Republicana Dominicana, em 2003, e, mais recentemente, os Jogos Pan-Americanos do Rio de Janeiro, realizados em 2007.

Na Ginástica Artística, merecem destaques participações individuais de atletas como Daiane dos Santos, com a obtenção de resultados expressivos como os primeiros lugares na Copa do Mundo da França em 2005, no Campeonato Mundial na Austrália, no mesmo ano, no Campeonato Mundial realizado na Dinamarca, em 2006, e na Copa do Mundo da Bélgica, em 2007. Daniele Matias Hypólito é outra atleta de destaque, tendo obtido significativos resultados como os primeiros lugares em Camberra, na Austrália, em 1999, na Copa do Mundo da Alemanha, em 2002, e na Copa do Mundo realizada no Rio de Janeiro em 2004. Devem ser enaltecidos, ainda, resultados como os segundos e terceiros lugares obtidos nas Copas do Mundo do Chile, da Escócia e da Bélgica, sendo relevante também o nono lugar nos Jogos Olímpicos da Grécia, em 2004.

Jade Fernandes Barbosa obteve primeiro lugar (salto) nos Jogos Pan-Americanos do Rio de Janeiro, em 2007, sendo classificada em segundo lugar por equipe. Obteve resultados como terceiro e quinto lugares no Campeonato Mundial de Stuttgart, na Alemanha, em 2007, e primeiro lugar no salto na Copa do Mundo de Moscou, realizada no mês de junho de 2008. Dos atletas masculinos, enumero alguns primeiros lugares conquistados por Diego Matias Hypólito: Copa do Mundo na Escócia, na Bélgica e na Grã-Bretanha, em 2004; Campeonato Mundial na Austrália, em 2005; Copa do Mundo na Alemanha, em Shangai e São Paulo, em 2006; Jogos Pan-Americanos no Rio de Janeiro, em 2007 e Campeonato Mundial na Alemanha neste mesmo ano; e, mais recentemente, obteve o segundo lugar, no solo, na Copa do Mundo realizada em Moscou, em junho de 2008.

Na sequência, analiso o campo da pesquisa nessa modalidade, o qual demonstra igual nível de desenvolvimento, quer seja pelo número de estudos e pesquisas realizadas, quer seja, também, por sua qualidade. Nesse sentido, minha análise constitui-se num exercício para avaliar até que ponto uma área influenciou a outra, isto é, em que medida a evolução esportiva influenciou a área da pesquisa e, por sua vez, quais seriam os fatores resultantes dessas pesquisas que possam refletir diretamente no planejamento e no trabalho de técnicos e no desempenho esportivo de atletas da modalidade. Com certeza, não teremos aqui nenhum dado conclusivo, mas ilações que fomentam o debate.

Acredito que dois eventos ocorridos na última década foram de suma importância para o desenvolvimento dessas modalidades em nosso país. A primeira é a da migração de atletas, ex-atletas, técnicos(as) e árbitros(as) para as universidades, que passaram a buscar, de forma efetiva e sistemática, aprofundar o conhecimento e aperfeiçoar suas formações em Ginástica. A segunda, não menos importante, é a da inserção desses profissionais na carreira acadêmica, os quais passaram a integrar o quadro docente e grupos de pesquisa em importantes universidades brasileiras de diversos estados. Coincidentemente, notamos que esses dois processos ocorreram, simultaneamente, nos últimos dez anos.

Portanto, não julgo exagero supor que esse intercâmbio entre profissionais das Ginásticas Artística e Rítmica com os estudos universitários e as pesquisas acadêmicas reverteu-se em benefício para essas modalidades. Porém, essa temática merece ser analisada cuidadosamente e por meio de estruturados procedimentos metodológicos, que permitam aferir com exatidão o nível de interferência entre o esporte e a pesquisa em Ginásticas Artística e Rítmica. Nesse sentido, lanço a proposta para que em breve possamos ter pesquisas com o objetivo de avaliar essa interface, em que os resultados deverão beneficiar ainda mais o binômio *prática esportiva* e *pesquisa científica* nestas áreas.

Passemos agora para a especificidade das pesquisas realizadas sobre essas duas modalidades. Para introduzir essa análise, formulo três indagações: "O que pesquisar? Por que pesquisar? Como pesquisar?" Ao tentar responder à primeira pergunta, nota-se que os objetivos das pesquisas são muito variados: "estudos das pedagogias de ensino e de treinamento", "análise de lesões agudas", "dificuldades de aprendizagem", "Ginástica enquanto proposta pedagógica", "história da Ginástica". Esses são exemplos de objetivos que motivaram algumas pesquisas nessas duas modalidades.

Ao verificar essas pesquisas, nota-se que a segunda pergunta tem respostas que apontam para justificativas como "a inclusão da Ginástica como estratégia pedagógica no ambiente escolar", "avaliação do índice e os tipos de lesões com a finalidade de evitá-las", "construção de metodologia para o desenvolvimento de Ginástica Rítmica na escola".

A terceira questão, por fim, exige a análise das metodologias empregadas pelas pesquisas realizadas. Ao proceder essa revisão na bibliografia, nota-se que esses estudos valeram-se tanto de procedimentos quantitativos como qualitativos e, em alguns casos, eles combinam-se de maneira mais efetiva. De modo geral, observa-se que, concretamente, os recursos metodológicos adotados nessas pesquisas resumem-se aos modelos concernentes às Ciências Biológicas e Humanas, de acordo com o que foi discutido nos itens anteriores deste capítulo.

Quero confessar que, no caso das Ginásticas Artística e Rítmica, entendo perfeitamente por que isso ocorre, não apenas por todos os aspectos já analisados, como, por exemplo, pelas questões de identificação com essa ou aquela linha de pesquisa ou com esse ou aquele tema, o que, de certa forma, tem a ver com o próprio perfil psicológico do pesquisador, como já descrevi. O que quero dizer é que a prática, a execução, o componente artístico, plástico, e a avaliação representam uma indução para a Ginástica, pois esses componentes e o código de avaliação explicitam essa dicotomia ao pontuar, por um lado, a execução (movimento, físico, biomecânico, fisiológico, instrumentalização) e, por outro lado, o artístico (gesto, expressão corporal, plasticidade, criatividade, coreografia). Portanto, aqui estão contidos os pressupostos das ciências Biológicas e Humanas, respectivamente.

Assim, a avaliação nessas modalidades da Ginástica reúne os dois principais pensamentos científicos: o positivista, que dita o tom na Ciência ainda nos dias atuais, e o humanístico, sociocultural, fenomenológico, que prescinde de medidas rígidas e prioriza o sentido humano no fazer, ao se interessar muito mais pelos aspectos qualitativos e subjetivos das ações humanas. Portanto, é justamente nesse ponto que foco minha análise, ou seja, como conciliar esses dois aspectos da Ciência em uma prática tão importante e bela como é o caso dessas duas modalidades esportivas. A metodologia de avaliação adotada contempla as ações humanas em sua plenitude? Há equilíbrio nessa avaliação? É possível valorizar a intencionalidade e o "ser" em movimento sem sofrer as influências da objetividade dos padrões quantitativos da ciência positivista?

Dessa reflexão, podem surgir indícios do caminho a ser priorizado nas pesquisas, em uma tentativa, talvez, de sair da "flutuação" sobre a qual nos referimos no final do item anterior. Caminhando na direção das pesquisas que visam à prática e à ação, vejo essa possibilidade nas Ginásticas Artística e Rítmica como um privilégio, pois, salvo engano, nenhum outro esporte congrega esses dois aspectos, a execução e o artístico de forma tão integrada e, até certo ponto, inseparável. Há de se caminhar para essa direção, tomando-se como referência conceitos substantivos de corpo, evitando-se conceitos reducionistas e negando paradigmas superados e obsoletos que atendem, parcialmente, ao que reivindicamos para o "humano", numa concepção existencial, holística e ecológica. Sem exagero algum, creio que isso possa ser colocado para a Ginástica enquanto modalidade ímpar que apresenta todas as dimensões que integram a "pessoa".

Ilustro estas minhas afirmativas, com a citação de Santin (1987, p. 28);

> A Educação Física terá maior identidade e mais autonomia quando se aproximar mais do homem e menos das antropologias, quando deixar de ser instrumento ou função para ser arte, quando se afastar da técnica e da mecânica e se desenvolver criativamente. A Educação Física deve ser um gesto criador.

Consequentemente, torna-se razoável pensar que, ao se estruturar uma pesquisa nessas modalidades, os objetivos, a justificativa e a metodologia se concretizam, obrigatoriamente, em uma dessas duas vertentes, como os exemplos citados anteriormente comprovam. Como não poderia deixar de ser, a Ginástica reproduz o modelo e as tendências gerais da área de Educação Física, embora os profissionais atuantes nessas modalidades estejam conscientes de toda a discussão teórica e epistemológica e isso fique evidenciado nos diversos eventos específicos de Ginástica e também pelas publicações desses profissionais, no momento da realização de pesquisas explicita-se o binômio das duas ciências aqui consideradas.

Essa conscientização dos profissionais de Ginástica foi clara e amplamente demonstrada durante o Seminário Internacional de Ginástica Artística e Rítmica de Competição, realizado em julho de 2007 na cidade do Rio de Janeiro, por ocasião dos Jogos Pan-Americanos, quando pude presenciar várias apresentações de pesquisas científicas, realizadas por ex-atletas que atualmente são docentes em instituições de Ensino Superior no Brasil e no exterior.

Portanto, atualmente, é inequívoca a integração entre a Ginástica e a academia por meio de programas de iniciação esportiva, oferecidos para a comunidade, e da elaboração de pesquisas que representam dissertações de mestrado e teses de doutorado, além de trabalhos de conclusão de curso e pesquisas de iniciação científica. Ainda que, durante várias décadas, a Ginástica no Brasil tenha se mantido e evoluído, distante da universidade e sem vínculo efetivo com ela, não podemos negar que o atual estágio alcançado é muito positivo e constitui uma linha de desenvolvimento que deve ser mantida e ampliada o máximo possível. Esta me parece a direção que vem sendo seguida.

Não faço aqui nenhuma crítica negativa ou reivindicação no sentido de exigir que a Ginástica seja uma "ilha de perfeição", considerando, nessa analogia, a Educação Física como um "mar de imperfeição". Não é esse o intuito desta explanação; ao contrário, reitero colocações precedentes, reconheço a competência dos profissionais da área ao conseguirem deslanchar em duas grandes frentes – a da Ginástica de competição e a da Ginástica acadêmica, se assim podemos denominá-la, entendendo-a como estudos, teses, dissertações e pesquisas que impulsionam as Ginásticas Artística e Rítmica. É preciso lembrar que essas duas linhas de ações se complementam e jamais se antagonizam, já que, muitas vezes, há profissionais que desenvolvem as duas tarefas.

Há o exemplo claro de pesquisas nas quais os autores eram docentes de instituições de Ensino Superior e as realizaram visando ao desenvolvimento da Ginástica Artística na escola com a estruturação de metodologia. Ressalto a pesquisa de doutorado na qual Alonso (2000) estudou o processo ensino-aprendizagem da Ginástica Rítmica, visando à estruturação de um modelo pedagógico que possibilitasse a construção de conhecimento da modalidade, surgido das próprias relações e percepções socioculturais do ambiente em que essa aprendizagem ocorreu. A autora conclui que:

> Os dados desta investigação demonstram a possibilidade de uma diretriz pedagógica que incita a construção do conhecimento da GR numa perspectiva motora, criativa e autônoma, que lida com as questões dos sentimentos, das emoções e das relações sociais presentes no (e com o) grupo, indo além do simples ato motor mecanizado e favorecendo o gesto motor de "caráter humano". (Alonso, 2000, p. 120)

Vejo, nesse trecho, um inequívoco exemplo dessa interação, pois, se a pedagogia proposta para as alunas do Ensino Fundamental realmente se comprovar como eficiente, elas desenvolverão o prazer e o gosto pela Ginástica, no tempo certo e sem exigências comprometedoras para o desenvolvimento da criança, a qual, no seu devido tempo, poderá adentrar o mundo da Ginástica de competição, da mesma forma que a formação acadêmica pode reverter esses benefícios para o profissional que atua, diretamente, com a Ginástica de competição em centros de treinamento. Portanto, não há motivos para se pensar em dicotomia, mas na integração da prática com a teoria, do objetivo com o subjetivo, do treinamento com o caráter lúdico e do quantitativo com o qualitativo.

Em virtude de minhas relações acadêmicas com dois cursos de pós-graduação de mestrado e doutorado na área da Educação Física, pude testemunhar o interesse de ex-atletas e atuais técnicas e árbitras de Ginástica em buscar o aprimoramento profissional, por meio da formação específica com o aprofundamento teórico e a elaboração de pesquisas com objetivos que atendam aos requisitos da prática da Ginástica. Outra mudança importante que ocorreu foi a do envolvimento de ex-ginastas com a academia. Observamos, nos últimos anos, o ingresso de vários ex-ginastas na carreira docente, em universidades públicas e privadas principalmente nos estados do Paraná, Rio de Janeiro e São Paulo, onde a Ginástica tem sido priorizada com diferentes intervenções: disciplinas de graduação, turmas de iniciação, projetos comunitários envolvendo essa modalidade e com o oferecimento de cursos ou disciplinas de pós-graduação em seus diferentes níveis (especialização, mestrado e doutorado).

É importante deixar claro ao leitor que não faço aqui nenhuma apologia a universidades e ao conhecimento científico nelas produzido, como se constituísse o único reduto gerador de conhecimento. No caso específico da Ginástica, como já apontei anteriormente, os estudos, as pesquisas e as práticas pedagógicas que mantiveram o desenvolvimento e o recente sucesso dessa modalidade estiveram muito mais a cargo do trabalho de profissionais dedicados e competentes em clubes e centros de treinamento do que pelo que foi produzido, especificamente, nas universidades. Entretanto, quando se inicia a integração entre praticantes, treinadores e dirigentes com o universo acadêmico, a Ginástica entra em uma nova trajetória, pois é inegável que o conhecimento científico representou um impulso para que a Ginástica atingisse seu atual estágio de desenvolvimento.

Referências

ALONSO, H. *Ginástica Rítmica*: construindo uma metodologia. Tese (Doutorado). Faculdade de Educação Física. Campinas: Unicamp, 2000.

CHALMERS, A. F. *O que é ciência afinal?* São Paulo: Brasiliense, 2006.

CONFEDERAÇÃO BRASILEIRA DE GINÁSTICA. *Modalidades*. Disponível em: <http://cbginastica.com.br>. Acesso em: 16 mai. 2008.

DE MARCO, A. As influências da prática da ginástica para o desenvolvimento humano na infância e na adolescência. In: GAIO, R.; BATISTA, J. C. F. (Orgs.). *A ginástica em questão*: corpo e movimento. Ribeirão Preto: Tecmed, 2006.

DEMO, P. *Pesquisa*: princípio científico e educativo. 10. ed. São Paulo: Cortez, 2003.

FACHIN, O. *Fundamentos de metodologia*. 4. ed. São Paulo: Saraiva, 2003.

FARIA JÚNIOR, A. G.; FARINATTI, P. T. (Org.). *Pesquisa e produção do conhecimento em Educação Física*: livro do ano 1991/SBDEF. Rio de Janeiro: Ao Livro Técnico, 1992.

GAIO, R. *Ginástica Rítmica popular*: uma proposta educacional. 2. ed. Jundiaí: Fontoura, 2007.

GAMBOA, S. S. Pesquisa em Educação Física: as inter-relações necessárias. *Motrivivência*, v. 5, p. 34-46, dez. 1994.

HORGAN, J. *O fim da ciência*: uma discussão sobre os limites do conhecimento científico. São Paulo: Companhia das Letras, 1998.

HUME, D. *Tratado da natureza humana*. São Paulo: Ed. da Unesp, 2001.

JACOBINI, M. L. P. *Metodologia do trabalho acadêmico*. 2. ed. Campinas: Alínea, 2004.

LAKATOS, E. M.; MARCONI, M. A. *Metodologia científica*. 5. ed. São Paulo: Atlas, 2003.

MOLINA NETO, V.; TRIVINOS, A. N. S. *A pesquisa qualitativa na Educação Física*: alternativas metodológicas. Porto Alegre: Ed. da UFRGS, 1999.

NAVES, M. M. L. *Fatores interferentes no processo de análise de assunto*: estudo de caso de indexadores. 2000. Tese (Doutorado). Escola de Ciência da Informação, MG, 2000. Disponível em: <http://www.gercinalima.com/mhtx/pages/prototipo-btdeci/teses/naves-mml/cap-5--algumas-consideracoes-sobre-os-campos-das-ciencias.php#5.1>. Acesso em: 2 jun. 2008.

NUNOMURA, M. *Técnico de ginástica artística*: quem é esse profissional? 2001. Tese (Doutorado). Faculdade de Educação Física. Campinas: Unicamp, 2001.

PIMENTA, S. G. Professor reflexivo: construindo uma crítica. In: PIMENTA, S. G.; GHEDIN, E. (Org.). *Professor reflexivo no Brasil*: gênese e crítica de um conceito. São Paulo: Cortez, 2002.

POPPER, K. *A lógica da pesquisa científica*. 9. ed. São Paulo: Cultrix, 1993.

REIS, M. C. C. *A legitimidade acadêmico-científica da Educação Física*: uma investigação. Tese (Doutorado). Faculdade de Educação Física. Campinas: Unicamp, 2002.

SANTIN, S. *Educação Física*: uma abordagem filosófica da corporeidade. Ijuí: Ed. da Unijuí, 1987.

SÉRGIO, M. *Para um novo paradigma do saber e... do ser*. Coimbra: Ariadne, 2005.

SOARES, C. L. et al. *Metodologia do ensino de Educação Física*. São Paulo: Cortez, 1992.

SOARES, E. *Metodologia científica*: lógica, epistemologia e normas. São Paulo: Atlas, 2003.

SOUZA, E. P. M. *Ginástica geral*: uma área do conhecimento da Educação Física. Tese (Doutorado). Faculdade de Educação Física, Campinas: Unicamp, 1997.

TANI, G. Cinesiologia: Educação Física e esportes: ordem emanente do caos na estrutura acadêmica. *Motus Corporis*, v. 3, n. 2, Rio de Janeiro, p. 9-49, dez. 1996.

THOMAS, J. R.; NELSON, J. K. *Métodos de pesquisa em atividade física*. 3. ed. Porto Alegre: Artmed, 2002.

2 Influência da música na prática da Ginástica

Silvia Deutsch
Catia Mary Volp

Este capítulo tem por objetivo geral apresentar um pouco da teoria da estrutura musical, que é de conhecimento necessário a todos que pretendem trabalhar com música e movimento humano, especialmente quando se trata da Ginástica. Enfatiza também a escuta musical e traz estratégias para o seu desenvolvimento prático.

Além disso, aborda as funções da música desde a expressão emocional, o prazer estético, o entretenimento, a comunicação, a representação simbólica, a resposta física, o cumprimento de normas sociais, a identificação de instituições sociais e ritos religiosos até a contribuição para a continuidade e estabilidade da cultura e para a integração da sociedade.

Apresenta também um pouco das teorias que tratam sobre a interferência da música nos estados emocionais e, por fim, encerra tratando dos cuidados que devemos tomar ao escolher as músicas para o desenvolvimento de nosso trabalho prático.

A música

A música é uma arte própria do ser humano, e é possível encontrá-la em todas as culturas. O ser humano cria, interpreta, usa, aprecia, se entretém, se enleva, se irrita, se deleita, se expressa com a música. É a partir da constatação dessas relações com a música que as definições transitam, atribuindo-lhe o *status* de forma mais antiga de comunicação, tanto no sentido do que é revelado ao homem sobre a realidade factual ou divina quanto no sentido do que se pode transmitir por meio da música (Abbagnano, 1982; Menuhin e Davis, 1981); e o de técnica (ou o conjunto de) expressiva concernente à sintaxe dos sons (Abbagnano, 1982). Como expressão, a música "fala" mais do que as palavras, que possuem símbolos e significados específicos, uma vez que ela atinge o cognitivo e o emocional e encontra nos sentimentos a profundidade de sua expressão, atingindo todo o nosso ser (Menuhin e Davis, 1981).

Uma questão que nos induz à reflexão e que é motivo para discussão diz respeito ao papel da música para o ser humano. Afinal, por que existe música? Ela não faz parte de nossas necessidades essenciais para sobrevivência, e há quem viva *sem* a música, enquanto outros a consideram imprescindível. A música é um item supérfluo? Alguns julgam que sim e outros que não, mas há consenso de que a música influencia a vida do homem. Se assim o é, que interferência pode causar? As interferências podem ocorrer nos campos biológico (a música causa reações orgânicas ou motoras observáveis, como aceleração da frequência cardíaca, sincronização de contrações musculares), estético (gozo pelo belo, nas palavras de Leinig (1977), apreciação estética da obra musical, arte) e psicológico (alterações de estados emocionais, expressão das emoções, articulação de faculdades mentais)

(Leinig, 1977; Tame, 1984; Willems,1969; Campbell, 2001). Tais influências são mencionadas há muito tempo; podemos encontrá-las em Aristóteles, por exemplo. Também são estudadas por pesquisadores da atualidade em busca de um entendimento mais profundo de sua natureza e da natureza do próprio ser humano (Zampronha, 2002).

Encontramos referência na literatura, também, sobre a forte característica de comunicação da música. Por vezes, a música é o elo principal entre o conteúdo da mensagem e o receptor (Lull, 1985).

Em relação à natureza da música, há três aspectos que facilmente são acessados em nossa prática diária, como o ritmo, a melodia e a harmonia. Eles permitem que estabeleçamos paralelos com a natureza humana, pois são característicos da vida fisiológica, afetiva e mental do homem.

Segundo Willems (1969), cada elemento fundamental da música é constituído, ainda, por elementos básicos: o ritmo pelo tempo, o compasso e as subdivisões de tempo (binário e ternário); a melodia por sons, os intervalos melódicos, as escalas, os modos e a harmonia pelos intervalos harmônicos, acordes e cadências.

Esse tema será desenvolvido a seguir, no item sobre a escuta musical.

Seus componentes

São componentes musicais a melodia, a harmonia e o ritmo. Segundo Willems (1969), o ritmo origina-se nos fenômenos da vida vegetativa e fisiológica e é manifestação da vida dinâmica. Conserva sua eficiência nos campos da afetividade (sensações, emoções e sentimentos) e da inteligência (ordenações, construções arquiteturais). Já a melodia, de natureza afetiva, irradia e dá vida ao ritmo, que é de natureza mais física. A harmonia é de ordem mental e organiza todos os componentes em um conjunto.

A composição da música não é feita apenas por sons e silêncios, mas por relações sonoras. Segundo Willems (1969), a música inicia com o intervalo melódico. A forma melódica é tributária ao ritmo que, por ser um elemento mais material, possui prioridade na música. A melodia pode buscar sua inspiração em diversos fatores externos, mas o que realmente a define são as próprias emoções e sentimentos. A verdadeira melodia parte de uma emoção, um sentimento, não de um ato físico.

A harmonia possui significado tridimensional. O acorde é composto por sons simultâneos que conservam seu caráter físico e sensorial e possui valor afetivo que provém dos intervalos melódicos que o compõe, que não são seu fator essencial. O elemento característico da harmonia é a síntese que supõe sua possibilidade de análise, e essas são de ordem essencialmente mental (Willems, 1969).

O ritmo

O homem possui tendência inata ao ritmo, o leva no sangue e também é o único animal que o domina. O alcance do domínio rítmico pode depender de talento e disposição (Sachs, 1943).

Pelo fato de o ritmo se encontrar em todas as coisas e em diferentes circunstâncias, muitos são os autores que falam de sua origem e suas características em diversos âmbitos. Assim, o ritmo tem sido usado com diferentes significados em diversos contextos, como o da música, da arte, da literatura, da psicologia, da linguística, da biologia etc. (Gabrielsson, 1973a)

Fraisse (1975) afirma que não existe uma definição precisa e aceita pela maioria. O ritmo refere-se a uma realidade complexa na qual muitas variáveis se fundem.

Para ilustrar sua afirmativa, tomemos a definição oferecida por Willems (1969, p. 32):

> O ritmo é número, movimento, ordem, organização, proporção, vida, forma, inteligência, instinto, força, repetição, alter-

nância, simetria, duração, intensidade, medida, descanso, vontade, enfim, uma série de outras definições.

O ritmo é a base e o fundamento da música, de maneira que pode existir independente da melodia e da harmonia (Willems, 1969, 1979). Sua origem é vinculada a elementos rítmicos do corpo humano. O ritmo também disciplina as formas mais desenvolvidas da arte musical, impondo suas leis à expressão desordenada. Ele tem o poder de organizar e manter a energia.

No ser humano, a regularidade do tempo espontâneo encontra-se na marcação da marcha e nas batidas cardíacas (Fraisse, 1976). Os batimentos do coração, a respiração, a temperatura corporal humana e o ciclo de dia e noite fazem com que o homem produza, por si mesmo, ordenações rítmicas. A vida do homem está organizada por fenômenos regulares, com um ritmo próprio e marcado (Fitzgerald e Bundy, 1978). Isso é mostrado por meio dos estudos, na área de fisiologia e cronobiologia, pela identificação dos ciclos rítmicos encontrados nas situações do dia a dia.

Inversamente a isso, constatamos, por meio de um grande número de experiências feitas na área fisiológica, que a frequência respiratória e a pulsação cardíaca são notavelmente influenciadas pela audição de compassos ritmados (Bayer, 1979). Além disso, observa-se que os fenômenos orgânicos têm forte influência na emotividade das pessoas: quando o ritmo é rápido, ocorre uma intervenção imediata na afetividade.

Segundo Leinig (1977), o ritmo pode trazer reações positivas e negativas, podendo levar o indivíduo ao sono, criar consciência de movimento ou provocar efeito hipnótico.

Para estudar o ritmo, existem diferentes caminhos (Gabrielsson, 1973):

a) Métodos de julgamento dentro da abordagem da psicofísica clássica.
b) Métodos introspectivos variando da introspecção analítica "clássica" na escola estruturalista para formas mais liberais de introspecção.

c) Descrições fenomenológicas, especialmente utilizadas com pesquisadores que possuem ligações com Psicologia Gestáltica.

d) Produção de padrões determinados ou reprodução de certas sequências sonoras, (re)produção de sequências rítmicas utilizadas como indicadores de certos tipos de experiências rítmicas.

O ritmo pode unir atividades de naturezas diferentes em conjuntos harmoniosos. A união da dança com a música merece fundamental consideração. É o ritmo que permite a duas ou mais pessoas dançarem juntas. As atividades rítmicas facilitam as tarefas em conjunto, pois elas dispensam a comunicação verbal. O ritmo possibilita esse vínculo de união; às vezes, ele leva as pessoas a atuarem com maior liberdade umas com as outras, como, por exemplo, em um baile no qual uma mulher e um homem desconhecidos permanecem abraçados, dançando, enquanto toca a música (Gastón, 1968).

Música e dança se desenvolvem no tempo; porém, segundo Howard (1984), apenas a música organiza o tempo por meio de cortes fixos (rítmicos) e característicos em seu desenvolvimento. O ritmo da dança é diferente do da música. A união da dança e da música em uma mesma obra de arte só se opera pela colocação em evidência do efeito de contraste entre seus respectivos recursos, devendo estar fundada, no entanto, sobre uma mesma curva de reações sensíveis ante essas duas formas de expressão artística. A dança torna manifesto o que na música permanece oculto, ou seja, o intervalo.

Na Ginástica, o ritmo da música pode representar a estrutura temporal para a execução dos movimentos, já que pode controlá-los. Ele oferece o tempo, o compasso e o andamento da música. Ao executar os movimentos, precisamos estabelecer uma sintonia entre o nosso ritmo interno com o ritmo externo do ambiente, com o oferecido pela música e, talvez, ainda, com o de equipamentos de grande ou pequeno porte (esteiras, *steps*, bolas, cordas etc.). Todos esses aspectos interferem no que finalmente podemos chamar de ritmo na Ginástica de uma maneira geral.

A escuta musical

Para trabalhar com a música, é preciso, antes, ouvi-la, bem como os sons em geral, para atentar às suas qualidades, suas relações, suas características e deixar as associações acontecerem. O ser humano tem e usa constantemente sua enorme capacidade de relacionar e associar fatos. Os "fatos" sonoros podem ser associados a eventos reais, bem como a experiências psicológicas vividas no momento em que se ouve ou arquivadas na memória.

É muito comum um casal, por exemplo, ter a "sua música", já que ela está associada a um momento significativo na vida afetiva de ambos e representa a união harmônica do casal.

Atentar às características qualitativas e relacionais dos sons e das músicas é um processo em constante evolução – a cada vez que se ouve, mais detalhes se destacam, a cada detalhe identificado, mais o todo se incorpora –, a música se transforma, a escuta se transforma, nós nos transformamos.

Podemos dizer que nossa primeira escuta de uma música é plana, pois ouvimos o todo num plano só. Uma segunda escuta já nos possibilita destacar, por exemplo, sons graves e sons agudos, fracos que se intercalam com fortes, instrumentos que sobressaem e outros que se justapõem, frases musicais que se repetem e variam, enfim, descobrimos um universo na obra musical.

A escuta permite ao profissional que se utiliza da música extrair dela todo seu potencial e associá-la aos diferentes objetivos de sua atuação, sejam eles harmonização com o movimento, elucidação de estados de ânimo, coesão de trabalho grupal etc.

Um dos primeiros componentes da música ao qual atentamos é o pulso, assim denominado já que caracteriza a pulsação regular na qual toda a estrutura musical se organiza. Intuitivamente, somos capazes de identificar este "pulsar", que pode servir de base para o acompanharmos com movimentos cíclicos regulares (exemplos: andar, correr, pedalar, nadar, pular corda etc.).

Ao identificarmos o pulso da música, podemos também observar a existência de sons mais acentuados e outros menos acentuados intercalando-se em intervalos normalmente regulares.[1] Começamos a identificar tempos e compassos na escuta musical. Teoricamente, o compasso é a reunião de tempos com intensidades específicas que se repetem. Em outras palavras, se considerarmos um compasso binário, ou seja, que reúne dois tempos, eles apresentarão o sequenciamento de um tempo forte seguido de um fraco, e isso se repetirá até que o trecho musical finalize ou que haja mudança de compasso. Em determinadas músicas, esses dois tempos são nitidamente percebidos, em outras, percebemos o tempo mais acentuado (o primeiro do compasso), e o compasso serve de referência. Ao associarmos os movimentos, devemos ter clara qual a nossa referência auditiva (tempos ou compasso) para podermos destacá-la aos outros executantes e conseguirmos o resultado final desejado.

É importante, neste momento, fazermos parênteses para a escuta do silêncio. O silêncio é geralmente evitado, pois ele tem agregado um senso comum de vazio, solidão, fim, que psicologicamente evitamos, negamos. Entretanto, ao enfrentá-lo, descobrimos que ele é quase impossível de ser observado, pois, buscando-o, descobrimos uma infinidade de outros sons para os quais nunca havíamos atentado. Na música, buscando e observando os silêncios, veremos que ele intercala os sons e estabelece uma dinâmica singular a cada trecho musical. Não há música sem sons e silêncios. Podemos perceber que, uma vez identificado o pulso de uma música, mesmo que haja silêncio intercalando os sons, mantemos a sensação desse pulso, e os sons retornam exatamente no momento certo no qual o antecipamos.

Percebendo a estrutura rítmica da música, seu pulsar e seus acentos básicos, decodificamos seu padrão rítmico que permite antecipar seu desenrolar e, assim, acompanhá-la sem *delay* (atraso). É isso que permite aos músicos responderem a tempo, aos dançarinos se movimentarem a tempo e aos ginastas (na Ginástica acompanhada por música) executarem a tempo.

---

[1] Na língua falada, podemos observar os acentos intercalando-se nas palavras e caracterizando-as. Por exemplo, a palavra "vossa" possui duas sílabas, e a primeira é mais acentuada que a segunda (como num compasso binário). Já a palavra "correr" possui duas sílabas, e a segunda é mais acentuada que a primeira.

Havíamos elucidado o compasso binário e suas características, mas existem outros tipos, alguns mais comuns e outros menos. Entre os compassos simples, ainda temos os ternários (conjunto de três tempos) e os quaternários (que reúnem quatro tempos). Como na estrutura anterior exemplificada, o 1º tempo também é acentuado nesses compassos. No compasso ternário, o tempo forte (1º) é seguido de dois tempos igualmente fracos, tipicamente encontrados nas valsas. No compasso quaternário, o 1º tempo é forte, o 2º é fraco, o 3º é meio forte (intermediário entre o fraco e o forte) e o 4º é fraco. Como isso é recorrente quando identificamos os tempos fortes a intervalos regulares em uma música, atentamos nossa escuta ao conjunto de tempos não fortes do intervalo e, assim, somos capazes de identificar o compasso.

Há também compassos, ditos compostos, de 6, 9 e 12 tempos cujos acentos nos darão a sensação de compassos de 2, 3 e 4 tempos, respectivamente. Entretanto, não entraremos em detalhes sobre esses compassos, pois requerem outros conhecimentos que não são pertinentes para o momento.

Tentemos exemplificar os compassos de 2, 3, 4 e 6 tempos, os mais comuns, com brinquedos de roda e/ou cantos próprios de nossa cultura.

Como primeiro exemplo, vamos analisar a roda *A Galinha do Vizinho*:

A ga**li**nha do vi**zi**nho Bota **o**vo amare**li**nho Bota **um**, Bota **dois**, Bota **três**, Bota **qua**tro, Bota **cin**co, Bota **seis**, Bota **se**te, Bota **oi**to, Bota **no**ve, Bota **dez**.	A ga/ **li**nha do vi/ **Zi**nho Bota/ **o**vo amare/ **li**nho Bota/ **um**, Bota/ **dois**, Bota/ **três**, Bota / **qua**tro, Bota/ **cin**co, Bota/ **seis**, Bota/ **se**te, Bota/ **oi**to, Bota/ **no**ve, Bota/ **dez**.

Colocamos, na coluna da esquerda, em destaque, as sílabas acentuadas da forma como é brincada. Ao declamar os versos, é possível sentir uma segunda marcação, não acentuada, seguindo os acentos destacados. Na coluna da direita, colocamos barras destacando esses conjuntos de dois tempos, que apresentando: trata-se de compassos binários.

Vejamos agora o canto de roda *O cravo brigou com a rosa*, que se estrutura em um compasso ternário.

O **cra**vo brigou com a **ro**sa De**bai**xo de uma sa**ca**da O **cra**vo saiu fe**ri**do E a **ro**sa despeda**ça**da	O / **cra**vo brigou com a / **ro**sa De/ **bai**xo de uma sa/ **ca**da O / **cra**vo saiu fe/ **ri**do E a / **ro**sa despeda/ **ça**da
O **cra**vo ficou do**en**te A **ro**sa foi visi**tar** O **cra**vo teve um des**mai**o E a **ro**sa pôs-se a cho**rar**	O / **cra**vo ficou do/ **en**te A / **ro**sa foi visi/ **tar** O / **cra**vo teve um des/ **mai**o E a / **ro**sa pôs-se a cho/ **rar**

Na coluna da esquerda, colocamos em destaque as sílabas acentuadas. Na coluna da direita, mantivemos as sílabas acentuadas em destaque e acrescentamos as barras dividindo os compassos. Repare que, ao cantarolar, é possível sentir as três marcações – a primeira forte e as outras duas fracas.

Como exemplo de compasso quaternário, podemos apresentar *Atirei o pau no gato*.

Atirei o pau no **ga**to-to Mas o **ga**to-to Não mor**reu**-reu-reu Dona **Chi**ca-ca Admi**rou**-se-se Do be**rro**, do berro Que o gato **deu**, miau	**A** <u>ti</u> rei <u>o</u> pau <u>no</u> ga<u>to</u>-<u>to</u> <u>Mas</u> <u>o</u> ga<u>to</u>-<u>to</u> <u>Não</u> <u>mor</u> **reu**-<u>reu</u>-<u>reu</u> Dona **Chi**<u>ca</u>-<u>ca</u> Admi **rou**-<u>se</u>-<u>se</u> Do ber **ro**, <u>do</u> ber ro Que <u>o</u> gato **deu**, <u>mi</u>-<u>au</u>

As sílabas em destaque na coluna da esquerda marcam o que seria o 1º tempo do compasso. Três outros tempos intercalam esses acentos e são demonstrados com o grifo na coluna da direita. Devemos atentar ao fato de que esses tempos se distribuem no compasso com durações iguais (entendidas como lapso de tempo), embora o conjunto de sons associados a cada uma delas possa variar. Exemplo: nos 4º e 5º versos demarcados na coluna da direita, temos "**Chi**ca-ca Admi " **Chi**, no 1º tempo forte e acentuado, <u>ca</u> no 2º tempo fraco, ca no 3º tempo meio forte e <u>Admi</u> no 4º tempo fraco, com um número maior de sons que os anteriores. Traduzindo em música, esses sons seriam as notas musicais e pode haver uma nota (um som) ou um acorde (vários sons simultâneos) preenchendo um tempo do compasso, ou várias notas preenchendo apenas um tempo do compasso ou, ainda, uma nota preenchendo mais de um tempo do compasso (sons longos).

Vejamos agora um compasso composto de seis tempos. Traremos a roda cantada *O meu galinho* para exemplificá-lo:

Há três **noi**tes que eu não **dur**mo, olá, lá! Pois, per**di** o meu ga**li**nho, olá, lá! Coita**di**nho, olá, lá! Pobre**zi**nho, olá, lá! Eu per**di** lá no jar**dim**.	Há três **noi**tes que <u>eu</u> não **dur**mo, olá, <u>lá</u>! Pois, per **di** o <u>meu</u> ga **li**nho, olá, <u>lá</u>! Coita **di**nho, olá, <u>lá</u>! Pobre **zi**nho, olá, <u>lá</u>! Eu per **di** lá <u>no</u> jar **dim**.

Ele é **bran**co e ama**re**lo, olá, lá! Tem a **cris**ta verme**lhin**ha, olá, lá! Bate as **asas**, olá, lá! Abre o **bi**co, olá, lá! E faz **qui**quiriqui**qui**.	Ele é **bran**co e a<u>ma</u> **re**lo, olá, <u>lá</u>! Tem a **cris**ta <u>ver</u>me **lhin**ha, olá, <u>lá</u>! Bate as **asas**, olá, <u>lá</u>! Abre o **bi**co, olá, <u>lá</u>! E faz **Qui**quiriqui **qui**.
Já ro**dei** em Mato **Gros**so, olá, lá! Ama**zo**nas e Pa**rá**, olá, lá! Encon**trei**, olá, lá! Meu ga**li**nho, olá, lá! No ser**tão** do Cea**rá**!	Já ro **dei** em <u>Ma</u>to **Gros**so, olá, <u>lá</u>! Ama **zo**nas <u>e</u> Pa **rá**, olá, <u>lá</u>! Encon **trei**, olá, <u>lá</u>! Meu ga **li**nho, olá, <u>lá</u>! No ser **tão** do Cea **rá**!

Podemos perceber o acento principal nas sílabas em negrito (1º tempo) e um acento menor destacado em colorido (meio forte) naquele que seria o 4º tempo do compasso. A sensação geral é de que a canção flui em círculos, renovando-se a cada acento. Podemos percebê-la como um grande conjunto de seis pulsos (ou tempos) ou de dois grupos de três tempos cada, que se repetem regularmente. Seguindo a última sílaba de cada estrofe (**dim, qui e rá**), há três tempos em silêncio que pulsam ainda ao som da última sílaba, quando entra o início do primeiro verso da estrofe seguinte e retoma-se o padrão.

Talvez seja interessante enfatizar que os acentos ou essa terminologia mais simples que denomina os tempos de fortes e fracos dizem respeito à *intensidade* dos sons. Essa qualidade permite identificar quanto de energia é conferida à produção do som em questão: quanto mais energia, mais forte o som. Considerando um trecho musical como um todo, observamos a intensidade na dinâmica da obra musical desde o *pianíssimo*, executado com plena suavidade, até o *fortíssimo*, executado com toda a energia possível, sendo possíveis todas as graduações intermediárias.

A escuta que destaca as intensidades dos sons, os conjuntos de tempos ou os compassos dizem muito sobre os padrões rítmicos da obra musical que são vitais e aos quais respondemos diretamente com manifestações corporais. Identificar o ritmo é bater os pés ou batucar com as mãos ou balancear o corpo a tempo... ou sair dançando.

A duração do som ou o jogo de diferentes durações também promove a sensação rítmica. Sons longos que seguem sons breves ou vice-versa podem criar a sensação de falso acento, estruturando, também, um padrão rítmico. Na música, as durações são representadas pelas figuras de nota, que não serão abordadas neste livro.

Há músicas em que a melodia sobressai em nossa escuta. Ela nos traz imagens, nos dá contextos, nos liga com nosso interior, identificando estados emocionais, nos faz recordar fatos, sonhar com outros. Dizemos que a melodia é escutada com o coração. Podemos identificar a linha melódica da música: ela possuiu começo, meio e fim, tem uma estrutura, comunica.

A tessitura das alturas determinará as linhas melódicas. Entra em jogo aqui o posicionamento das notas na pauta, as claves, as escalas e as combinações dos sons.

A melodia do trecho musical total também pode ser subdividia em pequenos trechos melódicos nos quais também é possível identificar início, meio e fim. Essas pequenas linhas são chamadas de frases musicais. Paralelamente à linguagem escrita ou falada, as frases musicais seriam como as frases de um parágrafo. Percebemos na música, entre uma frase e outra, pequenos intervalos, correspondentes na linguagem escrita ou falada à acentuação, ou seja, vírgulas e pontos. Eles permitem identificar as frases e, em uma escuta ainda mais apurada, identificar o conjunto de compassos que compõem essas frases. Ou seja, um conjunto de tempos forma um compasso, um conjunto de compassos forma uma frase, um conjunto de frases forma um tema.

Façamos um paralelo com aulas práticas de Ginástica acompanhada de música e danças. Os professores, ao conduzirem à prática objetivando acompanhar o ritmo, efetuam uma contagem geralmente em 8 ou 4 tempos. Por que essa prática é tão difundida? O que ela significa? Se o professor está atento à música e se objetiva uma ligação harmônica entre o movimento e o acompanhamento, ele fará a contagem na frase musical. É bastante comum identificarmos uma frase musical que se conclui em 8, 4 ou 2 compassos.

Retomemos a roda cantada *O meu galinho:*

> Há três
> **noi**tes que eu não
> **dur**mo, olá, lá! Pois, per
>
> **di** o meu ga
> **li**nho, olá, lá! Coita
>
> **di**nho, olá, lá! Pobre
> **zi**nho, olá, lá! Eu per
>
> **di** lá no jar
> **dim**.

A estrofe acima corresponde a um tema, que se subdivide em quatro frases musicais:

- a 2ª e a 3ª linha (**noi**tes que eu não **dur**mo, olá, lá! Pois, per) são uma frase musical (dois compassos de seis tempos);
- a 4ª e a 5ª linha caracterizam a 2ª frase musical;
- a 6ª e a 7ª linha caracterizam a terceira frase musical;
- a 8ª e a 9ª linha caracterizam a 4ª frase musical, que é complementada com a primeira (Há três).

As funções da música

Como forma de comportamento humano, a música tem o poder de exercer influência única e poderosa sobre o homem, seja ela positiva ou negativa. Qualquer que seja seu propósito – em um momento de alegria, tristeza, exaltação cívica, recolhimento religioso –, ela sempre está relacionada ao homem, pois nasceu de sua mente (Leinig, 1977).

Merriam (apud Radocy, 1979) apresenta uma distinção entre uso e função da música. O uso refere-se aos caminhos ou situações nas quais as pessoas empregam as músicas e as funções às razões, aos motivos para os quais as utilizam. As músicas possuem as mesmas funções na maioria das culturas. Esse autor reconhece dez funções musicais: expressão emocional; prazer estético; entretenimento; comunicação; representação simbólica; resposta física; cumprimento de normas sociais; identificação de instituições sociais e ritos religiosos; contribuição para a continuidade e estabilidade da cultura; e contribuição para a integração da sociedade.

Segundo Csikszentmihaly (1992), uma das mais antigas funções da música, e talvez a mais popular, é dirigir a atenção do ouvinte para padrões adequados a um determinado estado de ânimo. Diferentes músicas são adequadas para cada situação, como dançar, festas de casamento, funerais, ocasiões religiosas e patrióticas, as que favorecem romances ou, ainda, auxiliam nas execuções de ordens militares. Considerada uma informação auditiva organizada, a música auxilia na organização da mente de quem a ouve, diminuindo assim a desordem de informações aleatórias que interferem nas metas pessoais.

Todas essas funções estão presentes na maioria das sociedades. Como expressão emocional, ela pode motivar uma pessoa ou grupos de pessoas às mais distintas sensações. Como resposta física, baseia-se no fato de a música ter o poder de eliciar respostas. A utilização da música com a dança faz parte de todas as culturas.

A música e os estados emocionais

Terwogt et al. (1991) apresentam dois diferentes pontos de vista quanto à interpretação da atuação da música sobre os estados de ânimo. Pode-se diferenciá-los em formalistas e expressionistas. Meyer (apud Terwogt, 1991) esclarece que os formalistas afirmam que o significado da música é primeiramente intelectual, ao passo que os expressionistas colocam a música como capaz de expressar sentimentos e emoções aos ouvintes. Segundo essa definição, a música causa efeito emocional nas pessoas. A emoção não é propriamente intrínseca à música, porém se agrega à música por meio do processo de aprendizagem. Esse processo pode simplesmente estar vinculado à vivência musical, que se resume na história musical de cada indivíduo.

Muitos pesquisadores dedicaram-se a estudar quais elementos da música seriam responsáveis por respostas emocionais. Cada elemento parece contribuir de alguma forma na elucidação de estados emocionais, não permitindo que se atribua a um deles essa responsabilidade.

Por exemplo, Hevner (1935, 1937) estudou e discriminou a qualidade afetiva dos modos maiores e menores da música, comparando pessoas com diferentes conhecimentos musicais. A autora se baseia no fato de que, historicamente, os modos maiores e menores são identificáveis pelos ouvintes, e isso se deve ao treinamento musical, à inteligência ou ao talento. Considera, ainda, que existe uma diferença nas qualidades afetivas desses modos. Modos maiores estão associados ao dinamismo, direcionando forças ascendentes, determinando, definindo; são mais naturais e fundamentais que os modos menores, expressando graus de variação entre o prazer e o excitamento; são sons brilhantes, claros, doces, esperançosos, prestativos, fortes e alegres. As características dos modos menores são de passividade, direcionando forças descendentes; são determinados e definidos, expressando melancolia, desespero, pesar, mágoa, mistério, saudade, obscuridão, inquietação; são dolorosos, depressivos, lastimosos, sombrios, lamentosos e calmantes.

Segundo a mesma autora, os músicos reconhecem que não é o modo o único fator que produz efeitos diferentes. Ele é inseparável de outros elementos – ritmo, harmonia, melodia, intensidade, tempo – e, geralmente, não é aprendido em um momento isolado, mas como parte de uma sequência, sendo influenciado simultaneamente pelo que é ouvido.

Essas características, entretanto, podem orientar um trabalho com a utilização da música. É importante respeitar a música, o objetivo da atividade, as características das pessoas envolvidas e das atividades pretendidas, encontrando, assim, a harmonia desejada de todos esses elementos.

Gabrielsson (1973, 1974) estudou as taxas de similaridade e análises dimensionais na audição de padrões rítmicos. Para tanto, utilizou-se de diversos estímulos rítmicos associados a descrições verbais. Em suas análises, encontrou três dimensões de adjetivos: cognitiva, afetiva ou emocional e motora.

Em relação à afetividade ou emotividade expressa pela música, alguns estudiosos defendem que é o compositor quem comunica seu estado emocional no momento da criação da obra musical, imprimindo-lhe uma identidade (Tolstoy apud Giomo, 1993). Entretanto, há outros que defendem que é o ouvinte que impõe o significado afetivo às formas musicais com base em suas condições culturais e experiências (Meyer apud Giomo, 1993).

Radocy (1979) parte do princípio de que respostas de estados emocionais em relação à música, ou outros tipos de respostas psicológicas, dependem de aprendizado e experiências anteriores do indivíduo em relação à música. Segundo o mesmo autor, algumas músicas são relaxantes, outras fazem o indivíduo se sentir feliz, eliciam sentimento de frustração, de agitação etc.

Aparentemente, o estado emocional expressado pela música é aprendido como uma parte geral do processo de aculturamento, portanto, não varia muito em função de sexo, idade, inteligência e treino musical.

Cuidados na escolha da música – adequação

Um dos grandes motivadores de uma aula de Ginástica além do próprio exercício é a música. Basta experimentar, participar de uma mesma aula com e sem a presença de música para confirmar essa afirmação. Obviamente, o cuidado com a escolha das músicas utilizadas na aula é um ponto de fundamental importância.

Assim como o professor ou orientador de atividade reserva um tempo para a preparação de sua atividade, ele deve reservar um tempo para a preparação do material sonoro a ser utilizado. Um material sonoro inadequado pode pôr a perder toda a dinâmica da aula, comprometendo, inclusive, seu objetivo. Não conhecer o material sonoro também limita a atuação do professor e os benefícios desse material nas atividades. Os acentos, as frases musicais, a melodia, o padrão rítmico, o jogo de instrumentos e as vozes, todos devem ser nítidos para que o professor possa destacá-los para seus alunos.

São três as principais formas de se utilizar a música nas aulas. A primeira delas é como um estímulo para o movimento. Essa é a forma mais utilizada. Neste caso, ela deve pontuar adequadamente cada momento e possuir uma marcação rítmica clara substituindo normalmente a voz do próprio professor. A música costuma ser utilizada dessa forma no aquecimento e na parte principal das aulas.

A segunda forma é como música de fundo (*background music*). A parte da aula que se utiliza mais desse tipo de acompanhamento musical é a parte final, quando trabalhamos com relaxamento ou alongamento.

A terceira forma de utilização é como motivo inspirador em aulas nas quais necessitamos da criação de coreografias, como na Ginástica Rítmica, Artística e Aeróbica.

Nesse caso, deve ocorrer uma combinação entre o estímulo sonoro e o movimento. Em alguns momentos, a música define o movimento e, em outros, o movimento caracteriza a música. Os motivos geradores podem se pautar em elementos diferentes da música, ou seja, o ritmo pode guiar o movimento, ou a melodia pode ser sua âncora, ou o diálogo dos diferentes instrumentos podem inspirar a movimentação, ou, ainda, e não menos natural, todos esses elementos podem intercalar-se como motivos para criação, execução e interpretação da coreografia/série.

O desafio deve ser que a união harmoniosa da música com a atividade encontre o equilíbrio da experiência geradora de fluxo. Csikszentmihaly (1992) desenvolveu o que denominou de teoria do fluxo, que trata sobre a satisfação plena que os seres humanos experimentam quando alcançam o clímax de seu envolvimento em uma atividade condizente com seu nível de habilidade. As atividades físicas, as musicais e as artes em geral são algumas das atividades promotoras de fluxo, que pode ocorrer quando há equilíbrio entre os desafios da atividade na qual a pessoa se engaja e o nível de habilidades da pessoa para resolver a tarefa. Quando os desafios são aquém do nível de habilidade da pessoa, haverá frustração. Quando, ao contrário, os desafios são insignificantes para o nível de habilidades, ela experimenta o tédio. Quando há equilíbrio, há probabilidade de a pessoa entrar em fluxo e sentir-se plenamente satisfeita, mas não é garantido que isso ocorra. Mas, uma vez alcançada a satisfação plena, a pessoa procura reproduzir a mesma situação para senti-la novamente. Quanto mais busca, mais refina suas habilidades. Quanto maiores suas habilidades, mais são motivadas na busca de novos desafios e de novos equilíbrios.

Com base nesse conhecimento, o professor, ciente desses fatores, deve procurar equilibrar desafios e níveis de habilidade, bem como acrescer os níveis de desafio paulatinamente para motivar e não frustrar seus aprendizes.

Segundo Karageorghis (1999), são quatro os fatores que influenciam as qualidades motivacionais da música: o primeiro deve-se ao fato de as pessoas terem uma predisposição implícita para reagir ao estímulo rítmico; o segundo é quanto aos aspectos melódicos e harmônicos da música que formam a interpretação do ouvinte e acabam interferindo nos estados emocionais; o terceiro diz respeito ao impacto cultural; e o quarto fala das associações extramusicais evocadas pela música.

Leblanc (1982) desenvolveu uma teoria interativa de preferência musical em que as decisões são baseadas na interação entre a entrada de informação e as características do ouvinte com base em seu ambiente cultural.

As propriedades físicas, as complexidades do estímulo, o significado referencial dos estímulos musicais, bem como a qualidade da *performance* através da qual eles são ouvidos, influenciam a decisão sobre sua preferência.

Condições incidentais do ouvinte, bem como a opinião de colegas e familiares, educadores, autoridades, meios de comunicação, também influenciam a decisão sobre a preferência musical. Essas influências variarão de intensidade e direção em diferentes estágios da vida das pessoas.

Antes de interagir com as características pessoais do ouvinte, o estimulo musical precisa passar livremente pelas limitações de capacidades fisiológicas de cada indivíduo. Após essa etapa, a música se depara diretamente com o indivíduo e sua sensibilidade auditiva, habilidade musical, treino musical, personalidade, sexo, grupo étnico, *status* socioeconômico, maturação e memória. Aí sim ocorre o processo cerebral do ouvinte, levando-o a tomar suas decisões sobre como opinar a respeito do estímulo musical recebido.

Enfim, é interessante observar, no desenvolvimento dessa teoria, como a preferência musical parte de um contexto sociocultural em direção a uma escolha personificada. Mostra-se a importância do macro e do micro dentro do processo de escolha musical.

A preferência musical é ainda algo muito particular, portanto, é difícil sugerir que música deve ser utilizada em cada um dos contextos de aula de Ginástica. Essa decisão cabe em grande parte ao professor, que, geralmente, lida com grande heterogeneidade em seu grupo. Porém, ele deve observar, em seu grupo de alunos, quais os estilos que mais se aproximam de suas preferências. Talvez um bom encaminhamento seja selecionar uma boa variedade de músicas que possa atender a todos os participantes das aulas. Nada como uma música de nossa preferência para nos motivar a executar os movimentos propostos, não dando tanta atenção ao nosso cansaço.

Porém, é importante lembrar que a preferência musical de nossos alunos pode ser respeitada, mas também podemos, como professores, apresentar músicas distintas das já conhecidas por eles, ampliando, assim, seu repertório musical.

Conclusão

Neste momento, gostaríamos de ressaltar os pontos mais significativos desenvolvidos neste curto capítulo, que trata de algo tão importante que é a utilização da música na Ginástica.

Algumas sugestões básicas podem ser destacadas: independentemente de ser utilizada como estímulo para desencadear o movimento ou como um fundo musical para acompanhamento da aula, a música deve ser ouvida e escutada pelo professor. É importante definir o papel que ela exercerá em nossa aula para que não tenhamos resultados inesperados.

Devemos escolher as músicas que atendam aos objetivos propostos para a aula. Músicas com ritmo bem marcado e frases melódicas claras facilitam para o professor e o aluno.

Ouvir a música significa conhecê-la, familiarizar-se com ela, ter a capacidade de acompanhá-la. Devemos aprender a respeitar a música e fazer que seja um complemento em relação ao movimento. O caminho deverá ser de ida e volta entre a música e o movimento.

Como professores, devemos aprender a sentir a música, suas nuances e tentar passar esse aprendizado aos nossos alunos. O professor deve se beneficiar do apoio que a música oferece para sustentar a dinâmica de sua aula.

As músicas são carregadas de sentimentos, podendo expressar e influenciar a emoção humana, alterar estados emocionais, desenvolvendo efeitos sedativos ou estimulantes, alterando processos fisiológicos como frequência cardíaca e respiração.

É importante salientar que, caso não tenhamos nascido com um dom natural em relação à música, relevante é a nossa disposição e paciência de se expor continuamente a diferentes estímulos musicais, aprendendo lentamente a ouvir e escutar o que esses sons estruturados têm a nos dizer.

Referências

ABBAGNANO, N. *Dicionário de filosofia*. 2. ed. São Paulo: Mestre Jou, 1982.

BAYER, R. *História da estética*. Lisboa: Editorial Estampa, 1979.

CAMPBELL, D. *O efeito Mozart*: explorando o poder da música para curar o corpo, fortalecer a mente e liberar a criatividade. Rio de Janeiro: Rocco, 2001.

CSIKSZENTMIHALY, M. *A psicologia da felicidade.* (Flow: The psychology of optimal experience) Trad. de Denise Maria Bolanho. São Paulo: Saraiva, 1992.

FITZGERALD, H. E., BUNDY, R. S. *Ritmo, tempo e comportamento*. Série BIP. São Paulo: Brasiliense, 1978.

FORNACIARI, G. *Como aprender a dançar*: novo método de danças modernas. São Paulo: Ritz, 1962.

FRAISSE, P. *Psicologia del ritmo*. Madrid: Morata, 1976.

_____. Psychologie du rythme. *Resume dans Bulletin de Psychologie*, Paris, v. 318, n. 28, p. 16-7, 1975.

GABRIELSSON, A. Similarity ratings and dimension: analyses of auditory rhythm patterns. *Scandinavian Journal of Psychology*, Estocolmo, v. 14, p. 138-60, 161-176, 244-60, 1973.

_____. Performance of rhythm patterns. *Scandinavian Journal of Psychology*, Estocolmo, v. 15, p. 63-72, 1974.

GASTÓN, E. et al. *Tratado de Musicoterapia*. Buenos Aires: Paidos, 1968.

GIOMO, C. J. An experimental study of children's sensitivity to mood in music. *Psychology of Music*, Londres, v. 21, p. 141-62, 1993.

HEVNER, K. The affective character of the mayor and minor modes in music. *American Journal of Psychology*, Champaign, v. 47, p. 103-18, 1935.

_____. The affective value of pitch and tempo in music. *American Journal of Psychology*, Champaign, v. 49, p. 621-30, 1937.

HOWARD, W. *A música e a criança*. São Paulo: Summus, 1984.

KARAGEORGHIS, C. I. Music in sport and exercice: theory and practice. *The Sport Journal,* v. 2, n. 1, 1999.

LEBLANC, A. An interactive theory of music preference. *Journal of Music Therapy*, v. 19, n. 1, p. 28-45, 1982.

LEINIG, C. E. *Tratado de Musicoterapia*. São Paulo: Sobral, 1977.

LULL, L. On the communicative properties of music. *Communication Research*, v. 12, Beverly Hills, n. 3, p. 363-72, 1985.

MENUHIN, Y. A.; DAVIS, J. A. *Música do homem*. São Paulo: Fundação Educacional Brasileira, 1981.

RADOCY, R. E.; BOYLE, D. *Psychological Foundations of Musical Behavior*. Illinois: Charles Th., 1979.

SACHS, C. *The History of Musical Instruments*. Nova York: Norton & Company, 1943.

TAME, D. *O poder oculto da música*. São Paulo: Cultrix, 1984.

TERWOGT, M.; VAN GRINSVEN, F. Musical Expression of Moodstates. *Psychology of Music*, Londres v. 19, , p. 99-109, 1991.

WILLEMS, E. *El ritmo musical*: estudio psicológico. 2. ed. Buenos Aires: Editorial Universitaria de Buenos Aires, 1979.

_____. *Las bases psicológicas de la educación musical*. 3. ed. Buenos Aires: Eudeba, 1969.

ZAMPRONHA, M. L. S. *Da música, seus sons e recursos*. São Paulo: Ed. da Unesp, 2002.

3 Do corpo usado ao corpo conhecido
Uma reflexão a partir da Educação Física e da Ginástica

Renata Russo

Este capítulo pretende lançar algumas pistas para a reflexão sobre a problemática do corpo, da Ginástica e da Educação Física e as possibilidades de uma transformação do panorama atual. A relação com os temas tem como núcleo a proposta da Educação Física, utilizando, como meio, a Ginástica e, como fim, o corpo manipulado, adestrado, disciplinado. Percebemos que ainda usamos nosso corpo de maneira autoritária e não-verdadeira. O corpo pede para ser conhecido e a Educação Física pede para ser reconhecida. Tomar consciência do corpo é perceber que ele existe. Tomar consciência de si mesmo e enxergar-se realmente pode levar à consciência do outro, permitindo, dessa forma, uma evolução do ser.

Examinando a trajetória histórica vivida pelo corpo, passamos pelo dualismo Corpo/mente, e Girardi (1993, p.77) responde sabiamente:

> Corpo/mente é uma unidade, não há corpo separado da mente e não existiria mente sem que houvesse corpo, logo, esta sintonia, esta unidade, poderá fazer que pessoas se harmonizem começando dentro delas mesmas.

A concepção de que somos uma pessoa inteira, um ser físico, social, mental, emocional, deverá ser assimilado urgentemente por profissionais de Educação Física, pois não trabalhamos com o corpo-objeto, mas com o corpo-sujeito. O homem, dessa forma, é uma unidade; ele sente, pensa e age.

A fase do trabalho em que o corpo é fragmentado e considerado máquina (corpo-objeto) é característica da sociedade capitalista. O corpo-máquina, na visão capitalista, é constituído por peças separadas, que se juntam para desempenhar determinada função, a qual deveria ser desempenhada com muita disciplina. A Educação Física teria a responsabilidade de disciplinar corpos, transformando-os em homens fortes, porém dóceis e submissos. Dessa maneira, fazendo um paralelo com ainstituição escolar, a Educação Física na escola ainda é desenvolvida de forma mecânica e repetitiva, e todos os alunos são considerados iguais, passando pelos mesmos testes, no início e no final de cada ano letivo. A tentativa de superação está na conscientização por parte dos profissionais, em que a Educação Física é "o ramo pedagógico que deve educar as pessoas para se saberem corpo, se perceberem corpo" (Freire, 1994, p. 40).

Substituindo o *uso* pela *vivência*, possibilitaremos conceber o corpo de forma prazerosa, incentivando a criatividade e a liberdade de experimentar o movimento.

A sociedade capitalista deu um enfoque ao progresso técnico, à competição, ao resultado, interferindo ainda mais na percepção do homem global.

As aulas de Educação Física nas escolas são estimuladas pela competição, seguindo regras determinadas pelo esporte de alto nível, valorizando a vitória e, muitas vezes, oprimindo o mais fraco. Para ganhar sempre, o corpo cada vez mais foi sendo flagelado. O *doping* foi considerado por nós como o maior flagelo do esporte. O objetivo de muitos atletas olímpicos, visando somente vencer, deixou de lado o ideal da glória olímpica no simples competir.

Não somos contra a utilização da prática esportiva nas aulas de Educação Física. Acreditamos que o movimento, o jogo, a ginástica, enfim, a prática, deve ser experimentada por todos e não somente por aqueles considerados mais aptos. É dever do profissional englobar e não excluir os integrantes do grupo, dando oportunidade à construção de regras e vivenciando novas formas do esporte.

Muitas são as formas de se praticar atividade física atualmente. A televisão, as revistas, os eventos esportivos têm levado a maioria da população a "consumir" diferentes tipos de produto. Falamos em produto porque a atividade física não ficou fora dessa propaganda veiculada por esses meios.

As informações são muitas vezes passadas de forma massificada, reproduzindo ideias, sem ter possibilitado o mínimo de novas visualizações. A mídia promove a ideia de que cada indivíduo é único, especial e que se diferencia dos demais ao consumir este ou aquele produto. O que se observa é a padronização do consumo. Portanto, é preciso que nós, profissionais, assumamos um compromisso, seja em academias, clubes, escolas, não no sentido de inculcar ideias, mas de libertá-los das ideias já construídas, proporcionando, assim, flexibilidade para novas visões. A Educação Física ainda busca seus parâmetros, sua identidade. Percebemos que ainda hoje existe a preocupação demasiada com a racionalização do corpo. Depois de ter sido colocado em segundo plano, entendido como objeto executante, e deixando de lado a sensibilidade, esquecemo-nos das coisas de que gostamos, das nossas buscas e dos nossos sonhos.

Perceber o corpo de uma maneira real e não vivê-lo distraidamente está diretamente relacionado com essa profissão. É por meio do corpo-sujeito que a Educação Física deve se compreender e se explicar, buscando dar sua parcela de contribuição para despertar no educando uma consciência corporal, que lhe permita perceber-se no mundo em que vive e, de posse dessa consciência, interferir criticamente no processo de construção da sociedade e, por conseguinte, de seu bem-estar.

Corpo usado

Podemos associar, hoje, o corpo à ideia de consumo. Em muitos momentos, esse corpo é objeto de valorização exagerada, dando oportunidade de crescimento ao "mercado dos músculos" e ao consumo de bens e serviços destinado à "manutenção" desse corpo.

O fato é que, contemporaneamente, veicula-se a ideia de que para se ter sucesso, felicidade ou dinheiro, o único caminho é por meio da beleza estética, por meio de um corpo esculpido, com músculos bem torneados,

> mais do que um índice de boa saúde, são também os resultados de uma cadeia de interesses. Por trás de cada fibra enrijecida estão milhões de dólares gastos em novos tipos de aparelhos de ginástica, programas de condicionamento físico, anabolizantes. (*Veja*, p. 72)

Quanto mais perto o corpo estiver da juventude, da beleza e da boa forma, mais alto é seu valor de troca. A imagem veiculada pela mídia se vale de corpos de homens e mulheres esculturais para vender anúncios publicitários. São "músculos perfeitos" impulsionando "seres perfeitos" a vender produtos "perfeitos". O músculo, atualmente, é um modo de vida. Os meios de comunicação contribuem e incentivam a batalha pelo "belo". Atualmente, ao se ligar a televisão ou folhear uma revista ou jornal, garotas "perfeitas" com curvas delineadas e garotões de porte atlético tentam vender um carro, um eletrodoméstico, um tênis, estabelecendo padrões estéticos. Isso faz que as pessoas se tornem escravas de um ideal, ressaltando o narcisismo e impondo para si mesmas uma disciplina extremamente severa, por vezes dolorosa.

A essa prática podemos apontar duas teses opostas e observar sua ambiguidade: prazer ou sofrimento? O culto ao corpo e a negação ao envelhecimento são sustentadas por uma obsessão dos invólucros corporais, explicados assim por Courtine (1995, p. 86):

> O desejo de obter uma tensão máxima da pele, o amor pelo liso, pelo polido, pelo fresco, pelo esbelto, pelo jovem; ansiedade frente a tudo o que na aparência pareça relaxado, franzino, machucado, amarrotado, enrugado, pesado, amolecido ou distendido.

Isso induz os indivíduos a não aceitarem sua própria imagem, querendo modificá-la, conforme os padrões exigidos. Para manter ou transformar seu corpo, o indivíduo se vê frente a infinitos apelos, como cremes, massagens, choques, bandagens, fornos, plásticas, puxando aqui, tirando dali, modificando, moldando, modelando o corpo por um cirurgião ou outro profissional de beleza. Carvalho (1993) comenta que, se o indivíduo tiver alguma dificuldade sobre como proceder para conquistar essa aparência desejável, não será pela carência de informações e sugestões de dietas, atividades físicas, equipamentos, enfim, todo o aparato comercial de que a sociedade dispõe, criando e recriando novos padrões.

Lepargneur (1994, p. 33) faz um comentário a respeito dos cuidados com o corpo em épocas diferentes:

> Na Idade Média, flagelava-se para dominar o corpo. Hoje, faz-se *jogging* e ginástica para modificar sua aparência. Mudaram os instrumentos de mortificação.

Estamos vivendo em uma cultura em que a aparência jovem é extremamente valorizada.

Corpo social

A construção do corpo é variável tanto de uma sociedade para outra como de uma época para outra.

Gonçalves (1994) explica que o homem vivendo em sociedade age, pensa, sente e se expressa conforme convenções preestabelecidas; é a carga que pesa sobre todos nós, que nos impulsiona a agir e assumir padrões estereotipados, legitimando, assim, a visão de mundo em grupo. Dessa forma, o homem vive seu corpo não à sua maneira e vontade. Experimenta, a todo o momento, uma aprovação social da sua conduta. O corpo deve aprender a se comportar conforme regras e técnicas estabelecidas pela sociedade.

A beleza corporal também é definida por um modelo estético padronizado comercialmente. Sabemos também que esses padrões de beleza são modificados a cada época. Durante longo tempo, a mulher bonita tinha formas arredondadas, sendo fonte de inspiração para muitos pintores renascentistas. Um choque muito grande para os padrões do século XX. O corpo, para ser bonito, deve ser delineado, trabalhado, enfim, "malhado" em academias, clubes e até mesmo na própria residência. Para os adeptos da malhação, ter "saúde" é estar bonito e dentro dos padrões estéticos de beleza.

Já comentamos anteriormente que, em cada época, o corpo foi marcado socialmente. A fascinação pelo corpo não é recente. Muitos homens valorizavam e ainda valorizam a espessa camada muscular como forma de definir seu papel na sociedade e também para autocontemplação.

> O homem contemporâneo não inventou o narcisismo, mas nasceu para ver, se ver e ser visto mais do que qualquer outro, em qualquer época. (*Veja*, p. 74)

A atração pelo corpo pode começar pela imagem do corpo de alguém, como a de um esportista ou um ator. Courtine (1995) cita alguns modelos de corpos que marcaram época: Charles Atlas, o Hércules dos anos 1920; Johnny Weissmuller, que encantou pelo seu vigor físico na década de 1940; e Arnold Schwarzennegger confirma essa adoração nos anos 1970.

Santin (1992) explica que a imagem do corpo não surge das experiências existenciais da vida pessoal. Ao contrário, a primeira imagem consciente de corpo que cada um constrói obedece aos modelos impostos pelos valores culturais vigentes.

Retomando Courtine, esta define que a cultura do músculo atualmente é vista como um espetáculo. O músculo está por toda parte. Os *body-builders*, sendo conhecido aqui no Brasil como culturista, destacam-se por seu aparato muscular. Nos anos 1980, esta fatia de mercado esteve relacionada às máquinas e ao suor, produzindo tanto aparelhos de musculação quanto suplementos nutricionais ou, ainda, publicando revistas especializadas sobre a boa forma, a saúde, os regimes alimentares e o desenvolvimento corporal. Foi nessa década que floresceu a obsessão pelos invólucros corporais, com o crescimento acentuado de clínicas especializadas, *spas*, academias, cirurgias plásticas e a chegada da lipoaspiração no Brasil. O músculo, hoje, é rótulo de vigor, de sucesso e até mesmo de rendimento.

Corpo e rendimento

Nunca os corpos estiveram tão à mostra como atualmente, especialmente neste ano olímpico. Pesquisas sobre beleza elegeram atletas de ambos os sexos como os mais bonitos das Olimpíadas. É o *Ranking* da Beleza. Os corpos atléticos dos competidores viraram vitrine para empresas de materiais esportivos: *design*, logotipos, enfim, a publicidade dos fornecedores desses materiais nos corpos dos atletas. As empresas encontraram um meio de divulgar suas marcas, as quais, pelo regulamento dos Jogos, deveriam ser reduzidas de tamanho. Nas Olimpíadas de Atlanta, a Reebok, por exemplo, em todos os seus uniformes usou um grafismo visível até da arquibancada, e, em um momento da reportagem, o *China Economic Times* afirmou que o evento estava contaminado por interesses materiais.

Concordamos com Bracht (1989, p.70), quando diz que:

> o esporte de alto rendimento ou espetáculo, aquele imediatamente transformado em mercadoria, tende, a nosso ver, a assumir as ca-

> racterísticas dos empreendimentos do setor produtivo ou de prestação de serviços capitalistas, ou seja, empreendimentos com fins lucrativos, com proprietários e vendedores da força de trabalho, submetida às leis do mercado.

A grande massa da população assume o papel de consumidora "financiando" uma boa parte desse espetáculo.

O consumo está à solta no esporte. É conforme comenta Dr. Rose em reportagem à *Veja* (1995, p. 94):

> O atleta não representa mais praticamente seu país, ele representa uma marca. Seja de tênis, roupa ou outro produto qualquer. A responsabilidade para com o patrocinador é a mesma que, antes, era para com o país.

O atleta ganha dinheiro enquanto está vencendo, portanto, passou a ser obrigatório vencer. Atletas sonham com a fama, querendo triunfar em seu meio na busca de medalhas. Por esse ideal, utilizam-se de métodos nada corretos, mas eficazes nos rendimentos. São as drogas injetáveis, como o *doping*, que poderão fazer que esse sonho se torne real. O uso do *doping* não é recente, data desde o século XIX, quando atletas começaram a ingeri-los sob forma de "bolinha", contendo cocaína, efedrina e estricnina, usados para diminuir a sensação de fadiga. De lá para cá, muitos anos se passaram e a história do *doping* continua nos meios esportivos, fabricando, por muitas vezes, o corpo de um atleta olímpico, em que o objetivo é quebrar alguma marca que se julgava intransponível.

Existem cinco classes de substâncias dopantes: estimulantes, narcóticos analgésicos, diuréticos, esteroides anabolizantes e hormônios peptídicos. Os estimulantes visam diminuir a sensação da fadiga, os narcóticos analgésicos são usados para aliviar a dor, e os diuréticos, para a diminuição de peso ou mesmo para mascarar o uso do *doping*, já que o teste é colhido por meio de exames de urina. Os esteroides anabolizantes são hormônios sintetizados e servem para o aumento da massa muscular, enquanto os hormônios peptídicos são substâncias naturais, cuja função principal é a fixação de proteínas no organismo.

São inúmeros os artifícios para driblar o controle do *doping* e vários métodos são adotados pelos atletas para driblar esse controle. É a grande problemática do esporte atual, pois o importante é vencer. O *marketing* torna-se o fator dominante, já que a indústria do esporte exige resultados. Perdeu-se de vista o ideal em que a glória olímpica estava no ato de competir. O mundo competitivo das práticas esportivas levou Santin (1994) a levantar alguns questionamentos sobre a dualidade que se instalou entre corpo humilhado e corpo exaltado. "Quando se pretende exaltar ou glorificar o corpo, acaba-se humilhando-o e escravizando-o (Santin, p. 162), exigindo dele um ritual de treinamento e dietas, tornando-o alvo de agressões e esgotamento.

A insatisfação com o corpo

A indústria cultural, por meio dos meios de comunicação, encarrega-se de produzir desejos e reforçar imagens, padronizando corpos, e os que se sentem fora dessas medidas se veem cobrados e insatisfeitos.

Quase seis em cada dez mulheres de classe média se dizem insatisfeitas com o peso corporal contra apenas um terço de homens insatisfeitos. A pressão que mulheres, embora com peso correto, sentem para emagrecer está muitas vezes na mídia, como vimos anteriormente. O ideal de beleza transformou-se em ideal de magreza dos anos 1990, oprimindo e ao mesmo tempo reprimindo o corpo para atingir esse objetivo. Atualmente, modelos pesam 20 kg a menos que sua altura, acelerando a mudança no padrão de beleza feminino. É justamente com essa evolução que muitos profissionais de saúde estão preocupados. Houve um aumento de casos de pacientes com anorexia (desejo obsessivo de emagrecimento e distorção da imagem corporal) e bulimia (compulsão de comer seguida por vômitos). "Dezenove em vinte pacientes do Ambulim são mulheres. Hoje, o ambulatório tem recebido duas novas pacientes por semana", relata Cordás (1995, p. 3). Esse autor acredita em uma combinação de motivos para a explicação dessas novas doenças.

> A pressão social por um determinado modelo de corpo estimula quem tem predisposição genética, orgânica e psicológica.

Não aceitando sua aparência e, principalmente, seu peso corporal, em muitos casos ocorre a rejeição maníaca à obesidade e a obsessão à magreza. Desse modo, as pessoas são induzidas a comprar produtos miraculosos, os quais fazem dois apelos irresistíveis àqueles que correm atrás de uma melhor forma física. Por um lado, os produtos prometem queimar gordura corporal e, por outro lado, se apresentam como naturais, não contendo, em suas fórmulas, drogas ou remédios que façam mal ou causem dependência.

Vivemos na era do comodismo. Se for mais fácil perder peso sem sacrifício, por que não fazê-lo? Enganam-se aqueles que creem ser este o acesso mais fácil, sendo facilmente iludidos por aqueles que vendem produtos para emagrecer, muitas vezes, enganosos. A falta de conscientização da população e a não aceitação dos indivíduos ao seu corpo estão levando à corrida na compra produtos para emagrecer. A indústria cultural reforçando a ideia de que um corpo bonito deve ser perseguido a qualquer custo, e aqueles que não conseguem se aproximar do modelo de beleza corporal se frustram. Por trás da busca desse ideal estão presentes os interesses do sistema de produção capitalista, cuja meta é o lucro a qualquer custo, e, o que é pior, "o lucro para alguns poucos ao preço da alienação de todos" (Medina, 1991, p. 22). Assim, o corpo alienado transforma-se em mercadoria, gerando lucros para aqueles que detêm o poder, e sendo visto, na lógica capitalista, como um objeto de produção e consumo.

Sobre isso, Werneck (1995) comenta que o corpo escravizado pela utilidade e pelo rendimento torna-se um excelente recurso utilizado pela indústria cultural, que cria, modela e introduz atitudes aos indivíduos.

Siebert (1995) acrescenta que os indivíduos tornam-se dependentes desse regime alienado, havendo um esmagamento dos desejos através de normalizações da sociedade. Dessa forma, os indivíduos são fabricados por esse sistema para responder aos imperativos do modo de produção. O capitalismo educa o corpo de tal maneira que o ensina a esquecer de todos os seus desejos. O corpo passa a ser visto como rótulo de embalagem de mercadoria em uma sociedade de consumo.

Na sociedade moderna, o corpo, além de ser visto como força de trabalho, é encarado como elemento consumidor. Baudrillard (apud Lucero, 1995, p. 51), faz um jogo comparativo de épocas. Enquanto na ética tradicional, o "desejo é que o corpo sirva; na ética da modernidade, há como que uma intimação aos indivíduos para se colocarem a serviço do próprio corpo".

Podemos notar que hoje há uma servidão do indivíduo ao próprio corpo, mas não podemos nos esquecer de que o corpo tem sido adestrado ao longo de sua história, perdendo sua identidade, reprimindo seus desejos e emoções, legitimando essa imposição.

Repensando o corpo e a Educação Física

A Educação Física carrega consigo estigmas que perduram até hoje. Passamos por uma Educação Física de forte caráter higienista e militar, que classificava os corpos conforme aptidões e capacidades para a prática de determinados exercícios.

> Assim, a Educação Física age sobre o corpo em nome do princípio da utilidade. Ela pensa no uso do corpo. (Santin, 1999, p. 63)

A Educação Física segundo esse autor, se mantém presa a uma compreensão de corporeidade muito limitada ao corpo físico e, muitas vezes, amarrada aos padrões das ciências experimentais. Desse modo, a Educação Física participa na construção de corpos fortes, resistentes, sadios e jovens. Não devemos desprezar a Ciência, mas precisamos ir mais além de dados numéricos, feixes musculares, articulações, consumos aeróbicos, considerando a sensibilidade, as emoções e sabendo entender a linguagem corporal, o que o corpo pede e fala. A Educação Física deve caminhar em direção ao corpo-sujeito e, com base nas palavras de Morais (1992), no corpo vivido, existencializado. Desde muito cedo, o homem é conduzido ao desenvolvimento da inteligência; pouco se fala sobre o corpo.

> No momento de desenvolver a inteligência, aí sim são concentrados todos os esforços conduzidos por uma parafernália de métodos e recursos didáticos com o objetivo de garantir o pleno desenvolvimento mental. (Santin, 1992, p. 54)

Foi em uma atmosfera racional que a Educação Física e os esportes foram pensados e praticados. Atualmente, o esporte incorporou os princípios de rendimento, a comparação de resultados e, especialmente, a busca pela vitória, correspondendo ao modelo capitalista. Werneck (1995, p. 146) afirma que o treinamento e as competições esportivas revelam uma forma de batalha na garantia da dominação ideológica.

> No primeiro momento, busca-se produzir atletas, mas isso não basta: é preciso produzir vencedores. Em consequência, torneios, campeonatos e olimpíadas são encarados como verdadeira batalha.

Em suas origens, o esporte teve caráter lúdico. Pensamos no brincar e nos vem a ideia de espontaneidade, confraternização e comunicação, em um cumprimento de regras por meio de um sentimento, livre de ameaças. Conforme já dito, o esporte competitivo perdeu há muito tempo sua característica lúdica. A liberdade de movimento foi transformada em regras rígidas, em que prevalecem a disciplina e a instrumentalização do corpo. A Educação Física caminha ao lado do esporte, assumindo caráter de treinamento e adestramento do movimento corporal, esquecendo do o lado humano e da importância da vivência do movimento.

Em muitas escolas, a Educação Física ainda é vista como uma disciplina que cuida do corpo, enquanto as demais se preocupam com o intelecto.

> Desenvolver os corpos dos alunos para que eles se tornem fortes, resistentes, flexíveis e coordenados, ensinar os esportes culturalmente determinados, como Voleibol, Basquetebol, Handebol, tendo como meta a competição, é a proposta da maioria dos programas de Educação Física. (Souza, 1992, p. 21)

Além disso, ela é utilizada para assegurar o desempenho corporal. Reforçando essa ideia, Moreira (1992, p. 203) acrescenta: "Se para as demais disciplinas curriculares o aluno é sinônimo de cabeça pensante, para a Educação Física ele é sinônimo de corpo fatigado".

Esquecendo-se de sua função educativa, a Educação Física escolar tem valorizado a *performance*, desrespeitando muitas vezes a individualidade, comparando resultados e, o que é pior, gerando frustrações.

Para Santín (1992), tanto no esporte quanto na Educação Física o corpo não vive seu movimento, que é imposto e manipulado. Dessa forma, podemos pensar sobre a necessidade de um redimensionamento em ambas as áreas, uma auxiliada pela outra.

Em vez de estimular a competição opressora, é preciso enfatizar a conquista de desafios, principalmente nas crianças, para quem a Educação Física estará presente. Utilizando-se das palavras de Werneck (1995), os jogadores precisam reconhecer-se como parceiros e não como adversários, possibilitando novas formas de vivenciar o esporte, que ultrapassem os limites impostos pelo chamado "esporte de alto nível", construindo coletivamente as regras e buscando compreender os significados, tanto sociais como culturais, históricos e políticos, dos gestos experimentados pelo corpo. O professor de Educação Física deverá orientar seus alunos na vivência de suas experiências corporais, sabendo interpretar o significado do próprio movimento. A Educação Física deverá ser participante e humanista, em que todos possam experimentar e ter prazer na atividade, dentro de suas possibilidades e limitações.

Santín (1992) traz em sua proposta que o jogo, em vez de luta e guerra, deve voltar-se ao lazer e à diversão, bem como os espectadores voltem a aplaudir e a vaiar, mas não exigir vitória a qualquer preço pelo seu grito de guerra.

Dessa forma, o relacionamento humano deverá ser priorizado, de modo que o bem-estar, a alegria e a emoção possam ter espaço garantido.

Bracht (*apud* Gonçalves, 1994) relata, dentro de uma perspectiva transformadora da prática do esporte no âmbito escolar, o incentivo pela reflexão e pelo diálogo dos alunos nas decisões tomadas em conjunto, tanto pelo grupo como pelo professor, possibilitando mudanças nas regras esportivas para que todos os integrantes do grupo possam participar e, dessa forma, proporcionar a existência de um clima agradável de cooperação e companheirismo.

> A aula de Educação Física pode se transformar em um campo de ação e vivência social. (Souza, 1992, p. 164)

Visões da Educação Física

Percebemos que a Educação Física, muitas vezes, esteve atrelada a uma concepção mecanicista em virtude de sua própria história.

Segundo Moreira (1993, p. 203):

> Muitos professores trabalharam e ainda trabalham as qualidades físicas básicas, vivenciadas no contexto do esporte competitivo, na busca constante da perfeição estabelecida por parâmetros e tabelas externas dos corpos dos alunos.

Tivemos uma história de subordinação. A Educação Física foi manipulada pelo poder, pois era a estratégia dos governos ditatoriais.

> Quem tem o controle do corpo tem o controle das ideias e dos sentimentos. (Freire, 1992)

Nessa perspectiva, a Educação Física ignorava a globalidade do indivíduo. Houve alteração nos anos 1980, quando adentramos na fase caracterizada por questionamentos dos períodos anteriores, revelando uma crise de identidade. Medina, na década de 1980, já dizia que a Educação Física precisava entrar em crise,

> precisa questionar criticamente seus valores. Precisa ser capaz de justificar-se a si mesma. Precisa procurar sua identidade. É preciso que seus profissionais distingam o educativo do alienante, o fundamental do supérfluo de suas tarefas. É preciso, sobretudo, discordar mais... (Medina, 1983, p. 35)

Hoje, a Educação Física ainda busca seus parâmetros, e Freire (1991) comenta que se criam, pouco a pouco, condições favoráveis para uma reflexão mais corajosa.

De uma herança dualista, estando implícitas as tendências à "biologização", à militarização e à higienização, a Educação Física ignorava a globalidade do homem, transformando-o em um ser fragmentado. Ela deve ser prazerosa a quem a executa, proporcionando inúmeras experiências de movimento, favorecendo ao indivíduo o conhecimento de seu corpo, suas capacidades e, sobretudo, suas limitações.

A Educação Física, na concepção de Freire (1994, p. 40), "é o ramo pedagógico que deve educar as pessoas para se saberem corpo, se perceberem corpo".

Apoiamo-nos nas palavras de Freire (1994) quando diz que os profissionais de Educação Física precisam começar a atuar no sentido de conseguir que as pessoas percebam sua corporeidade.

É fundamental despertarmos para que os horizontes da Educação Física, em especial os do corpo, se ampliem, tendo em vista a substituição do *uso* pela *vivência*, possibilitando conceber o corpo de forma prazerosa, aflorando seus desejos e sensibilidade.

Assim, as pessoas, ao procurar a Educação Física, devem aprender a se perceber, ter consciência de suas possibilidades e se descobrirem enquanto corpo.

Queremos ressaltar que o corpo engloba a condição humana. Somos um corpo, e é a partir desse entendimento que concordamos com Santín (1992, p. 77) quando diz que "a pessoa que não sabe viver seu corpo dificilmente terá sensibilidade para entender a corporeidade alheia".

Por fim, a Educação Física deverá deixar de lado os corpos laboratoriais, os conceitos e as tabelas, priorizando a compreensão de nós mesmos, como um ser único e indivisível. A Educação Física traz consigo, em suas referências teóricas, leis de Física e Mecânica. Nós nos conhecemos por meio de pesos e medidas, mas, dificilmente, por meio da sensibilidade corporal, pois ela não é mensurável. Mas a sensibilidade, o ato de aprender a ouvir o corpo, precisa ser aprendida, o que e é uma das tarefas da Educação Física. No momento em que formos capazes de viver nossa sensibilidade como a dinâmica da corporeidade, surgirá outra maneira de viver. Agir com sensibilidade significa sentir o dinamismo, perceber a presença do outro. Sentimos a urgência de um novo comportamento, e isso se explica pelo fato de o mundo caminhar com maior rapidez na direção do desrespeito ao corpo. As múltiplas formas de violência a que o corpo tem sido submetido denunciam essa realidade. Novamente, afirmamos com mais clareza e convicção: Somos um corpo! Temos que despertar na Educação Física, no esporte, enfim, em nossa sociedade, o (re)encontro do sujeito consigo mesmo e com outros corpos, dar a oportunidade para o corpo se relacionar, chorar, brincar e de se libertar das amarras da inferioridade.

Educação Física – novos olhares

"O homem cresce vivendo seu corpo distraidamente". Esse é um alerta de Santín (1992) para que o homem perceba seu corpo de uma maneira real.

Para isso, devemos pensar na Educação Física integrada ao ato educativo. Concordamos com Gonçalves (1994, p. 117) quando afirma que a Educação Física é, sobretudo, educação: "A Educação Física como ato educativo está voltada para a formação do homem, tanto em sua dimensão pessoal como social".

A intenção é possibilitar a formação da personalidade e da participação do homem na sociedade. Esse é um ideal educativo em que a educação Física pode ser participativa. Para Gonçalves (op. cit.), a Educação Física, como ato educativo, relaciona-se diretamente com a corporeidade e o movimento do ser humano, pois o homem é ser corpóreo e motriz. Por estar implícita a tendência mecanicista nas raízes da Educação Física, esse é o momento de cortá-la, não negando sua história, mas lutando pela conquista de uma nova situação. É nesse sentido que a Educação Física deverá caminhar, concebendo o homem como um ser corpóreo e motriz.

Verificamos que a Educação Física nas escolas correspondeu a diferentes momentos históricos. Precisamos parar para refletir qual Educação Física queremos para um futuro próximo.

Observamos um distanciamento da Educação Física no processo educacional, sendo esse fato inconcebível. Pellegrinotti (1993, p. 111) acredita que:

> a disciplina Educação Física, dentro do ambiente escolar, necessita urgentemente assumir uma postura mais comprometida com os conhecimentos que são gerados na área, para transmiti-los à juventude, possibilitando assim aos alunos liberdade para elaboração de trabalhos de vivências corporais.

É nessa perspectiva que acreditamos que os movimentos experimentados pelas crianças propiciarão a construção e a formulação de novos princípios, para os quais se torna necessário estimular e incentivar, para que todos possam ser beneficiados pela sua prática.

Santín (1992) acredita que precisamos pensar em quatro momentos para se efetivar uma mudança. Primeiramente, deve-se olhar o homem como um ser único e não apenas como um ser racional. Segundo, o homem é um ser que se move, e seu movimento ultrapassa os limites da simples atividade mecânica, e os educadores devem compreender a motricidade humana em todas as suas dimensões. Devemos, ainda, possibilitar a todos a prática de exercícios adequados ao seu biótipo e a suas capacidades e estudar tipos de exercícios compensatórios àqueles que sofrem com desgastes em virtude da rotina de movimentos impostos pelas atividades profissionais. Terceiro, o homem é um ser que brinca. É necessário redimensionar o conceito de brincar, que se tornou desrespeitoso e inútil em nossa profissão. O professor de Educação Física deverá resgatar esses valores. E, por fim, o quarto momento refere-se à urgência da sensibilidade. "O homem é ser que sente."

É dessa maneira que poderemos valorizar a Educação Física e, especialmente, o indivíduo que a procura.

Não temos a pretensão de encerrar aqui a questão *corpo* e *Educação Física*, pois entendemos que é a partir de reflexões que a Educação Física será reconhecida, e o corpo, conhecido e entendido.

Para isso, é necessário que deixemos de lado o corpo-objeto e olhemos para o corpo-sujeito, acreditando que somente dessa forma a Educação Física compreenderá as possibilidades do ser humano.

Referências

BRACHT, V. Esporte, estado, sociedade. *Revista Brasileira da Ciência e do Esporte*, v. 10, n. 2, p. 69-73, 1989.

CARVALHO, Y. M. *O mito atividade física/saúde*. Tese (Mestrado). Faculdade de Educação Física, Campinas: Unicamp, 1993.

CORDAS, T. Homens felizes, mulheres neuróticas. *Folha de S. Paulo*. 12 mar. 1995, p. 3.

COURTINE, J. J. Os Stakonovistas do narcicismo. In: SANT'ANNA, D. B. (Org.). *Políticas do corpo*. São Paulo: Estação Liberdade, 1995. p. 81-114.

FREIRE, J. B. *De corpo e alma*: o discurso da motricidade humana. São Paulo: Summus, 1991.

_____. Métodos de confinamento e engorda (como fazer render mais porcos, galinhas e crianças). In: MOREIRA, W. W. (Org.). *Educação física & esportes*: perspectivas para o século XXI. Campinas: Papirus, 1992. p. 109-22.

_____. Dimensões do corpo e da alma. In: DANTAS, E. (Org.). *Pensando o corpo e o movimento*. Rio de Janeiro: Shape, 1994. p. 31-46.

GIRARDI, M. J. Brincar de viver o corpo. In: PICCOLO, V. (Org.). *Educação física escolar*: ser... ou não ter? Campinas: Ed. da Unicamp, 1993. p. 73-86.

GONÇALVES, M. A. *Sentir, pensar e agir*: corporeidade e educação. Campinas: Papirus, 1994.

LEPARGNEUR, H. *Consciência, corpo e mente*. Campinas: Papirus, 1994.

LUCERO, N. A. O corpo redescoberto. In: ROMERO, E. (Org.). *Corpo, mulher e sociedade*. Campinas: Papirus, 1995. p. 43-54.

MEDINA, J. P. S. *A educação física cuida do corpo e da "mente"*. Campinas: Papirus, 1983.

_____. *O brasileiro e seu corpo*. 3. ed. Campinas: Papirus, 1991.

MORAIS, R. Consciência corporal e dimensionamento do futuro. In: MOREIRA, W. W. (Org.). *Educação física e esportes*: perspectivas para o século XXI. Campinas: Papirus, 1992. p. 71-88.

MOREIRA, W. W. Por uma concepção sistêmica na pedagogia do movimento. In: _____ (Org.). *Educação física & esportes*: perspectivas para o século XXI. Campinas: Papirus, 1992. p. 199-210.

_____. Educação física escolar: a busca de relevância. In: PICCOLO, V. (Org.). *Educação física escolar*: ser... ou não ter? Campinas: Ed. da Unicamp, 1993. p. 15-28.

PELLEGRINOTTI, I. L. Educação física no 2º grau: novas perspectivas? In: PICCOLO, V. (Org.). *Educação física escolar*: ser... ou não ter? Campinas: Ed. da Unicamp, 1993. p. 107-16.

VEJA. *Corpos sob Medida*. São Paulo, ano 29, n. 28, p. 72-4, 1996.

SANTIN, S. Perspectivas na visão da corporeidade. In: MOREIRA, W. W. (Org.). *Educação física e esportes*: perspectivas para o século XXI. Campinas: Papirus, 1992. p. 51-69.

_____. O corpo e a ética. In: DANTAS, E. (Org.). *Pensando o corpo e o movimento*. Rio de Janeiro: Shape, 1994. p. 67-78.

SIEBERT, R. S. As relações de saber-poder sobre o corpo. In: ROMERO, E. *Corpo, mulher e sociedade*. Campinas: Papirus, 1995. p. 15-42.

SOARES, C. L. *Educação física*: raízes europeias e Brasil. Campinas: Autores Associados, 1994.

SOUZA, E. P. M. *A busca do autoconhecimento através da consciência corporal*: uma nova tendência. Dissertação (Mestrado). Faculdade de Educação Física, Campinas: Unicamp, 1992.

WERNECK, C. L. G. *O uso do corpo pelo jogo de poder na educação física*. Dissertação (Mestrado). Belo Horizonte: Universidade Federal de Minas Gerais, 1995.

4 A Ginástica e as atividades circenses

Marco Antonio Coelho Bortoleto

O circo e a Ginástica: confluências e divergências históricas[1]

> *O circo é uma forma de arte diretamente relacionada à Ginástica.*
> Vernetta, Bedoya e Panadero (1996, p. 19)

A Ginástica como exercício físico é tão antiga quanto o circo, sendo um fenômeno artístico-cultural. Desde a Antiguidade, ambas constituem diferentes vertentes das artes corporais, que inundam grande parte das sociedades que habi-

---

[1] Desde já, devo agradecer a inestimável colaboração dos professores José Rafael Madureira e Vinícius Terra na elaboração deste capítulo.

tam nosso planeta, de leste a oeste, de norte a sul, de oriente a ocidente. Trata-se de um legado cultural que merece nossa atenção.

Observando com certa distância e globalidade a evolução que essas atividades tiveram ao longo da história, encontramos vários momentos em que elas coexistiram na maior parte das sociedades, sejam elas primitivas ou modernas. Paradoxalmente, essa mesma óptica revela que cada uma dessas atividades imperou hegemonicamente em determinadas regiões e em diferentes momentos históricos, chegando, até mesmo, a uma negar a outra e, consequentemente, a se distanciarem entre si.

A partir dessa perspectiva, visualizamos também aspectos comuns na essência dessas práticas, características tão semelhantes que nos permitem cogitar, teórica e empiricamente, que essas atividades possuem uma lógica interna semelhante, ou, como se diria desde a reflexão filosófica, que elas compartilham princípios de uma mesma natureza. No entanto, durante a evolução histórica vivida por essas atividades, observamos como elas se tornaram diferentes e como vêm buscando uma reaproximação na atualidade.

Muitos foram e são os fatores que influenciaram na dinâmica de aproximação e distanciamento entre essas atividades. Entre eles, poderíamos destacar os interesses político-econômicos, as diferentes tendências socioculturais e, especialmente, a influência do conhecimento científico e tecnológico. Apesar disso, nada impediu que ambas evoluíssem, modificassem ou continuassem presentes em nossa realidade sociocultural depois de tanto tempo de existência. Após tantas mudanças, elas sempre encontraram espaço e uma forma de se manifestar, continuando até hoje como foco de nossos diferentes olhares, como público (quem contempla) praticante (quem exerce) ou como acadêmico (quem estuda e critica).

Também é certo que os termos *ginástica* e *circo* designam um conjunto muito amplo de atividades e possuem uma variedade tão incrível de significados e sentidos que, obviamente, somos obrigados a delimitar nossa reflexão aos âmbitos e campos que mais nos interessam nesse momento: a Ginástica como prática sistemática de exercícios físicos (esportivos ou não) e o circo como manifestação artística.

É exatamente sobre os encontros e desencontros, as semelhanças e diferenças, as tendências e modificações que sofreram a Ginástica e o circo que focalizamos a reflexão que acabamos de começar.

Uma breve viagem no tempo: raízes, etimologia e preconceitos

Entre as definições clássicas, como a que apresenta Cunha (1989), o termo *Ginástica* aparece como a expressão derivada do grego *gymnos* (exercitar-se nu, despido).[2] Trata-se de uma "arte" que tem por finalidade desenvolver harmoniosamente o corpo e aumentar a força muscular, mediante um sistema prescrito de movimentos. Muitos dicionários situam essa terminação como original do eruditismo português *Ginástica* ou *gimnastica*, do espanhol *gimnástica* ou *gimnasia*, do inglês *gymnastics*, do alemão *Gymnastik* e, fundamentalmente, do grego *gymnastikê* (*tékhné*), sempre como a "*arte da* ginástica" (Dicionário Mirador, 1977).

Desde os ginásios gregos, passando pelos mosteiros orientais de artes marciais ou pelos salões reais egípcios, a Ginástica foi uma prática estudada, uma "ciência"[3] do movimento humano. Uma atividade cuja prática era defendida por filósofos, reis e senhores da guerra. Era uma "verdadeira arte" do exercício físico elaborada como ferramenta para a melhora das condições físico-estéticas dos cidadãos. Portanto, esse conceito primitivo de Ginástica concretiza-se como a arte

---

[2] Para a cultura, a arte e a filosofia grega, a conotação do "nu" deve ser entendida no sentido de uma prática para além dos valores materiais, livre das superficialidades humanas e das aparências, preocupada com a saúde, a moral e a estética do corpo e dos movimentos. Para nos aprofundar neste assunto, seria conveniente consultar a obra *Paideia: a formação do homem grego*, de Werner Jaeger, na qual se expressam com detalhes as ideias de educação e formação do homem grego, na qual a ginástica e a música foram artes fundamentais para a formação estética e ética dos cidadãos – ambas eram o início da busca pela harmonia. O nu tinha forte conotação política também: um corpo nu demonstra calor, e um corpo quente é um corpo ativo, pronto para a participação, inclusive social e sexual (o corpo feminino ou escravo é um corpo frio e passivo – sobre isso, podemos ler também *Carne e Pedra*, de Richard Sennett).
[3] Ciência no sentido de conhecimento com propriedade e não como o conceito que usamos depois do século XVIII até a atualidade.

de sistematizar exercícios corporais e aplicá-los com fins competitivos, educativos, formativos, artísticos ou terapêuticos (Buck, 1962).

Com o império do conhecimento racional (científico), a Ginástica procura ignorar seu lado artístico e concentra sua evolução no lado positivo (objetivo) dos movimentos, buscando leis fisiológicas, biomecânicas e neurológicas que expliquem os gestos motores e ajudem a construir um método de treinamento mais eficiente. Nesses tempos, inicia-se o reinado hegemônico do princípio da utilidade. Com a reativação dos Jogos Olímpicos, em Atenas (Grécia) em 1896, o termo *Ginástica* passou a ser usado também para representar a manifestação esportiva (competitiva) (Marinho, s/d), um esporte que foi desenvolvendo-se até a sua forma atual, mais conhecida como Ginástica Artística (ou Ginástica Olímpica). Essa modalidade de competição passou, ao longo dos anos, a incorporar novas modalidades, como a Ginástica Rítmica, Aeróbica, Acrobática e o Trampolim Acrobático.

Essa ciência do movimento chamada Ginástica tornou-se foco de atenção dos estudiosos do esporte na sua busca pelo maior rendimento (resultados), alcançando um importante *status* social. Isso significa que, apesar de a Ginástica ser considerada por muitos uma arte, ela sempre teve uma vocação científica, uma intenção de se transformar em uma fonte mais ou menos rigorosa, segundo o período e o desenvolvimento do conhecimento racional.

Já o termo *circo*, muito mais recente que a atividade que designa, nasceu durante o império romano, onde a política de "pão e circo" oferecia números de dança, música, poesia, corrida de cavalos e, frequentemente, espetáculos sangrentos de gladiadores em um espaço redondo denominado *circus maximus* (Ramos, 1983, p. 159). Embora as atividades circenses (acrobacias, funambulismos, equilibrismos, contorcionismos etc.) remontem milhares de anos "circo antigo", foi em 1770, com a inauguração do Astley's Amphitheatre em Londres, por Philip Astley, que "circo" passou a denominar o conjunto de atividades praticadas sob uma lona, em teatros ou de forma itinerante (*mambembe*) em ruas e praças (espaços abertos), dando origem ao denominado Circo Moderno ou Tradicional (Bortoleto e Carvalho, 2004).[4]

O que mais nos interessa é observar que, originalmente, ambas as atividades eram consideradas formas artísticas do uso do corpo (técnicas artesanais e corporais construídas culturalmente – segundo a terminologia cunhada por Marcel Mauss, 1974). Mesmo com toda a revolução causada pelo pensamento moderno (Ciência), o circo continua existindo como uma arte; já a Ginástica passou a ser tratada como uma ciência.

Já nesses inícios, observamos também uma diferença fundamental entre elas, possivelmente responsável pela diferente trajetória que seguiram: referimos-nos ao objetivo que ambas tinham. Nesse caso, por um lado, a Ginástica buscava a manutenção da saúde, o tratamento terapêutico, o desenvolvimento físico para o trabalho e a guerra e, finalmente, a estética corporal; por outro lado, o circo buscava e continua buscando o entretenimento da população (a diversão) (Crespo, 1990, p. 443). Esses objetivos levaram a uma equivocada, mas socialmente importante, associação de certos adjetivos em relação à Ginástica (útil, trabalho, sacrifício, organizada, sistemática,

---

[4] Para consultar mais dados sobre o papel do circo no período renascentista, seria interessante uma consulta ao trabalho de Mikhail Bakhtin, intitulado *A cultura popular na Idade Média e no Renascimento: o contexto de François Rabelais*. Brasília: UnB/Hucitec, 1987.

racional etc.) e ao circo (vulgar, inútil, caótico, perigoso etc.) (Soares, 2001b). Tudo isso não impediu que alguns autores chegassem a "fundir" essas duas práticas em seus estudos, como é o caso de Alemany (1964, p. 16) e sua "gimnasia circense".

Racionalidade *vs.* intuição: a modernidade

A Ginástica é bastante monocórdica e repetitiva. "O movimento próprio da Ginástica é analítico, não alcançando as diferentes partes do corpo" (Herbert Spencer, 1861).[5]

Apesar de sempre existirem semelhanças e diferenças entre a Ginástica e o circo, foi na modernidade, a partir do século XVIII, que suas características tomaram forma, mostrando, assim, o caminho que cada uma delas tomaria dentro de nossas sociedades.

A Ginástica moderna encontrou nos fundamentos racionais e positivos o caminho para sua evolução, preconizando, assim, uma visão do exercício físico controlada, racional para os aclamados objetivos sanitários, militares, obreiros-laborais, competitivos e estéticos (uma ginástica científica, como denomina Soares, 1994). Nessa perspectiva, consolidou-se como uma manifestação sistemática e organizada do exercício físico (Defrance, 1987).

Este modelo de Ginástica foi usado como "um mecanismo para o adestramento militar", uma ferramenta para o refinamento estético e também como instrumento para forjar corpos saudáveis, fortes, belos e hábeis para a vida e, fundamentalmente, para o trabalho. Enfim, uma ferramenta para a "ordem e o progresso" em termos do positivista Augusto Compte (1957). Precisamente por isso, foi necessária uma meticulosa análise dessa arte do exercício físico, um estudo marcado pela influência do pensamento cartesiano, higienista e positivista, enfim, da razão (Hébert, 1946).[6]

---

[5] No quarto capítulo de sua obra, Herbert Spencer relata que "a Ginástica se afasta do jogo, do lúdico" em virtude de sua natureza analítica e racional.

[6] Uma excelente referência sobre a obra de Hébert é o texto de Carmen Lúcia Soares, intitulado George Hébert e o método natural: nova sensibilidade, nova educação do corpo, publicado na *Revista Brasileira de Ciências do Esporte* (v. 24, n. 1, p. 21-39, 2003).

Como consequência dessa evolução anunciada, a Ginástica Moderna é, ou pretende ser, racional, sistemática, respaldada pela Ciência, estudada em detalhes para que seja um procedimento eficiente, um modelo a ser seguido pelo esporte de competição ou como recurso de formação corporal e moral (Bortoleto, 2004). O discurso formulado por Soares (2000) reflete de forma magnífica esse espírito da Ginástica moderna e sua ruptura com o modelo de corpo e educação típico do circo:

> Voltada para o conjunto das populações urbanas, objeto central de preocupação do poder, a Ginástica garante seu lugar na opinião pública e constitui-se como um saber a ser assimilado, pois se ajusta aos preceitos científicos e é por eles explicada. Aparece despida de suas marcas originárias do mundo do circo, da gestualidade característica dos acrobatas e daqueles que possuíam o corpo como espetáculo. Em seu discurso e prática, alarga-se o temor ao imprevisível que o circo, aparentemente, apresenta com seus artistas de arena em suspensões e gestos impossíveis e antinaturais, a mutação constante de seus corpos que resultam em ameaça ao mundo de fixidez que se desejava afirmar. A Ginástica apresentava-se então como técnica capaz de ensinar o indivíduo a adquirir forças, armazenar e economizar energias humanas, colocando-se como o contrário do circo, do espetáculo de rua, lugares nos quais julgava haver o uso desmedido de forças, um gasto inútil de energia. Contraditoriamente, porém, é nas atividades circenses que a Ginástica tem um de seus mais sólidos vértices, sempre negado pelos seus discursos e pelo seu silêncio. Amorós, um dos fundadores da ginástica francesa no século XIX, faz alusão aos exercícios cênicos ou funambulescos em sua obra, afirmando que não os exclui, mas que lhes imprime sempre um caráter de utilidade. Reafirma também que o propósito de seu método não é o de entreter, nem de divertir por meio de demonstrações e usos de força física e muito menos fazer dos exercícios um mero e frívolo prazer.

Vernetta, Bedoya e Panadero (1996, p. 22) reforçam essa tese quando afirmam que durante muito tempo os defensores da Ginástica científica (educativa) condenaram o circo. Mencionam, como exemplo, que, em 1869, a Federação

Italiana de Ginástica emitiu um comunicado proibindo a prática do circo, pois, segundo ela, confundia o ginasta com o acrobata de circo.

Paralelamente, durante esse mesmo período, o circo continuou crescendo e expandindo-se como uma manifestação intuitiva, pouco sistematizada, em certos momentos bizarra, repleta de riscos e mistérios, e como uma profissão de evidente vocação de entretenimento social. Uma instituição familiar e tradicional, muitas vezes marginalizada, mais flexível, adaptável, com muita mobilidade e, frequentemente, interurbana. Isso não significa que todos os conhecimentos racionais e tecnológicos gerados nessa época foram ignorados no circo, mas se constata certo distanciamento que essa prática manteve da racionalidade, isto é, da ciência moderna. Provavelmente a distância (marginação) do circo com respeito ao poder das instituições oficiais (do exército, do governo, das escolas e das universidades), à autonomia familiar-empresarial e à proteção que as lonas davam a essa arte serviu como um isolante ou retardador dos efeitos modernistas.

Assim sendo, durante a maior parte da história moderna do circo, essa foi uma atividade pouco estudada, ao menos desde a perspectiva científica, talvez em virtude de suas notórias diferenças de intenções que motivavam sua prática e dos ambientes onde se praticava, como já comentamos. Consequentemente, o circo funciona como um contraponto ao positivismo ginástico e ao império da razão, conseguindo sobreviver ao modernismo sem deixar seu encanto, seu mistério de lado ou de evoluir, ou seja, sem deixar de seguir sua intuição artística.

De forma concomitante e singular, o circo teve outro destino. Apenas uma pequena parte das pessoas que se dedicava ao circo moderno tomou a decisão de estudá-lo e usar os conhecimentos científicos, como o fizeram os estudiosos da Ginástica. A maior parte dos artistas circenses preocupou-se simplesmente em continuar exercendo sua profissão, praticando e aprendendo por experiências próprias ou alheias (empirismo), e, em grande parte, se limitou a buscar seu máximo ideal artístico (aquele que lhes mantinham vivos, que era seu sustento): o de conseguir façanhas mais difíceis: o mais difícil... surpreendente, aquilo jamais visto... algo espetacular e quase sempre arriscado.

Esse divórcio conceitual e práxico que acabamos de anunciar não é fruto da casualidade e muito menos um fenômeno-relâmpago, repentino ou fugaz. Essa ruptura se concretizou de forma lenta (ainda não está finalizada – talvez nunca finalize) e os argumentos mostram que foi motivada por uma evolução social, científica-tecnológica e industrial descontínua (não linear), que aconteceu de forma bem distinta nas diferente regiões onde essas atividades eram e continuam sendo vivenciadas. Como já comentamos, a aparição do esporte moderno (competitivo) sem dúvida contribuiu no distanciamento dessas atividades, no diferente ritmo de desenvolvimento e nas distintas tendências teórico-práticas que essas atividades adotaram durante sua transformação a partir deste momento.

Do erudito ao popular e do popular ao erudito

Os relatos antigos indicam que a Ginástica foi, originalmente, uma prática reservada à elite civil, aos nobres e aos militares (Ramos, 1983, p. 183). Esse elitismo imperou aproximadamente até o final do século XVIII e o principio do XIX (Langlade e Langlade, 1970). Apesar disso, a partir da segunda metade do século XIX, paulatinamente, a Ginástica foi ampliando seus domínios a outras camadas da população à medida que sua importância para a saúde e o trabalho ficava evidenciada pelo discurso científico hegemônico nas sociedades mais influentes (especialmente no Ocidente) e pelas autoridades detentoras do poder (militares, políticos, médicos etc.).

Na Antiguidade, o circo era majoritariamente uma atividade praticada pelas camadas mais pobres da população, o que não significa que o produto dessa prática, os espetáculos, não tenha sido objeto de desfrute das classes burguesas (dominantes) e fonte de inspiração para a criação de um mercado de entretenimento.

Seguindo este *modus operanti*, o circo tradicional não foi uma atividade confinada em centros oficiais e, muito menos, uma arte para todos, como se pretendia com a Ginástica. O circo, do antigo ao moderno, sempre foi um patrimônio reservado, uma herança protegida dentro do meio familiar, "aprisionada" em seletos guetos a que poucos tinham possibilidades de acessar. Frequentemente, em virtude de sua "perigosa" e complicada natureza e dos preconceitos socioculturais, o circo era considerado uma arte "menor" (menos importante). Além disso, considerava-se que poucos podiam praticá-la, pelo menos de um ponto de vista profissional.

A Ginástica, também, é cada vez mais popular, ao contrário de suas origens militar, burguesa e elitista (algo que continua sendo a Ginástica de competição). É um conhecimento praticado em muitos lugares e não somente em ginásios especializados. Vemos a Ginástica em escolas, clubes, academias, centros sociais etc. Empurrado por esse mesmo fluxo adaptativo, vemos cada vez mais o circo sendo praticado em escolas, em centros especializados, ao contrário do seu início, quando estava reduzido às lonas, às famílias e aos guetos de rua. O circo é, hoje, mais popular do que nunca!

Sintomas da pós-modernidade: semelhanças mais que relevantes

A acrobacia continuou durante a Idade Média na Europa, onde foi praticada por grupos peregrinos de atores dramáticos, dançarinos, acrobatas e ilusionistas.

Atualmente, observamos uma aproximação significativa entre a Ginástica e o circo, graças aos esforços de ambas as partes (ou em virtude das necessidades socioculturais e de mercado). Vejamos melhor esta nova tendência.

O circo contemporâneo, ou "circo novo", como denominam muitos autores, fundamenta-se cada vez mais sobre conhecimentos sistematizados. Nutre-se dos conhecimentos científicos e, consequentemente, é cada vez mais seguro, mais humano (circo do homem), sem deixar de ser espetacular, artístico, intuitivo e surpreendente. Um modelo que, apesar de coexistir com o modelo tradicional de circo, vem se mostrando mais adequado às expectativas e aos valores sociais da atualidade, em busca da sua sobrevivência e triunfo, consequência direta da aparição das escolas de circo e, portanto, um declínio da hegemonia do circo familiar (Bortoleto e Carvalho, 2004). Apesar da sua "velhice", o circo irrompe na modernidade sempre inovando, trazendo novidades de uma forma muito particular, segundo Crespo (1990, p. 444).

Simultaneamente, a Ginástica de hoje pretende cada vez mais ser artística, espetacular, sem deixar de ser competitiva ou racional (Huguenin, s/d). Especialmente na Ginástica de competição, esse resgate de suas raízes artísticas--estéticas-expressivas é o que tem motivado tantas mudanças nos regulamentos (códigos de pontuação), conforme revela FIG (1986 e 1991). Segundo Harden

(1982), o sentido estético ou artístico das ginásticas é algo essencial para esse tipo de prática, uma característica que sempre manterá o debate esporte-arte aberto e que deve ser resgatada na modernidade.

Alguns episódios históricos relatados em distintas fontes literárias ilustram as mais que importantes semelhanças que possuem entre si a Ginástica e o circo, ou melhor, o circo e a Ginástica. Para começar, vemos como os pensadores da Ginástica moderna buscaram nos *saltimbanques do medievo* ideias, materiais e recursos para seus modelos e métodos ginásticos, como podemos observar nas palavras de Soares (2001b, p. 114):

> Contudo, há outro conjunto de saberes que também serviu de base para a Ginástica científica e que foi apagado de seus registros. Trata-se das práticas populares tradicionais artísticas de rua, de acrobatas e funâmbulos, daqueles que apresentavam o corpo como espetáculo. Seus aparelhos de demonstração e suas acrobacias são literalmente copiadas pelos pensadores da Ginástica do século XIX.

Como exemplos dessa apropriação, podemos mencionar o caso da argola, da barra fixa, do cavalo, da trave de equilíbrio de Ginástica Artística, das bolas de Rítmica, da cama elástica do trampolim e outros. Todos esses aparelhos eram empregados no circo medieval e provavelmente em momentos anteriores da nossa história e, obviamente, foram aperfeiçoados pelo gênio de algumas pessoas que visualizaram o potencial que eles poderiam ter para o desenvolvimento físico, estético e moral dos cidadãos

Outro exemplo que ilustra bem essas apropriações de materiais circenses pela Ginástica é o do trapézio. Esse clássico aparelho circense inspirou vários movimentos da Ginástica moderna. Há inumero relatos da utilização do Trapézio nos ginásios de Ginástica dos séculos XIX e XX, como mais um dos aparelhos empregados na preparação dos corpos (um exemplo são as gravuras do Colégio Round Hill, nos EUA, em 1828).

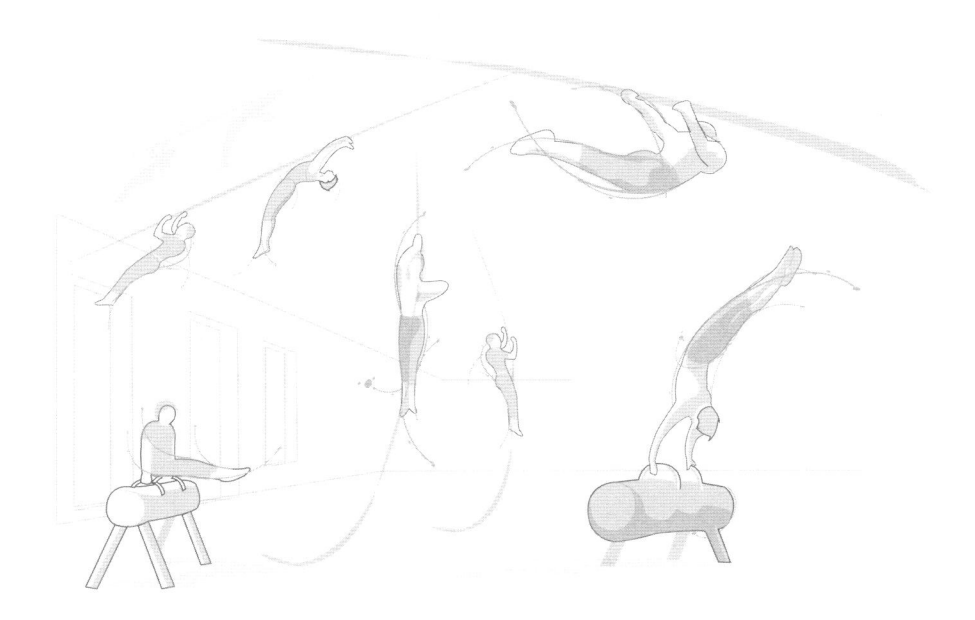

Outro ponto de intersecção entre essas artes corporais está na motricidade de repercussão espetacular (estética) e de precisão, especialmente na acrobacia e na manipulação de objetos. As acrobacias individuais e coletivas são tão antigas

quanto o homem civilizado, um legado circense. Os malabares não são diferentes, e ambos conformam a base das atividades circenses e ginásticas (Soares, 2001a).

A Ginástica Acrobática que hoje vemos como um esporte emergente não deixa de ser uma versão moderna (competitiva) das acrobacias coletivas que realizavam os artistas de circo séculos atrás. Segundo mencionam Vernetta, Bedoya e Panadero (1996), a construção de pirâmides ou estruturas humanas é natural do circo e outras práticas culturais ancestrais, e só recentemente foram transformadas em esporte. Até mesmo a tradicional Ginástica Artística não deixa de ter seu vínculo histórico com as *performances* dos antigos saltimbancos e palhaços (*clowns*).

Muitas outras especialidades circenses inspiraram o desenvolvimento da Ginástica moderna. Os conhecidos barristas do circo, acrobatas que realizavam exercícios saltando em diversas barras fixas (como, por exemplo, os irmãos Atayde, que, em 1927, foram considerados os melhores barristas do mundo). Também no circo já existiam os especialistas em argolas (conhecidos como *anillistas*, conforme a tradução ao espanhol do termo "argolas"), especialistas que inspiraram o uso das argolas na GA atual e também das argolas ao voo (aparelho praticado há mais de dois séculos na Alemanha e difundido no Brasil pelo professor Dr. Jorge Pérez Gallardo, da FEF – Unicamp).

Até mesmo a Ginástica de Trampolim, ou cama elástica, como é popularmente conhecida, nasceu no circo. Há séculos, os artistas de circo realizam o trampolinismo, ou seja, saltos acrobáticos de alta complexidade sobre uma superfície elástica. Sua transformação em um esporte de competição é um fenômeno recente. Foi somente a partir de 1936 que apareceram as primeiras competições oficiais nos EUA, transformando-se em um esporte olímpico em Sydney, em 2000.

Nesse mesmo sentido, a antiga técnica de manipulação de objetos sem lançamentos, usando predominantemente movimentos circulatórios e ondulações e mantendo o objeto sempre em contato com o corpo, ficou conhecida no mundo dos malabares como *swing*. Essa técnica foi trazida ao mundo da Ginástica, mais precisamente para a GR. Podemos observar a influência do contorcionismo circense (especialmente das tradicionais escolas circenses da Mongólia, da China e da Rússia) no desenvolvimento dessa modalidade nas últimas décadas (basta ver as apresentações da campeã olímpica e mundial Alina Kabaeva para se certificar dessa argumentação) (Antualpa, 2007). Essa influência da arte circense, assim como da dança e da música, é relatada por diversos estudiosos, como Pallarés (1979).

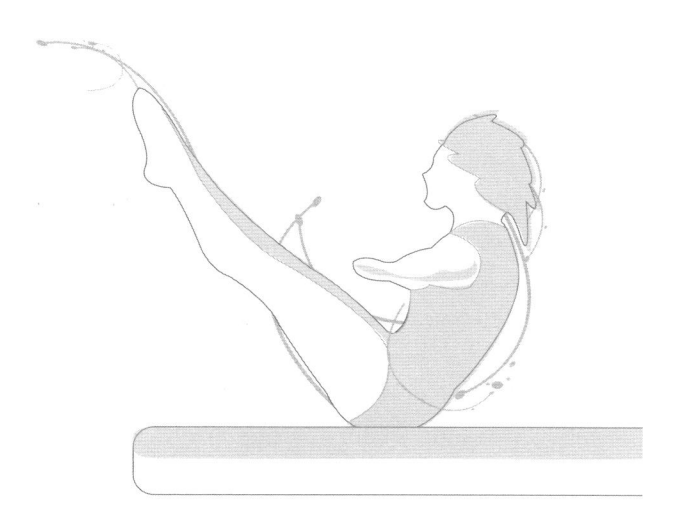

Nem sequer o uso da música escapa a essa analogia. São muitos os relatos que comprovam que os artistas antigos usavam a música para chamar a atenção das pessoas que habitavam as vilas ou que residiam ao redor das praças que eles escolhiam para atuar. A música como recurso harmônico, estético e de espetáculo foi decisiva para a sobrevivência do circo. Na Ginástica, a música também revelou ser um mecanismo importantíssimo, especialmente para as atividades femininas e o aprimoramento do ritmo, da expressividade, da cadência motora e da estética da ginástica (Langlade e Langlade, 1970).

Na literatura, observamos outros relatos que confirmam essa estreita relação entre o circo e a Ginástica. Conforme Brozas (1999):

> *A acrobacia e os acrobatas*, obra de G. Strehly cuja primeira edição foi feita em Paris, em 1903, constitui um valioso referente histórico que, concebido a partir de uma perspectiva teatral ou circense, enriquece a compreensão da evolução da acrobacia em todos seus aspectos de desenvolvimento. O livro contém 21 capí-

tulos, dos quais 15 se dedicam às distintas especialidades que eram exibidas nos teatros: equilíbrio sobre as mãos, deslocamentos, saltos, pirâmides e saltos em colunas, acrobacia com tapete, anilhas, barras e trapézio, equilíbrio aéreo, "trinka" e jogos japoneses, acrobatas equestres, ciclismo acrobático, malabarismo e pantomimas. A figura do acrobata surge associada a todas essas especialidades. Nos quatro primeiros capítulos, surge uma série de referências históricas e sociológicas de grande interesse pedagógico, sobretudo a respeito do processo de formação: a acrobacia, ao longo do tempo; como ser um acrobata; a vida de artista; e as especialidades e as escolas.

Na obra escrita por Dalmau (1947), o autor relata a presença de ginastas na maioria dos circos que visitavam ou que estavam instalados em Barcelona (Espanha) durante o final do século XVIII e início do XIX. Nem mesmo um dos primeiros livros que pretendia sistematizar o conhecimento sobre a Ginástica de que se têm notícias, escrito por Jerônimo Mercurial (*A arte ginástica*, 1601), deixa de tratar dessa relação. Para esse autor, os acrobatas antigos e os ginastas modernos realizam um conjunto de tarefas motoras muito similares, tão parecidas que não podem ser entendidas como duas atividades diferentes. Essa relação aparece inclusive nas referências mais modernas sobre essas práticas, como é o caso da enciclopédia digital mais importante do mundo, a Wikipedia.

Nossa contemporaneidade vem mostrando que ambas as práticas podem coexistir em harmonia no tempo e no espaço. Prova disso é que encontramos diversos exemplos de saberes tipicamente circense sendo praticados em academias, clubes, escolas ao mesmo tempo que vemos os conhecimentos da Ginástica sendo aplicados nos centros de formação circense.

Atentos a essa dinâmica de reaproximação entre o circo e a Ginástica, entre a arte e o esporte, entre o espetáculo e a *performance*-rendimento, várias associações, grupos de estudos e pesquisadores têm dedicado seus esforços a estudar ambos os fenômenos como um todo. Exemplos que ilustram esse discurso não faltam. Desde o ano 2000, a *Association Française de recherche en activités gymniques et acrobatiques* (Afraga) discute em seus congressos anuais esses temas. Ademais, nos últimos anos se realizaram várias jornadas de estudo da Associação Francesa de Estudo das Atividades Gímnicas e Artísticas (APGA) intituladas *Les activités physiques gymniques et artistiques* (a última foi organizada na Universidade de Valenciennes de Lille, em fevereiro de 2006). Vimos, também, como as últimas edições do Fórum Internacional de Ginástica Geral, organizado pela FEF Unicamp e SESC-SP, incluíram oficinas, conferências e outras atividades relacionadas ao circo, unindo-o à Ginástica, desde o ponto de vista teórico como prático de outros eventos, como o Fórum Regional de Circo (2005), do Colóquio Circo e Modernidade (2006) e da X Convenção Brasileira de Malabares e Circo (2008), realizados na Unicamp, observando em todos a presença massiva de representantes da Ginástica e do circo para a construção de seu diálogo.

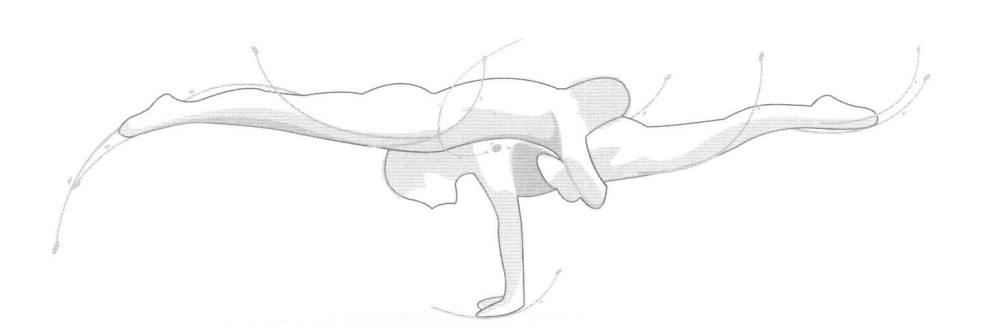

No âmbito prático, também observamos essa aproximação de forma notória. O grupo cubano de Circo *Los Aregos*, que participou no 1º Festival Mundial do Circo do Brasil em Belo Horizonte, em 2003, contava com um ex-ginasta da seleção nacional de Cuba e dois artistas formados pela prestigiosa escola nacional cubana de circo, fazendo uma combinação brilhante.

Voltando nossos olhares para um dos países mais importantes para o circo moderno, a Bielorrússia, observamos que até seu mais tradicional circo, o *Pequeno Circo da Bielorrússia*, inclui ex-ginastas em seu corpo de artistas. Atualmente, as ex-ginastas Katia e Sofia Staravoitva são grandes atrações do seu espetáculo. Formadas no Instituto Nacional de Educação Física de Minsk, formaram parte da seleção nacional e participaram de várias competições internacionais. Já a contorcionista Hanna Cherniy, ex-atleta internacional de Ginástica Rítmica, além de artista do circo é treinadora de ginasta de alto nível. Esse circo traz ainda a atleta de Ginástica Rítmica Sofya Staravoitava com um tradicional número de aros.

Durante os últimos anos, observamos[7] uma forte presença de ginastas em companhias de circo de rua. Na última edição da *Fira de Teatre al Carrer* (Feira de Teatro de Rua) de Tarrega, o maior e mais importante evento de teatro e circo de rua da Espanha, pudemos ver exemplos como a Companhia Albadulaque (Málaga – Espanha), com um espetáculo no qual um ginasta realizava exercícios em um cavalo com alças, como *flayrs* (movimentos típico desse aparato), no chão,

---

[7] Entre 2000 e 2005, atuei como acrobata *free lancer* em várias companhias de circo na Espanha, o que reforça ainda mais o discurso que estamos realizando.

ao mesmo tempo que outros artistas realizavam malabares e tocavam flamenco. Vimos também os *Gingers*, com barristas e trampolinistas atuando em seu espetáculo, entre outros tantos exemplos. Nem mesmo a maior companhia de circo moderno do mundo, o *Cirque du Soleil* (Canadá), foge a essa tendência. A maior parte dos "artistas" dessa multinacional do entretenimento são ex-atletas de diversos esportes ginásticos. Até mesmo a forma de treinamento desenvolvido no esporte de alta competição foi transladada ao circo, dando origem ao seu próprio centro de treinamento em Montreal (lembremos que o uso do Ginásio fechado para treinar circo já aconteceu na Antiguidade, como relatam Vernetta, Bedoya e Panadero, 1996). Grande parte dos treinadores do *Soleil* foram técnicos de Ginástica internacionais. Basta olhar sua página de Internet oficial para observar que os diretores desse grande circo solicitam atletas de todas as especialidades ginásticas para seus *castings* (provas de seleção de novos artistas).

Vemos essa aproximação inclusive na publicidade de uma pequena escola infantil da cidade de São Paulo. Nessa instituição, ministra-se uma matéria que mistura atividades de pernas de pau, cordas indianas, barras paralelas, cambalhotas, saltos e diversas outras peripécias. O anúncio afirma que as "crianças com cinco ou seis anos podem começar a aprender alguns movimentos básicos da Ginástica Acrobática, uma modalidade semelhante à Ginástica Olímpica (ou melhor, Artística), porém alguns elementos circenses foram adaptados para deixar os atletas mais livres durante as apresentações".

Considerações finais

Em primeiro lugar, devemos reconhecer que este capítulo representa uma breve introdução neste complexo campo de discussão. A relação entre a Ginástica e o circo, seja ela na Antiguidade, na modernidade ou na contemporaneidade, dificilmente poderá ser abordada em sua totalidade. É por isso que pretendemos continuar estudando esse assunto.

Na verdade, ainda falta muito caminho a percorrer, precisamos aprender muito sobre ambas as artes para que um dia possamos conhecê-las profundamente e encontrar seus nexos, suas igualdades e suas peculiaridades e tratá-las como devem ser tratadas, com respeito e conhecimento de causa.

Temos um longo caminho a percorrer para que o circo alcance seu grande ideal: ser uma arte popular, no sentido de chegar a todos e, também, de que todos possamos praticá-lo sem preconceitos ou receios. Também falta muito para a Ginástica ser uma prática popular, para todos, mais que um esporte, mais que um recurso para o desenvolvimento físico, social e moral. Todavia, temos um longo caminho a percorrer para que essas manifestações da arte corporal integrem nossa cultura como nós acreditamos que deveriam fazer.

Sobre o conteúdo tratado, vimos que as raízes históricas dessas atividades são muito antigas e dificilmente conseguiremos determinar com precisão um lugar e um momento de origem. Nem mesmo os termos que se utilizam atualmente para designar essas atividades são tão antigos quanto as próprias atividades.

Observamos também que as diferenças e as semelhanças sempre existiram, mas ficaram mais evidentes em alguns momentos históricos. Vimos como após a revolução do pensamento racional ou cartesiano, vivida especialmente a partir dos séculos XVIII-XIX, ou seja, na modernidade, ampliaram-se as diferenças entre essas práticas (aqui caberia um repasso à obra de Ulmann, 1971).

Considerando nossa vocação pedagógica, nossos estudos sobre a Ginástica nos levaram a defendê-la como um conteúdo "necessário" para a Educação Física escolar, uma atividade fundamental para o desenvolvimento global de nossos alunos. Toda essa contribuição que oferece a Ginástica também o faz o circo. A marginalização do circo pela literatura da Educação Física é tal que nem mesmo os manuais mais elementares, como é o *Dicionário de Educação Física e Esporte*, de Valdir J. Barbanti (1994), o contemplam como conteúdo de domínio dos professores (mas mencionam a dança, a Ginástica, o esporte etc.).

Defendemos que a aprendizagem de um gesto ginástico pode contribuir para a educação de nossos jovens, e os gestos acrobáticos circenses também podem fazê-lo. Nesse sentido, defendemos também o emprego das atividades circenses no contexto escolar, como também o fazem Durand (1999) e Coasne (1992).

Por que tratar a Ginástica e não o circo na escola? De fato, o trabalho da Ginástica, inclusive a de solo, sempre foi criticado pela dificuldade de dispor de recursos materiais e espaços apropriados além de uma formação docente adequada. Talvez o circo receba as mesmas críticas; no entanto, sempre será uma atividade mais livre, mais ampla e com um vocabulário motor maior, pois nunca foi e nunca será limitada ou conduzida por regulamentos e normas competitivas. Também poderíamos falar isso dos malabares. Alguém duvida de que o emprego dos malabares não poderia oferecer as mesmas aprendizagens aos alunos que as manipulações oferecidas pela Ginástica Rítmica? Diversos estudos indicam a especial contribuição dos malabares para o desenvolvimento da coordenação motora geral, da coordenação óculo-manual ou óculo-pedal, assim como da capacidade de raciocínio.

Ademais, quem duvida de que o domínio do equilíbrio que gera a aprendizagem do Rola Bola ou do Arame circense não pode ser tão bom ou melhor do que o que nos ensina os exercícios de trave ou outros aparatos ginásticos?

Nosso compromisso pedagógico não nos permite esquecer que, assim como ocorre em Ginástica, alguns dos aparatos e das modalidades circenses não deveriam ser praticados nas escolas, em alguns casos pelo risco intrínseco que possuem (aparatos perigosos – corda frouxa, trapézio ao voo, pirofagia etc.), em outros pela carência de um agente motor (ilusionismo etc.) e, finalmente, pela característica antinatural que requerem (contorsionismo, faquirismo etc.) (Bortoleto e Carvalho, 2004). Cabe ao profissional consciente e competente observar a adequação ou não de cada uma dessas atividades em relação à sua realidade profissional. Enfim, todo esse tema que envolve a Educação Física e a aplicação do circo e da Ginástica no âmbito escolar deverá ser abordado em outra oportunidade, com a profundidade que lhe é necessária.

Curiosamente, observamos hoje em dia que muitos ginastas ou ex-ginastas de todas as especialidades estão migrando para o circo como saída laboral (profissional) ou como recurso recreativo ou artístico. No entanto, isso não acontece (ou é quase imperceptível) no sentido contrário, ou seja, artistas de circo imigrando ao esporte de alta competição. Esse fenômeno significa algo ou não? Existe alguma explicação para ele?

Outra inflexão possível sobre essas manifestações está na busca de uma gestualidade antinatural. Quanto mais ousado e antinatural for uma ação motora (um movimento intencionado) do ginasta ou do acrobata, mais espetacular e maiores possibilidades de êxito terá a *performance*. Uma parada de mãos já representa uma habilidade antinatural; se o apoio for realizado sobre uma única mão, mais espetacular ainda (mais pontos, mais aplausos, logo, mais êxito). Esse aspecto representa parte da lógica da evolução de ambas as atividades.

Finalmente, este capítulo indica que o circo e a Ginástica vêm sofrendo mudanças importantes em sua estrutura prática (vivencial) e teórica, fruto de um momento de profundas transformações socioculturais. Por tudo isso, não podemos deixar de realizar reflexões sobre essa temática, sejam elas acadêmicas ou populares, que nos ajudem a entender melhor a dinâmica que envolve essas atividades, como sugerem Laurendon e Laurendon (2001).

Referências

ALEMANY, E. C. *Tratado de equilibrios gimnásticos*: de aplicación en gimnasia deportiva, ornamental y circense. Barcelona: Editorial Sintes, 1964.

BORTOLETO, M. A. *La lógica interna de la Gimnasia Artística Masculina (GAM) y estudio etnográfico de un Gimnasio de alto rendimiento*. Tese (Doutorado), Lleida: Universitat de Lleida, 2004.

BORTOLETO, M. A.; CARVALHO, G. A. Reflexões sobre o circo e a educação física. *Revista Corpoconsciência*, n. 11, Santo André: Faculdades Integradas Santo André, jan. 2004.

BROZAS, M. P. P. Las dimensiones pedagógicas de la actividad acrobática en l'acrobatie et les Acrobates (1903), de Strehly, G. *Revista Digital Lecturas Educación Física y Deportes*, Buenos Aires, ano 4, n. 14, jun. 1999.

BUCK, N. *Primitive Gymnastics*. Londres: Methuen & Co., 1962.

CRESPO, J. *História do Corpo*. Lisboa: Difusão, 1990.

COASNE, J. A la découverte des arts du cirque. *Revista EPS*, Paris, n. 238, p. 17-9, 1992.

COMPTE, A. *Discurso sobre el espíritu positivo*. Madri: Edições Modernas, 1957.

CUNHA, A. G. *Dicionário etimológico Nova Fronteira da língua portuguesa*. 2. ed. 3. impr. Rio de Janeiro: Nova Fronteira, 1989.

DALMAU, A. R.. *El circo en la vida barcelonesa*: crónica anecdótica de cien años circenses. Barcelona: Milla, 1947.

DEFRANCE, J. *L'excellence corporelle*: la formation des activités physique et sportives modernes (1770- 1914). Paris: Presses Universitaire Rennes, 1987.

DICIONÁRIO BRASILEIRO MIRADOR. 2. ed. São Paulo: Enciclopédia Britânica do Brasil, 1977.

DURAND, F. *L'école du cirque*. Toulouse: Biocircus, 1999.

ENCICLOPÉDIA BRITÂNICA. *Gymnastics history*. Disponível em: <http://www.britannica.com/eb/article-214700>. Acesso em: 12 dez. 2005.

FÉDÉRATION INTERNATIONALE DE GYMNASTIQUE (FIG). *Symposium International Sur Le Jury*, Roma, 24-26 jun. 1985.

_____. *Meridiens de Gymnastique*, Montier, 1986.

_____. *110 Anniversaire*: objectif an 2000, Montier, 1991.

FOUCAULT, M. *A ordem do discurso*. São Paulo: Loyola, 1970.

HARDEN, R. Gymnastics: sport or art? *International Gymnastics Magazine*, p. 35, dez. 1982.

HÉBERT, G. *L'education physique*: virile et morale – par la méthode naturelle. Tomo III, fasc. 1, Paris: Libraría Viubert, 1946.

HUGUENIN, A. *100 ans de la Fédération Internacionale de Gymnastique (1881-1981)*. Montier: Fédération International de Gymnastique, s/d.

LANGLADE, A.; LANGLADE, N. *Teoría general de la gimnasia*. Buenos Aires: Stadium, 1970.

LAURENDON, G.; LAURENDON, L. *Nouveau cirque*: la grande aventure. Centre National des Arts du Cirque (CNAC). Paris: Editorial Le Cherche Midi, 2001.

MARINHO, I. P. *História geral da Educação Física*. São Paulo: Companhia Brasil Editorial, s/d.

MAUSS, M. As técnicas corporais. In: _____. *Antropologia e sociologia*. v. 2. São Paulo: EPU, 1974. p. 209-33.

MERCURÍAL, J. *Arte gimnástico*. Madri: Consejo Superior del Deporte, 1973.

PALLARES, Z. *Ginástica rítmica*. Porto Alegre: Redacta-Prodil, 1979.

PARLEBAS, P. *Contribution à un lexique commenté en sciencie de l'action motrice*. Paris: Insep, 1981.

RAMOS, J. J. *Os exercícios físicos na história e na arte: do homem primitivo aos nossos dias*. São Paulo: Ibrasa, 1983.

SÉRGIO, M. *Filosofia das actividades corporais*. Lisboa: Compendium, 1980.

SOARES, C. L. *Educação Física*: raízes europeias e Brasil. Campinas: Autores Associados, 1994.

_____. *Imagens da educação no corpo*. Campinas: Autores Associados, 1998.

_____. O corpo, o espectáculo, a ginástica. In: PAOLIELLO, E. M. S.; AYOUB, E. (Org.). *Anais...* Fórum Brasileiro de Ginástica Geral. Campinas: Editora Sesc-Unicamp, 1999.

_____. Imagens da educação no corpo: a ginástica e a estética da retidão. *Revista Digital Lecturas Educación Física y Deportes*, Buenos Aires, ano 5, n. 26, out. 2000.

_____. Acrobacias e acrobatas: anotações para um estudo do corpo. In: BRUHNS, H. T.; GUTIERREZ, G. L. (Org.). *Representações do lúdico*: II ciclo de debates "lazer e motricidade". Campinas: Autores Associados, 2001a.

_____. Corpo, conhecimento e educação. In: SOARES, C. L. (Org.). *Corpo e história*. Campinas: Autores Associados, 2001b.

ULMANN, J. *De la Gymnastique aux sports modernes*: histoire des doctrines de l'éducation physique. Paris: Librairie Philosophique J. Vrin, 1971.

VERNETTA, M. S. ; BEDOYA, J. L. ; PANADERO, F. B. *El acrosport en la escuela*. Barcelona: Inde, 1996.

Parte 2
Ginástica, saúde e lazer

5 Performance humana
Vida da vida

Idico Luiz Pellegrinotti

Tudo sobre, sob, acima e a própria Terra representam a vida. Nada neste Universo complexo e infinito está desprovido do mistério da vida. Refletindo a *performance* humana neste capítulo, pretendo erradicar do pensamento hegemônico dos intelectuais de nossa área, ou mesmo de outras, a concepção equivocada de *performance* como sendo a avaliação de seres humanos na visão competitiva e, consequentemente, melhores do que outros. Nasce de minhas observações científicas o alicerce para entender a *performance* humana como a natureza da existência de cada indivíduo. Assim sendo, as realizações nos campos da atividade física e dos esportes se apresentam soberanas, pois cada ser humano possui sua *performance*, originária da própria constituição organizacional genética e cultural responsáveis pela vida daquele ser.

A importância maior da *performance* é que ela pode evoluir, ou seja, qualquer indivíduo sentirá o progresso de sua natureza melhorada quando se submeter a tarefas nas mais diversas e complexas intervenções. Nesse contexto, o ser humano não é parasita deste planeta, mas um só corpo que expressa a origem e a evolução cósmica, por meio de suas realizações, aprimorando-se para continuidade da vida. Essa ação pode ser respaldada na teoria da auto-organização de Prigogine e Stengers (1997, p. 113), que diz: "(...) em que a instabilidade do estado estacionário determina um fenômeno de auto-organização espontânea".

A atividade física sistemática, o jogo e o esporte representam o espetáculo dado pela *performance* humana. A beleza dessas ações encanta, emociona e cria simbolismos sagrados e profanos de acordo com a conveniência, que até pode ser induzida como verdadeira. Mas a realidade "performática" é explicita e faz parte do ser humano que a exibe. As observações poderão ganhar diferentes formas de análises; contudo, o que se observa é a realidade da expressão apresentada. Essa não se pode negar.

A *performance* faz parte da ciência que estuda o ser humano, portanto não é possível separá-la pela forma "clássica" das ciências. A ciência do esporte pode ser descrita como o estudo que procura entender e comunicar-se com a natureza humana, estabelecendo um diálogo em busca de decifrar os segredos das realizações simples e complexas que retratam toda a grandeza humana. Quero esclarecer que não estou falando de competição, pois esse é o outro lado da *performance*; voltaremos a esse assunto mais à frente.

A atividade física com concepções esportivas de espetáculo e profissionalismo deixa de ser privilegio de alguns para se inserir na vida de todos os seres humanos. Nessa direção, a *performance* passa a ser o referencial poético das realizações humanas dentro da atividade física escolhida pelo indivíduo, sem a necessidade de comparações, mas de satisfação de usufruir com competência e sabedoria sua corporeidade.

A ciência do esporte observa a realidade das ações humanas. Assim sendo, o que se estuda é o conhecimento do indivíduo em contato com a natureza e suas realizações biopsicossociais. Com essas características, observo que o ser humano possui peculiaridades autônomas dentro de sua própria organização, que funcionam de forma harmônica e auto-organizativa em busca do que considero a *lógica da ressonância sensitiva*, a qual entendo como a interação do processo responsável pela vida. De modo mais claro, reporto-me às notas musicais ou a um móbile. Tanto as notas musicais quanto o móbile possuem a capacidade de produzir sons de acordo com as alterações que são provocadas. Porém, as estruturas dos instrumentos musicais e dos móbiles produzem sons de timbres e de durações infinitas, ocasionados pela probabilidade das combinações inimagináveis.

A *performance* humana na lógica da ressonância sensitiva é a busca que cada ser humano procura para se projetar na caminhada pela vida e na vivência de cada dia com desempenho possível de sua corporeidade. As práticas de atividades físicas e esportivas por si só representam um estímulo que o próprio organismo, dentro de sua ressonância sensitiva, se orienta na formação de uma organização sólida para estruturação corporal com objetivos de reagir frente às exigências do ambiente ou da prática esportiva escolhida. Capra (1996, p. 176) menciona a teoria autopoiese de Maturana e Varela, afirmando: "Onde quer que vejamos vida, de bactérias a ecossistemas de grande escala, observamos redes com componentes que interagem uns com os outros de maneira tal que toda a rede regula e organiza a si mesma".

Nasce dessa compreensão o que chamamos de treinamento, prática, vivências e ensaios, todos com a finalidade de provocar desequilíbrio das estruturas para que essas busquem pela lógica da ressonância sensitiva a nova estrutura corporal. Isso é possível, possuindo níveis diferenciados de acordo com a genética e as exigências endógenas e exógenas individuais. Weineck (1991, p. 24) cita uma hierarquia da sequência temporal das transformações ocasionadas pela sistematização das práticas corporais, que são:

- distúrbio da homeostase;
- contrarregulação com dilatação da amplitude de função;

- formação de novas estruturas;
- ampliação do campo da estabilidade do sistema a ele modificado;
- reversibilidade do processo modificado caso haja falta de exercício.

Todavia, a sequência apresentada está presa à instabilidade que o organismo sofre no instante em que recebe os estímulos, procurando, após o fluxo de informações, reorganizar as estruturas funcionais para apresentar rendimento de acordo com a individualidade de cada segmento.

Procuro descrever a *performance* como sendo natureza e vida, contudo nem sempre foi assim. Caso consultássemos a história das práticas das atividades físicas, notaríamos que os períodos vão de doutrinas rígidas e míticas até as atuais, a da ciência, esta com cunho humanístico, respeitando a individualidade de cada ser humano. Tendo como pressuposto básico que o indivíduo é um ser cósmico, toda a programação das ações corporais está presa em um só conjunto, e cada movimento ou reação, seja de uma simples organela dentro da célula, resultará em resposta para todo o organismo. Os esportes praticados por seres humanos são regidos por movimentos possíveis que representam formas artísticas próprias de cada corpo. Essa singularidade é o fenômeno do fluxo de energia entre a corporeidade e o ambiente que retrata o desempenho e o desenvolvimento que cada indivíduo é capaz de realizar. Não há mais lugar para análise de exclusão nas vivências corporais; as realizações humanas estão ao alcance de todas.

Os espetáculos esportivos são realizados em todos os lugares e por qualquer pessoa. A diferença existente não é de esporte e nem mesmo de capacidade, mas apenas de *performance*. Ou seja, jogar basquetebol no time dos sonhos dos EUA não é uma questão de modalidade, pois até anões podem jogar; o que restringe a participação nesse nível, deste ou daquele indivíduo, é a natureza humana escolhida pela organização oficial, ou seja, clubes, federações e mídia. Mesmo assim, quem consegue estar nesse nível é um ser humano, o que confirma a existência de seres com *performances* diferenciadas e não extraterrestres.

Reforçando a minha concepção de *performance* como sendo a eficiência estrutural e funcional do organismo, compreendo que o ser humano é um ser auto-organizativo, pois as metodologias científicas do treinamento corporal que estimula a lógica da ressonância sensitiva propicia o desenvolvimento e a evolução do ser humano no Universo. Nessa direção, Capra (1996, p. 177) explicita que à medida que um organismo vivo se mantém interagindo com seu meio ambiente – aqui incluo as práticas das atividades físicas e esportivas –, ele sofrerá uma sequência de mudanças estruturais e, ao longo do tempo, formará seu próprio caminho individual de acoplamento estrutural.

Entrando brevemente no campo da ciência do treinamento, Verkhoshanski (2001, p. 90-1) afirma que as tensões para a realização da precisão espacial dos movimentos são necessárias à coordenação dos esforços. É preciso criar uma reserva de potência, ou seja, o desenvolvimento das capacidades que superem as resistências e possibilitem a ação motora. O autor descreve que, para garantir o máximo necessário do esforço, dominando os elementos complexos nos aparelhos ginásticos, os ginastas deverão desenvolver especialmente a força muscular. Mas, após ter sido dominando o elemento complexo à sua inclusão na combinação, o máximo de esforço útil diminuirá 20% à custa do aperfeiçoamento da coordenação muscular e da redução da tensão geral.

Essa observação é característica básica da *performance* humana, pois cada atleta terá seu desempenho em virtude das assimilações organizativas de suas estruturas musculares inatas.

A ciência do esporte trata a melhora da *performance* motora como sendo o conjunto de ações orgânicas que harmonicamente cooperam para apresentar um rendimento. Porém, os elementos da estrutura orgânica recebem treinamentos com objetivos de melhora de suas peculiaridades. Como exemplo, cito o sistema muscular, que apresenta diferentes tipos de fibras que exercem funções diferenciadas nos movimentos esportivos. Nessa direção, Verkhoshanski (2001, p. 107) demonstra a peculiaridade da especialização morfofuncional (EMF) do aparelho muscular, que é caracterizado por hipertrofia, aperfeiçoamento da regulação intra e intermuscular e processos metabólicos.

A melhora da *performance* dentro do princípio da auto-organização é retratada por Weineck (1991, p. 24-5) quando menciona que as alterações fisiológicas bipositivas são devidas aos estímulos colocados de forma adequada, tanto quantitativa quanto qualitativamente, ocasionando melhora da capacidade de desempenho por intermédio da formação específica de novas estruturas de suporte ao movimento solicitado.

A programação de treinamento, em busca de novas organizações estruturais, é baseada em pressupostos científicos. Hernandes (2000, p. 30-4) apresenta os cuidados com a aplicação de estímulos em cada fase de assimilação das sobrecargas pelo organismo e demonstra, por meio de gráficos, o comportamento das respostas exercido pelo organismo de acordo com a intensidade, duração e frequência.

Assim, as expressões corporais são fruto direto das respostas que cada organismo pode oferecer após uma programação de prática sistemática de atividade motora. A expressão corporal e *performance* formam um só elemento que se explicita no rendimento possível.

A prática esportiva de espetáculo, ou seja, o profissionalismo, nada mais é que *performance* diferenciada que resulta em grandes apresentações, tais como Campeonatos Nacionais e Internacionais. Esses eventos são transmitidos pela mídia, pois existe o referencial econômico e o *marketing* de diferentes produtos. Não faz parte do escopo deste capítulo entrar no mérito dessa questão. O que pretendo demonstrar é que a prática esportiva é a mesma para todos os seres humanos. Não é porque existem os Jogos Olímpicos e, neles, grande número de modalidades esportivas representadas por atletas com resultados diferentes de outros seres humanos que ninguém mais poderá praticá-los. A prática dos esportes de grandes atletas rapidamente é absorvida pela população como forma de interação social, lazer e saúde.

Atualmente, acredito que o fenômeno esporte-atividade física não é mais exclusividade de poucos, mas fruto de *performance* humana. Cada indivíduo exerce sua prática da forma que melhor se adaptar, sem perder o sonho de melhora de seu organismo e de apresentar o espetáculo que suas possibilidades permitirem.

Toda prática corporal, a partir da *performance*, necessitará do apoio técnico e científico para que o organismo evolua com harmonia, buscando sempre novas *performances*, pois o organismo, em qualquer instante do seu desenvolvimento, se constituirá em estruturas sólidas para outras transformações, todas as vezes em que houver estímulos para provocar novas exigências funcionais.

Essa observação se baseia em Prigogine e Stengers (1997, p. 213-4), que fazem referência à teoria das "estruturas dissipativas" em que os autores afirmam que ela nasce de um desvio do equilíbrio e, finalmente, da história, o caminho evolutivo singular é compassado por uma sucessão de bifurcações. A propósito de uma estrutura formada em consequência de tal evolução, pode-se afirmar que sua atividade é o produto da sua história e contém, portanto, a distinção entre passado e futuro. Assim, práticas corporais de forma sistemática e com metodologias científicas adequadas ao indivíduo propiciam a melhora da *performance* e, de forma natural, o rendimento das expressões corporais. Nesse contexto, acredito que a *performance* é o reencontro do ser humano com sua natureza, e a partir daí, o estreito fortalecimento do diálogo individual e coletivo com o cosmos para respeitar a eternidade da vida e a beleza da atividade física e esportes.

Por fim, a vida se retrata no movimento. Nessa direção, se esporte é movimento e é feito com o corpo, *performance* é vida.

Referências

CAPRA, F. *A teia da vida:* uma nova compreensão científica dos seres vivos. São Paulo: Cultrix, 1996.

BENITO, D. O. H. *Treinamento desportivo*. Rio de Janeiro: Sprint, 2000.

PRIGOGINE, I.; STENGERS, I. *A nova aliança*. 3. ed. Brasília: UnB, 1997.

VERKHOSHANKI, Y. V. *Treinamento desportivo*: teoria e metodologia. Porto Alegre: Artmed, 2001.

WEINECK, J. *Biologia dos esportes*. São Paulo: Manole, 1991.

6 Ginástica
Atividade física e saúde

José Francisco Daniel

Este capítulo aborda as questões relacionadas à Ginástica enquanto exercício e suas relações com a saúde. Foi elaborado segundo a formação intelectual e vivência do autor na prescrição de exercícios destinados ao rendimento esportivo e à saúde.

Procuramos desenvolvê-lo de maneira científica, mas em uma linguagem bem acessível, com algumas ilustrações que facilitam a compreensão do leitor.

Estilo de vida e saúde

Vivemos um momento muito distinto de nossos antepassados, com estilo de urbanização em ambiente abarrotado, tendências globais sociodemográficas e aumento de atividade laboral tecnológica que favorece a hipocinesia – baixo nível de movimento corporal. Associado a isso, fatores socioculturais, psicológicos, econômicos e individuais, além de um estilo de vida sedentário aumentado nos jovens, determinam esse mesmo estilo de vida (Bulwer, 2004), o que favorece o surgimento de doenças crônicas (Figura 6.1):

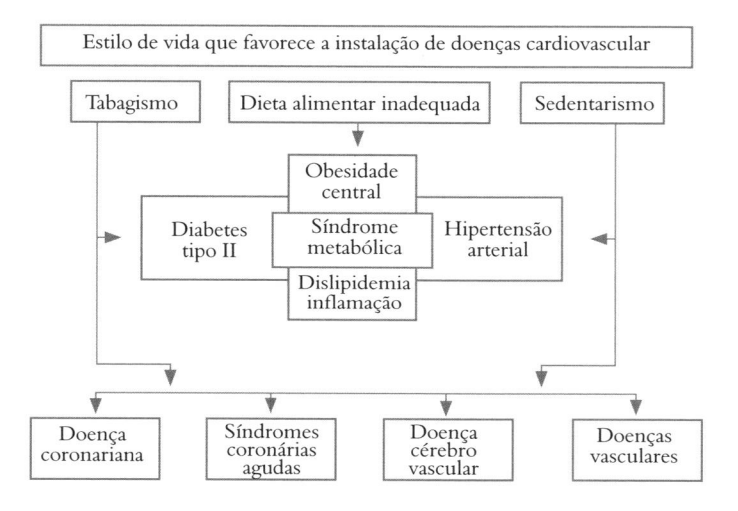

```
                Estilo de vida que favorece a instalação de doenças cardiovascular
                                              │
         ┌────────────────────┬───────────────┴───────────┬────────────────────┐
         │ Tabagismo │        │ Dieta alimentar inadequada │    │ Sedentarismo │
         └────────────────────┴───────────────┬───────────┴────────────────────┘
                                              │
                                    ┌─────────────────┐
                                    │    Obesidade    │
                                    │     central     │
                            ┌───────┼─────────────────┼───────┐
                            │ Diabetes │   Síndrome   │ Hipertensão │
                            │  tipo II │   metabólica │  arterial   │
                            └───────┼─────────────────┼───────┘
                                    │   Dislipidemia  │
                                    │    inflamação   │
                                    └─────────────────┘
                                              │
         ┌──────────┬─────────────┬────────────┬──────────┐
         │ Doença   │  Síndromes  │  Doença    │ Doenças  │
         │coronariana│ coronárias │  cérebro   │vasculares│
         │          │   agudas    │  vascular  │          │
         └──────────┴─────────────┴────────────┴──────────┘
```

FIGURA 6.1 – Estilo de vida que favorece o surgimento de doenças cardiovasculares (adaptado de Bulwer, 2004).

As funções dos órgãos do corpo humano dependem do funcionamento das células individuais, e a vida depende da manutenção de um ambiente interno equilibrado. Quando um ou mais sistemas perde a capacidade de contribuir com sua parte funcional, ocorre a doença e/ou a morte.

Por meio do sistema circulatório (arterial, venoso e linfático), os tecidos recebem oxigênio e demais nutrientes necessários, descartando as impurezas das reações bioquímicas e mantendo o sistema imune ativo. Seu mau-funcionamento é responsável pela maioria das causas de mortes atuais nos países desenvolvidos e em desenvolvimento (Eichmann et al., 2005).

Esse mau-funcionamento, com consequente morte, se deve a várias causas, mas, em 22% das vezes, a razão principal é o sedentarismo. Calcula-se que atualmente cerca de 60% da população dos países industrializados é sedentária (Bulwer, 2004).

Adaptações com o sedentarismo

Com o sedentarismo, ocorre adaptação negativa do organismo. Em termos gerais, pode ocorrer envelhecimento prematuro; em termos biológicos, atrofia de tecidos, possível redução do leito vascular em função da necessidade diminuída de nutrientes e o surgimento de inúmeras doenças. Aliás, Booth et al. (2002) relacionam o sedentarismo a 35 possíveis doenças que acometem os sistemas cardiovascular, metabólico, imunológico, musculoesquelético, neurológico e acarreta alguns tipos de câncer.

Em termos psicossociais, acreditamos no favorecimento do isolamento social, na diminuição da autonomia, da autoestima e da autoimagem, no aumento do estresse e no surgimento da depressão, entre outras doenças.

O ser humano, então, é um ser complexo, constituído por um corpo biológico no qual a vida é determinada pelo constante movimento das estruturas; um cérebro que recebe, interpreta, comanda e "governa" todo o sistema; e relacionamentos com seus pares e o ambiente. Além disso, concordamos com a abordagem de Cury (1998), que considera impossível explicar todos os fenômenos de nossa mente e nosso corpo como simplesmente físicos, havendo a presença de um espírito que nos mantêm em sintonia com Deus. Apesar de ilustrar em partes, o ser humano não deve ser visto como tal, mas como um ser integral e em perfeita harmonia.

Adaptações com o exercício

A prática regular de exercícios e/ou atividades físicas, porém, promove potente estímulo à remodelação vascular (Prior, Yang e Terjung, 2004), anabolismo, melhora às condições de saúde e redução no risco de todas as causas de morte.

Quando há exigência física, há adaptação positiva, ou seja, o organismo se prepara para novas solicitações, aumentando suas possibilidades de atuar de maneira mais adequada num futuro próximo.

Isso se manifesta de início, por meio de ajustes neurais que possibilitam melhor desempenho na atividade realizada. Posteriormente, em médio e longo prazo, ocorrem adaptações estruturais-morfológicas-anabólicas, que dizem respeito à hipertrofia, ao crescimento celular e a um rearranjo de todo o organismo.

A magnitude da carga total da atividade é que garante o nível das adaptações, mas, para que sejam significativas, com modificações estruturais e funcionais, deve haver sempre sobrecarga suficiente (Pereira e Souza Jr., 2002).

As adaptações citadas dizem respeito, principalmente, aos sistemas locomotor e cardiorrespiratório, que ocorrem em todo o organismo, haja vista a relação inversa do sedentarismo com a enorme quantidade de doenças.

Exercício para a saúde e qualidade de vida

Antes de iniciarmos nossa abordagem sobre os exercícios relacionados à saúde, entendemos ser necessário conceituarmos saúde e aptidão física relacionada à saúde para, posteriormente, entendermos essa relação.

A Organização Mundial de Saúde (World Health Organitation – WHO, 2003) recomenda, como uma das principais medidas para a manutenção da saúde, a adoção de um estilo de vida saudável, que compreende a prática regular de exercícios físicos, uma dieta alimentar adequada, a administração do estresse e o abandono do tabaco.

Segundo Bouchard et al. (1990), saúde é "uma condição humana com dimensão física, social e psicológica, caracterizada por um *continuum* entre polos positivo e negativo. Saúde positiva é associada à capacidade de desfrutar da vida e resistir aos desafios, não apenas à ausência de doenças. Saúde negativa é associada à morbidade e à mortalidade prematura".

Nieman (1999) inclui também uma dimensão espiritual, caracterizada pela vivência do amor, da alegria, da paz e da plenitude, a qual acreditamos ser indispensável para uma perfeita harmonia (Figura 6.2).

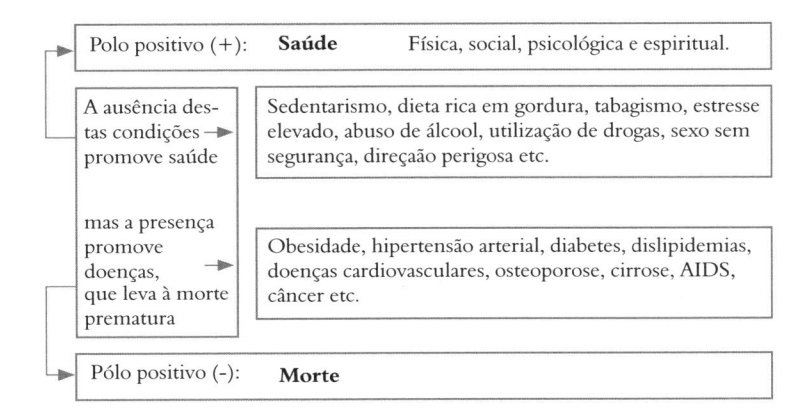

Polo positivo (+):	**Saúde**	Física, social, psicológica e espiritual.
A ausência destas condições promove saúde	Sedentarismo, dieta rica em gordura, tabagismo, estresse elevado, abuso de álcool, utilização de drogas, sexo sem segurança, direção perigosa etc.	
mas a presença promove doenças, que leva à morte prematura	Obesidade, hipertensão arterial, diabetes, dislipidemias, doenças cardiovasculares, osteoporose, cirrose, AIDS, câncer etc.	
Pólo positivo (-):	**Morte**	

Figura 6.2 – *Continuum* da saúde (adaptado de Nieman, 1999).

Pelo que foi descrito e pelo *continuum* da saúde, acreditamos que, mesmo da maneira simples como foi apresentado, fica claro que, quando se fala em saúde, deve-se considerar o indivíduo integralmente.

Podemos observar, também, que nossos hábitos são determinantes para a nossa qualidade de vida, e é nesse ponto que surge a importância da prática regular de exercícios ou atividades físicas.

Antes de citarmos os exercícios, vamos entender o conceito de aptidão física relacionada à saúde. São inúmeras as definições, mas neste livro adotamos a de Pate (1988), que relaciona a aptidão física relacionada à saúde à capacidade de realizar as atividades do cotidiano com vigor e energia e demonstrar traços e capacidades associados ao baixo risco de desenvolvimento prematuro de doenças crônicas não transmissíveis (DCNT).

Para realizarmos as atividades do cotidiano com vigor e energia, necessitamos níveis adequados de determinadas capacidades físicas; já com relação aos traços de baixo risco para desenvolvimento de DCNT, o foco é mais abrangente.

Neste sentido, Guedes e Guedes (1995) relatam que a aptidão física relacionada à saúde vincula-se a quatro dimensões, a saber: funcional motora, morfológica, fisiológica e comportamental (Figura 6.3).

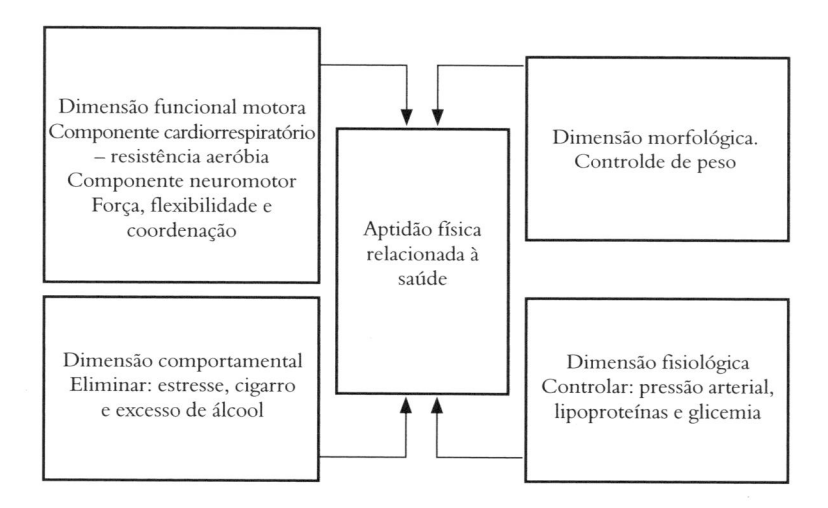

Figura 6.3 – Dimensões da aptidão física relacionada à saúde.

A dimensão funcional motora divide-se em componente cardiorrespiratório (resistência aeróbica) e componente neuromotor (força, flexibilidade, coordenação e agilidade), e a prática regular de exercícios físicos deve contemplar a melhora e posterior manutenção de todas as capacidades relacionadas à dimensão (Cordain et al., 1998). Não podemos nos esquecer de que as capacidades físicas são intervenientes entre si e que uma pode auxiliar na melhora da outra.

A dimensão morfológica diz respeito à composição corporal, ou proporção entre os componentes corporais, principalmente no que diz respeito à massa gorda (quantidade de gordura) e à massa magra (músculos, ossos, vísceras e demais tecidos), estando diretamente relacionada ao estilo de vida de cada pessoa. A adoção de uma dieta alimentar adequada e associada a um estilo de vida ativo, com prática regular de exercícios físicos, proporcionará uma proporção adequada entre os componentes dessa dimensão.

A dimensão fisiológica é relacionada aos níveis de pressão arterial, lipoproteínas plasmáticas e tolerância à glicose, em que, com a mudança no estilo de vida, se pode, na maior parte dos casos, proporcionar a adequação nos valores das variáveis citadas, mas em alguns casos, nos quais a genética estiver presente, haverá necessidade de intervenção médica.

A dimensão comportamental se relaciona à administração do estresse e demais hábitos de vida, como o hábito de fumar, o consumo excessivo de bebidas alcoólicas etc. Nesses casos, também, as alterações proporcionadas por um estilo de vida ativo podem ser eficientes.

Essa questão é tão importante que a Organização Mundial de Saúde estabeleceu, como meta para o ano de 2002, a construção de políticas públicas que incrementem a prática de atividades físicas para uma vida mais saudável, e a Organização das Nações Unidas (ONU) instituiu 2005 como o ano internacional do esporte e da Educação Física.

Nesse sentido, o estímulo à prática de exercícios e atividades físicas deve ser feito por todos os profissionais da saúde e entidades governamentais. Informações pertinentes devem ser transmitidas à população em geral. Deve-se possibilitar o entendimento dos benefícios do exercício e da atividade física como um aspecto essencial do estilo de vida relacionado à saúde e parte da integralidade da assistência pelos profissionais da saúde e pela população.

As questões que envolvem a prática de exercícios são muito abrangentes e seria ilógico pensar que em poucas páginas abordaríamos todas elas. Sendo assim, procuramos direcionar o conteúdo de acordo com os principais anseios dos graduandos da área, que, conforme observado, se situam na prescrição dos exercícios. Optamos, então, por abordar sobre os tipos, a intensidade, o volume e a progressão dos exercícios.

Tipos de exercícios

Acreditamos ser necessário darmos atenção às capacidades físicas menos abordadas, como a coordenação e a agilidade, mas ainda assim de maneira resumida, pois a resistência cardiorrespiratória, a força e suas variáveis, e a flexibilidade são bem esclarecidas.

Em uma sessão de exercícios, a coordenação e a agilidade podem ser trabalhadas combinadas às outras capacidades ou de maneira específica, dependendo da necessidade do praticante.

Em geral, para a coordenação, a combinação dos exercícios localizados em uma aula de Ginástica, a utilização de exercícios em determinados tempos rítmicos ou a própria utilização de recursos materiais variados na parte inicial da aula podem ser suficientes.

Com relação à agilidade, os deslocamentos com mudanças de direção e altura no centro de gravidade do corpo proporcionados pela aula produzem melhora sobre essa capacidade. Dados coletados por nós, que ainda não foram divulgados, confirmam a melhora significativa dessas capacidades com esse tipo de trabalho.

Cabe citar que a individualização do tipo e da maneira da realização da atividade é fundamental, incluindo, nesse caso, a variação da atividade, a predisposição e as preferências dos praticantes. Pessoas mais velhas ou mesmo adultos, em razão de seus hábitos de vida, geralmente possuem algumas condições agudas ou crônicas que podem necessitar de ajustes aos exercícios, que devem ser individualizados.

Volume e intensidade dos exercícios e da atividade física

Existem várias maneiras de controlarmos o volume e a intensidade dos exercícios e das atividades físicas, além de algumas evidências em relação às necessidades adequadas à melhora ou manutenção da saúde.

Foi verificado que um gasto calórico com atividades físicas diário de mais ou menos 200 kcal, ou de 1.000 a 1.500 kcal (gasto semanal) está associado a 30% de redução em todas as causas de morte (Cordain et al., 1998).

Esse dispêndio energético pode ser realizado com atividades da vida diária (AVD), como tarefas com o trabalho ou lazer, ou, então, exercícios estruturados tipo aeróbicos, localizados, esportivos etc. (Booth et al., 2002; Bulwer, 2004).

Intensidade

É importante considerar que a intensidade da atividade se relaciona totalmente aos seus efeitos, tanto para os benefícios como para os riscos. Exercícios leves promovem pequenas alterações biológicas e pequenos riscos; exercícios moderados promovem muitas alterações biológicas e pequenos riscos; exercícios intensos promovem muitas alterações biológicas, mas estão associados a elevados riscos de injúrias (Haskell, 2001), confome ilustrado na Figura 6.4:

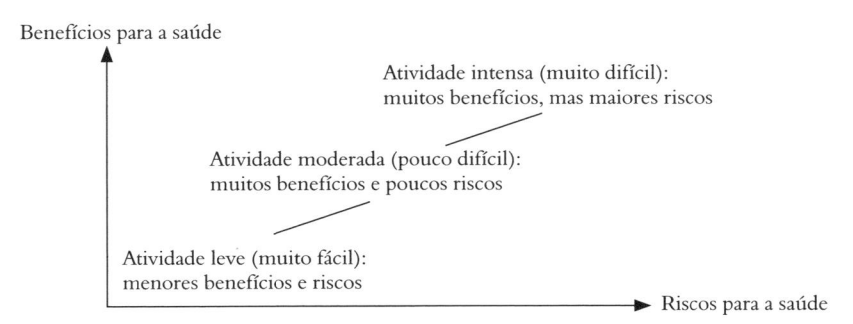

Figura 6.4 – Relação entre a intensidade do exercício, os benefícios biológicos e o risco de injúrias (adaptado de Haskell, 2001).

Nesse sentido, os exercícios estruturados, com intensidades moderadas, apresentam maior custo/benefício, pois proporcionam muitos benefícios e oferecem poucos riscos.

Como referência para o controle da intensidade desses exercícios em treinamento, podem-se utilizar vários parâmetros, mas, pela praticidade, sugerimos a frequência cardíaca de reserva (FCR) e a percepção subjetiva de esforço de Borg (PSE) para as atividades cardiorrespiratórias e mistas; para as atividades neuromotoras, sugerimos a PSE e a intensidade relativa à contração voluntária máxima (% ICVM).

Esses parâmetros apresentam uma determinada faixa adequada, uma "zona-alvo" de treinamento em que são estabelecidos limites mínimo (ou inferior) e máximo (ou superior).

Para o cálculo da FCR, utiliza-se a seguinte fórmula:

$$FC_{treino} = [(FC_{máxima} - FC_{repouso})\% \ da \ FC_{treino}] + FC_{repouso}$$

A porcentagem recomendada para sedentários é de 50% a 70% e, para condicionados, de 60% a 80%. Para a PSE, os índices são 10 a 13, ou seja, de razoavelmente leve a um pouco difícil (ACSM, 2003).

Para os exercícios de força/resistência, a % ICVM deve estar entre 30% a 69% (*Physical Activity and Health*, 1996) e a PSE, entre 10 e 13. Com relação aos exercícios de flexibilidade, é necessário um alongamento lento, progressivo e sustentado, associado a ciclos de inspiração-expiração que proporcionem maior percepção de relaxamento e uma amplitude de movimento adicional (ACSM, 2003).

Com relação à coordenação, o nível de complexidade dos movimentos proporciona maior ou menor estresse, devendo ser adequados à capacidade do praticante.

Tanto para a coordenação como para a agilidade, sugerimos a utilização da PSE entre 10 e 13 para controle. Devemos considerar também que ambas promovem aumento da FC e, portanto, devemos estar atentos à faixa de treinamento.

Volume

Com relação ao volume, consideraremos a frequência e a duração da sessão de exercícios.

É evidente que os exercícios devem ser planejados de acordo com a disponibilidade e a capacidade de cada indivíduo, além das necessidades para se atingir os objetivos almejados.

Uma sessão estruturada abrangendo toda a dimensão funcional-motora deve durar aproximadamente 60 min. e ser realizada no mínimo de duas a três vezes por semana, com maiores benefícios em até cinco a seis vezes por semana, dependendo da relação volume/intensidade e da programação dos exercícios.

Esse tipo de trabalho pode ser na forma de uma aula de Ginástica, em que os componentes podem ser trabalhados com maior interdependência ou até com tempo destinado especificamente para cada componente dentro da aula (p. ex.: 10 min. para flexibilidade, 25 min. para exercícios aeróbicos e de 15 a 20 min. para força).

Um trabalho exclusivamente cardiorrespiratório ou neuromotor na sessão pode ser feito, mas, para que realmente haja benefícios, ambos devem ser realizados, podendo-se alternar o objetivo da sessão, ou seja, uma sessão cardiorrespiratória e outra neuromotora.

Nesse caso, o trabalho cardiorrespiratório deve durar entre 20 a 60 min. e ser realizado de três a cinco dias por semana (Cordain et al., 1998); já o trabalho neuromotor, mais especificamente força ou resistência muscular localizada, deve conter de oito a dez exercícios, focando especialmente os músculos do tronco, os membros inferiores, superiores e os ombros, realizados em uma a duas séries de 8 a 12 repetições (*Physical Activity and Health*, 1996). Os exercícios de flexibilidade devem ser para o corpo todo, na maioria dos dias da semana.

Caso a abordagem seja a prática de atividades físicas, o recomendado é acumular 30 min. contínuos ou fracionados na maioria dos dias da semana (Pate et al., 1995), mas os efeitos obtidos não serão os mesmos das atividades estruturadas.

Atividades simples, como andar de bicicleta ou correr, necessitam de um complemento para as áreas menos ativas, por meio dos exercícios localizados, tanto para minimizar as adaptações periféricas negativas como para manter os ajustes neuroendócrinos e circulatórios.

Progressão

As primeiras sessões de treinamento devem ser leves, com o objetivo de se obter uma adaptação ao trabalho, sendo realizadas de maneira tranquila e progressiva para volume e intensidade. Um bom parâmetro para controle da carga é a PSE.

Para a evolução da carga de trabalho leve para moderada são necessárias, aproximadamente, quatro semanas de prática. Para maior rendimento de todo trabalho, devem-se utilizar as orientações da teoria do treinamento esportivo para organização dos ciclos de treinamento.

Organização do treinamento

Realizar exercícios respeitando-se as orientações em relação ao volume, à intensidade e à progressão promove inúmeros benefícios e adaptações positivas, mas organizá-los conforme as leis que regem o treinamento esportivo produz alterações realmente significativas.

Nesse caso, deve-se considerar que diversos fatores ou princípios influenciam diretamente em seu processo, sendo eles biológicos, psicológicos, pedagógicos etc.

Como princípios biológicos, citaremos o da sobrecarga, da especificidade e da variabilidade (Pereira e Souza Jr., 2002). O da sobrecarga determina que esta deve ser suficiente para estimular respostas orgânicas e, assim, caracterizar a supercompensação; o da especificidade, que as adaptações morfofuncionais são sempre específicas ao trabalho realizado; e o da variabilidade e da acomodação dizem respeito à importância da alternância das cargas para que não haja decréscimo de desempenho.

Esses conceitos são importantíssimos quando da elaboração e da aplicação do treinamento, além de conhecimentos que podem e devem ser transmitidos, pois asseguram a qualidade da prática realizada.

Além desses, nossa área está repleta de informações importantes que devem ser transmitidas para que haja mais interesse, comprometimento, aderência e consequente evolução da aptidão física.

Ciclos de treinamento

Quando se trata de treinamento esportivo ou treinamento para esportes de competição, observa-se um planejamento prévio, com o objetivo de se atingir o melhor da forma no momento oportuno. Para isso, o treinamento é organizado em forma de ondas, ou seja, com momentos de cargas elevadas, alternadas com momentos de cargas reduzidas, quando ocorre a supercompensação.

A organização dessas cargas ocorre em ciclos de três a seis semanas, ou seja, em mesociclos de três a seis microciclos, sendo o de quatro o mais utilizado.

Também na área da saúde, os mesociclos de quatro microciclos são ótimos para promover adaptações significativas em todas as capacidades físicas relacionadas à aptidão (dados coletados, mas ainda não divulgados).

Outra questão essencial é com relação ao período de manutenção, em que muitas vezes ocorre estagnação ou retrocesso no nível de condicionamento, e, em alguns casos, nos quais a sobrecarga é excessiva, verifica-se até lesão ou sobretreinamento, situações que podem ser evitadas com o planejamento adequado.

O modelo de planejamento das capacidades físicas nos microciclos é motivo de divergência. O modelo contemporâneo, proposto por Verkoshansky

(1996), sugere que quando da organização de um ou mais microciclos, deve haver proporção de uma combinação racional das capacidades físicas, a fim de que haja síntese proteica. O autor relata que a utilização de diferentes tipos de estímulos em um mesmo microciclo não gera a síntese possível.

Essa questão é complexa e necessita de muitos estudos, mas parece ser coerente a necessidade de se concentrar ou priorizar os estímulos por poucos microciclos em determinadas capacidades físicas.

Isso não significa deixar de trabalhar determinadas capacidades físicas, mas apenas priorizar, por meio de maior sobrecarga, uma determinada capacidade.

Como modelo, apresentamos a Tabela 6.1, no qual é sugerido o tempo médio destinado aos componentes cardiorrespiratório e neuromotor em uma sessão de exercícios de uma hora. Esse modelo está sendo utilizados por nós na prescrição de exercícios para a saúde, com resultados significativos quando comparado a prescrição pura e simples.

Tabela 6.1 – Tempo médio de trabalho cardiorrespiratório e neuromotor em sessões de uma hora de exercícios

Microciclo componente	1	2	3	4	5	6	7	8
Cardiorrespiratório	20	25	30	25	25	20	15	20
Neuromotor	25	20	15	20	20	25	30	25

No modelo, são destinados 15 minutos às partes inicial e final.

Considerações finais

Neste breve capítulo nos ativemos ao contexto biológico do exercício, mas frisamos que os assuntos referentes ao ser humano devem ser observados de maneira holística para que haja um desenvolvimento integral.

Como exemplo, podemos citar os parâmetros comportamentais (psicológicos e psicossociais) e, nesse caso, encarar o movimento não apenas como uma necessidade fisiológica básica, mas como a interação do próprio ser, que afeta a consciência social e expressa os padrões comportamentais de adaptação.

Vivemos em comunidade, somos seres sociáveis e nos emocionamos com os acontecimentos em comum, e as relações estáveis e cordiais com nossos próximos promovem bem-estar.

Referências

ACSM. *Manual de pesquisa das diretrizes do ACSM para os testes de esforço e sua prescrição*. Rio de Janeiro: Guanabara Koogan, 2003.

BOOTH, F. W.; CHAKRAVARTHY, M. V.; GORDON, S. E.; SPANGENBURG, E. E. Waging war on physical inactivity: using modern molecular ammunition against an ancient enemy. *J. Appl. Physiol.*, n. 93, p. 3-30, 2002.

BOUCHARD, C. et al. *Exercise, fitness, and health*: a consensus of current knowledge. Champaign: Human Kinetics, 1990.

BULWER, B. Sedentary lifestyles, physical activity and cardiovascular disease: from research to practice. *Crit. Pathways en Cardiol.*, v. 3, n. 4, p. 184-93, dez. 2004.

CORDAIN, L.; GOTSHALL, R.W.; EATON, S. B.; EATON III, S. B. Physical Activity, energy expenditure and fitness: an evolutionary perspective. *Int. J. Sp. Med.*, v. 19, p. 328-35, 1998.

CURY, A. J. *Inteligência multifocal*. São Paulo: Cultrix, 1998.

EICHMANN, A.; et al. Vascular development: from precursor cells to branched arterial and venous networks. *Int. J. Dev. Biol.*, v. 49, n. 2-3, p. 259-67, 2005.

GUEDES, D. P.; GUEDES, J. E. R. P. *Exercício físico na promoção da saúde*. Londrina: Midiograf, 1995.

HASKELL, W. L. What to look for in assessing responsiveness to exercise in a health context. *Med. Sci. Sports Exerc.*, v. 33 (Suppl.), p. S454-S8, 2001.

NIEMAN, D. C. *Exercício e saúde*: como se prevenir de doenças usando o exercício como seu medicamento. São Paulo: Manole, 1999.

PATE, R. R. The envolving definition of physical fitness. *Quest.*, v. 40, p. 174-9, 1988.

PATE, R. R. et al. Physical activity and public health. A recommendation from the Centers for Disease Control and Prevention and the American College of Sports Medicine. *JAMA*, ano 1, v. 273, n. 5, p. 402-7, fev. 1995.

PEREIRA, B.; SOUZA JR., T. P. *Dimensões biológicas do treinamento físico*. São Paulo: Phorte, 2002.

PHYSICAL ACTIVITY AND HEALTH. *A report of the surgeon general, Atlanta, GA*. US Department of Health and Human Services, Centers for Disease Control and Prevention, National Center for Chronic Disease Prevention and Health Promotion, 1996.

PRIOR, B. M.; YANG, H. T.; TERJUNG, R. L. What makes vessels grow with exercise training? *J. Appl. Physiol.*, v. 97, n. 3, p. 1.119-28, set. 2004.

VERKHOSHANSKY, Y. V. Problemas atuais da metodologia do treino desportivo. *Trein. Desportivo*, v. 1, n. 1, p. 33-45, 1996.

WORLD HEALTH ORGANIZATION. Health and development. *Through Physical Activity and Sport*. 2003.

7 Ginástica em academias

Jonato Prestes
Cláudio de Oliveira Assumpção

A prática da atividade física e sua relação com a saúde vêm sendo consistentemente estudadas (Guedes e Guedes, 1998; ACSM, 2000). Para Pollock et al. (1998), a flexibilidade, a força e a resistência aeróbica devem integrar uma programação de atividade física para indivíduos sedentários e não-atletas.

Na década de 1970, foi instituído um movimento com base nos resultados dos estudos realizados por Cooper (1972), que apresentaram a prática de exercícios aeróbicos (baixa intensidade e longa duração) como uma excelente ferramenta para melhora da aptidão cardiorrespiratória e redução da gordura corporal, diminuindo ainda os riscos de doenças cardiovasculares, sedentarismo, osteoporose, obesidade, diabetes, síndrome metabólica etc. Na mesma década, surgiu uma proposta chamada *Aerobic Dance*, idealizada por Sorensen (1974), cujo método utilizava a música de forma mais dinâmica e combinava os passos de dança com exercícios calistênicos, com o objetivo de aumentar a resistência cardiovascular. Surgia então a Ginástica Aeróbica, modalidade cujo objetivo era o treinamento da capacidade aeróbica em pessoas adultas sedentárias.

Nelson et al. (1988) comentam que as rotinas de Ginástica Aeróbica empregam os passos básicos por meio da variação de movimentos tradicionais da dança e de exercícios calistênicos, incorporados à música. A ginástica de academia chegou ao Brasil na década de 1980 e, no final dessa década, surgiram outras formas de se exercitar, como o *step*, o *circuit training*, o *funk*, a hidroginástica, a ginástica localizada e ainda o treinamento com pesos. No início dos anos 1990, chegou ao Brasil a atividade física personalizada, que sofreu influência de todas essas modalidades. Começaram a ser requisitados profissionais que tivessem maior conhecimento para prescrição de atividades físicas, avaliação física e que também dispusessem de um acompanhamento personalizado.

Na sequência do início do trabalho personalizado, surgiram diversas formas diferentes de ginástica em academia. Ferrari e Guglielmo (2006) apontam que as mais praticadas na atualidade são as que funcionam sob a forma de franquia, como *Body Pump*, *Body Combat*, *Body Jam*, RPM, *Body Attack, Body Step*, *Body Balance*, *Jump Fit*, entre outras. No prosseguimento deste capítulo, abordaremos brevemente as características de algumas dessas novas modalidades de ginástica de academia, especialmente as que tiverem trabalhos científicos publicados, visto que as modalidades mais tradicionais já estão bem caracterizadas na literatura. Foi estabelecido o critério de detalhar apenas as novas modalidades que tivessem trabalhos publicados em revistas científicas para que as informações transmitidas tenham rigor do ponto de vista do conhecimento.

Novas modalidades de Ginástica em academia

Existem aspectos muito interessantes relacionados às aulas de Ginástica em academia. De fato, alguns indivíduos sentem-se mais estimulados em realizar aulas em grupo, com música e incentivo direto do professor durante toda a aula. Porém, alguns questionamentos importantes devem ser levantados:

- O que é mais importante: o movimento exatamente copiado do professor ou a intensidade do exercício imposta para cada aluno durante a aula?
- Para ministrar as aulas, o professor deve ser formado em Educação Física ou pode ser uma pessoa que executa os movimentos com precisão?
- Qual a real intensidade de esforço das aulas de Ginástica em academia?
- Apenas um professor é capaz de corrigir os movimentos adequadamente e controlar a intensidade da aula para cada aluno?
- O que o profissional de Educação Física deve fazer para justificar sua importância nas aulas de Ginástica?

A intenção deste capítulo não é questionar os profissionais envolvidos com a Ginástica de academia ou mesmo as novas modalidades de Ginástica, mas propor uma visão crítica, com base em informações científicas, visando auxiliar esses profissionais em sua prática. Na sequência, serão apresentadas as características fisiológicas de algumas modalidades de Ginástica em academia, bem como formas de controlar mais precisamente a intensidade dessas modalidades durante a realização delas.

Body Pump

O *Body Pump* caracteriza-se como um programa de exercícios com pesos, realizados com barras e anilhas e com base em alguns dos princípios do treinamento de força, modificado para o ambiente de treinamento em grupo. Sua principal característica é o trabalho de resistência muscular localizada com grande volume de repetições em cada exercício. No entanto, em razão da exiguidade de trabalhos científicos sobre as novas modalidades de Ginástica em academia, pouco se sabe sobre as características fisiológicas dessas práticas. Foi demonstrado que, em uma aula de *Body Pump*, homens ativos podem atingir um valor de 30% do consumo máximo de oxigênio (VO$_2$máx) e mulheres ativas, 28% do VO$_2$máx. Na frequência cardíaca máxima, foram encontrados valores para homens e mulheres, respectivamente, de 66,4% e 59,5% (Stanforth, Stanforth e Hoemeke, 2000).

Após a análise das respostas da frequência cardíaca e do lactato sanguíneo em mulheres jovens com experiência de pelo menos três meses em *Body Pump*, Ferrari e Guglielmo (2006) propuseram que a intensidade parece estar entre os domínios de moderado a severo, com uma considerável participação do metabolismo anaeróbico durante as aulas. O domínio moderado corresponde à intensidade de esforço na qual não ocorra modificação do lactato sanguíneo em relação aos valores de repouso, ou seja, o lactato permanece abaixo de 2 mM. Já o domínio de intensidade severo não apresenta uma fase estável do lactato sanguíneo, já que este se eleva durante todo o exercício até a exaustão (Gaesser e Poole, 1986). Levando-se em consideração essas evidências, no *Body Pump,* pode-se ter a participação de um metabolismo misto (anaeróbico e aeróbico), com certa predominância do metabolismo anaeróbico.

Assumiremos o treinamento de força em academias como aqueles exercícios realizados em aparelhos ou com pesos livres, que podem ser realizados com o objetivo de melhorar a resistência muscular localizada, a força máxima ou a potência. Essa definição se faz necessária, visto que existe uma grande confusão entre os profissionais que trabalham com prescrição do exercício, que, muitas vezes, entendem o treinamento de força apenas como treinamento de força máxima ou que faz uso exclusivamente de cargas intensas. Especificamente, a resistência muscular localizada é uma das manifestações da força, sendo considerada um tipo de treinamento de força, mesmo não se utilizando de cargas elevadas (Kraemer e Häkkinen, 2004). O termo *treinamento resistido* também vem sendo utilizado, por ser tradução direta do inglês *resistance training*.

Body Combat

O *Body Combat* é semelhante à ginástica aeróbica tradicional, entretanto sua diferença está na coreografia, que se baseia em golpes e chutes de diferentes artes marciais. Em um estudo realizado com mulheres jovens, Ferrari e Guglielmo (2006) classificaram a intensidade do *Body Combat* com base nas respostas do lactato sanguíneo e da frequência cardíaca, tendo proposto que essa atividade encontra-se no domínio pesado. Esses autores mostraram que tanto os valores absolutos como os relativos da frequência cardíaca foram maiores na aula de *Body Combat* (162,4 bpm e 86%) quando comparados à aula de *Body Pump* (125,9 bpm e 61,4%). O domínio de esforço pesado está a partir da intensidade em que o lactato aumenta e tem como limite superior 4 mM, em média (Gaesser e Poole, 1986).

Nesse sentido, o *Body Combat* parece ter um maior componente aeróbico quando comparado ao *Body Pump*. Adicionalmente, foi demonstrado que, após oito semanas de treinamento de *Body Combat*, houve melhora na capacidade aeróbica e no VO_2máx em mulheres jovens sedentárias (Krause e Silva, 2004). Em contrapartida, um estudo realizado com o *Body Pump* não mostrou melhora no VO_2máx (Pfitzinger e Lythe, 2003). No entanto, o VO_2máx não é o único fator a ser considerado na melhora da aptidão cardiorrespiratória; sendo assim, as duas modalidades podem ser eficientes no aumento da capacidade aeróbica. Em razão dos poucos estudos realizados, ainda são necessárias mais pesquisas sobre a influência dessas duas modalidades nas respostas fisiológicas do organismo, para que se possam confirmar e detalhar com maior fidedignidade as adaptações inerentes a esse tipo de atividade.

Outra situação que precisa ser mais investigada centra-se na questão da adaptação dos indivíduos à modalidade e até que ponto a mudança das coreografias e músicas pode continuar a promover melhoras na aptidão física dos praticantes das modalidades de ginástica de academia. Sugere-se a realização de estudos longitudinais que possam analisar a evolução das variáveis fisiológicas por longos períodos (no mínimo um ano). Adicionalmente, estudos em grupos especiais, como cardiopatas, diabéticos e idosos, também devem ser conduzidos.

Jump Fit

A modalidade de ginástica *Jump Fit* constitui-se de um programa de exercícios ritmados realizados sobre um minitrampolim. Segundo Furtado, Simão e Lemos (2004), os benefícios do *Jump Fit* podem ser considerados os mesmos que os alcançados pela prática regular dos exercícios aeróbicos. O sucesso desse programa parece estar relacionado ao prazer e à motivação que essa atividade proporciona, além da obtenção ou da manutenção dos níveis adequados de condicionamento físico para a realização das atividades da vida diária.

O equipamento utilizado na aula de *Jump Fit* permite a realização de exercícios que envolvem a força da gravidade, além de aceleração e desaceleração, em razão de sua superfície elástica e sistema de fixação de molas de especial resistência, que permitem atingir alta *performance* na execução dos exercícios (Furtado, Simão e Lemos, 2004).

Os exercícios propostos são apresentados em forma de coreografias pré-estipuladas modificadas a cada trimestre, assim como outras modalidades de Ginástica de academia em forma de franquia, como o *Body Pump* e o *Body Combat*. As aulas em forma de coreografias envolvem movimentos simples e de fácil execução, possibilitando a participação de quase todos os tipos de indivíduos. As sessões são estruturadas com utilização de nove músicas, divididas de forma intervalada, iniciando com um aquecimento seguido de um estágio de pré-treinamento e entrando, em seguida, em um ritmo mais intenso, com cinco músicas que correspondem ao treinamento cardiovascular. Sua fase final é composta por duas músicas com ritmo mais lento, uma para exercícios abdominais e outra para a fase de esfriamento; a aula tem duração média de 50 minutos.

Foi encontrado aumento significativo do consumo de oxigênio pós-esforço (Epoc) 15 minutos após uma aula de *Jump Fit*, quando comparado aos valores de repouso em mulheres jovens ativas e com experiência mínima de seis meses com exercícios aeróbicos, indicando aumento do gasto energético pós-exercício (Furtado, Simão e Lemos, 2004). Adicionalmente, esses mesmos autores apontaram que as aulas de *Jump Fit* estão de acordo com as recomendações do ACSM (2000) em relação à zona ideal de treinamento de um exercício físico (60% a 90% da frequência cardíaca máxima e 50% a 85% do VO_2máx), estando associada à melhora da resistência cardiorrespiratória. O *Jump Fit* pode ser indicado como uma modalidade de Ginástica em academias, com o objetivo de melhorar a condição aeróbica e contribuir de forma efetiva para a manutenção e a melhora da aptidão física e da saúde na qualidade de vida.

Finalmente, o *Jump Fit* pode ser considerado um exercício aeróbico de intensidade moderada a alta (Lee e Skerrett, 2001). Ainda no estudo de Furtado, Simão e Lemos (2004), foi observado um dispêndio energético médio total de 386,4 kcal na aula de *Jump Fit*, o qual se encontra dentro do preconizado pelo ACSM (2001), que determina que as sessões de exercícios devam apresentar dispêndio de 300 a 500 kcal.

Step Training

Nos anos 1980, houve a explosão de revistas e jornais relacionadas ao *fitness*, esporte de massa e programas de avaliação física que, juntamente com as academias, proporcionaram para a sociedade as mais diferentes formas de atividades físicas, entre as quais o *Step Training* ou *Step* (Malta, 1994).

O *Step Training* pode ser considerado uma forma simples de treinamento que consiste em subir e descer de plataformas com alturas reguláveis, utilizando-se movimentos coreografados e música para marcação do ritmo (Jucá, 1983). Essa modalidade pode induzir a melhora do sistema cardiorrespiratório, com a vantagem de ser uma atividade de baixo impacto sobre as articulações, ao passo que as intensidades podem estar entre 60% e 85% da frequência cardíaca máxima e as aulas podem durar em torno de 45 minutos (Gubiani e Pires Neto, 1999).

Após dez semanas de *Step Training* com intensidades entre 60% e 85% da frequência cardíaca máxima, foram observadas reduções da gordura corporal relativa, absoluta e por região do corpo de universitárias entre 18 a 25 anos de idade (Gubiani e Pires Neto, 1999). No entanto, nesse estudo não foi apresentado melhora da massa magra, sendo este um componente importante da aptidão física. Sendo assim, propõe-se que, concomitantemente às aulas de *Step Training*, seja adicionado outro tipo de exercício que possa auxiliar no ganho de massa magra (treinamento com pesos).

Benefícios obtidos com as aulas de Ginástica de academia

Quando falamos sobre os benefícios obtidos com as aulas de Ginástica em academia, logo surgem as palavras *saúde* e *qualidade de vida*. A saúde, em suas múltiplas dimensões (física, psíquica e social), tem estreita influência sobre a qualidade de vida (Parkerson Jr., 1992; Toscano, 2001).

Atualmente, as diferentes definições de qualidade de vida e bem-estar estão intimamente relacionadas ao contexto da aptidão física. Almejar uma melhora da saúde é o desafio de pessoas que abandonam a vida sedentária em busca de outro universo referencial.

As academias de ginástica sob supervisão direta de profissionais de Educação Física tornam-se centros de atividades físicas onde se presta um serviço de avaliação, prescrição e orientação de exercícios físicos (Toscano, 2001).

A relação entre atividade física e saúde é justificada por evidências de que níveis apropriados de aptidão física, mantidos durante toda a vida por meio de exercícios regulares, exercem efeitos benéficos nas funções dos órgãos em geral, tendo como consequência vida com qualidade e prolongada (Shephard, 1995;

Nieman, 1999). Dessa forma, torna-se claro que a prática regular e sistematizada de exercícios físicos tem se mostrado grande aliada dos seres humanos na melhora das capacidades biomotora, cardiorrespiratória e psíquica.

Há certo consenso na literatura de que os componentes da aptidão física que estão relacionados à saúde são aqueles que oferecem alguma proteção contra o aparecimento de distúrbios orgânicos provocados pelo estilo de vida sedentário. Alguns desses componentes são: resistência cardiorrespiratória, composição corporal, força, resistência muscular e flexibilidade (Bohme, 1993). Podemos citar ainda os componentes fisiológicos como: pressão sanguínea, lipídios e lipoproteínas no sangue e tolerância à glicose (Shephard, 1995).

A resistência cardiorrespiratória está relacionada ao consumo máximo de oxigênio (VO_2máx), o qual pode ser mensurado por meio de diferentes protocolos; entre eles, os mais comuns utilizam-se de esteiras rolantes e cicloergômetros (Vianna et al., 2005).

O VO_2máx é a máxima quantidade de oxigênio que pode ser captada por um indivíduo em um determinado tempo (Robergs e Roberts, 2002). O ACSM (2000) orienta que, para melhorar a resistência cardiorrespiratória, deve-se realizar de 20 a 30 min diários de exercício aeróbico contínuo ou intermitente, com intensidade entre 50% e 85% do VO_2máx e de três a cinco dias por semana (Pollock et al., 1998; ACSM, 2000). O VO_2máx pode sofrer incrementos de aproximadamente 15% como resultado de um programa de treinamento de *endurance*. Os melhores resultados estão associados aos grupos não condicionados ou indivíduos que apresentam valores muito baixos do VO_2máx no pré-treinamento (Powers e Howles, 2000).

Para facilitar o trabalho em academias, podemos utilizar a frequência cardíaca correspondente ao VO_2máx de cada estágio do treino, tendo em vista que a frequência cardíaca é uma variável usada para controlar a intensidade do treinamento em academias.

Em estudo realizado por Vianna et al. (2005), observou-se que, nas aulas de *Step Training* direcionadas a mulheres com 19,9 ± 4 anos utilizando plataforma com 18 cm, os valores de VO_2 obtidos foram de 55 ± 7% do VO_2máx e frequência cardíaca 90 ± 6% da FCmáx.

Conclui-se que uma aula de *Step Training* em academia, utilizando plataformas de 18 cm, representa uma boa modalidade para o desenvolvimento da capacidade cardiorrespiratória. Contudo, a relação entre a porcentagem de VO_2máx e a de FCmáx é diferente da encontrada em atividades cíclicas (56% e 70%), o que sugere que aulas de *Step Training* não devem ser prescritas para porcentagem de FCmáx, utilizando os mesmos parâmetros das atividades cíclicas. Outras pesquisas devem ser realizadas a fim de esclarecer as diferenças apresentadas pelo estudo em questão.

Várias alterações acontecem em decorrência do aumento da idade cronológica, e as mais evidentes são referentes às dimensões corporais. Essas mudanças são notadas principalmente na estatura, na massa corporal e na composição corporal, e a estatura e a massa corporal sofrem interferência também de fatores como dieta, atividade física, entre outros.

As alterações na composição corporal, especialmente a diminuição na massa livre de gordura, o incremento da gordura corporal e a diminuição da densidade óssea, são as variáveis mais estudadas associadas ao avanço da idade (Bemben et al., 1995; Fiatarone, 1996; Visser et al., 1997).

Em academias, a manipulação de variáveis como força, resistência, resistência de força e velocidade, utilizadas pelas diferentes modalidades de Ginástica de academia, pode influenciar diretamente a composição corporal de seus praticantes.

Corroborando o que mencionamos, Gubiani e Pires Neto (1999), após analisarem uma amostra composta por 24 universitárias com idades entre 21 e 22 anos, participantes de dez semanas de *step* com frequência de duas vezes semanais, cujas aulas duraram aproximadamente 45 min. e tiveram intensidade progressiva de 60% a 85% da FCmáx, não encontraram alterações nas variáveis massa corporal e estatura. Contudo, alterações na perimetria foram encontradas nas regiões do tronco, abdômen, cintura e glúteos, o que não ocorreu para membros superiores e inferiores. Nas dobras cutâneas, foram encontradas alterações em membros superiores e no tronco; já nos membros inferiores não foram encontradas diferenças significativas.

Em relação aos dados da composição corporal, foi apontado o seguinte:

- diminuição do percentual de gordura;
- diminuição da massa gorda;
- aumento da massa livre de gordura (MLG).

Quando falamos sobre diminuição, houve redução significativa ($p < 0,05$); já sobre o aumento da MLG, obteve-se uma tendência no aumento com diferenças não significativas.

Dessa forma, fica clara a importância da avaliação das variáveis antropométricas por região corporal, bem como nos componentes da composição corporal, em grupos envolvidos na prática regular de exercícios em academia.

Outros estudos (Kraemer e Häkkinen, 2004; Ocarino e Serakides, 2006) abordam a variação sobre massa mineral óssea, força e flexibilidade, variáveis que têm seus valores acrescidos ou mantidos após uma intervenção. Ressaltamos que intensidade do treinamento, fatores ergogênicos, nível de condicionamento pré-programa, adequação da carga de treinamento após reavaliações, entre outros fatores, devem ser considerados.

Em outro estudo, Melo e Giovani (2004) compararam o efeito de aulas de Ginástica aeróbica com hidroginástica, outra variação das modalidades oferecidas pelas academias. O público investigado foi composto por 63 mulheres de aproximadamente 65 anos, subdivididas em três grupos: grupo H (hidroginástica), grupo GA (Ginástica aeróbica) e grupo C (controle). Após 12 semanas de intervenção (36 sessões), os dados obtidos mostram que o grupo GA teve diminuição significativa da massa corporal total, do percentual de gordura e houve aumento da massa magra; já o grupo H apresentou somente diminuição no percentual de gordura dos membros inferiores e, no grupo C, não foram encontradas modificações em nenhuma das variáveis analisadas. Conclui-se, portanto, que em um período de 12 semanas a Ginástica Aeróbica foi mais eficaz que a hidroginástica para melhora da composição corporal de mulheres idosas.

Outro estudo comparou os efeitos da Ginástica localizada e do treinamento de força nos índices de força máxima. A amostra foi composta por quarenta mulheres ativas e saudáveis com idade entre 30 e 45 anos, divididas em dois grupos, as quais formaram o grupo que praticou Ginástica Localizada (GL) e o grupo que praticou Treinamento de Força (TF). Após o treinamento, foram analisados os indicadores de força máxima tanto do GL quanto do TF. Os grupos não apresentaram diferenças entre si. Os resultados desse trabalho mostram que a prática de Ginástica Localizada e musculação podem gerar os mesmos níveis de força máxima em membros inferiores, superiores e lombares, dependendo da intensidade empregada no treinamento de força. Fernandes et al. (2003) corroboram com os achados desta pesquisa quando, em estudo semelhante com o objetivo de comparar os níveis de força máxima de membros inferiores em mulheres de 20 a 35 anos, praticantes de ginástica (n = 15) e de Treinamento de Força (n = 15), utilizando a dinamometria, verificaram que não houve diferença significativa nos níveis de força entre os dois grupos.

Podemos destacar, nos dados apresentados, os benefícios que circundam a Ginástica de academia, entre as diversas modalidades que podem ser praticadas oferecendo benefícios sobre as variáveis cardiorrespiratória, força e composição corporal.

Controle da intensidade nas aulas de Ginástica de academia

A prescrição de exercícios é o processo pelo qual um programa de atividade física, recomendado para determinado indivíduo, é elaborado de modo sistemático e individualizado (ACSM, 2000). A prescrição deve então estabelecer o tipo, a intensidade, a duração, a frequência semanal e a progressão desses componentes. Os exercícios deverão variar de acordo com os objetivos de cada indivíduo e também devem levar em consideração as experiências prévias e os níveis de aptidão física da pessoa, visando sempre à promoção da saúde e à prevenção de futuros problemas relacionados às mudanças na composição corporal.

Na sequência deste capítulo, abordaremos algumas variáveis fisiológicas importantes no controle e a prescrição do exercício. No entanto, uma revisão detalhada desses parâmetros vai além do escopo deste capítulo.

A maneira clássica de medir a capacidade aeróbica e as variáveis ventilatórias é por meio de um teste de esforço progressivo de 6 a 12 min, em laboratório, no cicloergômetro ou na esteira rolante, com a utilização de ergoespirometria, medida do trabalho ou potência mecânica do ar expirado, do fluxo e das concentrações de oxigênio (O_2) e gás carbônico (CO_2) (Brooks, 1985; Gaesser e Poole, 1996; Roels et al., 2005). A ergoespirometria possibilita avaliar, de maneira precisa, a capacidade cardiorrespiratória e metabólica, por meio da medida direta do consumo máximo de oxigênio (VO_2máx) e da determinação dos limiares ventilatórios [limiar anaeróbio (LA) e ponto de descompensação respiratória (PCR)]; além disso, fornece, de forma não invasiva, as intensidades de exercício em que predominam o metabolismo aeróbico e anaeróbico (Jacobsen et al., 2005; Reilly et al., 2000), auxiliando na prescrição individualizada do treinamento físico.

O VO_2máx pode ser utilizado como parâmetro para prescrição do exercício, e, nesse caso, para prescrição das aulas de Ginástica de academia, atualmente, tem-se utilizado a intensidade associada ao VO_2máx (iVO_2máx) e não apenas o percentual dessa variável para melhor adequação da intensidade do exercício, sendo um bom indicador de melhora da capacidade aeróbica (Caputo et al., 2003).

Outra ferramenta importante é o limiar de lactato (LL), sendo considerado um importante indicador da resistência cardiovascular (Belmen e Gaesser, 1991). O LL pode ser considerado como o maior valor do VO_2máx que pode ser mantido sem um aumento progressivo do lactato sanguíneo (Belmen e Gaesser, 1991). Em geral, para indivíduos destreinados, o LL pode ocorrer entre 40% e 60% do VO$_2$máx (Poole e Gaesser, 1985). As aulas de Ginástica ou exercícios realizados abaixo do LL abrangem intensidade de leve à moderada (percepção de esforço [PE] de 10 a 13 pela escala de Borg) (Dishman et al., 1987). Já os exercícios conduzidos acima do LL podem ser considerados pesados ou muito pesados (PE de 14 a 18 pela escala de Borg), dependendo do grau no qual o VO$_2$máx excede o LL (Dishman et al., 1987). Para intensidades de exercício muito acima do LL ($\geq$ 85% VO$_2$máx), a concentração de lactato aumenta continuamente, e a tolerância ao exercício é comprometida (Poole e Gaesser, 1985).

O uso da percepção de esforço (PE) tornou-se uma ferramenta válida no monitoramento da intensidade dos programas de treinamento físico (Chow e Wilmore, 1984). Foi demonstrado que a PE se correlaciona bem às respostas das concentrações de lactato sanguíneo, frequência cardíaca, ventilação e VO$_2$ frente ao exercício (Chow e Wilmore, 1984). A PE é geralmente considerada um adjunto à frequência cardíaca no monitoramento da intensidade do exercício. Entretanto, uma vez que a relação entre a frequência cardíaca e a PE seja conhecida, esta pode ser utilizada no lugar da frequência cardíaca (ACSM, 1998). Esse não seria o caso de certos grupos nos quais o conhecimento mais preciso da frequência cardíaca é essencial para a segurança do participante. Nas situações de uso de betabloqueadores por pacientes cardíacos, o uso da PE é interessante, pois, nesses indivíduos, a elevação da intensidade do exercício não induz alterações significativas da frequência cardíaca em virtude do uso do medicamento.

A escala de percepção de Borg (1982) de 6 a 20 pode ser utilizada eficientemente em virtude de sua relação com a frequência cardíaca: 60 bpm, por exemplo, seriam equivalentes ao número 6 da escala, bem como 200 bpm seriam equivalentes ao número 20 (Quadro 7.1):

Quadro 7.1 – Escala de percepção de esforço de Borg, de 6 a 20

6	
7	Extremamente fácil
8	
9	Muito fácil
10	
11	Fácil
12	
13	Um pouco difícil
14	
15	Difícil
16	
17	Muito difícil
18	
19	Extremamente difícil
20	

Particularmente, é importante ressaltar que o VO_2máx e o limiar de lactato são formas mais precisas para determinação da intensidade do exercício. Porém, essas variáveis têm custo mais elevado e/ou estão menos acessíveis para a maioria das academias, em especial quanto à sua utilização para o controle da intensidade das aulas de Ginástica durante sua realização. Por conseguinte, levando-se em consideração que o controle da intensidade durante as aulas de Ginástica é o principal objetivo desse ponto deste capítulo, abordaremos com maior profundidade a questão da frequência cardíaca.

Tendo em vista que a frequência cardíaca se correlaciona ao consumo de oxigênio e ao fluxo sanguíneo coronariano, esta é comumente utilizada como indicador para prescrição da intensidade do exercício (ACSM, 2000). A realização de testes ergométricos para determinação da frequência cardíaca máxima é um importante parâmetro. Em contrapartida, em situações em que a realização do teste não for possível em virtude da falta de aparelhagem adequada e/ou contraindicação médica, pode-se fazer uso das fórmulas de estimativa da frequência cardíaca máxima, assumindo que todas as fórmulas, sem exceção, apresentam nível de erro considerável (Robergs e Landwehr, 2002).

Neste ponto do nosso trabalho, gostaríamos de levantar algumas questões importantes e indicamos fortemente a leitura do artigo intitulado *The surprising history of the "HRmax = 220 – age equation"* (A surpreendente história da equação "FCmáx = 220 – idade"). A razão para atentar a esse assunto se deve ao fato de que essa equação não possui referencial bibliográfico e científico que justifique sua utilização. Isso pode causar espanto, em razão da ampla utilização desse procedimento para determinação da frequência cardíaca máxima (FCmáx) pela maioria dos profissionais da saúde. Adicionalmente, em alguns livros, a fórmula foi atribuída ao Dr. Karvonen ou ao Dr. Astrand, que foram entrevistados pessoalmente pelos autores do artigo citado. Surpreendentemente, nenhum deles jamais realizou trabalhos científicos com essa equação.

Outro estudo revisou, por meio de uma meta-análise, a equação FCmáx = 220 – idade. Tanaka, Monahan e Seals (2001) publicaram um artigo no *Journal of the American College of Cardiology* propondo uma equação com um índice de erro menor em relação à equação tradicionalmente utilizada. A equação desses autores é:

$$FCmáx = 208 - 0,7 \times idade$$

Após a determinação da FCmáx, pode-se aplicar a fórmula de Karvonen, Kentala e Mustala (1957) para determinação da frequência cardíaca de trabalho, que é equivalente ao $VO_2máx$. A equação é a seguinte:

$$FCt = \% (FCmáx - FCrep) + FCrep,$$

em que FCt = frequência cardíaca de trabalho, FCmáx = frequência cardíaca máxima, % = percentual do $VO_2máx$ ou zona de intensidade-alvo em que se deseja trabalhar e FCrep = frequência cardíaca de repouso. Existem inúmeras equações para determinação da frequência cardíaca máxima em adultos saudáveis, inclusive levando-se em consideração a idade, o sexo e o nível de treinamento, mas parece que uma das equações que apresenta menor erro é a de Tanaka, Monahan e Seals (2001) (Robergs e Landwehr, 2002).

Segundo Tanaka, Monahan e Seals (2001), o problema da equação tradicional é que ela superestima a frequência cardíaca máxima em adultos jovens de até 40 anos de idade e subestima progressivamente a frequência cardíaca máxima com o passar dos anos (acima de 40). Basicamente, pela equação tradicional, em algumas situações a prescrição do exercício aeróbico para indivíduos idosos pode ficar abaixo do nível mínimo necessário para melhora da capacidade aeróbica. A fórmula de Tanaka, Monahan e Seals (2001) foi testada e validada em indivíduos de ambos os sexos, com idades entre 18 e 81 anos.

A frequência cardíaca pode ser controlada facilmente durante as aulas de Ginástica, mesmo se não estiverem disponíveis monitores de frequência cardíaca para todos os alunos. Na avaliação física e/ou nas aulas, os alunos podem ser instruídos a mensurar sua frequência cardíaca pela artéria carótida ou radial. Sendo assim, o professor pode adequar melhor a intensidade, o ritmo, a velocidade e a quantidade de movimentos realizados durante a aula de Ginástica de academia, de acordo com a capacidade física individualizada dos seus alunos.

O ACSM (1998) recomenda que, para melhora da aptidão cardiorrespiratória e composição corporal, uma intensidade de treinamento mínima de 55%-65% a 90% da frequência cardíaca máxima, ou 40%-50% a 85% do consumo máximo de oxigênio de reserva (VO_2R) ou frequência cardíaca de reserva (FCres) sejam utilizados. Os valores de intensidade inferiores, 40%-49% do VO_2R ou FCres e 55%-64% da FCmáx, são mais aplicáveis para indivíduos altamente sedentários. A recomendação para exercícios aeróbicos propõe ainda que as sessões de exercício sejam realizadas pelos menos de três a cinco vezes por semana, com duração de vinte a sessenta minutos, contínuos ou intermitentes (dez minutos no mínimo, por sessão, cumulativas). Vale destacar que também existem recomendações do ACSM para a prática do treinamento de força, entretanto este não é o foco principal deste capítulo.

Na Tabela 7.1, são apresentadas as intensidades relativas de esforço correspondentes à frequência cardíaca de reserva, ao consumo máximo de oxigênio de reserva e à frequência cardíaca máxima. A partir dessa classificação e levando-se em consideração o objetivo e o nível de aptidão física dos alunos, o professor pode controlar a intensidade das aulas durante sua realização, proporcionando melhores resultados e segurança aos praticantes.

Tabela 7.1 – Classificação da intensidade do exercício

Intensidade	Intensidade relativa		
	%VO2máxR/ %FCres	%FCmáx	PE
Muito leve	<20	<50	<10
Leve	20-39	50-63	10-11
Moderada	40-59	64-76	12-13
Pesada	60-84	77-93	14-16
Muito pesada	≥85	≥94	17-19
Máxima	100	100	20

Adaptado de Kesaniemi et al. (2001).
% VO_2máxR = percentual do consumo máximo de oxigênio de reserva.
% FCres = percentual da frequência cardíaca de reserva que pode ser obtida da subtração da frequência cardíaca máxima pela frequência cardíaca de repouso.
% FCmáx = percentual da frequência cardíaca máxima.
PE = percepção de esforço pela escala de Borg de 6 a 20 pontos.

Em resumo, neste capítulo foram abordadas as características fisiológicas de algumas das novas modalidades de Ginástica de academia, os benefícios associados a essas práticas e foram propostas formas científicas para o controle da intensidade das aulas durante sua realização. O profissional de Educação Física pode justificar sua presença nas aulas de Ginástica ao lançar mão de conhecimentos relacionados à prescrição do exercício e fundamentando suas aulas, tarefa que deve ser realizada com precisão e cuidado.

Neste momento, gostaríamos de deixar o seguinte pensamento aos profissionais envolvidos com a prescrição do exercício e a Ginástica em geral: "Quanto mais conhecimento o profissional buscar, mais evoluído se tornará, encontrando a liberdade de quebrar paradigmas e não simplesmente aceitá-los".

Referências

ACSM. The recommended quantity and quality of exercise for developing and maintaining cardiorespiratory and muscular fitness, and flexibility in healthy adults. *Medicine and Science in Sports and Exercise*, v. 30, n. 6, p. 975-91, 1998.

_____. *Guidelines for exercise testing and prescription*. Baltimore: Williams & Wilkins, 2000.

_____. Appropriate intervention strategies for weight loss and prevention of weight regain for adults. *Medicine and Science in Sports and Exercise*, v. 12, p. 2.145-56, 2001.

BELMEN, M. J.; GAESSER, G. A. Exercise training below and above the lactate threshold. *Medicine and Science in Sports Exercise*, v. 23, p. 562-68, 1991.

BEMBEN, M. G. et al. Age-related patterns in body composition for men aged 20-79 yr. *Medicine Sciense Sports Exercise*, v. 27, p. 264-9, 1995.

BOHME, M. T. S. Aptidão física: aspectos teóricos. *Revista Paulista de Educação Física*, v. 7, n. 2, p. 52-65, 1993.

BORG, G. A. V. Psychophysical bases of perceived exertion. *Medicine and Science in Sports and Exercise*, v. 14, n. 5, p. 377-81, 1982.

BROOKS, G. A. Anaerobic threshold: a review of the concept and directions for future research. *Medicine and Science in Sports Exercise*, v. 17, n. 1, p. 22-34, 1985.

CAPUTO, F. et al. Índices de potência e capacidade aeróbica obtidos em cicloergômetro e esteira rolante: comparações entre corredores, ciclistas, triatletas e sed. *Revista Brasileira de Medicina e Esportes*, v. 9, n. 4, p. 223-30, 2003.

CHOW, J. R..; WILMORE, J. H. The regulation of exercise intensity by ratings of perceived exertion. *Journal of Cardiac Rehabilitation*, v. 4, p. 382-7, 1984.

COOPER, K. H. *Capacidade aeróbica*. Rio de Janeiro: Fórum, 1972.

DIONNE, I.; TREMBAY, A. Human energy and nutrient balance. In: BOUCHARD, C. *Physical activity and obesity*. Champaing: Human Kinects, 2000. p. 103-32.

DISHMAN, R. K. et al. Using perceived exertion to prescribe and monitor exercise training heart rate. *International Journal of Sports Medicine*, v. 8, n. 3, p. 208-13, 1987.

FERNANDES, A. D. O.; NOVAES, J. S.; DANTAS, E. H. M. Efeitos do treinamento de ginástica localizada e musculação nos níveis de força máxima de membros inferiores, superiores e lombar de mulheres adultas não atletas. *Fitness & Performance Journal*, v. 3, n. 1, p. 33-41, 2003.

FERNANDES, A. D. O. et al. Comparação dos níveis de força muscular de membros inferiores em membros praticantes de musculação e ginástica localizada de 20 a 35 anos. In: XXVI SIMPÓSIO INTERNACIONAL DE CIÊNCIAS DO ESPORTE. *Revista Brasileira de Ciência e Movimento*, São Paulo: Celafisc, p. 149, 2003.

FERRARI, H. G.; GUGLIELMO, L. G. A. Domínios de intensidade e sobrecarga metabólica em aulas de *body pump* e *body combat*. *Fitness & Performance Journal*, v. 5, n. 6, p. 370-5, 2006.

FIATARONE, M. A. Physical activity and functional independence in aging. *Res Q Exerc Sport*, v. 67, suppl. 3, p. 70, 1996.

FURTADO, E.; SIMÃO, R.; LEMOS, A. Análise do consumo de oxigênio, frequência cardíaca e dispêndio energético, durante as aulas de *Jump Fit*. *Revista Brasileira de Medicina do Esporte*, v. 10, n. 5, p. 371-5, 2004.

GAESSER, G. A.; POOLE, D. C. Lactate and ventilatory thresholds: disparity in time course of adaptations to training. *Journal of Applied Physiology*, v. 61, n. 3, p. 999-1004, 1986.

_____. The slow component of oxygen uptake kinects in human. *Exercise and Sport Sciences Reviews*, v. 24, p. 35-71, 1996.

GUBIANI, G. L.; NETO, C. S. P. Efeitos de um programa de *Step Training* sobre variáveis antropométricas e composição corporal em universitárias. *Revista Brasileira de Cineantropometria e Desempenho Humano*, v. 1, n. 1, p. 89-95, 1999.

GUEDES, D. P.; GUEDES, J. E. R. P. *Controle do peso corporal, composição corporal, atividade física e nutrição*. Londrina: Didiograf, 1998.

JACOBSEN, D. J. et al. A comparison of three methods of analyzing post-exercise oxygen consumption. *International Journal of Sports Medicine*, v. 26, n. 1, p. 34-8, 2005.

JUCÁ, M. *Aeróbica Step*. Rio de Janeiro: Sprint Ltda. 1983.

KARVONEN, M. J.; KENTALA, E.; MUSTALA, O. The effects of training on heart rate: a longitudinal study. *Annales Medicinae Experimentalis Fenniae*, v. 35, n. 3, p. 307-15, 1957.

KESANIEMY, A. Y. et al. Dose-response issues concerning physical activity and health: an evidence-based symposium. *Medicine and Science in Sports and Exercise*, v. 33 (6 suppl), p. S351-S8, 2001.

KRAEMER, W. J.; HÄKKINEN, K. *Treinamento de força para o esporte*. Porto Alegre: Artmed, 2004.

KRAUSE, M. P.; SILVA, S. G. *Alterações fisiológicas decorrentes da prática de Body Combat em indivíduos jovens do sexo feminino*. In: XXVII SIMPÓSIO INTERNACIONAL DE CIÊNCIAS DO ESPORTE. São Paulo, v. 83, 2004.

LEE, M.; SKERRETT, P. Physical activity and all-cause mortality: what is the dose-response relation? *Medicine and Science in Sports and Exercise*, v. 33 (6 suppl), p. S459-S71, 2001.

MALTA, P. *Step-training aeróbico e localizado*. Rio de Janeiro: Sprint, 1994.

MELO, G. F.; GIOVANI, A. Comparação dos efeitos da ginástica aeróbica e da hidroginástica na composição corporal de mulheres idosas. *Rev. Bras. Cin. Mov.*, v. 12, n. 2, p. 13-8, 2004.

NELSON, D. J. et al. Cardiac frequency and caloric cost of aerobic dancing in young women. *Research Quarterly for Exercise and Sports*, v. 59, n. 3, p. 229-33, 1988.

NIEMAN, D. C. *Exercício e saúde*. São Paulo: Manole, 1999.

OCARINO, N. M.; SERAKIDES, R.. Efeito da atividade física no osso normal e na prevenção e tratamento da osteoporose. *Revista Brasileira de Medicina e Esporte*, v. 12, n. 3, p. 164-8, 2006.

PARKERSON JR., G. R. Quality of life and functional health of primary care patients. *Journal Clinical of Epidemiology*, v. 45, n. 11, p. 1303-14, 1992.

PFITZINGER, P.; LYTHE, J. O. Consumo aeróbico e o gasto energético durante o *Body Pump*. *Fitness & Performance Journal*, v. 2, n. 2, p. 113-21, 2003.

POLLOCK, M. L. et al. The recommended quantity and quality of exercise for developing and maintaining cardiorespiratory and muscular fitness, and flexibility in healthy adults. *Medicine and Science in Sports and Exercise*, v. 30, n. 6, p. 975-91, 1998.

POOLE, D. C.; GAESSER, G. A. Response of ventilatory and lactate thresholds to continuous and interval training. *Journal of Applied Physiology*, v. 58, n. 4, p. 1115-21, 1985.

POWERS, K. S.; HOWLES, E. T. *Fisiologia do exercício*: teoria e aplicação ao condicionamento e ao desempenho. São Paulo: Manole, 2000.

REILLY, T.; BANGSBO, J.; FRANKS, A. Anthropometric and physiological predispositions for elite soccer. *Journal of Sports Sciences*, v. 18, n. 9, p. 669-83, 2000.

ROBERGS, R. A.; LANDWEHR, R. The surprising history of the "HRmax=220-age" equation. *Journal of Exercise Physiology Online*, v. 5, n. 2, p. 1-10, 2002.

ROBERGS, R. A.; ROBERTS, S. O. *Princípios fundamentais de fisiologia do exercício para aptidão, desempenho e saúde*. São Paulo: Phorte, 2002.

ROELS, B. et al. Specificity of VO_2max and the ventilatory threshold in free swimming and cycle ergometry: comparison between triathletes and swimmers. *British Journal of Sports Medicine*. v. 39, n. 12, p. 965-8, 2005.

SHEPARD, R. J. Physical activity, fitness, and health: the current consensus. *Quest*, v. 47, p. 288-303, 1995.

SORENSEN, J. Aerobic dancing: what's it all about. *Fitness for living*, v. 8, n. 18, 1974.

STANFORTH, D.; STANFORTH, P.; HOEMEKE, R. Physiologic and metabolic responses to a Body Pump workout. *Journal of Strength and Conditioning Research*, v. 14, n. 2, p. 144-50, 2000.

TANAKA, H.; MONAHAN, K. D.; SEALS, D. R. Age-Predicted Maximal Heart Rate Revisited. *Journal of the American College of Cardiology*, v. 37, n. 1, p. 153-6, 2001.

TOSCANO, J. J. O. Academia de ginástica: um serviço de saúde latente. *Revista Brasileira de Ciência e Movimento*, v. 9, n. 1, p. 41-3, 2001.

VIANNA, V. R. A. et al. Relação entre frequência cardíaca e consumo de oxigênio durante uma aula de *Step Training*. *Revista Brasileira de Ciência e Movimento*. v. 13, n. 1, p. 29-36, 2005.

VISSER, M. et al. Density of fat-free body mass: relationship with race, age, and level of body fitness. *Am. J. Physiol.*, v. 272, p. 781-7, 1997.

8 A prática da Ginástica como um lazer sério[1]

Adriana Maria Wan Stadnik

O encantamento, o amor, o interesse pela Ginástica nasceu desde muito cedo em minha vida. Pratiquei Ginástica Artística, depois Rítmica, fui ginasta de treinamento de alto nível, técnica e auxiliar técnica e participei, posteriormente, de grupos de Ginástica geral em clubes e na universidade. Fui também atleta de Ginástica Aeróbica esportiva, fiz graduação em Educação Física, dirigi grupos infantis, juvenis e adultos, e, atualmente, além de ser professora universitária, trabalho voluntariamente – é uma das minhas práticas de lazer sério, como dirigente na Federação Paranaense e na Confederação Brasileira de Ginástica. São muitos

---

[1] O desenvolvimento desta temática está relacionado aos meus estudos de doutorado, sob a orientação dos professores doutores António Camilo Cunha e Beatriz Oliveira Pereira, da Universidade do Minho, Braga, Portugal.

anos dedicados à prática desse esporte. Posso dizer que o conheço bem, pois somos amigos de longa data.

E é exatamente por conhecer bem a área, organizar eventos, conviver com atletas, dirigentes, alunos, praticantes, grupos, professores, academias e companhias de Ginástica que algumas inquietações foram despertando ao longo de minha trajetória. Entre elas, a constatação de que a maior parte das práticas, mesmo as do tempo livre – em que o lazer se desenvolve – exige comprometimento, atenção, paixão, valorização e significado, para que essas práticas de lazer possam se tornar algo distintivo.

A partir dessa constatação, tentei encontrar subsídios para justificar minhas observações, análises e questionamentos. Encontrei-os em outra de minhas paixões: os estudos do lazer. É sobre esses estudos que tratarei a seguir.

Sobre o lazer e a educação

O lazer mostra-se, inúmeras vezes, um fenômeno ambíguo. Por um lado, pode ser tempo de desenvolvimento pessoal, profissional e social, descanso ou apenas um divertimento, sem maiores consequências. Por outro lado, pode ser tempo do aparecimento de características indesejáveis, como alcoolismo, envolvimento com drogas e formação de "gangues".

A partir dessa percepção da realidade, apresentamos dois problemas bastante comuns em variadas sociedades: muitas comunidades tornaram-se perigosas demais para que crianças, jovens e até mesmo adultos e idosos pudessem realizar suas atividades de lazer, como praticar ginástica, brincar, jogar, relaxar, desenvolver-se e divertir-se, sem supervisão e/ou espaços adequados; existe, também, o problema da realização de atividades socialmente indesejáveis: o lazer nocivo, que, muitas vezes, promove uma gratificação instantânea e/ou a sensação excitante de fazer algo proibido, prejudicial (a si mesmo ou aos outros) ou perigoso.

É difícil separar as atitudes desejáveis das indesejáveis quando se aborda uma área permeada por um alto grau de escolha pessoal, como o lazer. Essa distinção é, muitas vezes, carregada de preconceitos e atitudes que vão de encontro a ideologias utilizadas para defender a posição confortável da classe dominante e até pontos de vista de instituições ou grupos rançosamente tradicionais. Algumas dessas atividades vão absolutamente contra os valores do desenvolvimento humano e das relações interpessoais e, portanto, não são desejáveis do ponto de vista social. Muitas delas colocam em risco a qualidade de vida do indivíduo ou até mesmo a vida de outrem (Marcellino, 1995).

Pesquisadores como Pereira e Neto (1999), que tratam especialmente do lazer na infância, consideram que, por meio da recreação e das práticas de lazer, realiza-se uma ruptura da rotina diária, caracterizada pela monotonia do trabalho e pelos valores que o regem, transformando o período de lazer em tempo de contestação, esquecimento e, por vezes, de destruição das regras. Existe também uma crescente preocupação com a problemática do tempo livre, pois alguns dispõem de muito tempo e, em contraste, este tempo é quase inexistente para outros. Nas famílias, essa contradição é levada ao extremo: os pais não têm tempo; já os filhos dispõem de muitas horas livres, sem o apoio/atenção dos pais. Outra problemática é a dos desempregados, que têm muito tempo livre, mas, dificilmente, lazer.[2] "Esse tempo livre compulsório conduz muitos jovens à autodestruição, à destruição dos outros, dos familiares e do patrimônio." (Pereira e Neto, 1999, p. 87).

Segundo alguns estudiosos, como Stebbins (2004), Ruskin e Sivan (s/d) e Siegenthaler e Gonzalez (1997), por exemplo, a resposta para problemas como os apresentados pode e deve ser o lazer sério, do tipo significativo.

Educar para o lazer sério é a posição adotada pela *World Leisure's Comission on Education* (ver Ruskin e Sivan, s/d) em relação às questões de lazer e educação.

---

[2] Reforçando essa ideia, Marcellino (2002) e Stebbins (2000) referem que o desemprego não resulta automaticamente em lazer para suas vítimas, mas em tempo livre. Não é um tempo liberado, mas, antes, desocupado. O desemprego é um tempo "forçado" de não trabalho, fazendo com que o indivíduo sinta-se pressionado a arranjar uma nova colocação, até mesmo por motivações econômicas (falta de recursos), tristeza, desmoralização, entre outras razões, promovendo um estado mental que impede a pessoa nessa situação de desfrutar do tempo de lazer.

A ideia central dessa proposição é ressaltar a importância e os benefícios "para a vida toda" que esse tipo de educação pode promover, visto que objetiva a melhora do estilo de vida dos indivíduos por meio do desenvolvimento de um ótimo estilo de vida associado às atividades de lazer.

Essa questão da importância de se educar não apenas para o lazer, mas, e especialmente, para o lazer sério, acaba por desencadear uma discussão sobre o espaço ocupado pelo lazer sério e também pelo lazer casual na vida das pessoas, na escola, na sociedade em geral e, em nosso caso particular, na prática da Ginástica.

Lazer sério, casual e a prática da Ginástica: aspectos positivos e negativos

O lazer sério pode ser um *hobby,* uma atividade amadora ou voluntária, realizada de forma sistemática, em que os participantes encontram-se imersos e substancialmente interessados a ponto de, em casos típicos, centralizar suas carreiras na aquisição ou expressão de habilidades especiais, conhecimentos e experiências (Ruskin e Sivan, s/d; Stebbins, 2000, 2004).

É o caso de muitos praticantes de Ginástica, desportistas, colecionadores e artistas amadores, por exemplo. Para Siegenthaler e Gonzalez (1997), a prática de esportes, especialmente na juventude, é uma atividade de lazer sério em potencial, especialmente quando apresenta uma variação de níveis, resultando em um desafio para o participante e criando uma excitação/motivação para a especialização na área, sendo, obviamente, constantemente supervisionada por pessoas responsáveis.

Na opinião desses autores, os esportes juvenis[3] organizados têm sido a porta de entrada de muitos jovens no lazer sério. Para algumas crianças, a prática de esportes pode ser apenas um lazer passageiro, mas, para outras, torna-se uma parte bastante importante de suas vidas, um bom hábito para o futuro e a criação

---

[3] Esportes juvenis nos EUA incluem participantes de 3 a 18 anos de idade (Seefeldt et al., 1993 apud Siegenthaler e Gonzalez, 1997).

e manutenção de um estilo de vida saudável e com mais qualidade de vida. Além disso, pesquisas têm demonstrado que atividades esportivas realizadas com crianças constroem corpos e caráter fortes.

Quanto ao lazer casual, é uma realização/satisfação imediata, um prazer relativamente passageiro desencadeado por uma atividade que requer um pequeno ou, talvez, nenhum treinamento ou habilidade especial para sua realização. É fundamentalmente hedonista, pois busca puramente prazer e divertimento, sem comprometimento algum. Alguns exemplos de atividades de lazer casual: entretenimento passivo, como assistir à televisão, ouvir música, ler um livro; entretenimento ativo, como jogos no computador, jogos em festas; relaxamento; conversação social; estimulação sensorial, como comer, beber, fazer sexo; e voluntariado casual (Ruskin e Sivan, s/d).

O importante a ser ressaltado é que ambos os tipos de lazer apresentam benefícios. Entretanto, estudos que tratam dessa temática parecem concordar que o lazer sério é aquele que deve ser ensinado na escola e nas instituições organizadas (ex. clubes, academias, grupos e escolas onde a ginástica também é praticada), ou seja, integrar o sistema escolar e comunitário por fornecer subsídios para o desenvolvimento de atitudes adequadas, positivas e saudáveis frente às atividades de lazer. Já o lazer casual não necessitaria aprendizado, pois acontece casualmente, podendo e devendo ser apenas orientado por meio do desenvolvimento cultural.

Sabe-se que, em geral, quanto maior o nível cultural de uma pessoa, maiores são suas oportunidades de desenvolvimento no tempo de lazer. Da mesma forma, melhores são suas escolhas (Camargo, 1992; Puig e Trilla, 2004; Marcellino, 1995, 2002; Stebbins, 2000; Pereira e Neto, 1999).

De acordo com Ruskin e Sivan (s/d), o lazer casual não significa uma atividade inteiramente frívola, pois existem benefícios claros na realização deste tipo de atividade. Da mesma maneira, apresentam-se alguns custos. Para ilustrar, pode-se citar o bem-estar como um dos benefícios do lazer casual, porém, ele ocorre quando o indivíduo atinge um *ótimo* estilo de vida no lazer – "definido como uma satisfação profunda encontrada durante o tempo livre, resultante de uma ou mais substanciais e absorventes formas de lazer sério, complementada por uma gama sensata e criteriosa de atividades de lazer casual" (p. 172). Ou seja, o indivíduo vivencia um ótimo estilo de vida no lazer quando está engajado em atividades desse tipo, sendo capaz de combinar realização e desenvolvimento humano potencial com melhora da qualidade de vida, associada ao seu bem-estar geral e, também, de toda a sociedade.

Outros benefícios encontrados no lazer casual são a possibilidade de explorar coisas novas e utilizar-se da criatividade e da descoberta; a participação no entretenimento de massa (ler livros, assistir televisão, ouvir música, frequentar parques), aprendendo sobre o mundo físico e social em que vive, entretendo-se e educando-se ao mesmo tempo; a regeneração, o relaxamento e a recreação; e o desenvolvimento de relacionamentos interpessoais (Ruskin e Sivan, s/d; Dumazedier, 1980; Camargo, 1992; Marcellino, 2002).

Ainda sobre o lazer casual (Ruskin e Sivan, s/d), pode-se dizer que alguns de seus custos ocorrem porque seus benefícios potenciais não estão sendo realizados. Um desses custos pode ser o aborrecimento, que é sinalizado pelo mal-estar dos participantes na realização da atividade.[4] Outro é a frequente impossibilidade de produzir um lazer distintivo e identificativo para seus entusiastas. Essa situação promove mais um custo: a formação de grandes blocos de lazer casual, mesmo que interessantes, deixando pouco tempo para o lazer sério e privando o indivíduo da possibilidade de desenvolver o ótimo estilo de vida no lazer. Além disso, o lazer casual, geralmente, promove uma limitada contribuição para o indivíduo – a não ser que a pessoa crie, descubra ou aprenda algo novo, o que não acontece sempre.

Outros aspectos acerca dos custos do lazer casual incluem a falha comum desse tipo de atividade, que é gerar a apreciação das qualidades dos outros e não de si mesmo, da própria criação, do desenvolvimento pessoal (Ruskin e Sivan, s/d; Camargo, 1992; Puig e Trilla, 2004).

---

[4] Cabe ressaltar que o aborrecimento não é uma característica inevitável em qualquer atividade de lazer proposta, seja de lazer sério ou casual. Entretanto, para Ruskin e Sivan (s/d), a atividade de lazer casual está particularmente próxima de despertar esse sentimento por não existir um controle sobre ela.

Camargo (1992) faz um alerta, comentando que a maior parte do tempo livre é um tempo de exposição ao produto e à produção cultural de outros (televisão, discos, rádios etc.). A educação do lazer consiste, então, em estimular a própria produção cultural, ou seja, a prática de esportes, a leitura, a poesia, as atividades manuais, o teatro, a composição musical, a fotografia etc.

Finalmente, as atividades individualizadas e desconectadas de lazer casual contribuem muito pouco para o desenvolvimento da comunidade. No entanto, três são as exceções a isso: voluntários do lazer casual, que ajudam sobremaneira a si mesmos e toda a comunidade; a contribuição econômica desse tipo de atividade, gerando grandes negócios; e algumas formas de lazer casual coletivo (grupos que partem das relações sociais para os movimentos sociais), podendo contribuir para o desenvolvimento comunitário (Ruskin e Sivan, s/d).

Características do lazer sério

Stebbins (1982; 1992) estabeleceu seis diferentes e identificantes características para o lazer sério. São elas o esforço pessoal, a perseverança, o senso de carreira, sem ser um trabalho, a identificação (pessoal e social), a subcultura os e benefícios duráveis. Este capítulo descreverá, sinteticamente, cada uma dessas características.

Segundo Stebbins (1992), o *esforço pessoal* é muito importante para que o lazer sério possa acontecer, pois é necessário o desenvolvimento de habilidades na experimentação desse tipo de atividade de lazer. Nesse contexto, Siegenthaler e Gonzalez (1997)[5] escrevem que o comprometimento com o esporte acaba conduzindo adolescentes ao acompanhamento de equipes organizadas em outros níveis, como no Ensino Médio, no Ensino Superior em níveis profissionais, nos quais esses jovens poderão observar a demonstração de habilidades e estratégias avançadas.

---

[5] Esses autores realizaram uma pesquisa (crítica) sobre o esporte juvenil como um lazer sério. Advêm do trabalho deles os exemplos que utilizamos ao longo dessa parte deste capítulo, destacando-se, portanto, o esporte e a Ginástica.

Quanto à *perseverança*, Siegenthaler e Gonzalez (1997) acreditam que essa característica é uma extensão do esforço pessoal e que, de certa forma, todos os envolvidos em uma determinada atividade de lazer sério deveriam possuí-la: pais, professores, técnicos, alunos e atletas. Para Stebbins (1992), a perseverança resulta em orgulho e realização (sentimento de ter alcançado algo).

Outra característica do lazer sério é o *senso de carreira*. Bem, lazer não é trabalho, mas a utilização ou o preenchimento de tempo livre/disponível com atividades que não são de trabalho. Portanto, qual é a relação do lazer sério com o senso de carreira, que parece algo do mundo corporativo?

Stebbins (1982, 1992, 2004, p. 9) afirma que uma carreira é definida por um persistente envolvimento associado a uma progressão no desempenho e na realização, chegando a comparar o "lazer sério" a uma "ocupação devotada", definindo esta como:

> uma ligação forte e positiva com uma forma de trabalho autoengrandecedora, em que o senso de realização é alto e o centro da atividade (conjunto das tarefas) é uma doação de apelo intenso, a ponto de virtualmente apagar a linha entre o trabalho e o lazer.

Para o autor, o lazer sério torna-se uma "paixão", assim como o trabalho pode ser "apaixonante" para aqueles devotados a ele. Dessa forma, o senso de carreira aparece no lazer sério.

Mais duas características do lazer sério, que, segundo Siegenthaler e Gonzalez (1997), estão conectadas, é a *identificação* e a *subcultura*. A primeira aparece quando atletas jovens sentem-se bem ao se identificar com o seu esporte: vestem o uniforme do seu time/equipe/grupo com orgulho e prazer, não apenas nos jogos/espetáculos, mas na escola e em outros lugares – o que dá origem à subcultura. Os jovens passam a adquirir acessórios com uma determinada marca – tênis, camisetas, mochilas, luvas, produtos, muitas vezes, até mais caros, apenas com o intuito de identificá-los ao esporte em questão. Adotam o vocabulário da equipe ou do esporte.

Martens (1993 apud Siegenthaler e Gonzalez, 1997) comenta que a identificação com um esporte e a adoção da sua subcultura podem trazer numerosos benefícios – sentir-se parte do time estimula e reforça o desenvolvimento moral por meio do contato com modelos positivos. Para tanto, é necessário que os modelos sejam positivos.

Finalmente, os *benefícios duráveis*, também comentados por Martens, são uma característica que está relacionada aos benefícios físicos e psicológicos que as atividades de lazer sério podem trazem à vida toda de seus praticantes. Em relação ao esporte, por exemplo, os participantes melhoram o bem-estar físico, a força e a coordenação, gerando o senso de aquisição de novos conhecimentos.

Stebbins (1982; 1992) sugere que as crianças que investem seu tempo e energia no lazer sério, como o esporte, têm muito a ganhar. São considerados benefícios duráveis do lazer sério o autoenriquecimento, a autorrenovação, o engrandecimento da autoimagem e o sentimento de aquisição de valores novos.

Adotamos a expressão *going overboard* – "indo por água abaixo", em uma linguagem bastante informal, para expressar os esclarecimentos de Siegenthaler e Gonzalez (1997) relativos às características apresentadas. Apoiados em Coakley (1992) e sua própria pesquisa sobre o esporte juvenil como um lazer sério, esses autores sugerem que o envolvimento dos jovens nesse tipo de atividade pode ser extremamente benéfico, desde que a decisão de participação parta realmente do jovem e não dos pais ou técnicos, o que poderia acarretar uma série de problemas, como excesso de cobrança por resultados, ansiedade, infelicidade etc.

É fundamental lembrar que, por mais séria que seja determinada atividade de lazer, ela continua a ser uma atividade de lazer. Stebbins (1982) esclarece que lazer sério não é sinônimo de trabalho penoso, afirmando que o termo *sério,* adicionado ao lazer, refere-se a zêlo, cuidado, sinceridade e importância, em vez de solenidade, sobriedade, ansiedade, angústia e tristeza. É possível que esses sentimentos sejam experimentados em uma atividade de lazer sério, porém não é parte integrante de suas características.

Em 2000, Stebbins refere-se à pergunta *"Lazer sério é realmente lazer?"* (p. 5), respondendo-a com a constatação de que, quarenta anos após a publicação dos estudos desenvolvidos por Max Kaplan (1960), o lazer sério continua a apresentar os mesmos elementos que o caracterizavam naqueles tempos: uma antítese do trabalho (função econômica); uma prazerosa expectativa e lembrança; envolvimento com um mínimo de obrigações sociais involuntárias; liberdade (percepção psicológica); relação íntima com os valores da cultura; e variação entre a inconsequência e a insignificância para o importante e significativo. Frequentemente, mas não apenas, caracteriza-se pelo elemento do jogo.

Pode-se dizer que um ótimo estilo de vida no lazer inclui o equilíbrio entre os dois tipos de lazer, o sério e o casual, e que educadores, técnicos, pais e conselheiros devem, sempre que possível, comunicar essa ideia aos seus aprendizes/educandos, uma vez que o lazer e a educação estão intimamete relacionados.

Educando o lazer

Educar o lazer envolve todo o processo educativo/formativo, ou seja, busca, fundamentalmente, preparar as pessoas para a vida na sociedade, uma vez que o desenvolvimento harmonioso do indivíduo enseja o desenvolvimento harmonioso de toda a sociedade, que é composta por essas pessoas.

> O propósito básico da educação é desenvolver valores e atitudes humanas e equipar as pessoas com conhecimentos e habilidades, que as tornarão capazes de se sentirem mais seguras e obterem maiores benefícios e satisfação durante a vida. (Ruskin e Sivan, s/d, p. 142)

De acordo com os autores, nessa definição dos propósitos da educação está implícita a ideia de que a educação não está "a serviço" do trabalho ou da economia, mas, igual ou equilibradamente, é importante para o desenvolvimento do indivíduo – como membro ativo, participativo e completo da sociedade –, e para o desenvolvimento da sua qualidade de vida.

Segundo Brandão (1981), a educação é fundamental na construção do indivíduo que a sociedade busca, almeja, necessita.[6] Para além dessa construção – a do indivíduo –, a educação é responsável pelo tipo de sociedade que se forma e pela produção de ideias, crenças, qualificações, trocas de símbolos, bens e poderes que permeiam a sociedade.

Em outros termos, a educação está intimamente relacionada à sociedade a que se destina. Na sociedade atual – pós-industrial (Dumazedier, 1994), contemporânea (para os historiadores, como Roberts, 2001), urbano-industrial (Camargo, 1996), era da informação tecnológica (Ruskin e Sivan, s/d) e pós-moderna (Cunha, 2000), uma situação é clara: houve uma transição gradual da sociedade do trabalho – sociedade industrial[7] – para outra multifacetada em que trabalho, estudo, lazer, cultura se interligam no cotidiano e em concepções fundamentais da vida, por meio, especialmente, mas não somente, do aumento do tempo livre.

Em 1999, Pereira e Neto referiram-se ao fato de que o aumento do tempo livre visava, principalmente, compensar, com o descanso, o esforço/desgaste do tempo de trabalho e a necessidade de dedicar mais tempo à família. Entretanto, logo apareceram novas necessidades, visando, por exemplo, colmatar as falhas relativas à educação/instrução, promovendo a imagem de um indivíduo culto.

Logo, a crescente valorização da qualidade de vida faz que o ser humano seja, hoje, um grande mosaico de pequenas necessidades: trabalho, vida

---

[6] Ainda que o próprio autor afirme que o papel da educação não pode e não deve ser o de "formatar" os indivíduos para a sociedade, mas lhes imprimir o espírito crítico e uma visão aprofundada e realista dos fatos, de qualquer forma, também não é nossa ideia a formação de pessoas conformistas. Pelo contrário, desejamos, especialmente porque somos educadores, uma sociedade liberta e criativa. Porém, acreditamos que a inserção e a vida do indivíduo na sociedade dependem fortemente da sua adaptação a algumas normas de conduta, respeito e amor à vida em sociedade.

[7] É importante lembrar que ainda hoje existem sociedades ou comunidades que não são sequer industrializadas e, portanto, também não se encaixam no perfil de sociedades pós-industriais ou qualquer outra dessas nomenclaturas expostas neste parágrafo.

social, família, lazer, esporte, saúde, beleza, equilíbrio, elegância, cultura, espiritualidade e tantas outras coisas fundamentais, ou, ao menos, importantes (Stadnik, 2001).

Esse panorama nos conduz ao pensamento de que a educação pode e deve contribuir para a realização humana face a essa nova sociedade: a sociedade do futuro (Unesco, 2000).

Para Marcellino (1997), a relação de interdependência entre lazer, escola e processo educativo exige uma nova pedagogia: a pedagogia da animação, que considera o lazer um canal viável de atuação no plano cultural, integrando-se à escola. Esta, com seus equipamentos e educadores, seria um "centro de cultura popular", e sua tarefa educativa não estaria voltada a um "modelo" de homem para o qual se educa, nem a um "modelo" de sociedade, mas para os conteúdos, as formas, a abrangência, o espaço, os elementos humanos e os recursos materiais, atuando no plano cultural e social, contribuindo, assim, para a construção de um futuro, não um ideal, que segue a lógica dominante, mas o próprio questionamento a respeito do futuro. Apostar no lazer como prática educativa é acreditar nas possibilidades de desenvolvimento humano tanto pessoal como social, que sua vivência pode proporcionar.

A partir do final do século XIX, aparecem instituições educativas que se situam entre a família e a escola. Essas instituições desenvolveram uma série de atividades educativas com objetivos, âmbitos de atuação e estilos pedagógicos bastante diferentes das instituições tradicionais – escola e família. Esses movimentos são absolutamente heterogêneos; o que têm em comum é o desligamento das clássicas tarefas educativas e o fato de poderem ser considerados antecedentes da pedagogia/educação do lazer. São as colônias de férias, o escotismo, os albergues juvenis, as atividades de lazer organizadas por igrejas ou entidades políticas, as excursões, entre outros. É muito difícil e até mesmo discutível integrar todo esse conjunto heterogêneo de atividades, movimentos e instituições em uma pedagogia única, a do lazer. Entretanto, todo esse conjunto pode ser considerado precursor dessa ideia (Puig e Trilla, 2004).

Essa proposta apresenta diferentes nomes, dependendo do autor: pedagogia do ócio (Puig e Trilla, 2004), pedagogia da animação (Marcellino, 1995; 1997) e educação do lazer (*leisure education*) (Ruskin e Sivan, s/d).

Desde sempre, obseva-se que as mudanças na história da humanidade são, naturalmente, motivadas por fatores econômicos, dos quais derivam as novidades nas mais diferentes áreas de atuação humana. Puig e Trilla (2004) e Ruskin e Sivan (s/d), ao comentarem sobre o nascimento da pedagogia do lazer, não se esqueceram da variável econômica, mas aliaram-na às variaveis sociais, demográficas, urbanísticas, políticas e culturais.

Sobre as determinações sociais, podemos citar o fato da real existência de um tempo disponível e a consciência de seu aumento; as transformações do ambiente, especialmente urbano – as cidades com todos os seus problemas de espaço, violência, tráfego; e as mudanças relacionadas à nova família, ou seja, a família continua sendo importante no lazer de seus membros, mas já existem instituições, como clubes, bibliotecas, colônias de férias, que a substituem parcialmente. Quanto às considerações pedagógicas, destacam-se os seguintes pontos: a ideia de uma educação para a vida toda e a inclusão da educação não-formal e informal[8] (criar nota de rodapé: no conceito de educação (Puig e Trilla, 2004).

Com base nas variáveis apresentadas, observamos o crescimento da preocupação e, talvez, até mesmo da necessidade de uma pedagogia ou de uma educação centrada no lazer.

"Pedagogia da animação" é o nome escolhido por Marcellino (1995, 1997) que deu origem aos seus trabalhos de mestrado e doutorado nas áreas de Filosofia e Educação. Essa pedagogia é uma "alternativa educacional" que leva em conta o lazer, a escola e o processo educativo. É uma nova base da prática e é realimentada pela própria prática:

---

[8] A *educação formal* compreende a educação que se processa nas instituições educacionais: família, escola, universidade etc. A *educação informal* é o conjunto de informações proporcionadas pelos diferentes agentes sociais: meios de comunicação, teatro, cinema, indústria cultural, indústria de entretenimento, convivência entre as pessoas etc. Já a *educação não-formal* compreende a participação social aberta e sem compromisso em atividades lúdicas, voluntárias, desinteressadas, libertárias e prazerosas, podendo ser o momento para a abertura de uma vida cultural intensa (Camargo, 1990 apud Ansarah, 1996).

> considerando-se as possibilidades do lazer como canal viável de atuação no plano cultural, de modo integrado à escola. Dessa forma, o lazer poderia contribuir para a elevação do senso comum, em uma perspectiva de transformação da realidade social. (Marcellino., 1997, p. 18)

Marcellino (1997) propõe a utilização dos equipamentos da escola em horários ociosos, desde as escolas de ensinos Fundamental e Médio até os campi das universidades. Além dos espaços e equipamentos, essas instituições podem oferecer seus quadros de professores e alunos habilitados em diversos campos de interesse no lazer – Educação Física, Educação Artística, Engenharia, Biblioteconomia, entre outros. Todo esse potencial humano poderia transformar esses espaços em verdadeiros laboratórios, oferecendo uma variada gama de opções de atividades, oportunidades, contemplação e inovação, criando e divulgando a produção cultural ali mesmo gerada.

> Suponho que educadores, formados em universidades que sejam centros culturais, tenham mais facilidade de entender a educação como parte, também, da experiência cultural e não de modo isolado e tenham mais facilidade, também, de atuarem profissionalmente em equipes interdisciplinares e em espaços que funcionem como Centros de Cultura. (Marcellino, 1997, p. 118)

De todos os aspectos que fazem parte da formação do indivíduo, a escola sempre privilegiou o intelectual. A educação integral é uma meta que, na prática, raramente se alcança (Puig e Trilla, 2004). Isso fica muito claro, especialmente para os profissionais da Educação Física, que estão, constantemente, lutando pelo reconhecimento da importância e do valor de sua atividade no âmbito escolar.

Para Puig e Trilla (2004), que também se lembram da Educação Física, o fato é que os alunos não podem simplesmente se desprender de um pedaço de si mesmos quando entram na escola e reconstituí-lo quando saem. Não só a Educação Física é comentada, mas foram incluídas a afetividade, a Educação

Artística, a sociabilidade e a sensibilidade, áreas que igualmente fazem parte do "universo perdido" de esquecimento. Eles sugerem uma pedagogia do lazer, por conter uma série de valores que quase nunca são encontrados entre aqueles cultivados pela escola, e lembram que a paideia grega é uma referência obrigatória quando se pensa nos antecedentes a essa pedagogia.

Ruskin e Sivan (s/d) comentam que uma política nacional de lazer e educação do lazer poderia ser estabalecida e que, nesse caso, o governo desempenharia um papel central, divulgando a importância da utilização adequada do tempo, tanto para o indivíduo como para a sociedade. Esse programa deveria incluir o desenvolvimento de um currículo para educação formal e informal, programas, facilidades e coordenação, contendo atividades similares de variadas instituições e organizações. "A forma como as pessoas utilizam seu tempo de lazer, determina um grande degrau no nível social e cultural da sociedade" (p. 6).

Conclusões

A pesquisa empírica – observação, análise da realidade e evisão da literatura – refere que a prática da Ginástica, especialmente como um lazer sério, mas também como um lazer casual, é um dos fortes conteúdos/componentes não só da Educação Física, mas também da educação do lazer[9] e deve ser incentivada e praticada, sempre que possível, em todas as organizações educativas. Particularmente, sugerimos especial atenção à prática da Ginástica como um lazer sério, por entender que esse tipo de atividade pode conduzir à aquisição de um ótimo estilo de vida no lazer, ou seja, aumento da qualidade de vida por meio de um lazer distintivo.

---

[9] De acordo com Ruskin e Sivan (s/d), que conduziram uma pesquisa internacional sobre o desenvolvimento de um currículo para a educação do lazer em 19 países – dez da Europa, seis da Ásia, dois da América do Norte e um da África –, a Educação Física vem sendo utilizada em todos esses lugares e em todos os níveis, por meio da teoria e da prática (atividades esportivas), no desenvolvimento desse tipo de currículo. É importante ressaltar que os autores referem que a educação do lazer deve integrar todas e quaisquer disciplinas e/ou conteúdo curricular, não apenas a Educação Física. No entanto, essa realidade, segundo o resultado da pesquisa, acontece em países como Alemanha, Israel, Coreia do Sul, Lituânia e Nova Zelândia.

A educação do lazer deve ser vista como um processo significativo e vitalício, começando na infância e permeando toda a vida dos indivíduos. De acordo com Ruskin e Sivan (s/d), a qualidade de vida é o conceito principal da educação do lazer. Central, neste pensamento, é o desejo de melhorar o bem-estar de toda a humanidade. Para tanto, é preciso uma integração multifacetada, incluindo educação, consciência – por parte da sociedade – e ações políticas.

Finalmente, acreditamos que indivíduos que passam por um processo de educação do lazer adquirem maiores possibilidades de serem comprometidas e desfrutarem de atividades de lazer sério, como a prática da Ginástica. É esse o nosso pensamento, que continua, apesar das pesquisas desenvolvidas, sendo hipotético, constituindo, portanto, uma recomendação para estudos futuros.

Recomendamos também que esses estudos futuros aliem teoria e prática, como refere Cunha (2000, p. 76, apud Sarmento, 2000): contrariamente à maior parte dos discursos, não é só a teoria que fundamenta a prática, é, antes de mais nada, a *prática que dá significado à teoria*.

Referências

ANSARAH, M. *O exercício profissional da animação*. Londrina: s/e, 1996. Material não publicado.

BRANDÃO, C. *O que é educação*. 26. ed. São Paulo: Brasiliense, 1981.

CAMARGO, L. O. *O que é lazer*. 3. ed. São Paulo: Brasiliense, 1992.

_____. *A Teoria do Lúdico e do Lazer*. Londrina: s/e, 1996. Material não publicado.

CUNHA, A. C. "Novos" estudantes, "novas" práticas pedagógicas. *Revista da Escola Superior de Educação de Castelo Branco – Educare/Educere*, Castelo Branco, v. 1, n. 7, p. 73-82, 2000.

DUMAZEDIER, J. *Valores e conteúdos culturais do lazer*. São Paulo: Serviço Social do Comércio, 1980.

_____. *A revolução cultural do tempo livre*. São Paulo: Studio Nobel, 1994.

MARCELLINO, N. *Lazer e humanização*. 2. ed. Campinas: Papirus, 1995.

_____. *Pedagogia da animação*. 2. ed. Campinas: Papirus, 1997.

_____. *Estudos do lazer*: uma introdução. 3. ed. (ampliada). Campinas: Autores Associados, 2002.

PEREIRA, B.; NETO, C. A infância e as práticas lúdicas: estudo das atividades de tempos livres nas crianças dos 3 aos 10 anos. In: PINTO, M.; SARMENTO, M. (Org.). *As crianças*: contextos e identidades. Braga: Universidade do Minho, 1997. p. 219-64.

_____. As crianças, o lazer e os tempos livres. In: PINTO, M.; SARMENTO, M. (Org.). *Saberes sobre as crianças*. Braga: Universidade do Minho, 1999. p. 85-107.

PUIG, J.; TRILLA, J. *A pedagogia do ócio*. 2. ed. Porto Alegre: Artmed, 2004.

ROBERTS, J. *O livro de ouro da história da humanidade*: da pré-história à idade contemporânea. 4. ed. Rio de Janeiro: Ediouro, 2001.

RUSKIN, H.; SIVAN, A. *Leisure education in school systems*. Jerusalem: The Hebrew University of Jerusalem, s/d.

STADNIK, A. *O lazer criativo dentro da perspectiva dos novos mercados de trabalho*. Dissertação (Mestrado). Florianópolis: Universidade Federal de Santa Catarina, 2001.

STEBBINS, R. Serious leisure: a conceptual statement. *Pacific Sociological Review*, v. 25, p. 251-72, 1982.

_____. *Amateurs, professionals, and serious leisure*. Montreal: McGrill-Queen's University Press, 1992.

_____. The extraprofessional life: leisure, retirement and unemployment. *Current Sociology*, Londres, v. 48, n. 1, p. 1-18, 2000.

_____. *Between work and leisure*: the common ground of two separate worlds. New Brunswick: Transaction Publishing, 2004.

SIEGENTHALER, K.; GONZALEZ, G. South sports as serious leisure: a critique. *Journal of Sport & Social Issues*, Londres, v. 21, n. 3, p. 298-314, ago. 1997.

UNESCO. *As chaves do século XXI*. Lisboa: Instituto Piaget, 2000.

Parte 3
Ginástica na escola

9 As influências da prática da Ginástica para o desenvolvimento humano na infância e na adolescência

Ademir de Marco

Coube a mim, nesta obra, dissertar sobre as relações entre o desenvolvimento humano e a prática da Ginástica. Embora pudesse tratar desse binômio ao longo de todas as faixas etárias, decidi escrever especificamente sobre os períodos da infância e da adolescência por duas razões básicas. Primeiro, por serem essas as fases da vida em que somos mais facilmente influenciados pelas aprendizagens, especialmente no aspecto motor e emocional. Tal facilidade decorre de nosso potencial e disponibilidade neural. Segundo, em razão do que representam, em termos psicológicos, essas relações sociais para a estruturação da personalidade da criança e do adolescente. Portanto, tratarei de questões bastante pertinentes às interações pessoais que ocorrem no âmbito do ensino da Ginástica.

Sabemos que a Educação Física dispõe de um rico e diversificado conteúdo, como as diferentes modalidades de jogos coletivos e individuais, lutas, dança e a Ginástica. Nesse capítulo, reportar-me-ei à Ginástica ao mesmo tempo em que, em alguns trechos, ilustrarei alguns dos pressupostos teóricos discutidos com exemplos da Ginástica Rítmica, por entender que essa modalidade apresenta uma gama muito rica de movimentos.

De quais recursos o professor de Educação Física dispõe para interagir com a criança em uma situação pedagógica, independentemente de o meio educativo ser formal ou informal? Sob o ponto de vista pedagógico, entendemos que o professor de Educação Física torna-se responsável pelo *conteúdo* a ser ministrado para a criança (aluno); obviamente, essa relação requer uma adequada e eficiente *metodologia*. A nosso ver, é exatamente essa exigência técnica que aumenta consideravelmente a responsabilidade do profissional nessa ação, aqui denominada de "mediação". Portanto, o professor de Educação Física firma-se como um mediador nas relações pedagógicas de seu trabalho com crianças, em diferentes estágios de desenvolvimento. A análise etimológica nos apresenta que *mediar* significa "dividir ao meio" ou "repartir em duas partes iguais" ou, ainda, "intervir como árbitro". Acreditamos, portanto, que a analogia é plenamente válida sob o prisma pedagógico, pois é exatamente essa conduta que se espera do profissional de Educação Física em sua ação educativa: que ele saiba dividir responsabilidades, direitos e deveres, não se colocando em uma posição soberana, autoritária e prepotente, como aquele que tudo sabe e a criança ou adolescente como o que nada sabe e que tudo precisa aprender. Priorizaremos, nesta análise, os pré-requisitos para que o professor estabeleça seus conteúdos e defina a(s) metodologia(s) a ser(em) adotada(s) no desenvolvimento de suas aulas ou de seu programa gímnico.

Dessa forma, não discutirei diretamente essas duas questões (conteúdo e metodologia), mas o conhecimento prévio que esse profissional deve possuir para que seu conteúdo não seja programado de maneira equivocada e incipiente e para que a eleição da metodologia, também, seja feita de acordo com critérios técnicos e científicos.

Com finalidade didática, vamos considerar a criança em duas diferentes faixas etárias: de 0 a 6 anos (Educação Infantil) e de 7 a 14 anos (Ensino Fundamental). O emparelhamento entre as idades e os períodos escolares, longe de ser casual, é intencional por entendermos que a Ginástica pode e deve constituir-se em conteúdo e metodologia no espaço escolar, não apenas para as meninas, como é de praxe, aliás, em nossa cultura, mas também para os meninos. Nesse sentido, podemos considerar que as metodologias em Ginástica poderiam tratar desse grande tema social, colaborando de fato para que a questão do gênero possa não só ser vencido no espaço escolar como no esportivo, e, especialmente, lançar o debate e a conscientização de crianças sobre um dos maiores tabus em nossa sociedade, ou seja, a estigmatização de movimentos masculinos e femininos. Arriscaria dizer que esse fato representa um dos principais entraves para que nós, brasileiros, não tenhamos o desenvolvimento generalizado de determinados esportes, como é o caso da Ginástica.

Os seis primeiros anos de vida

Inicio relembrando um conhecido pressuposto biológico: "A ontogênese recapitula a filogênese". Vemos, assim, que os movimentos de locomoção apresentados pelas diferentes espécies ao longo da escala evolutiva são, de certa forma, repetidos na espécie humana. A maturação que ocorre no recém-nascido permite identificar uma sequência lógica de desenvolvimento neural, que foi classificado por Gesell (1985) em duas leis básicas. A primeira, denominada cefalocaudal, corresponde à maturação que ocorre no eixo corporal, isto é, a mielinização dos nervos que controlam os músculos da cabeça, do pescoço e do tronco. Já a segunda, denominada próximo-distal, refere-se à deposição de mielina em torno dos nervos da musculatura apendicular, ou seja, os nervos responsáveis pelas contrações dos músculos diretamente relacionados com os movimentos manuais e digitais, bem como os músculos da cintura pélvica e dos membros inferiores, envolvidos com os movimentos locomotores, como a postura ereta, o engatinhar e a marcha voluntária.

Observa-se uma lógica no processo de mielinização, ocorrendo, inicialmente, a maturação de nervos dos grupos musculares maiores ou grosseiros, pois proporcionam movimentos globais ou maciços, enquanto os músculos menores são os responsáveis pelos movimentos finos e assimétricos. A estrutura composta pelos feixes de fibras musculares e pelo axônio do neurônio eferente alfa que as inerva é denominada *unidade motora*.

Para exemplificar essa questão neurofisiológica, lembramos que os músculos extrínsecos do globo ocular, juntamente com os músculos lumbricais dos dedos das mãos, representam o que temos de mais refinado em termos de motricidade fina, ou seja, nos primeiros músculos temos uma relação de dez fibras musculares sendo inervadas por uma única fibra nervosa (neurônio eferente alfa), enquanto nesses últimos temos a proporção de, aproximadamente, noventa fibras musculares sendo comandadas por cada uma das fibras dos neurônios motores alfa. A fim de que o leitor possa ter uma dimensão do significado dessas proporções, ressaltamos que nos grupos musculares, responsáveis por movimentos amplos como a marcha, a corrida e o salto, a relação entre a fibra nervosa e as fibras musculares são de, aproximadamente, 1 x 2.000. Torna-se evidente, portanto, que o desenvolvimento ontogênico é, em parte, explicado pelo processo de mielinização das fibras nervosas, ocorrendo precocemente nos grandes grupos musculares, possibilitando o sentar, o engatinhar e o andar, enquanto os movimentos finos, delicados e assimétricos, como a preensão para os objetos e para a escrita, surgirá comparativa e posteriormente na vida da criança.

Um dos primeiros movimentos locomotores apresentados pela criança é denominado "reptação", em uma clara referência aos movimentos realizados pelos répteis, ocorrendo, geralmente, em torno dos sete ou oito meses de idade, quando a criança passa da posição sentada para a deitada e se locomove por meio de movimentos reptilianos, arrastando seu corpo sobre o solo. Isso ocorre em virtude de a criança ainda não conseguir se sustentar em posição suspensa apoiada no solo, pois os nervos de seus músculos apendiculares ainda não estão plenamente mielinizados.

Por volta dos oito ou nove meses de idade, a criança será capaz de engatinhar, ou seja, apresentará uma forma de locomoção, semelhante aos animais quadrúpedes. A sustentação de seu corpo ocorrerá em uma base de quatro ou seis apoios com as mãos, joelhos e os pés, repetindo outra etapa da evolução, a quadrupedia.

Nesse período, a criança começará a se colocar em pé, por meio do apoio em móveis e nas próprias pessoas que estão em sua volta. Por volta dos doze meses, adquire a capacidade de manter a postura ereta, o que lhe permitirá iniciar a marcha voluntária, atingindo, assim, o estágio da bipedia. A partir dessa postura, os seres humanos realizam diferentes movimentos que podem ser considerados básicos, como correr, saltar, chutar, arremessar, rolar.

Há, portanto, uma sequência biológica a ser seguida. Conforme vimos, o sistema nervoso apresenta uma lógica no seu desenvolvimento, em que os grupos musculares responsáveis pela postura de partes do corpo ou dele integralmente apresentam mielinização precoce, ao passo que os músculos encarregados dos movimentos finos e responsáveis diretos pelas execuções das diferentes habilidades apresentam mielinização tardia. Essa lógica, de forma acidental ou não, determina ou está presente nas diferentes metodologias utilizadas para o ensino da Ginástica, sendo muito pouco provável que encontremos alguma metodologia que contrarie esses princípios neurobiológicos.

Isso pode ser facilmente comprovado com a determinação técnica da aprendizagem: inicialmente, a criança realiza a corrida, o salto e o rolamento para, em seguida, dominar os aparelhos oficiais: maças, arcos, fitas e bolas. Portanto, as primeiras relações com as quais a criança se confronta se referem ao deslocamento de seu próprio corpo no espaço e no tempo, surgindo assim a noção de ritmo, equilíbrio e coordenação. Uma vez vencida essa etapa, surgem a motivação e a necessidade da introdução dos demais elementos da Ginástica no movimento. A criança se manterá na tarefa e no processo de aprendizagem com maior motivação e desejo de crescimento pessoal, quando sente que pode vencer os obstáculos, sugerindo, portanto, a existência de uma ordem lógica e racional.

A dificuldade crescente que a criança sentirá, com o domínio corporal no espaço e no tempo, e, simultaneamente, a combinação de movimentos grossos ou globais com os movimentos finos e assimétricos, como requer o controle dos aparelhos oficiais, serão aprendidos e internalizados em um processo sequencial e com significado para a criança. Gaio (1996, p. 190) confirma esses princípios ao afirmar que: "A participação individual e coletiva nas atividades que exploram a criatividade promove prazer e satisfação a cada movimento descoberto, coordenado e executado".

Essas ideias são corroboradas por Alonso (2000), cuja pesquisa foi norteada por alguns princípios, como os métodos de ensino que permitam a maior ou menor participação do aluno no processo ensino-aprendizagem, propiciando o desenvolvimento da criança sob os aspectos motor, cognitivo, afetivo e social. A ordenação dos conteúdos da Ginástica Rítmica foi configurada em uma hierarquia do menor para o maior grau de complexidade. Esse processo de aprendizagem considerou a experiência motora adquirida pela criança no meio social onde ela vive, sendo ressaltada, também, a relação dos estilos de ensino, comando recíproco, descoberta dirigida e divergente, com a proposta de aprendizagem motora desenvolvida por Le Boulch (1987).

Em outro momento da pesquisa, foi desenvolvido um programa de ensino de Ginástica Rítmica para alunos com idades entre 5 e 9 anos no qual foram observadas as ações cognitivas, motoras e afetivo-sociais manifestadas durante o processo ensino-aprendizagem da Ginástica Rítmica. Foi realizado um levantamento das experiências motoras adquiridas pela criança em seu meio social. Os resultados finais dessa investigação apontaram para a possibilidade de definição de uma diretriz pedagógica que estimule a construção do conhecimento em Ginástica Rítmica em uma perspectiva motora, criativa e autônoma e que inclua as questões emocionais e sociais relacionadas com o grupo, permitindo a criação de gestos motores dotados de significado e conteúdos que caracterizam o "ser" humano e não, simplesmente, um processo de aprendizagem mecânico e sequencial.

Uma vez mais podemos nos valer dos critérios neurobiológicos do desenvolvimento ontogênico, ou seja, tal qual o recém-nascido, a criança, durante a aprendizagem motora na Ginástica, evolui de gestos globais para os mais refinados e intencionais. Não podemos perder de vista que muitos dos movimentos voluntários aqui analisados podem ser fundamentados a partir da atividade reflexa do neonato.

Gallahue (2001) considera, em sua classificação, três etapas principais para o desenvolvimento infantil nos sete primeiros anos de vida: *fase motora reflexiva*, presente no primeiro ano de idade; *fase motora rudimentar*, característica dos 12 aos 24 meses; e *fase motora fundamental*, subdividida em três etapas: estágio inicial, dos dois aos três anos; estágio elementar, dos 4 aos 5 anos; e estágio maduro, dos 6 aos 7 anos.

Tani et al. (1988) apresentam a divisão dos movimentos em habilidades básicas, correspondendo à fase dos 4 aos 10 anos e às habilidades específicas, relacionadas com a faixa etária dos 11 anos em diante. As habilidades básicas são entendidas como atividades motoras com uma meta geral, sendo esta a base para as atividades motoras mais avançadas e específicas, enquanto as habilidades específicas constituem o refinamento e a diversificação na combinação dessas habilidades, as quais progridem para padrões sequenciais cada vez mais complexos. Os autores ressaltam dois princípios básicos: a *diversificação* e a *complexidade*, sugerindo que a primeira resultará, naturalmente, no aumento e na combinação dos comportamentos motores que a criança e o adolescente apresentam.

Krebs (1992) denomina esse período da infância (0 a 6, anos) como "fase da estimulação motora", caracterizada pela execução de movimentos totalmente abertos. Aqui, o fator mais importante é a realização do movimento, pouco importando sua qualidade; valoriza-se a experiência motora, não existindo o juízo de valor, o certo e o errado, pois se valoriza "o fazer" e não o "como fazer". Como a própria denominação dessa fase preconiza, seu objetivo é que a criança realize e desenvolva ações motoras, o gesto em si não é avaliado, pois cada criança realiza o seu "possível", não devendo existir modelos ou comparações.

Entendo que, do ponto de vista motor, exista uma linha de continuidade entre os movimentos reflexos (automatismos primários) presentes desde o período pós-natal até, aproximadamente, os 2 anos de idade. Os movimentos reflexos e assimétricos mostrados pelo recém-nascido podem ser vistos como primórdios das futuras execuções motoras voluntárias. Digamos que sejam exercícios proporcionados por uma determinação ontogenética, os quais teriam como finalidade desenvolver o hábito de movimentar os membros superiores e inferiores. Essa ideia é reforçada pelo fato de que os movimentos reflexos estimulariam o processo de mielinização dos nervos dos músculos estriados, para que estes, no futuro, proporcionem os movimentos voluntários.

A fim de exemplificar essa hipótese teórica, vamos relembrar que o padrão muscular flexor dos membros, apresentado pelo recém-nascido, gradativamente será substituído pelos movimentos de extensão, ainda que esses últimos também sejam reflexos. Essa mudança postural deve ser considerada como um progresso neurológico, pois, na continuidade desse desenvolvimento, com a maturação do sistema piramidal, a criança, ao iniciar a preensão voluntária, necessariamente realiza extensões dos membros superiores, ao mesmo tempo que produz a pinça entre o polegar e o indicador.

Traçando um paralelo com a Ginástica, notamos que vários movimentos exigem essas posições de extensão dos membros superiores, como em "aberturas", "aterrisagens", "giros", "saltos", "rotações" e "balanceios".

Com a finalidade de ilustrar esse pressuposto, cito dois exemplos: o reflexo de paraquedismo e o reflexo da marcha. No primeiro caso, que se estende dos seis aos sete meses, pode significar uma atividade neural reflexa que apresenta uma linha de continuidade com as extensões voluntárias dos membros superiores, necessárias para a prática da Ginástica, principalmente nos movimentos de "aterrisagem".

Outro aspecto bastante relevante e que será destacado em nossa análise é justamente o da estruturação psicológica. Fatores importantíssimos no desenvolvimento humano, a segurança e a autoestima podem representar o grande diferencial entre as várias personalidades e estruturas psicológicas que as crianças apresentam. Como explicar o medo do movimento a ser realizado, como entender que muitas crianças se mostram muito mais seguras e determinadas que outras, a ponto de a Psicologia do Esporte sugerir que existem personalidades vencedoras e outras perdedoras ou fadadas ao fracasso?

Sabemos que os primeiros seis anos de vida representam o período crucial para a estruturação de nossas personalidades. Esse processo fundamenta-se nas relações sociais da criança com sua família, sendo que, na sociedade atual, a escola representa um papel importante ao lado do núcleo familiar, pois grande parte das crianças, por diferentes razões, inicia suas trajetórias escolares no segundo ou terceiro ano de vida, ou mesmo antes dessas idades. Assim, não podemos ignorar o papel da escola ou da Educação Infantil na formação psicológica das crianças. Uma vez que muitas modalidades esportivas começam a ser introduzidas para as crianças por volta dos cinco ou seis anos de idade, isso nos faz entender a importância do profissional de Educação Física para a formação dessas crianças.

Nesse sentido, já analisamos a importância que a Ginástica poderá vir a ter enquanto reprodutora das situações sociais que a criança vivenciará. Nesse sentido, estamos nos referindo, por exemplo, a questões concretas, como a cooperação e a competição. A sociedade ou as condições sociais nos impõe relações de conquistas e também de derrotas, havendo momentos de cooperação e outros de competição. Esses valores, inevitavelmente, a criança encontrará na escola e nas aulas de Educação Física. Nesse ponto, relembramos a "mediação" que o professor procederá em relação aos seus alunos. Não há dúvidas de que se devem proporcionar às crianças situações problematizadoras e que culminem com a conscientização dos valores aqui apontados.

Compartilho da opinião de que as aulas de Educação Física devam reproduzir, da maneira mais fidedigna possível, as situações sociais com as quais as crianças (futuros cidadãos) se defrontarão em suas vidas diárias, alternando momentos de alegria e prazer com experiências traumáticas que, muitas vezes, se transformam em fontes de estresse. Na mesma proporção em que se torna altamente prejudicial para a criança viver em situação de permanente estresse, privá-la completamente de fontes ansiógenas representaria uma situação artificial, distante da realidade com a qual a criança convive e continuará a interagir na vida adulta.

A personalidade estrutura-se em um meio social, que inclui a cooperação e a competição. É evidente que, na infância, essas experiências devem ser compartilhadas de forma solidária por parte do adulto que interage com a criança, no caso, o profissional de Educação Física. O insucesso e as derrotas podem acontecer, porém a criança precisa compreender essas relações negativas em termos sociais, pois a repercussão que esses acontecimentos podem ter para toda uma coletividade, desde uma equipe ou escola, bairro e comunidade como um todo, pode não ser totalmente assimilado pela criança; daí a necessidade das explicações e da "conversa amiga", que necessariamente deverá partir da pessoa com a qual a criança interage e divide seu espaço de vida. É possível que os pais não estejam preparados para essas situações, recaindo, portanto, a responsabilidade sobre o técnico ou professor da criança.

Não há, nessas afirmações, o objetivo de transferir para os profissionais de Educação Física a responsabilidade da educação e formação pessoal dessas crianças, apenas explicitamos nossa opinião sobre o papel que cabe a eles, enquanto possuidores de formação técnica e científica compatível com o exercício de suas atividades com crianças em idades críticas de desenvolvimento físico e psíquico e de construção do "ego", o qual deve ser compreensivo, sociabilizado, constituído de segurança afetiva e com elevada autoestima.

De Marco e Junqueira (1995), em estudo realizado com um grupo de 64 crianças que participaram de um programa de iniciação em Ginástica Artística, quando essas foram questionadas sobre suas relações pessoais e pedagógicas com o técnico, foram enfáticas na afirmação de que nem sempre essas relações eram positivas e encorajadoras para elas. Muitas vezes, segundo as entrevistadas, o técnico ou professor mostrava-se indiferente ao desempenho técnico delas e também não estimulava sua continuidade no programa.

A referida pesquisa mostrou a importância da conduta do técnico ou do professor em relação ao grupo de crianças com o qual interage. A dúvida que permanece está justamente relacionada ao nível de consciência que esse profissional apresenta quanto às questões psicológicas da criança e do adolescente.

Do ponto de vista psicológico, torna-se evidente que a maneira pela qual a criança atravessa seus primeiros seis anos de vida terá forte influência no seu comportamento futuro; portanto, um erro, uma indecisão ou o próprio medo do fracasso não estão relacionados à situação vivenciada em um dado momento, mas apresentam sua gênese na vida pregressa, pois, na infância, somos marcados pelas nossas relações sociais. Não estou, assim, advogando em favor da teoria psicanalítica, mas das bases neurobiológicas, que também alicerçam essa teoria, apresentam fundamentos que permitem analisar que nossas vivências motoras são, em conjunto com as reações emocionais, gravadas em áreas corticais de nosso cérebro, marcando-nos por toda a vida. Por essa razão, insucessos anteriores podem interferir em condutas atuais, seja qual for o contexto.

De acordo com Papez apud Machado (2002), emoção e memória estão intrinsecamente relacionadas no sistema nervoso central, pois ambos os processos são regulados por um mesmo circuito neuronal, denominado Circuito de Papez. Papez demonstrou, em 1937 que o giro do cíngulo e o giro para-hipocampal representam as áreas corticais responsáveis pela conscientização das emoções, ao mesmo tempo que estão ligadas ao hipocampo, que constitui a principal área da memória. Essas inter-relações permitem induzir que, quando das percepções de nossos estados afetivos, esteja ocorrendo simultaneamente a ativação do hipocampo, possibilitando assim o armazenamento das informações transmitidas. Em outras palavras, esse complexo neuronal permite definir a memória afetiva que registramos durante cada uma de nossas vivências nas diversas relações sociais do nosso cotidiano.

Talvez estejam nessa trama descrita as explicações para os aspectos questionados anteriormente neste capítulo, ou seja, os erros que acontecem não apenas no âmbito das tarefas caracteristicamente intelectuais, como os problemas matemáticos, mas também nas tarefas de natureza motora, como os movimentos exigidos na Ginástica Rítmica: saltar e lançar uma bola, rolar e receber um arco, ou ainda realizar múltiplos deslocamentos mantendo uma fita em movimento uniforme e contínuo. A ansiedade pelo acerto e pela vitória pode interferir no efetivo funcionamento neuronal, provocando o erro em decorrência dos processos mentais de evocação das sequências corretas de movimentos que estão armazenadas no hipocampo. Lembramos, neste momento, dos alunos que vez ou outra nos dizem que "deu branco" durante uma avaliação de rotina nos cursos de graduação. Muitas vezes, esses alunos realmente sabem o conteúdo que está sendo avaliado, apenas não conseguem ativar os mecanismos neuronais responsáveis pela evocação dessas informações retidas em oportunidades anteriores. O mesmo processo pode, evidentemente, ocorrer em relação ao movimento, pois, da mesma forma, existe a formação da memória motora, durante os exercícios e treinamentos para as aprendizagens de cada uma das habilidades motoras requeridas na Ginástica Rítmica.

Ainda nessa linha de raciocínio, Spitz (1996) refere-se ao início do conhecimento que a criança passa a ter de seu próprio corpo. Esse processo é referido como a angústia do oitavo mês. É a fase da descoberta corporal, que evoluirá para o sentido do próprio "eu", podendo ser explicado, também, como o início do período no qual a criança iniciará a formação de sua memória corporal. Com base em seus movimentos corporais, ainda que reflexos no início da vida, inicia-se o processo de transmissão de impulsos nervosos para o córtex cerebral, ou, mais precisamente, para o giro pós-central, também denominado área somestésica, a qual, juntamente com o giro supramarginal, representam o *locus* de nossa identidade corporal, ou, como denomina a Neurologia, área do esquema corporal. Essa trajetória ontogênica será complementada com a formação do psiquismo da criança, resultando em sua consciência corporal. Esses processos podem e são fortemente influenciados pela quantidade e, principalmente, pela qualidade dos movimentos realizados durante a infância, não apenas nos seis primeiros anos de vida, mas estendendo-se até a adolescência.

Dos 7 aos 14 anos de vida

A criança de sete anos caracteriza-se por sua capacidade de relacionar as informações novas com as antigas, sendo esse um recurso imprescindível para a aprendizagem. Apesar de ainda predominar o espírito individualista, sua consciência pessoal e social evolui, tornando-o sensível para as atitudes de outras pessoas, possibilitando-lhe facilidade nas relações interpessoais, não apenas na escola, com professores e colegas, mas também em outros ambientes. De acordo com Gesell (1977, p. 149):

> A criança de sete anos projeta-se em termos de sentimentos, assim como em termos de ação. Começa a sentir o significado das ações, tanto para ela própria como para os outros. A sua tarefa, no campo do desenvolvimento, é adaptar as reações emocionais às sanções culturais, preservando, ao mesmo tempo, a sua própria identidade. Tem de aprender a vida tanto emocional como intelectualmente. A sua inteligência em desenvolvimento manifesta-se em percepções íntimas; a sua crescente sensatez, em intuições de significado.

Aos oito anos, a criança apresenta um positivo nível de contato com o ambiente, incluído, nessa relação, pessoas mais velhas, como os pais e os professores. Geralmente, torna-se mais expansiva e comunicativa nessa idade, captando com maior rapidez e riqueza de detalhes as reações alheias, estando também mais atenta para os dados culturais, depreendendo com maior intensidade seus significados. Nessa idade, a criança sente-se mais à vontade entre os adultos e não apresenta alto nível de inibição, o que lhe permite maior facilidade em exposições ou apresentações públicas. Demonstra intenso interesse, quer seja no aspecto emocional ou no intelectual, por sanções, privilégios, regras e maneiras de agir, principalmente na escola e no clube.

Uma das principais características da criança, ao atingir nove anos, é a *automotivação*, permitindo-lhe maior capacidade para a percepção do mundo em sua volta. Gesell (1977, p. 212) escreve:

> A criança de nove anos é capaz de apelar para reservas de energia e de renovar a abordagem de uma dificuldade em tentativas repetidas. Isso é devido à maior maturidade de todo o conjunto do seu equipamento de comportamento. Não admira, pois, que a criança seja um excelente aluno, sempre pronto a se lançar com maior vigor a qualquer tarefa razoavelmente ao alcance das suas forças. Os nove anos são uma idade ótima para aperfeiçoar a habilidade no manejo de ferramentas, nas operações fundamentais da aritmética etc.

Uma das principais qualidades da criança de dez anos é a sua capacidade de inserção em grupos. Apresenta elevado espírito de solidariedade e é dotada de espírito crítico tanto em relação a si próprio como aos colegas e pessoas próximas. Nesse sentido, tornam-se de fácil entendimento para nós as relações que essas crianças ou adolescentes podem desenvolver ao participarem de uma equipe, seja na escola ou no clube. Essas características podem ser valorizadas e exploradas, favoravelmente, pelo professor ou técnico. De acordo com Gesell (1977, p. 243):

> A cultura não pode apreciar integralmente as necessidades psicológicas do adolescente sem um conhecimento mais realista do desenvolvimento como processo morfogenético, isto é, um processo que dá origem a formas e configurações regulares de todo o comportamento motor, adaptativo e sociopessoal.

Em relação ao desenvolvimento motor, esse período pode ser considerado como de grande avanço motor e rápido desenvolvimento das habilidades motoras. Gallahue (2001) denomina essa faixa etária de *fase motora especializada*, em que a criança, após ter dominado os movimentos essenciais como a marcha e as preensões que lhe permitem as manipulações mais refinadas, como é o próprio ato de escrever, começa a se interessar por atividades que apresentam a conotação de verdadeiros desafios, como se tivesse a todo momento que "provar" alguma coisa. Esse é um comportamento que verificamos no dia a dia da vida escolar e também nos momentos das brincadeiras com seus colegas, vizinhos ou parentes. Temos a oportunidade de presenciar, no dia a dia, as inúmeras situações nas quais as crianças criam situações competitivas para as pessoas que estão próximas. Ela está sempre buscando o novo, especializa-se, nessa idade, em "correr riscos", permitindo-nos afirmar que esse período caracteriza-se como sendo o da curiosidade.

De forma sistemática, a criança busca variações nas atividades que está realizando; é comum observarmos, durante uma aula de Educação Física ou mesmo nas situações livres de jogos e brincadeiras, a introdução de variáveis que dificultarão as ações motoras. Um exemplo típico é pular corda. A partir do momento em que elas dominam determinado movimento, vão, gradativa e naturalmente, inserindo novas exigências motoras, como o "zerinho", pular dois a dois, passar por baixo da corda em movimento, e isso também ocorre com outras formas de brincar.

De acordo com Krebs (1992), a criança deve progressivamente transpor as fases de seu desenvolvimento motor, sendo definidas, por esse autor, em três etapas importantes: *fase da aprendizagem motora*, "entendida como um sistema parcialmente aberto, visto que agora o movimento a ser executado requer um plano motor parcialmente definido pelo instrutor"; *fase da prática motora*, na qual "uma mudança conceitual ocorre. O que antes era entendido como sistema totalmente aberto (estimulação) ou parcialmente aberto (aprendizagem), passa agora a ser entendido como um sistema parcialmente fechado (prática). Isso significa que o plano motor que caracteriza o movimento a ser executado, bem como as demais condições da tarefa, já está, a *priori,* definido. O fenômeno mais importante que caracteriza essa fase é a automatização do movimento, o que significa que todas as aquisições que aconteceram conscientemente podem agora ser executadas no subsconsciente".

A *fase da especialização motora* configura-se como totalmente fechada e, obviamente, é reservada para poucos. Há nas etapas anteriores uma seleção natural, em que provavelmente os adolescentes que as ultrapassaram devem apresentar diferenças biológicas, ou seja, capacidades que os predisponham para a aprendizagem e consequente especialização esportiva.

Tani et al. (1988) denominam o período de 7 a 10 anos como o final da fase das habilidades básicas, em que a criança deve ter adquirido as possibilidades motoras que alicerçarão os novos movimentos que virão nas futuras vivências de sua motricidade. Portanto, a partir dos 11 anos, a criança adquire a possibilidade de combinar movimentos, com alguma facilidade, iniciando o período das habilidades específicas, como são os movimentos da Ginástica Rítmica, envolvendo as habilidades técnicas que foram mencionadas, como correr, arremessar uma bola ou arco ou ainda a fita, rolar e voltar para a postura ereta, ao mesmo tempo que recebe, com uma das mãos, a bola que tinha sido arremessada para cima, o que representa uma tarefa de acentuada complexidade motora.

Esses movimentos serão compatíveis com o estágio de maturidade alcançado pela criança, além da experiência prévia vivenciada em etapas anteriores de sua vida. Cabe destacar que não estamos preconizando a realização de tarefas motoras complexas para a criança durante os seus seis primeiros anos de vida, mas que essa etapa seja rica na experimentação de diferentes formas de movimento. Devemos considerar muito mais os aspectos qualitativos desses movimentos que os de ordem quantitativa. Gardner (1995) esclarece essa afirmação, pois a etapa de 0 a 6 anos é considerada como crucial para a estimulação dos canais sensoriais da criança, que estão se abrindo para o mundo. Ela está avançando, rapidamente, na sua capacidade visual, auditiva, de equilíbrio e coordenativa em relação aos seus movimentos.

Para esse autor, as diferentes formas de comunicação com o mundo são rotuladas "inteligências", existindo vários tipos de manifestações, como as inteligências musical, corporal-cinestésico, lógico-matemática, verbal-linguística, intrapessoal, interpessoal, naturalista e espacial. Essa classificação indica, portanto, a multiplicidade de fatores que devem ser considerados para o pleno desenvolvimento da criança e do adolescente.

O sistema nervoso da criança, nessa fase, é bastante plástico, o que significa que está aberto para toda e qualquer experiência motora. Por que privá-la dessas vivências? A criança passa a ser submetida a um mesmo ciclo de movimentos, o que, sem dúvida, aprenderá, porém, uma vez formados os circuitos neuronais dessas aprendizagens motoras, não haverá mais crescimento e desenvolvimento neurológico significativo. A criança entrará para o período da automatização dos movimentos, o que é representado em termos neurológicos pela especialização de movimentos já aprendidos. Evidentemente, essa conduta é, de certa forma, benéfica para a criança, porém melhor seria se ela pudesse vivenciar diferentes desafios motores, pois devemos lembrar que movimento, inteligência e emoções não constituem processos isolados.

Moll, Eslinger e Oliveira-Souza (2001) fornecem uma demonstração inequívoca dessa integração neuronal. Em recente pesquisa realizada com a utilização da técnica de ressonância magnética (fMRI), os autores verificaram que as áreas frontopolar e temporal anterior do cérebro estão ativadas durante os processos mentais, que envolvem julgamento moral, semelhantes aquelas com que nos defrontamos em nosso cotidiano. Essas evidências atuais contrariam as ideias surgidas, no início do século passado, em que predominava o pressuposto "localizacionista", ou seja, as áreas corticais funcionavam de maneira estanque.

O estágio atual das pesquisas na área das neurociências permite apresentar a teoria do desenvolvimento sináptico, indicando que os ambientes ricamente estimuladores e a prática consistente de ações motoras nos primeiros anos de vida constituem arsenal irrefutável para o ótimo desenvolvimento neurológico da criança. Estudos mostram que a estimulação e os problemas, com os quais podemos desafiar as crianças, proporcionam em seu sistema nervoso, principalmente no córtex cerebral, o aumento das terminações axonais, possibilitando, assim, o aumento das conexões ou das sinapses entre os neurônios. Essas inter-relações constituem a base neurofisiológica não apenas de toda estrutura psíquica do ser humano, como do movimento ou das habilidades motoras específicas.

Os estudos atuais demonstram que o sistema nervoso é altamente integrado em suas funções neurais, principalmente em relação ao cortical. Hoje, não podemos mais pensar em sensações, percepções, memória, emoções e movimentos como atributos isolados no sistema nervoso. As ações motoras demonstram a necessidade de um equilíbrio psicossomático por parte da criança, do adolescente e também do adulto. Isso pode ser aplicado para as funções consideradas intelectivas. Do ponto de vista neurofisiológico, não há como dicotomizar a compreensão da ação motora, sendo essa um somatório de extensa rede neuronal que interliga as diferentes nuances do psiquismo. Ao praticar uma ação motora, a criança o faz com suas sensações visuais, auditivas, cinestésicas, intelectuais, componente mnemônico e com emoções. Quando os músculos se movimentam, estarão não apenas configurando alavancas, mas, também, exprimindo todo o conteúdo emocional que a criança carrega consigo e que é fruto de suas experiências de vida e de seu processo de sociabilização.

Gaio (1996), em sua proposta *Ginástica Rítmica popular*, apresenta um claro exemplo da observância da sequência neurobiológica no processo pedagógico para a aprendizagem da Ginástica Rítmica. O programa elaborado pela autora inicia-se com exercícios para a descoberta de elementos corporais e individuais (andar, saltar, posturas estáticas e dinâmicas). Paulatinamente, são introduzidas combinações, como o trabalho em duplas, trios, pequenos e grandes grupos. A sequência do trabalho evolui com a introdução dos aparelhos oficiais, que representam o aumento da exigência nas tarefas motoras a serem executadas. Como passo intermediário, podem ser incluídos materiais alternativos (garrafas plásticas, bexigas, estiletes de bambu e canudos plásticos) para a realização de movimentos espontâneos e criativos.

Em outra etapa, estimula-se a criação de novos aparelhos, e os movimentos executados priorizam o ritmo e a coordenação entre os componentes do grupo. É importante destacar que a autora valoriza o lúdico como um dos princípios do seu trabalho e enfatiza o fato de que a Ginástica Rítmica, além de competitiva, pode ser participativa.

Estamos, dessa forma, mostrando que a natureza do movimento exigido da criança deveria acompanhar essa linha de desenvolvimento ontogenético. Provavelmente, muitas vezes, a busca por resultados imediatos, fruto da ansiedade do técnico ou dos próprios pais, pode não facilitar o espaço para o que estamos reivindicando para as crianças de 0 a 6 anos. A impressão que fica é a de que, algumas vezes, não há espaço para brincar, jogar, "ser criança", em razão de essas atividades, aparentemente, não resultar em progressos para a criança. Esses momentos podem ser entendidos como pura perda de tempo, mas, na realidade, é exatamente o oposto que acontece com a criança, pois esses momentos de socialização, prazer, jogo e diálogo constituem o exercício natural para a criança começar a se sentir "pessoa". A estruturação de sua identidade enquanto "eu" passa necessariamente por essas vivências e convivências. A criança tem o direito de "ser" e nós, adultos (pais, professores, técnicos), temos o dever de deixar a criança "ser".

Finalizando...

Esperamos ter deixado para os profissionais da área, por meio das informações, afirmações, dúvidas, inquietações e contestações, uma análise que contribua para as discussões sobre a importância e a validade do desenvolvimento de programas de aprendizagem em Ginástica para crianças e adolescentes. Informamos sobre as condições de desenvolvimento do sistema nervoso nas diferentes faixas etárias e sobre questões técnicas e pedagógicas no ensino da Ginástica. Apresentamos afirmações, na forma de citações de diversos autores, pois tivemos a intenção de respaldar nosso pensamento em determinados trechos deste capítulo.

Colocamos em evidência nossas inquietações sobre as características das duas principais faixas etárias, 0 a 6 anos e 7 a 14 anos, defendendo o ponto de vista de que a fase inicial deve ser aquela na qual as crianças desenvolverão atividades esportivas, porém sem uma finalidade primeira de resultado e rigor competitivo. Os primeiros seis anos devem ser o da prática esportiva, descomprometida, lúdica e educativa, em que a criança exercitará seus direitos da infância e os movimentos serão simples pretextos para os jogos e brincadeiras. A etapa posterior poderá, gradativamente, evoluir para a combinação dos movimentos básicos e o aumento da complexidade das tarefas motoras, culminando na adolescência, ou, mais precisamente, por volta dos 12 ou 14 anos, quando, então, poderão ter início os programas de especialização esportiva, dentro das concepções com as quais clubes, diretores, técnicos e, muitas vezes, os próprios pais, preconizam como o "ideal esportivo".

Referências

AJURIAGUERRA, J. *Manual de psicopatologia infantil*. São Paulo: Masson/Atheneu, 1989.

ALONSO, H. A. G. *Ginástica Rítmica*: construindo uma metodologia. Tese (Doutorado) – Faculdade de Educação Física, Campinas: Unicamp, 2000, p. 110.

BRAZELTON, T. B. *O que todo bebê sabe*. São Paulo: Martins Fontes, 1992.

CORIAT, L. *Maturação psicomotora no primeiro ano de vida da criança*. São Paulo: Cortez & Moraes, 1977.

DE MARCO, A.; JUNQUEIRA, F. C. Diferentes tipos de influências sobre a motivação de crianças numa iniciação desportiva. In: PICCOLO, V. L. N. (Org.) *Educação física escolar:* ser... ou não ter? Campinas: Editora da Unicamp, 1995.

DE MARCO, A. Estresse no desenvolvimento da criança. *Corpoconsciência*, p. 25-35, 1997.

_____. Qualidade de vida e educação: a infância e a adolescência no Brasil. In: MOREIRA, W. W. *Qualidade de vida*: complexidade e educação. Campinas: Papirus, 2001.

DE MARCO, A.; MELO, J. P. Desenvolvimento humano, educação e esporte. In: MOREIRA, W. W.; SIMÕES, R. (Org.). *Esporte como fator de qualidade de vida*. Piracicaba: Editora da Unimep, 2002.

DURING, B. *Mémento de l'educateur sportif*. Paris: Ministère de la jeunesse et des sports institut national du sport et de l'èducation physique, 1994.

GAIO, R. *Ginástica rítmica desportiva "popular"*: uma proposta educacional. São Paulo: Robe, 1996.

GARDNER, H. *Inteligências múltiplas*: a teoria na prática. Porto Alegre: Artes Médicas, 1995.

GALLAHUE, D. L. *Compreendendo o desenvolvimento motor*: bebês, crianças, adolescentes e adultos. São Paulo: Phorte, 2001.

GESELL, A. *A criança dos 5 aos 10 anos*. Lisboa: Dom Quixote, 1977.

_____. *A criança dos 0 aos 5 anos*. São Paulo: Martins Fontes, 1985.

HARRIS, P. L. *Criança e emoção*. São Paulo: Martins Fontes, 1996.

HAYWOOD, K. M.; GETCHELL, N. *Desenvolvimento motor ao longo da vida*. 3. ed. Porto Alegre: Artmed, 2004.

KANDEL, E. R.; SCHWARTZ, J. H.; JESSEL, T. M. *Fundamentos da neurociência e do comportamento*. Rio de Janeiro: Guanabara Koogan, 2000.

KNOBLOCK, H.; PASSAMANICK, B. *Gesell e Amatruda*: diagnóstico do desenvolvimento. São Paulo: Atheneu, 1987.

KREBS, R. J. Da estimulação à especialização: primeiro esboço de uma teoria da especialização motora. *Kinesis*, v. 9, p. 29-44, 1992.

LE BOULCH, J. *Educação psicomotora*: a psicocinética na idade escolar. Porto Alegre: Artes Médicas, 1987.

LEGUET, J. *Actions motrices en gymnastique sportive*. Paris: Vigot, 1985.

MACHADO, A. B. M. *Neuroanatomia funcional*. São Paulo: Atheneu, 2002.

MOLL, J.; ESLINGER, P. J.; OLIVEIRA-SOUZA, R. Frontopolar and anterior temporal córtex activation in a moral judgment task. *Arquivos de Neuropsiquiatria*, v. 59, n. 3b, p. 657-64, 2001.

MOREIRA, W. W. *Qualidade de vida*: complexidade e educação. Campinas: Papirus, 2001.

MOREIRA, W. W.; SIMÕES, R. (Org.). *Esporte como fator de qualidade de vida*. Piracicaba: Editora da Unimep, 2002.

PICCOLO, V. L. N. *Educação física escolar*: ser... ou não ter? Campinas: Papirus, 1995.

ROSAMILHA, N. *Psicologia da ansiedade infantil*. São Paulo: Pioneira/Edusp, 1971.

SMOLEUSKIY, V.; GAVERDOUSKIY, I. *Tratado general de gymnasia artística deportiva*. Barcelona: Editorial Paidotribo, 1996, p. 24.

SPITZ, R. *O primeiro ano de vida da criança*. São Paulo: Martins Fontes, 1996.

TANI, G. et. al. *Educação física escolar*: uma abordagem desenvolvimentista. São Paulo: EPU, 1988.

VIGOTSKI, L. S. *Teoria e método em psicologia*. São Paulo: Martins Fontes, 1996.

_____. *Psicologia pedagógica*. São Paulo: Martins Fontes, 2001.

10 Saberes da Ginástica na educação escolar

Marynelma Camargo Garanhani

Com a intenção de propiciar ao indivíduo de nossa sociedade a vivência de diferentes situações de movimento para seu desenvolvimento e educação, profissionais da Educação Física utilizam diversas práticas, sistematizadas ao longo de um processo histórico-cultural.

Entre as práticas de movimento presentes na atual sociedade brasileira, destacam-se no contexto da educação escolar: o jogo, a dança, o esporte, as lutas e as ginásticas. Essas constatações nos mobilizam a (re)pensar os saberes de práticas de movimento como conteúdo da Educação Física Escolar e a *Ginástica* foi o tema eleito para reflexões e proposições.

Inicialmente, apresentamos definições e formas da Ginástica visualizadas nos dias atuais. Esse procedimento se justifica pela intenção de propor uma sistematização de saberes da Ginástica nas diferentes fases da educação escolar.

Na sequência, abordaremos orientações para a seleção e a organização de saberes da Ginástica desde a Educação Infantil até o Ensino Médio. Para focalizar as discussões no trabalho pedagógico da Ginástica, na educação da criança, desenvolvemos reflexões sobre a prática pedagógica do movimento na Educação Infantil e nos anos iniciais do Ensino Fundamental.

Finalizamos o estudo com proposições metodológicas que justificam a prática da Ginástica na fase inicial da escolarização infantil.

Ginástica: definições e práticas

Ao sistematizar reflexões e proposições sobre a Ginástica na Educação Física escolar, faz-se necessário iniciar pela sua definição, ou seja, apresentar conceitos e, consequentemente, compreender suas formas de aplicação no âmbito da sociedade em geral.

Segundo Soares et al. (1992, p. 77), entende-se *Ginástica* "como uma forma particular de exercitação onde, com ou sem uso de aparelhos, abre-se a possibilidade de atividades que provocam valiosas experiências corporais, enriquecedoras da cultura corporal, em particular, e do homem, em geral". Esses autores mostram que a Ginástica poderá ser uma prática que oportuniza aos indivíduos conhecimento, reconhecimento e compreensão da movimentação do seu corpo, como também os movimentos construídos no contexto sociocultural a que pertencem.

> Como forma particular de exercitação, podemos entender a *Ginástica* como: técnicas de trabalho corporal que, de modo geral, assumem caráter individualizado com finalidades diversas. Por exemplo, pode ser feita como preparação para outras modalidades, como relaxamento, para manutenção ou recuperação da

saúde ou, ainda, de forma recreativa, competitiva e de convívio social. Envolvem ou não a utilização de materiais e aparelhos, podendo ocorrer em espaços fechados, ao ar livre e na água. (Brasil/SEF, 1997, p. 49).

Essas definições nos levam a concluir que a definição de Ginástica se constrói conforme o contexto em que essa prática encontra-se inserida e os objetivos a que se propõe.

Silveira (s/d) apresenta uma classificação para a Ginástica que caracteriza suas formas com base nas seguintes finalidades:

- *Ginástica educativa ou formativa*: são atividades desenvolvidas no contexto escolar, com o objetivo de contribuir na formação educacional do aluno.
- *Ginástica de manutenção*: são atividades utilizadas visando à manutenção das capacidades físicas e à conservação da saúde.
- *Ginástica de compensação*: são movimentos utilizados para a movimentação de grupos musculares menos favorecidos pelas atividades profissionais ou pela falta de atividade física.
- *Ginástica de condicionamento*: são movimentos utilizados na preparação física de atletas, bailarinos etc.
- *Ginástica desportiva*: são grupos de movimentos codificados, visando ao julgamento durante a competição.
- *Ginástica especial*: são movimentos aplicados em indivíduos que estão em situações especiais, como gestantes, portadores de deficiências, reabilitação física etc.

Essa classificação oferece elementos não só para a caracterização das atividades ginásticas de nosso contexto sociocultural, mas também proposições que orientam sistematizações de conteúdos referentes à Ginástica nos programas curriculares de Educação Física escolar.

A Ginástica na Educação Física escolar

A Ginástica na Educação Física escolar apresenta-se como um conteúdo de caráter formativo que propicia a vivência de atividades de movimentos de locomoção (correr, saltar, saltitar, rolar etc.), manipulação (lançar, pegar, quicar etc.), equilíbrio (girar, balançar, agachar etc.) e utiliza como procedimento metodológico vivências de formas variadas de movimentos (com e sem deslocamentos, em diferentes posições corporais, em direções diversas etc.), com ou sem uso de materiais auxiliares.

Vivências de atividades ginásticas no contexto escolar propiciam à criança e ao jovem a oportunidade de conhecer seu corpo, suas possibilidades de movimento e, consequentemente, seus limites corporais. Oportuniza, também, a compreensão e o domínio de seus movimentos, auxiliando no desenvolvimento de sua expressão e comunicação corporal.

A Ginástica pode ser considerada como atividade motora base, pois, segundo Hostal (1982), essa prática coloca o aluno em relação com o seu próprio corpo, permitindo-lhe descobrir diversos segmentos, exercer o jogo das articulações, sentir e realizar melhor os vários movimentos que elas desencadeiam, logo, é uma conscientização geral da existência do corpo e dos deslocamentos em um espaço onde as distâncias, os intervalos, as direções e os sentidos são avaliados e controlados. Na Ginástica, o corpo se encontra, geralmente, em situações e posições incomuns, sendo o momento de dominar os elementos socioafetivos: emoção, atenção e concentração. Além disso, a Ginástica nos ensina a enfrentar progressivamente, a partir de situações seguras, situações mais perigosas e vencer sozinho a dificuldade do problema proposto. Portanto, sendo um meio privilegiado, a Ginástica permite melhor domínio do corpo, quer pela prática de exercícios de forma fixa, quer, também, pela prática de atividades de expressão corporal.

Além desses objetivos, o conhecimento e a prática da Ginástica no âmbito da Educação Física escolar poderão desenvolver no aluno:

- o hábito da prática de movimentos e do cuidado com o corpo;
- o (re)conhecimento de critérios para a seleção de atividades físicas;
- o domínio de movimentos para a participação em atividades artísticas, esportivas e físico-recreativas;
- o conhecimento de movimentos sobre o corpo para que saibam reconhecer e apreciar manifestações culturais que envolvam a sua movimentação.

Mas como sistematizar seus conteúdos? Que saberes da Ginástica deverão ser contemplados no programas da Educação Física escolar? Para a realização dessa tarefa, foi necessário recorrer a referenciais teóricos que tratam da configuração do conhecimento em saber escolar.

Segundo Saviani (1998), o conhecimento apresentado na escola é organizado em áreas ou componentes curriculares, e cada um desses componentes possui suas características, especificidades e objetivos próprios.

Essa autora enfatiza que, embora o conhecimento de uma determinada área seja específico, os elementos que constituem a estrutura do conhecimento são únicos. Portanto, o conhecimento é expresso na escola por intermédio dos seguintes elementos: ideias, conceitos, fatos, princípios, habilidades, técnicas, hábitos, atitudes, valores e normas. Com base nesses pressupostos, configuramos a Educação Física escolar como um conjunto de conhecimentos sobre o movimento humano e suas práticas, composto e organizado por conceitos, fatos, princípios habilidades, valores, atitudes e normas que podemos aprender, compreender e utilizar em todos os momentos em que houver a intenção de fazê-lo.

Esses pressupostos poderão orientar a seleção de conteúdos da Educação Física nas diferentes fases da educação escolar. Mas é importante ressaltar que, apesar de os elementos que estruturam o saber escolar estarem sempre presentes no ensino/aprendizagem de conteúdos em qualquer fase da educação, estes deverão ser enfocados com maior ou menor predominância, dependendo das características da idade em que serão desenvolvidos. Por exemplo:

1. *Educação Infantil e anos iniciais do Ensino Fundamental (do 1º ao 3º ano)*: a criança, nesta fase educacional, encontra-se em um momento de identificação e organização da realidade que vive. Segundo Wallon, o movimento, nessa fase, serve como instrumento de exploração do mundo físico, voltando a ação da criança à adaptação à realidade objetiva (Galvão, 1995). Com base nessas características, o desenvolvimento de conteúdos da Educação Física escolar deverá propiciar a *aprendizagem de movimentos*. Portanto, o conhecimento a ser ensinado será constituído, predominantemente, de *habilidades e procedimentos*.

2. *Anos intermediários do Ensino Fundamental (do 4ª ao 7ª ano)*: nesta fase, a criança e, na sequência, o adolescente, encontram-se em um período de iniciação à sistematização do conhecimento. Segundo o Coletivo de Autores (1992, p. 35),

> o aluno vai adquirindo a consciência de sua atividade mental, suas possibilidades de abstração, confronta os dados da realidade com as representações do seu pensamento sobre eles. Começa a estabelecer nexos, dependências e relações complexas, representadas no conceito e no real aparente, ou seja, no aparecer social.

O desenvolvimento de conteúdos da Educação Física escolar deverá propiciar, então, a *aprendizagem sobre o movimento*. Portanto, o ensino de *conceitos*, *fatos* e *princípios* sobre o movimento predominará no desenvolvimento de conteúdos.

3. *Anos finais do Ensino Fundamental (8º e 9º ano) e Ensino Médio*: o jovem que se encontra nesta fase tem condições de ampliar e aprofundar a sistematização do conhecimento adquirido. Apresenta condições de compreender e refletir os significados que constituem os conteúdos aprendidos na escola. No âmbito da Educação Física escolar, deverá prevalecer a *aprendizagem para o movimento*. Portanto, os conteúdos a serem ensinados deverão ressaltar as *atitudes*, os *valores* e as *normas* das práticas de movimentos presentes na sociedade atual.

Com base nessas considerações, propomos diretrizes para a seleção e a sistematização de saberes da Ginástica na Educação Física escolar, as quais configuramos da seguinte forma:

1. *Educação Infantil e anos iniciais do Ensino Fundamental (do 1ª ao 3ª ano)*: a Educação Física escolar, nesta fase, poderá proporcionar formas ginásticas que impliquem vivência das diferentes possibilidades de movimentação do corpo, em situações e ambientes de aprendizagem diversificados, como, por exemplo:

- vivência de movimentos sem a utilização de materiais didático-pedagógicos; utilização somente do seu próprio corpo e/ou o corpo do colega;
- aprendizagem de movimentos realizados em materiais didático-pedagógicos, como pendurar-se em cordas, subir em caixotes, andar sobre uma superfície elevada etc.;
- aprendizagem de movimentos realizados com materiais didático-pedagógicos, como manipular bolas, arcos, lenços, cordas etc.

2. *Anos intermediários do Ensino Fundamental (do 4ª ao 7ª ano)*: já nesta fase, a Educação Física escolar poderá ensinar formas técnicas das diversas atividades ginásticas presentes em nossa sociedade e os elementos que as configuram. Por exemplo: ensinar aos alunos os elementos que caracterizam a Ginástica como esporte e os princípios que os diferenciam; mostrar-lhes diferentes programas de Ginástica que têm o objetivo de promover a saúde e o bem-estar do indivíduo; ensiná-los a identificar os elementos ginásticos presentes nas demonstrações artísticas de determinado contexto sociocultural etc. Portanto, a aprendizagem da técnica de um movimento na Educação Física escolar é necessária quando permite que o aluno possa conhecer e brincar com as possibilidades de movimento do seu corpo.

3. *Anos finais do Ensino Fundamental (8º e 9º ano) e Ensino Médio*: a Educação Física escolar, nesta fase, poderá propiciar formas ginásticas que atendam aos ob-

jetivos e interesses dos alunos por meio do desenvolvimento de projetos educacionais. Poderá ser uma prática esportiva e/ou recreativa, estética e/ou de promoção da saúde, de condicionamento físico e/ou compensação etc.

Ao selecionarmos e sistematizarmos os conteúdos e as atividades que constituirão o ensino/aprendizagem de saberes da Ginástica na Educação Física escolar, propomos, como princípios metodológicos:

- o desafio;
- o lúdico;
- a oportunidade;
- a reflexão.

Esses princípios deverão estar presentes na organização da prática docente do professor de Educação Física que trabalhará com a Ginástica na escola, e a Ginástica para Todos (Ginástica Geral) se apresenta como uma estratégia metodológica para o desenvolvimento de seus conteúdos, especialmente nos anos intermediários e finais do Ensino Fundamental e também no Ensino Médio. Mas o que é Ginástica para Todos (Ginástica Geral)?

Ginástica para Todos (Ginástica Geral) é uma prática que busca a participação de todos aqueles que se sentem atraídos pela vivência e demonstração de movimentos de forma criativa e original e que oportuniza o conhecimento e/ou reconhecimento dos limites e das possibilidades do corpo. Oferece um extenso número de atividades de expressão ginástica, com e sem aparelhos, que se apoiam nos aspectos da cultura nacional do grupo que a pratica. É uma prática que oportuniza a parceria entre a educação, o lazer e a arte. Em razão desses aspectos, pode ser realizada nos diferentes espaços educacionais (escola, clubes, associações etc.) que valorizam a movimentação do corpo, independentemente de padrões técnicos, artísticos e esportivos presentes na sociedade.

A Ginástica para Todos (Ginástica Geral) constitui-se em ferramenta para a vivência e o ensino/aprendizagem de formas ginásticas não só no âmbito do

Ensino Fundamental e Ensino Médio, mas também nos cursos de formação inicial e continuada de professores de Educação Física.

Diante dessas considerações e proposições, concluímos que é necessário que o profissional atuante na Educação Física escolar e na formação de professores tenha conhecimento consistente sobre os fundamentos e as aplicações dessa prática nos diferentes contextos educacionais da sociedade para que possa organizar e desenvolver um fazer pedagógico que contemplem os saberes da Ginástica.

A Ginástica na Educação Escolar da criança

A Ginástica na Educação Infantil e em anos iniciais do Ensino Fundamental também se constitui como atividade motora base, pois atende à necessidade da criança em vivenciar as possibilidades de movimentação do seu corpo para que possa dominá-lo nas mais diversas situações do cotidiano, utilizá-lo como meio de expressão de suas vontades e intenções e, consequentemente, compreendê-lo como uma ferramenta para a comunicação com o meio.

Nessa fase da educação escolar, a prática pedagógica do movimento deverá ser norteada por três eixos (Garanhani, 2004, 2010):

- aprendizagens que envolvem o corpo em movimento para o desenvolvimento físico e motor, proporcionando, assim, o conhecimento, o domínio e a consciência do corpo, condições necessárias para a *autonomia* e a *identidade corporal* infantil;
- aprendizagens que levem à compreensão de movimentos do corpo como uma forma de linguagem utilizada na interação por meio da socialização;
- aprendizagens que levem à *ampliação do conhecimento de práticas corporais infantis* historicamente produzidas na e pela cultura em que a criança se encontra.

Esses eixos deverão se apresentar integrados no fazer pedagógico da Educação Infantil, embora na elaboração das atividades

> possa ocorrer a predominância de um sobre o outro conforme as características e as necessidades de cuidado/educação presentes em cada idade da criança pequena. É necessário ressaltar que um não exclui o outro, eles se completam conforme as leis reguladoras do desenvolvimento humano de Wallon.[1] (Garanhani, 2004, p. 27-8)

Assim, apresentamos o Quadro 10.1, que mostra as finalidades que as práticas de movimento (entre elas a Ginástica) propiciarão à educação da criança quando norteadas pelos eixos que propusemos anteriormente.

Quadro 10.1 – Finalidades da prática pedagógica do movimento na Educação Infantil

Eixos	Objetivos
1. Autonomia e identidade corporal	<ul><li>Exploração e conhecimento das possibilidades de movimento do próprio corpo e suas limitações.</li><li>Adaptação corporal progressivamente autônoma para a satisfação das necessidades básicas e as situações cotidianas.</li><li>Observação de diferenças e semelhanças de sua movimentação corporal em relação aos outros.</li><li>Disponibilidade e coordenação corporal na execução de diversas formas de movimentos que envolvam deslocamentos, equilíbrios e manipulações de diferentes objetos.</li><li>Autoproteção e desenvoltura corporal em situações de desafios e perigos etc.</li></ul>
2. Socialização	<ul><li>Confiança nas possibilidades de movimentação do corpo.</li><li>Esforço para vencer as possibilidades superáveis.</li><li>Aceitação das diferenças corporais.</li><li>Colaboração e iniciativa com o grupo.</li><li>Expressão e interpretação de sensações, sentimentos e intenções.</li><li>Diferenciação de posturas e atitudes corporais.</li></ul>
3. Ampliação do conhecimento de práticas corporais infantis	<ul><li>Conhecimento e/ou reconhecimento, apropriação, apreciação, (re)organização das diversas práticas corporais presentes no meio sociocultural para a sistematização e a ampliação do seu conhecimento em relação às possibilidades e maneiras de se movimentar.</li></ul>

[1] A concepção de desenvolvimento de Wallon se caracteriza por uma visão de conjunto, em que os domínios da pessoa (afetividade, cognição e movimento) se alternam em relação à predominância de um sobre o outro, em uma integração dinâmica e não linear (Garanhani, 2004, p. 14). Para Wallon, o desenvolvimento humano é regido por três leis reguladoras: a alternância funcional, a predominância funcional e a integração funcional (Mahoney, 2000).

Ao utilizar esses eixos na prática docente com a criança, o *brincar* se apresenta como um princípio pedagógico, pois a criança adapta a sua condição físico-motora e a do objeto e/ou situação às condições exigidas pela ação e, consequentemente, ela consegue experimentar, explorar e compreender os significados do meio. Leontiev (1988, p. 122) esclarece que "só no brinquedo as operações exigidas podem ser substituídas por outras e as condições do objeto podem ser substituídas por outras condições de objeto, com preservação do próprio conteúdo da ação".

Ao brincar em atividades que proporcionam a vivência de movimentos de seu corpo, a criança desenvolve aspectos físico-motores e, ao mesmo tempo, pode ser levada a entender os significados de sua movimentação. Pode compreender também que os movimentos que envolvem possibilidades de deslocamento do corpo (caminhar, correr, saltar, rolar etc.), manipulação de objetos (lançar, pegar, tocar, arremessar etc.) e equilíbrio (girar, balançar, agachar etc.) configuram práticas de movimento e, dentre elas, a Ginástica.

Assim, ao ingressar na escola, independentemente da idade em que se encontra, a criança traz consigo saberes sobre os movimentos que realiza com seu corpo, apropriados e construídos nos diferentes espaços e relações em que vive. Desse modo, a escola poderá sistematizar e ampliar o conhecimento da criança sobre o seu movimentar-se.

Com base nos pressupostos teóricos e orientações que apresentamos sobre a Ginástica na Educação Física escolar e a prática pedagógica do movimento na educação escolar da criança, propomos que o encaminhamento metodológico da Ginástica na Educação Infantil e em anos iniciais do Ensino Fundamental se preocupe com a organização de uma prática diversificada, lúdica, desafiadora e segura.

Segundo Kramer (1992), para a implementação de uma proposta pedagógica, não é suficiente traçar pressupostos teóricos sólidos, nem, tampouco, possuir móveis e materiais didáticos adequados ou um espaço amplo e iluminado. Esses são itens necessários, mas, além disso, deve existir uma articulação flexível e coerente entre eles, de modo que seja possível pôr em prática a proposta e atingir suas metas educativas. Assim, propomos que os professores que atuam nesta fase de escolarização da criança se preocupem em organizar ambientes de aprendizagem que propiciem a vivência com variabilidade de movimentos em diferentes aparelhos, com brinquedos diversos e, também, movimentos que não utilizem materiais.

Segundo Ángel (1995), a organização de um ambiente de aprendizagem não é, simplesmente, propor uma série de materiais para que as crianças brinquem. É necessário escolher e combinar os materiais apropriados aos objetivos de que temos a intenção de desenvolver, como também torná-lo atrativo, seguro e acolhedor.

Os parques são considerados ambientes de aprendizagem de movimentos, estão presentes nas escolas da criança e também poderão ser utilizados como espaço didático-pedagógico para a prática da Ginástica. Mas, na maioria das vezes, são utilizados como um meio em que a criança brinca livremente sem nenhuma intervenção pedagógica.

Atualmente, estudos (Filgueiras e Freyberger, 2001; Oliveira, 2002; Horn, 2004) que discutem a organização dos espaços na Educação Infantil mencionam o parque como um recurso didático-pedagógico do processo de educação da criança. Considerações contrárias a esse pensamento revelam um espaço à margem do processo educacional, que não exige planejamento de ações, apenas controle da segurança e da disciplina das crianças. Essas discussões consideram que o parque constitui um meio privilegiado à educação da criança em razão dos equipamentos que, por meio da brincadeira, convidam à vivência de desafios relacionados à movimentação do corpo, à vivência que estimula a iniciativa individual e, em algumas situações, também à ajuda de outros por meio de parcerias. O parque, no contexto da educação escolar infantil, constitui não só um espaço de interações entre as crianças, mas também um espaço privilegiado para o trabalho pedagógico do movimento delas.

Essas constatações nos mobilizam a visualizar o parque também como um espaço privilegiado para a prática de atividades ginásticas na Educação Infantil e nos anos iniciais do Ensino Fundamental. É um ambiente de aprendizagem onde o professor poderá desafiar a criança a experimentar as mais variadas posições de seu corpo e a vivência de diferentes situações de movimento.

Filgueiras e Freyberger (2001, p. 15) ressaltam em seus estudos sobre a criança e o movimento que

> o excesso de ênfase do educador na consistência dos movimentos por meio da repetição de gestos-modelo pode resultar na aprendizagem de movimentos estereotipados com pouca adaptabilidade. As atividades propostas às crianças, bem como os ambientes em que estão inseridas e os materiais oferecidos, devem contemplar oportunidades para que ela ganhe consistência com variabilidade. Podemos observar a busca pela variabilidade em toda atividade motora espontânea da criança: no escorregador, por exemplo, notamos que primeiro ela aprende a subir e descer de frente, sentada. Depois, começa a explorar este gesto em diferentes posições, de frente, de costas, de cabeça para baixo, de mãos dadas com um amigo (...). Essas ações colaboram para o desenvolvimento de um repertório motor que permita à criança escolher as respostas para os diferentes desafios, buscando soluções alternativas e criativas para os mesmos problemas.

Apoiados nessas considerações, justificamos o desenvolvimento de conteúdos da Ginástica na educação escolar da criança considerando que o parque é o espaço privilegiado para o trabalho pedagógico dessa prática, aliado aos brinquedos e aparelhos presentes nesta fase de escolarização.

Para finalizar...

Focalizo minhas considerações no tema *os saberes da Ginástica na formação de professores*. Para Charlot (2000), a questão da relação com saber é também aquela das formas de existência do saber nas instituições e dos efeitos que essas formas implicam. Isso significa, sobretudo, que a escola não é apenas um lugar que recebe alunos dotados destas ou daquelas relações com o(s) saber(es), mas é, também, um lugar que *induz as relações com o(s) saber(es)*. (grifo meu).

Assim, a prática da Ginástica no âmbito da Educação Física escolar e, especialmente, no da educação escolar da criança acontecerá de forma efetiva e regular se houver uma preocupação dos formadores de professores de Educação Física e da educação básica em induzir e conduzir relações com saberes dessa prática nas suas formações profissionais Essas relações deverão contemplar a vivência de situações que levem os professores a (re)conhecerem o valor pedagógico dessa prática na educação do indivíduos de uma forma geral e, principalmente, no âmbito da educação escolar.

Referências

ÁNGEL, J. B. *La utilización del material y del espacio en Educación Física*. Barcelona: Inde, 1995.

BRASIL/SEF. *Parâmetros curriculares nacionais*: Educação Física. Brasília: MEC/SEF, 1997.

CHARLOT, B. *Da relação com o saber*: elementos para uma teoria. Porto Alegre: Artes Médicas Sul, 2000.

FILGUEIRAS, I. P.; FREYBERGER, A. Brincadeiras e jogos no parque. *Avisa lá*. Revista para a formação de professores de Educação Infantil e séries iniciais do Ensino Fundamental. São Paulo: Crecheplan, n. 5, p. 16-21, jan. 2001.

_____ A criança e o movimento: questões para pensar a prática pedagógica na Educação Infantil e no Ensino Fundamental. *Avisa lá*. Revista para a formação de professores de Educação Infantil e séries iniciais do Ensino Fundamental. São Paulo: Crecheplan, n. 11, p. 11-9, jul. 2002.

GALVÃO, I. *Henri Wallon*: uma concepção dialética do desenvolvimento infantil. Petrópolis: Vozes, 1995.

GARANHANI, M. C. *Concepções e práticas pedagógicas de educadoras da pequena infância*: os saberes sobre o movimento corporal da criança. Tese (Doutorado). São Paulo: Pontifícia Universidade Católica, 2004.

HORN, M. G. S. *Saberes, cores, sons, aromas*: a organização dos espaços na educação infantil. Porto Alegre: Artmed, 2004.

HOSTAL, P. *Pedagogia da Ginástica Olímpica*. São Paulo: Manole, 1982.

KRAMER, S. *Com a pré-escola nas mãos*: uma alternativa curricular para a Educação Infantil. São Paulo: Ática, 1992.

LEONTIEV, A. N. Os princípios psicológicos da brincadeira pré-escolar. In: LEONTIEV, A. N.; VYGOSTSKY, L. S.; LURIA, A. R. *Linguagem, desenvolvimento e aprendizagem*. São Paulo: Ícone, 1998.

MAHONEY, A. A. Introdução. In: MAHONEY, A. A.; ALMEIDA, L. R. *Henri Wallon*: psicologia e educação. São Paulo: Loyola, 2000.

OLIVEIRA, Z. R. *Educação Infantil*: fundamentos e métodos. São Paulo: Cortez, 2002.

SAVIANI, N. *Saber escolar, currículo e didática*: problemas da unidade conteúdo/método no processo pedagógico. 2. ed. Campinas: Autores Associados, 1998.

SILVEIRA, M. *Introdução ao estudo da Ginástica*. [s.l]: Mimeo, s/d.

SOARES et al. *Metodologia do ensino da Educação Física*. São Paulo: Cortez, 1992.

_____. Educação Física. In: AMARAL, A. C. T.; CASAGRANDE, R. C. B.; CHULEK, V. (Org.). *Ensino fundamental de nove anos*: orientações pedagógicas para os anos iniciais. Curitiba: Secretaria de Estado da Educação, 2010.

11 Ginástica Rítmica na escola
Ações e reflexões

Roberta Gaio

A Ginástica Rítmica é um dos esportes considerados artísticos, que nasceu em meados do século XX na Europa Central, por meio de um movimento renovador ginástico, envolvendo quatro correntes de pensamento: pedagogia, arte cênica, dança e música.

Essa modalidade não é fruto do pensamento de um único autor, pois foi construída ao longo do século passado e, apesar da variada terminologia (Ginástica Moderna (1963), Ginástica Feminina Moderna e Ginástica Rítmica Moderna (1972), Ginástica Rítmica Desportiva (1975) e Ginástica Rítmica (1998), hoje é reconhecida como esporte, tem suas características próprias e valor pedagógico quando trabalhada como conteúdo da Educação Física escolar, em uma perspectiva lúdica, como um jogo de pequenos aparelhos manuais (Gaio, 2007).

Vários são os nomes envolvidos com o surgimento desse esporte, porém é da corrente da música que vem a grande contribuição para a definição das características dessa modalidade. Três nomes devem ser citados: Émile Jacques Dalcroze (1865-1950), filho de pais suíços e austríacos de nascimento, foi o criador do método de coordenação de música e movimento denominado *Euritmia*; o alemão Rudolf Bode (1881-1970), considerado o criador da Ginástica expressiva denominada *Ginástica Moderna*; e o também alemão Henrich Medau (1890-1974) que, inspirado nos trabalhos de seu professor Bode, deu importantes contribuições aos princípios básicos da até então Ginástica Moderna, especialmente no que se refere à utilização de aparelhos manuais (Langlade e Langlade, 1970).

Segundo a Confederação Brasileira de Ginástica (2008, p. 1),[1] essa modalidade:

> começou a ser praticada desde o final da Primeira Guerra Mundial, mas não possuía regras específicas nem um nome determinado. Várias escolas inovavam os exercícios tradicionais da Ginástica Artística, misturando-os com música. Em 1946, na Rússia, surge o termo "rítmica", devido à utilização da música e da dança durante a execução de movimentos.

A Ginástica Rítmica enquanto esporte evoluiu não só na técnica dos elementos corporais, como também no manejo dos aparelhos que compõem o universo dessa modalidade. Muitos são os países que se destacam nesse esporte, entre eles Espanha, Itália, Grécia e Brasil, além dos países que tradicionalmente sempre foram praticantes dessa modalidade por excelência, como Rússia, Bulgária, Ucrânia e Bielorússia. Somente para ilustrar, de modo que possamos registrar os grandes nomes dessa modalidade, tendo como referência os Jogos Olímpicos deste século, vale apresentar os dados coletados junto à Confederação Brasileira de Ginástica (2008, p. 1):

> Nos Jogos Olímpicos de Sidney, no ano 2000, o conjunto da Rússia confirmou seu favoritismo, enquanto a Espanha nem

---
[1] Disponível em: <http://www.cbginástica.com.br>. Acesso em: 30 jun. 2008.

se classificou para a final. No individual, foi Anna Bussukova, da Rússia. Em 2004, na Olimpíada de Atenas, na Grécia, a Rússia confirmou seu favoritismo, ratificando a sua posição na liderança mundial na modalidade, classificando-se em primeiro lugar, seguida pela Itália em segundo lugar e pela Bulgária, na terceira posição. No individual, a ginasta Alina Kabaeva, da Rússia, sagrou-se campeã olímpica, seguida de Irina Tchachina, também da Rússia, e Anna Bessonova da Ucrânia.

Esse esporte como jogo deve ser explorado em diversos espaços, inclusive e especialmente nas escolas, sejam elas públicas, municipais ou particulares, onde crianças e jovens se apoderam de conhecimentos diversos e necessários para o crescimento enquanto seres humanos e cidadãos.

A escola, como espaço de aprendizagens cognitiva, motora e afetivo-social, tem na Educação Física possibilidades de estimular o desenvolvimento de crianças e jovens por meio dos jogos, tendo a cultura lúdica como alicerce para esse desenvolvimento. Assim:

> Consequentemente, o primeiro efeito do jogo não é entrar na cultura de uma forma geral, mas aprender essa cultura particular que é a do jogo. Esquecemo-nos facilmente de que, quando se brinca, se aprende, antes de tudo, a brincar, a controlar um universo simbólico particular. Isso se torna evidente se pensarmos no jogo de xadrez ou nos esportes, em que o jogo é a ocasião de se progredir nas habilidades exigidas no próprio jogo. Isso não significa que não se possa transferi-las para outros campos, mas se aprende primeiramente aquilo que se relaciona com o jogo para, depois, aplicar as competências adquiridas a outros terrenos não lúdicos da vida. (Brougère, 2002, p. 23)

Portanto, quando pensamos na Ginástica Rítmica, ou GR, como é mais conhecida, como conteúdo da Educação Física escolar, alguns fatores são fundamentais para a elaboração de propostas pedagógicas nessa área, tais como: o que ensinar, como, quando e por quê.

O que ensinar significa que o(a) professor(a) deve conhecer a Ginástica Rítmica enquanto trilogia, que envolve elementos corporais e o manuseio de pequenos aparelhos em diálogo com a música, que propicia o ambiente para o expressar corporal das crianças que experimentam essa modalidade.

Segundo orientações do Código de Pontuação da Federação Internacional de Ginástica – FIG, ciclo 2005/2008, os elementos corporais são divididos em *fundamentais*, que são os movimentos que definem as dificuldades da modalidade e *outros*, que são os movimentos de ligação, essenciais para a elaboração de uma composição coreográfica em Ginástica Rítmica.

Os elementos corporais fundamentais são: flexibilidade e onda, saltos, equilíbrio estático e pivôs. Já os outros elementos corporais são: andar, correr, saltitar, girar, balancear, circunduções, pré-acrobáticos e alguns acrobáticos.

Os aparelhos oficiais da Ginástica Rítmica são corda, arco, bola, maças e fita. Esses aparelhos têm movimentos obrigatórios, os quais devem ser de conhecimento do(a) professor(a) que, em uma metodologia lúdica, deve estimular os alunos a descobrir esses movimentos e combiná-los com os elementos corporais já aprendidos.

A corda é o único aparelho individual quanto ao tamanho, pois depende da estatura dos alunos, devendo ser medida colocando-se os pés no meio dela e segurando-se as extremidades com as mãos, flexionando os braços com os cotovelos para baixo e deixando os nós das extremidades na direção dos ombros. Os movimentos do grupo técnico da corda são: salto através da corda, rodando-a para frente, para trás ou lateralmente; saltitares através da corda, rodando-a para frente, para trás ou lateralmente; lançamentos e recepções; escapada de uma ponta; rotações da corda e os denominados manejo – balanços, circunduções, movimentos em oito e vela.

O arco, cujo similar, na cultura infantil, é o bambolê, é feito de material sintético e mede de 80 a 90 cm de diâmetro, devendo pesar até 300 g. Seus movimentos do grupo técnico são: rolamentos no corpo e no solo; rotações em torno de uma mão ou de outra parte do corpo; rotações em torno do eixo do arco, agarrado em apoio sobre o solo ou uma parte do corpo ou em suspensão; lançamentos e recepções, passagens através do arco; elementos sobre o arco e os denominados manejos – balanços, circunduções e movimentos em oito.

A bola é o aparelho mais conhecido das crianças, pois, no universo do jogo e do esporte, temos diversos tipos de bola, o que pode e deve ser explorado pelo professor em um resgate da cultura corporal dos alunos. É feita de material sintético, tem de 20 a 40 cm de diâmetro e pesa 400 g. Não pode ser segurada pelas mãos em formato de garra, mas com uma ou duas mãos. Seus movimentos, do grupo técnico, são: lançamentos e recepções, batimentos ou batidas rítmicas, rolamentos livres no corpo e no solo e os denominados manejos – *elans*, balanços, circunduções, movimentos em oito, inversões com e sem movimentos circulares dos braços, com a bola em equilíbrio na palma da mão ou em uma parte do corpo.

As maças são compostas por quatro partes, a saber: cabeça (extremidade em formato de uma pequena bola), pescoço (parte mais longa da maça), corpo (parte mais grossa do aparelho) e base (última parte, na qual a maça pode ser apoiada no solo). Cada maça pesa 150 g e deve ser manuseada pelos dedos polegar, indicador e anular, ao se executar movimentos fundamentais. Os movimentos do grupo técnico das maças são: círculos pequenos, moinhos ou molinetes, lançamentos e recepções, batimentos ou batidas rítmicas e os denominados manejos – *elans* com balanços e circunduções de braços, com balanços e circunduções dos aparelhos e movimentos em oito.

A fita é a grande atração da Ginástica Rítmica entre as crianças, especialmente pelo visual não só do aparelho, como dos movimentos que podem ser feitos, propiciando diferentes desenhos no espaço. Esse aparelho é composto por um estilete, que pode ser de fibra, e pela fita propriamente dita, que é de cetim tafetá ou outro tecido fino, tendo de 4 a 6 cm de largura e 6 m no total, sendo 1 m dobrado para dar peso suficiente para seu manejo. Os movimentos do grupo técnico desse aparelho são: serpentinas, espirais, lançamentos e recepções, escapadas, passagens através ou sobre o desenho da fita com uma parte ou com todo o corpo e os denominados manejos, isto é, *elans*, balanços, circunduções e movimentos em oito.

Além dos elementos corporais e dos movimentos dos aparelhos, outras características importantes da Ginástica Rítmica que devem ser sempre lembradas, quando se planeja desenvolver esse conteúdo na Educação Física escolar, são a música e o espaço apropriado para a execução das composições coreográficas.

Em uma série individual de Ginástica Rítmica, a música deve ter no mínimo 1min15 e, no máximo, 1min30; já em uma série de conjunto, no mínimo 2min15 e, no máximo, 2min30. Em ambos os casos, a música não deve ter vocal, devendo ser escolhida considerando as características do aparelho a ser utilizado na série. Quanto ao espaço, a FIG determina um tablado de 13 x 13 m como sendo a área disponível para execução de séries individuais e de conjunto, e o local da competição deve ter altura mínima de 8 m e, ao redor do tablado, uma área de 2 m de distância de um possível alambrado (Lourenço, 2008).

Tudo é importante para o esporte, mas não fundamental para o jogo, pois, na escola, podemos e devemos fazer algumas adaptações necessárias para o desenvolvimento dessa modalidade, como as características já apresentadas por Gaio (2007, p. 136) na Ginástica Rítmica, por ela denominada *popular*, e registradas no quadro abaixo:

Quadro 11.1 – Características da GR tradicional e popular

Ginástica Rítmica	Ginástica Rítmica Popular
Elitizada	Conhecida
Competitiva	Participativa/competitiva
Movimentos obrigatórios	Exploração da criatividade
Espaço apropriado para a prática	Espaços alternativos para a prática
Uso de aparelhos oficiais	Uso de aparelhos alternativos e oficiais
Biótipo determinado	Biótipo não definido
Sexo feminino	Ambos os sexos
Performance	Caráter lúdico
Esporte	Jogo

Assim, *quando ensinar* diz respeito aos conhecimentos que o(a) professor(a) deve ter em relação às características do crescimento e do desenvolvimento das crianças e às generalidades dos aparelhos de Ginástica Rítmica a serem exploradas quanto às condições adequadas de ensino-aprendizagem de habilidades motoras em combinações de movimentos fundamentais, em uma construção corporal de movimento.

Segundo as orientações contidas na obra de Tani et al. (2005) sobre as habilidades motoras básicas e específicas, a partir da faixa dos 7 anos, a criança consegue executar movimentos fundamentais combinados, o que justifica a aplicação da Ginástica Rítmica no Ensino Fundamental, do 1º ao 4º ano. Porém, devemos ter sempre a preocupação de desenvolver o conteúdo para todas as crianças de uma determinada classe, sabendo que o ensino é o mesmo, mas a aprendizagem varia para cada criança.

Outro lembrete importante para o desenvolvimento da Ginástica Rítmica na escola é que, apesar de essa modalidade ainda ser considerada somente feminina pela Federação Internacional de Ginástica, ela deve ser explorada em aulas de Educação Física sem distinção de sexo, pois, com o avanço dos estudos sobre gênero, o docente precisa lutar para quebrar paradigmas de exclusão em prol da igualdade de direitos, inclusive em relação a vivências motoras.

O *por que ensinar* fica evidente nas seguintes palavras:

> A presente proposta tem como finalidade ressaltar, entre alternativas, a necessidade de investirmos em atividades de Ginástica Rítmica desportiva, que consente um empenho do corpo em relação ao espaço, tempo, ritmo, objetos, pessoas, em um contexto de comunicação não verbal, produzindo reações afetivo-sociais significantes para a vida do ser humano. (Gaio, 2007, p. 105)

Pensando na elaboração de um planejamento pedagógico em Educação Física para o Ensino Fundamental, não poderíamos deixar de apresentar propostas da Ginástica Rítmica para os diversos ciclos, com vias a lançar algumas dicas para docentes, mas não como receita pedagógica acabada. Assim, temos:

- 1º e 2º anos do 1º ciclo: desenvolvimento do repertório motor – descoberta dos elementos corporais fundamentais e outros, característicos da Ginástica Rítmica.
- 3º e 4º anos do 2º ciclo: combinação de habilidades motoras – brincadeiras com os aparelhos denominados extraoficiais, tais como: ráfia, chapéu, pandeiro, ursinhos de pelúcia, bonecas e bonecos, bolas de diversos tamanhos etc.; estudo dos elementos corporais em combinação com os movimentos criados para os aparelhos extraoficiais mencionados.
- 5º e 6º anos do 3º ciclo: aprendizagem dos conteúdos – estudo dos movimentos característicos dos aparelhos oficiais da Ginástica Rítmica, a saber: corda, arco, bola, maças e fita.
- 7º, 8º e 9º anos do 4º ciclo: domínio dos conteúdos – exploração da criatividade em elaboração de séries em conjunto com os diversos aparelhos da Ginástica Rítmica, concretizando a trilogia: elementos corporais, aparelhos manuais e música.

Como um dos objetivos deste capítulo é apresentar, além de reflexões sobre o fenômeno ensino-aprendizagem da Ginástica Rítmica na escola, ações que possam auxiliar os(as) professores(as) que ministram Educação Física no Ensino Fundamental, enumeramos a seguir algumas atividades com o intuito de estimular os docentes a incluir esse conteúdo em seu planejamento pedagógico. Assim, o *como ensinar* pode ser fruto das dicas aqui apresentadas.

Propostas de atividades explorando os elementos corporais

Primeiro ciclo

Atividade nº 1: *Brincando de ser elástico*

Objetivos	Executar movimentos de grande amplitude, imitando diversos animais.
Materiais	Sem material.
Disposição	À vontade pelo espaço.
Desenvolvimento da atividade	Imitar borboleta (sentado com pernas flexionadas e planta dos pés unidas); tartaruga (decúbito dorsal pernas unidas e flexionadas em direção ao peito com os braços segurando-as); perereca (decúbito ventral, pernas afastadas e flexionadas, planta dos pés unidas e braços estendidos lateralmente); girafa (decúbito dorsal, pernas unidas e estendidas, elevadas em 90°. Deve-se executar esse movimento também com alternância de pernas); jacaré (decúbito dorsal, pernas estendidas e levadas em 90°, devendo-se afastar e unir alternadamente as pernas, brincando de abrir e fechar a boca do jacaré); cisne (sentado com a perna direita flexionada à frente e a perna esquerda atrás, tronco em hiperextensão e braços estendidos e mãos apoiadas no solo. Deve-se executar o mesmo animal alternando as posições das pernas); serpente (decúbito ventral, pernas unidas e estendidas, braços estendidos, mãos apoiadas no solo no alinhamento dos ombros); foca (decúbito dorsal, pernas estendidas e unidas, pés apoiados no solo sob a cabeça).
Variações	Solicitar a criação de outros animais em duplas, trios, pequenos e grandes grupos como: aranha coletiva (em pé, afastamento frontal das pernas entrelaçadas umas entre as outras e as mãos apoiadas no solo, estimulando que realizem deslocamentos); centopeia (alunos dispostos em coluna, em quatro apoios com pernas estendidas e afastadas, mãos segurando os tornozelos do aluno da frente, realizando deslocamentos variados).

Atividade nº 2: *Siga o mestre*

Objetivos	Explorar diversas formas de deslocamento.
Materiais	Aparelho de som e CDs.
Disposição	Alunos à vontade pelo espaço.
Desenvolvimento da atividade	Explorar diferentes formas de andar, de acordo com as propostas do mestre (professor), ou seja: "Seu Mestre mandou andar na ponta dos pés".
Variações	Trabalhar a mesma brincadeira explorando os movimentos de correr, saltitar e girar, isto é, os elementos corporais denominados de outros na GR.
Observações	Escolher repertório musical que seja culturalmente do universo da classe a ser trabalhada. Explorar a criatividade dos alunos, solicitando que criem pequenas combinações de movimentos já aprendidos.

Atividade nº 3: *Árvore e sombra*

Objetivos	Executar várias formas de equilíbrio estático.
Materiais	Aparelho de som.
Disposição	Em duplas numeradas, à vontade pelo espaço, sendo que o número 1 é árvore e o número 2 é sombra.
Desenvolvimento da atividade	Estimular as árvores a executar movimentos com os membros superiores e inferiores, sem deslocamento no espaço e, simultaneamente, as sombras devem se deslocar pelo espaço, explorando a criatividade nas formas básicas de locomoção. Parar a música para que as árvores assumam uma posição de equilíbrio estático, sendo imitadas pelas sombras
Variações	Realizar a mesma atividade, estimulando os alunos a executarem os movimentos em um plano mais alto, como banco sueco, plinto, *steps*, espaldar e outros.
Observações	Alternar as ações. Orientar para que a árvore realize as mais variadas formas de equilíbrio estático.

Continua

Continuação

Possibilidades de aulas teóricas	1) Apresentar as características da Ginástica Rítmica por meio de vídeos, demonstração dos aparelhos e/ou participação de grupos de ginastas da modalidade. 2) Conhecendo a bola: apresentar os diversos tipos de bolas, discutir suas características e movimentos pontuando especificamente a bola de Ginástica Rítmica. Apresentar vídeo com a bola. 3) Oferecer um referencial teórico e prático sobre flexibilidade desde figuras, testes, entre outros.

Propostas de atividades com aparelhos extras oficiais de Ginástica Rítmica

Segundo ciclo

Atividade nº 1: *Expressando-se com as bexigas*

Objetivos	Desenvolver as noções de esquema corporal.
Materiais	Bexigas, aparelho de som.
Disposição	Classe à vontade pelo espaço
Desenvolvimento da atividade	Cada aluno deve estar com uma bexiga cheia. Ao estímulo do professor, os alunos tocarão na bexiga com as partes do corpo sugerida pelo professor, ou seja, tocar a bexiga com a cabeça, o pé, o nariz, a barriga etc.
Variações	A mesma dinâmica pode ser trabalhada em duplas, trios com uma ou mais bexigas, e o professor deve mudar o estímulo de manuseio da bexiga, por exemplo, ao invés de tocar, rolar.
Observações	É fundamental que o professor explore as mais diversas formas te tocar a bexiga, possibilitando aos alunos a descoberta dos possíveis movimentos com as diversas partes do corpo.

Atividade nº 2: *O jornal é meu aparelho*

Objetivos	Desenvolver o trabalho de coordenação motora fina e criatividade.
Materiais	Jornais, cola e fita crepe.
Disposição	Classe à vontade pelo espaço.
Desenvolvimento da atividade	Os alunos devem fabricar com os jornais os aparelhos da GR como, por exemplo, o bastão, a bola, o arco, a fita. Após a produção dos aparelhos, com auxílio do professor, os alunos devem manusear das mais diversas formas possíveis.
Variações	Trabalhar as diversas formas de manusear os aparelhos, combinados com os elementos corporais já desenvolvidos em aulas anteriores.
Observações	É importante que o professor mostre aos alunos os aparelhos oficias da GR para que eles construam a partir do que foi visto.

Atividade nº 3: *Imitando os movimentos de bonecos e bonecas*

Objetivos	Descoberta das possibilidades de movimentos pelas diversas partes do corpo – desenvolvimento da consciência corporal.
Materiais	Bonecas e bonecos.
Disposição	Alunos à vontade pelo espaço, cada um com seu boneco ou boneca.
Desenvolvimento da atividade	O professor deve estimular os alunos a descobrir os possíveis movimentos dos bonecos e das bonecas e solicitar que os imitem.
Variações	Essa mesma atividade deve ser executada em duplas, trios e pequenos grupos, e o professor deve estimular uma pequena combinação de movimentos dos bonecos e bonecas, executados pelos alunos.
Observações	O professor deve observar as execuções dos movimentos pelos alunos e apresentar os movimentos corretos, caso seja necessário
Possibilidades de aulas teóricas	Aulas sobre o aperfeiçoamento das capacidades físicas e a prática da Ginástica Rítmica.

Propostas de atividades com aparelhos oficiais de Ginástica Rítmica

Terceiro ciclo

Atividade nº 1: *Brincando com a corda*

Objetivos	Desenvolvimento do manejo do aparelho corda.
Materiais	Corda individual.
Disposição	Alunos à vontade pelo espaço com sua corda.
Desenvolvimento da atividade	Exploração dos diversos tipos de saltitos por dentro da corda. O professor deve estimular os alunos a pular sem deslocamento com as pernas unidas, sem deslocamento com as pernas alternadas, sem deslocamento cruzado à frente com pernas unidas, sem deslocamento com gira da corda para trás com pernas alternadas, sem deslocamento cruzado com giro da corda para trás, com descolamento somente com perna direita, com deslocamento somente com perna esquerda, com deslocamento com pernas alternadas, com deslocamento com passo a lateral.
Variações	Solicitar que os alunos criem novas formas ou combinações diferentes de saltitares por dentro da corda, em dupla, trio e pequenos grupos.
Observações	O professor deve orientar os alunos quanto à empunhadura da corda e à melhor forma de girá-la para gastar menos energia ao executar os saltitares por dentro dela. Por exemplo, temos as seguintes informações importantes a serem dadas: corda é um trabalho de punho e não de grandes movimentos de braços; ao executar saltitares cruzados, seja para frente ou para trás, os braços devem sempre permanecer parado à frente e a corda gira para frente ou para trás.

Atividade nº 2: *Brincando de Garçon* Cross *com a bola*

Objetivos	Ensino-aprendizagem da empunhadura do aparelho bola.
Materiais	Bolas e cones para demarcar o espaço.
Disposição	Classe dividida em colunas, se possível em números iguais, sendo que os primeiros da coluna com uma bola.
Desenvolvimento da atividade	Cada primeiro aluno das colunas devem se deslocar andando em velocidade, com braços estendidos à frente, segurando a bola na mão direita em equilíbrio até o cone, fazer o retorno e entregar a bola para o próximo aluno da sua coluna e assim sucessivamente, com a mão esquerda, com pequenos lançamentos da mão direita para a esquerda, com o braço direito acima da cabeça segurando a bola na mão direita em equilíbrio, com o braço esquerdo acima da cabeça segurando a bola na mão esquerda em equilíbrio.
Variações	Mesma atividade com variações nos deslocamentos, tais como correndo, saltitando, girando, com balanceamentos dos braços, entre outras formas.
Observações	O professor deve estimular o equilíbrio da bola e lembrar que ela não pode ser segurada pelas mãos em forma de garras.

Atividade nº 3: *Brincando de manusear o arco*

Objetivos	Desenvolver a percepção de espaço quanto ao espaço total e ao formato do aparelho.
Materiais	Arco.
Disposição	Classe à vontade pelo espaço, cada aluno um com um arco.
Desenvolvimento da atividade	A turma deve ser dividida em um pegador e os demais em fugitivos, e o pegador será o jardineiro e os demais serão as plantas do jardim. O jardineiro deverá se localizar no centro da quadra e os outros ficarão em uma área delimitada pelo professor, o pique. Ao estímulo do professor, as plantas devem passar pelo jardim saltitando por dentro do arco com o objetivo de chegar ao outro pique sem se deixar pegar. O jardineiro, por sua vez, deve tentar pegar suas plantinhas executando o mesmo deslocamento dos demais alunos. Os alunos que forem pegos deverão encaixar seus arcos no corpo do jardineiro, formando, assim, uma possível corrente até restar uma única planta a ser pega.

Continua

Continuação

Variações	A mesma dinâmica pode ser executada sem a formação da corrente e deixando um único pegador. Os alunos que forem pegos permanecerão na posição em que foram pegos sem se deslocar pelo espaço e somente auxiliando o pegador a pegar. Isso implicará a redução do espaço para a travessia das plantinhas restantes.
Observações	Os alunos realizam a travessia após o estímulo do professor, ou seja, ele dará um sinal para que os alunos realizem a passagem de um lado para o outro.

Atividade nº 4: *Experimentando movimentos com as maças*

Objetivos	Desenvolver o ritmo.
Materiais	Maças.
Disposição	Classe dividida em grupo de seis, cada aluno com um par de maças.
Desenvolvimento da atividade	Ao estímulo do professor, os alunos devem criar sons em grupo, utilizando diversos tipos de batimentos das maças. O professor pode começar solicitando batidas das maças pelas cabeças, depois pescoços, logo após corpos e por último, bases. Na sequência, o professor pode estimular combinações diversas, tais como: cabeça com pescoço, corpo com base, cabeças no solo, entre outras formas.
Variações	A mesma dinâmica pode ser executada em grandes grupos, unindo dois ou mais grupos em pequenas combinações de outros elementos corporais e/ou fundamentais.
Observações	O professor deve explicar as partes das maças e estimular os alunos a educar o ritmo, principalmente quanto ao sincronismo e ao andamento métrico.

Atividade nº 5: *Dançando como as fitas*

Objetivos	Desenvolver expressão corporal e criatividade, a partir do manejo da fita.
Materiais	Fita.
Disposição	Classe divida em duplas, com uma fita por dupla.
Desenvolvimento da atividade	Os alunos A e B se defrontam, sendo que um está com a fita e o outro não tem o aparelho. Ao estímulo do professor, o aluno com a fita deve executar movimentos diversos com ela e o seu companheiro deve dançar, imitando os movimentos da fita.
Variações	A mesma dinâmica pode ser executada em quartetos e sextetos, e sempre uma metade da turma com fita e a outra, sem. Nesse caso, a movimentação é sincronizada a partir das combinações de movimentos criadas pelos alunos com fita.
Observações	O professor pode trabalhar com música, de preferência sem vocal, para facilitar a movimentação do grupo e sem solicitação de movimentação dos grupos no mesmo tempo. Os grupos devem definir o ritmo no qual preferem se movimentar. O professor deve também ensinar a empunhadura correta da fita, isto é, estilete apoiado na palma da mão e indicador no prolongamento do estilete.
Possibilidades de aulas teóricas	Aulas teóricas sobre as características dos aparelhos oficiais da Ginástica Rítmica e dos movimentos fundamentais e de outros. Devem-se apresentar vídeos com composições individuais e conjuntos para ampliar a cultura corporal de movimentos em Ginástica Rítmica.

Orientações para estimular a criatividade em composições de Ginástica Rítmica

Quarto ciclo

Atividade nº 1: *Descoberta das possibilidades de ocupação do espaço – brincando de construir formações espaciais*

Objetivos	Desenvolvimento da percepção espaço temporal.
Disposição	Classe dividida em grupos de seis alunos.
Desenvolvimento da atividade	Ao estímulo do professor, os alunos devem criar figuras, isto é, formações diversas ocupando o espaço na posição em pé, tais como: um círculo, dois círculos, uma reta, duas retas, uma diagonal, duas diagonais, uma cruz, um triângulo, um V etc.
Variações	Os alunos, após executarem as diversas formações separadamente, devem executá-las utilizando elementos corporais de ligação, isto é, andar, correr ou saltitar na composição de um conjunto de formações.
Observações	O professor deve observar a postura dos alunos e corrigi-la se for necessário, apresentando a postura correta, sem chamar atenção para os erros.

Atividade nº 2: *Escolhendo os movimentos de dificuldades – elementos corporais em combinação com os movimentos dos aparelhos*

Objetivos	Ensinar as habilidades específicas da GR, desenvolvendo a flexibilidade, o equilíbrio e a força explosiva.
Materiais	Caderno e caneta para cada dupla de alunos.
Disposição	Alunos em duplas à vontade pelo espaço.
Desenvolvimento da atividade	O professor solicita para as duplas que criem e descrevam dois elementos corporais de cada um definido como fundamental na Ginástica Rítmica, isto é, flexibilidade e onda, saltos, equilíbrio estático e pivôs. As duplas devem apresentam os movimentos para o professor e toda a classe.

Continua

Continuação

Variações	Cada dupla deve ensinar seus movimentos para outras duas duplas. Assim, teremos os mesmos seis movimentos de cada elemento corporal de dificuldade sendo executado pelos mesmos seis alunos.
Observações	O professor deve corrigir os movimentos caso haja necessidade, mostrando somente os movimentos corretos para a classe como um todo, sem chamar atenção de nenhum aluno em especial.

Atividade nº 3: *Descobrindo as possibilidades de trocas de aparelhos com os colegas*

Objetivos	Desenvolvimento da percepção espaço-temporal.
Materiais	Corda.
Disposição	Classe dividida em duplas.
Desenvolvimento da atividade	O professor deve estimular os alunos a executarem trocas com a corda por transmissão, entregando-a para o colega por lançamento, com corda dobrada e torcida, dobrada com nó, pelas extremidades e aberta. Deve-se ensinar os alunos a receberem, em um primeiro momento, à vontade, e, depois, pelas extremidades em continuação com outro movimento.
Variações	Executar trocas com a bola por transmissão, por lançamentos, por rolamentos e por quicadas.
Observações	O professor deve estimular o lançamento com postura alongada e estimular a recepção com empunhadura correta, isto é, sem flexão de braços e sem mãos em forma de garras. O professor deve sempre mostrar os movimentos corretos para o grupo, sem chamar a atenção para os erros e sem nomear os alunos que possivelmente errarem.
Possibilidades de aulas teóricas	Ginástica Rítmica brasileira em âmbito mundial (apresentar as melhores colocações do Brasil nessa modalidade em eventos internacionais, apresentando, se possível, vídeos).

A Ginástica Rítmica se caracteriza como um dos conteúdos da Educação Física escolar, e os(a)s professores(as) podem se surpreender com as crianças, pois elas atuarão como auxiliares no desenrolar de propostas nessa modalidade, criando e recriando, em um ambiente de prazer, desafio, criatividade e expressão corporal.

Por fim, queremos reforçar a importância de se trabalhar com meninos e meninas em um espaço de movimentos redondos e quadrados (como são considerados os movimentos femininos e masculinos na Ginástica Rítmica, respectivamente), dando vazão ao crescimento desse esporte para ambos os sexos, como já se propõe, até bem pouco tempo, à própria FIG, e já há mais tempo em outros países, como Japão, Israel, entre outros.

Queremos, também, registrar a ideia do trabalho interdisciplinar, que pode ser fruto da exploração dos temas transversais propostos nos Parâmetros Curriculares Nacionais (PCNs), tais como: pluralidade cultural, ética, saúde, meio ambiente, orientação sexual e trabalho e consumo.

- *Pluralidade cultural* – tratar da evolução da Ginástica Rítmica, enfatizando o tipo de cultura que deu origem a essa modalidade; explanar sobre os melhores países nessa modalidade, dissertando sobre as características culturais dos países que dominam esse esporte; tratar sobre o crescimento técnico do Brasil nessa modalidade, estimulando os alunos a refletir sobre as influências culturais recebidas que auxiliaram nesse desenvolvimento.
- *Ética* – tratar sobre a importância da prática dessa modalidade para todos os alunos, sem distinção de etnia, gênero ou limitações físicas, sensoriais ou intelectual, propiciando um ambiente de inclusão social; abordar os valores que permeiam a vitória, a derrota, o *fair play*, entre outras situações de jogo.
- *Saúde e meio ambiente* – abordar a importância da prática de diversos tipos de Ginástica para o bem-estar do ser humano, inclusive a prática da Ginástica Rítmica e seu valor para a construção da imagem corporal, a autoestima e o reconhecimento das possibilidades

de expressão corporal; tratar sobre a relação atividade física e meio ambiente, abordando a necessidade de respeitar a natureza em prol do desenvolvimento sustentável.

- *Orientação sexual* – tratar sobre a expressão de afetos e sentimentos, da explicitação de desejos, da sedução por meio do expressar de movimentos ginásticos e do exibir-se, como forma de estar no mundo com os outros seres.

- *Trabalho e consumo* – discutir sobre biótipos necessários e solicitados em esporte de alto rendimento; abordar o consumo de corpos perfeitos e padronizados, refletindo sobre a existência de modelos estereotipados e consumidos como mercadoria, em detrimento da valorização do humano no ser.

As referências a seguir são, também, sugestões de leitura para auxiliar o profissional de Educação Física a entender a Ginástica Rítmica, rumo à exploração desse conteúdo nas aulas de Educação Física escolar.

Referências

AVERSANI, M. L. *Ginástica Rítmica no Brasil*: a revolução de um esporte. Dissertação (Mestrado). São Paulo: Unicamp, 2002.

BRASIL. Secretaria da Educação Fundamental. *Parâmetros curriculares nacionais*: Educação Física. Brasília: MEC/SEF, 1997.

BROUGÈRE, G. A criança e a cultura lúdica. In: KISHIMOTO, T. M. *O brincar e suas teorias*. São Paulo: Pioneira, 2002.

EGERLAND, E. M. *Ginástica Rítmica*: uma proposta escolar. Blumenau: Odorizzi, 2004.

GAIO, R. *Ginástica Rítmica "popular"*: uma proposta educacional. Jundiaí: Fontoura, 2007.

_____. (Org.). *Ginástica Rítmica*: da iniciação ao alto nível. Jundiaí: Fontoura, 2008.

GAIO, R.; BATISTA, J. C. F. (Org.). *A Ginástica em questão*: corpo e movimento. Ribeirão Preto: Tecmed, 2006.

GOMES, A. G. *Compreender e fazer o ritmo em Educação Física*. Dissertação (Mestrado). São Paulo: Unimep, 2004.

KISHIMOTO, T. M. *O brincar e suas teorias*. São Paulo: Pioneira, 2002

LAFRANCHI, B. *Treinamento em Ginástica Rítmica*. Londrina: Unopar, 2002.

LANGLADE, A.; LANGLADE, N. R. *Teoria general de la Gimnasia*. Buenos Aires: Editorial Stadium, 1970.

LOURENÇO, M. R. A. O julgamento na Ginástica Rítmica. In: GAIO, R. (Org.). *Ginástica Rítmica*: da iniciação ao alto nível. Jundiaí: Fontoura, 2008.

NEDIALCOVA, G. T.; BARROS, D. *ABC da Ginástica*. Rio de Janeiro: Grupo Palestra Sport, 1999.

PIRES, V. *Ginástica Rítmica*: um contributo pedagógico para as aulas de Educação Física. Dissertação (Mestrado). Florianópolis, UFSC, 2003.

SANTOS, E. V. N. *Composição coreográfica*: o compreender e o fazer em Ginástica Rítmica. Dissertação (Mestrado). São Paulo: Unimep, 2004.

TANI, G. et al. (Ed.) *Comportamento motor*: aprendizagem e desenvolvimento. Rio de Janeiro: Guanabara, 2005.

12 Gênero, corporeidade e cultura
A realidade da Educação Física escolar

Renata Pascoti Zuzzi
Tânia Mara Vieira Sampaio

Corporeidade e educação: binômio complexo em vista da diversidade da experiência humana de estar no mundo em uma constante teia de relações sociais. Portanto, pensar a educação do ser humano na área da Educação Física requer conhecimento, respeito e compreensão da corporeidade. Esta é marca fundamental da existência humana, pois nela se dá a possibilidade de estabelecer relações e posições frente à realidade, e é nessa experiência concreta que ocorrem as relações de gênero, etnia, classe, entre outras. Não é algo que podemos "vestir" ou "despir"; a corporeidade é inerente ao ser humano, porém pode ser manipulada e disciplinada dentro das relações humanas que determinam "padrões" a serem seguidos. No mínimo, gênero, etnia e classe precisam ser considerados para que se identifique a concepção de ser humano predominante no processo educativo em análise. Segundo Moreira (2001, p. 98) a corporeidade só tem significado por meio da cultura.

> A corporeidade é, existe e por meio da cultura possui significado. Daí a constatação de que a relação corpo-educação, por intermédio da aprendizagem, significa aprendizagem da cultura – dando ênfase aos sentidos dos acontecimentos e à aprendizagem da história –, ressaltando aqui a relevância das ações humanas. Corpo que se educa é corpo humano que aprende a fazer história fazendo cultura.

Dentro de nossa cultura, a sociedade vincula imagens do que é próprio e aceito para cada sexo, estabelecendo matrizes de gênero normativas, as quais devem fixar-se em nossa corporeidade e relações sociais. No entanto, os estudos de gênero têm ampliado a perspectiva da dicotomia masculino/feminino, dando lugar à reflexão sobre a qual precisamos tratar o masculino e o feminino no plural, ao abordar as relações de gênero em quaisquer das esferas da vida.

A perspectiva cultural ao se pensar na construção das identidades de gênero, em sua direta relação ao sexo anatômico identificada desde o nascimento da pessoa, não raras vezes está marcada por processos de rigidez e fixidez de matrizes, as quais atribuem um rol do que é próprio para homens e para mulheres. A despeito de essa realidade existir, ela não é única ou linear, pois a corporeidade humana se constrói na pluralidade e na diversidade, transgredindo padrões normativos e abrindo novos horizontes que precisam ser levados em conta no processo educativo.

Em muitas aulas de Educação Física, especialmente no âmbito escolar, ainda se organizam turmas separadas por sexo ou, mesmo quando são turmas mistas, as atividades durante as aulas separam meninos e meninas com atividades diferenciadas, reforçando padrões culturais cristalizados, o que tende a fortalecer as desigualdades construídas histórico-socialmente. Saraiva (1999, p. 23) afirma que as aulas de Educação Física "ministradas nas redes de ensino particular e pública confronta-nos com dificuldades e resistências por parte de professores e alunos, de ambos os sexos, à prática conjunta de atividade física".

Segundo a autora, a justificativa para tal separação baseia-se em argumentos de ordem biológica, de capacidades físicas, de força e de desenvolvimento motor. Nesses casos, concebe-se que, por exemplo, meninas não podem fazer grandes esforços, não conseguem acompanhar os meninos em jogos desportivos e que os meninos, por sua vez, são prejudicados pelas meninas que não conseguem acompanhar seu ritmo.

A Educação Física, nesses casos, por não considerar a corporeidade humana, ao se perguntar pelo rendimento e desempenho, priorizando determinadas práticas esportivas no âmbito escolar, muitas vezes não contribui para a integração entre meninos e meninas e para uma possível desconstrução de percepções, que, a despeito de serem culturalmente construídas, figuram como "naturais", obscurecendo a realidade por estarem baseadas em estereótipos e preconceitos que precisam ser interrogados. Segundo Louro (1997, p. 72), "se, em algumas áreas escolares, a constituição da identidade de gênero parece ser feita através dos discursos implícitos, nas aulas de Educação Física esse processo é, geralmente, mais explícito e evidente".

Os(As) professores(as) da área precisam estar atentos não apenas às metodologias utilizadas em suas aulas, mas também aos referenciais epistemológicos, de modo que a prática pedagógica seja espaço de construção de repertórios capazes de questionar a possível fixidez e rigidez das matrizes de gênero que ditam o próprio para homens e mulheres e que, não raras vezes, sobrepõem o sexo masculino ao feminino.

Corporeidade e gênero: uma reflexão teórica

A reflexão sobre a corporeidade baseia-se em inquietações que motivam a "saborear o saber", que advêm de indagações como: "O que significa ser homem e ser mulher em nossa sociedade?" Como o corpo-mulher e o corpo-homem se percebem e são percebidos?" "Como a corporeidade do ser humano é 'moldada' em masculina e/ou feminina?" "Qual a pluralidade possível, e necessária, de masculinidades e feminilidades seria mais apropriada teoricamente nos tempos atuais?" "Qual a relação entre diferenças biológicas percebidas entre os sexos e a construção histórico-social das identidades de gênero sobre essas corporeidades?"

Não temos a pretensão de responder a essas questões todas, mas entrar no debate é importante para se iniciar uma análise do contexto histórico-cultural-social no qual a concepção de corporeidade do ser humano é concebida, isto é, em uma complexa teia de relações, de que forma compreender a diferença entre os sexos, suas respectivas construções de gênero e como podem ser transformadas em assimetrias que resultam em formas de inferiorização, subordinação, discriminação e exclusão.

Nesse sentido, precisamos compreender a corporeidade, interrogando-a e analisando-a pela mediação de gênero. Optamos por assumir a formulação proposta por Scott (1991, p. 14), que afirma que "gênero é um elemento constitutivo de relações sociais com base nas diferenças percebidas entre os sexos, e é uma forma primeira de significar as relações de poder".

Ao falar de gênero, a desmistificação de alguns pressupostos arraigados em nossa sociedade torna-se uma exigência, a começar pela significação dos termos *homem* e *mulher* na corporeidade humana. Esses significados permeiam o cotidiano marcado por valores e comportamentos mais ou menos rígidos que tentam determinar a vida das pessoas. A corporeidade, quanto às experiências existenciais humanas, abarca a construção subjetiva do ser humano, sua representação no sentir, pensar e agir no mundo e sua relação com o outro. Somado a esse dado da realidade, a corporeidade analisada em sua concretude, a partir dos referenciais teóricos de gênero, implica identificar as relações sociais de poder vividas entre os grupos sociais de homens e mulheres, a exemplo do que afirma Scott (1991, p. 4), ao explicitar um dos aspectos do referencial analítico de gênero,

> é utilizado para sugerir que a informação a respeito das mulheres é necessariamente informação sobre os homens, que um implica o estudo do outro. Este uso insiste na ideia de que o mundo das mulheres faz parte do mundo dos homens, que ele é criado dentro e por esse mundo.

Sendo assim, não podemos entender os estudos de gênero de maneira estrita e estreita como estudos sobre as mulheres, retirando toda a força da análise do caráter relacional que ele implica. As mulheres estão presentes nas pesquisas de gênero, como também os homens, as crianças, os idosos, os empobrecidos, os indígenas e os negros. Desse modo, a reflexão sobre o gênero traz desdobramentos para as análises de etnia, de classe, de idade, de crenças e outras. A contribuição que nos auxilia a uma aproximação da corporeidade real é

> a categoria analítica de gênero, a qual enfrenta a pergunta pelas relações sociais de poder e, portanto, é capaz de articular não só a confluência das relações de gênero, mas também étnicas e de classe, que atravessam as diferentes estruturas da experiência humana. (Sampaio, 2002, p. 92)

As representações socioculturais em relação ao *ser* homem e ao *ser* mulher criam um imaginário que, para muitos, é irrevogável, podendo gerar preconceitos de gênero que, por sua vez, se articulam como preconceitos de classe e/ou etnia.

O conceito de gênero aparece na qualidade de categoria de análise na ciência em contraposição ao determinismo biológico, o qual considera a mulher inferior ao homem. As diferenças próprias da anatomia sexual dos corpos foram, historicamente, se constituindo em justificativas para os atributos que "naturalizam" desigualdades, obscurecendo sua grande parcela de construção histórica, social e cultural. Scott (1991, p. 4), ressalta que o conceito de gênero é, também,

> utilizado para designar as relações sociais entre os sexos. O seu uso rejeita explicitamente as justificativas biológicas, como aquelas que encontram um denominador comum para várias formas de subor-

> dinação. (...) O gênero é, segundo essa definição, uma categoria social imposta sobre um corpo sexuado.

A diferença compreendida como desigualdade não permite entender o ser humano como um ser complexo marcado por aspectos biológicos, culturais e sociais. É essa diferença que nos faz humanos, seres tão semelhantes e ao mesmo tempo tão diferentes.

Desse modo, não podemos separar do ser humano sua dimensão biológica, cultural e social para poder compreendê-lo. Isso também porque embora a "divisão de gênero pareça universal, a construção e a expressão da masculinidade e da feminilidade é variável, de acordo com o momento histórico e a situação social, classe social, religião, etnia, região e idade" (Carvalho, 2003, p. 59).

Isso nos faz pensar o ser humano em sua complexidade, não apenas como um conjunto de músculos, ossos e articulações com órgãos genitais diferentes. Da mesma maneira que não podemos separar corpo/mente, o biológico também não poder ser separado do cultural. Não existe ser humano somente biológico ou cultural, pois o biológico humano é influenciado pela cultura. Essa perspectiva é reiteradas vezes tratada por Gebara (2000, p. 107):

> O biológico humano é um biológico cultural, um biológico que não existe independentemente de nossa realidade social, comunitária e da alteridade vivida por cada pessoa. Não há meio de isolar o biológico humano e de exprimi-lo como um fato independente do conjunto da realidade humana. Ainda neste sentido, falar de *gênero* não é a mesma coisa de falar de *sexo*. As questões relativas ao gênero são mais amplas que aquelas ligadas a uma observação da "genitalidade" de um indivíduo, mesmo que esta pareça, à primeira vista, determinante.

Seguindo o pensamento da autora, os órgãos genitais do sexo feminino e masculino não são por si só fator determinante para elucidar a diferenciação social entre homens e mulheres, pois, do contrário, seria "mais fácil recorrer a procedimentos cirúrgicos e fazer mudanças na genitália do que intervir no sentido de alterar o gênero, socialmente imposto a uma pessoa e, simultaneamente, por ela conquistado" (Saffioti, 1992, p. 188).

Portanto, se partimos de uma lógica estritamente biológica para explicar as diferenças entre os sexos, estamos sendo reducionistas. Dizer *homem* ou *mulher* apenas por características anatômicas, fisiológicas e biológicas é retirar o humano do ser. Se a criança nasce com a genitália masculina, é considerado homem; se nasce com a feminina, é considerada mulher. E isso basta? Ser homem e ser mulher em nossa sociedade se resume em nascer menino ou menina? Se assim fosse, o ser humano não necessitaria ser *aprendente* e não se distinguiria das outras espécies animais, como nos explicam Freire e Scaglia (2003, p. 140):

> Somos animais que quase nada sabem quando nascem, ao contrário dos outros seres vivos. Porém, poderíamos dizer que animais que sabem quase tudo ao nascer aprendem muito pouco ao longo da vida, e que o animal que sabe quase nada ao nascer pode aprender muito ao longo da vida.

Mas pensar o ser humano em um enfoque estritamente cultural também tornaria incorreta a redução, pois esse ser se apresenta no mundo enquanto corpo (também é constituído de elementos anatômico, biológico e fisiológico), e é esse corpo que interage com o mundo e os outros, em um constante conjunto de relações geradoras de cultura. Gebara (2000, p. 107), ao se aprofundar na compreensão do biológico e do cultural, chama a atenção para o fato de que:

> O *gênero* não tem só a ver com o masculino e o feminino, mas com elementos que intervêm nessas relações, elementos que supõem o sexo biológico, mas que vão além. Neste sentido, falar a partir do *gênero* quer dizer, (...) falar a partir de um modo particular de ser no mundo, fundado (...) no caráter biológico de

> nosso ser, e (...) em um caráter que vai além do biológico porque é justamente um fato de cultura, de história, de sociedade, de ideologia de religião.

Ainda nessa linha de pensamento, pode-se dizer que, na maioria das vezes, os seres humanos nascem com uma anatomia sexual definida (menino ou menina). A partir disso, os pais se encarregam de "culturalizar" a criança dentro da realidade social; posteriormente, outras esferas de relações sociais, como as instituições de ensino, mídia, mercado etc., todas vão tatuando nos corpos as marcas de uma cultura muitas vezes preconceituosa e estereotipada em relação aos sexos.

Gênero, corporeidade e a história da Educação Física

A história da Educação Física desde o século XIX foi marcada pela medicina e por instituições militares, que mantinham poder sobre o corpo. Com base em uma medicina estritamente biológica e uma ordem militar extremamente rígida e positivista, os corpos de homens e mulheres foram vigiados seguindo um discurso padrão de saúde e força física. Dessa maneira, acreditava-se manter a ordem e, constantemente, o progresso do país. Soares (2001, p. 14) comenta sobre essas influências na Educação Física mostrando que:

> a Educação Física, seja aquela que se estrutura no interior da instituição escolar, seja aquela que se estrutura fora dela, será a expressão de uma visão biológica e naturalizada da sociedade e dos indivíduos. Ela incorporará e veiculará a ideia da hierarquia, da ordem, da disciplina, da fixidez, do esforço individual, da saúde como responsabilidade individual. Na sociedade do capital, constituir-se-á em valioso objeto de disciplinarização da vontade, de adequação e reorganização de gestos e atitudes necessários à manutenção da ordem. Estará organicamente ligada ao social biologizado, cada vez

mais pesquisado e sistematizado ao longo do século XIX, pesquisas e sistematizações estas que vêm responder, paulatinamente, a um maior número de problemas que se coloca a classe no poder.

Essas influências biológicas e disciplinadoras obscureceram a compreensão sobre o ser homem e o ser mulher. A sociedade acabou por considerar o corpo apenas como uma máquina biológica de reproduzir movimentos, não pensando o ser humano como fruto de uma construção histórico-social-cultural, mas uma soma de partes anatômicas com reações biológicas e fisiológicas que se movimentava no tempo e no espaço. A medicina voltada a um corpo biológico e o militarismo, ao ritmo padronizado e de repetição excessiva de movimentos, manteve seu poder sobre os corpos, muitas vezes transformando-os em objetos. Os corpos de homens e mulheres foram "esquadrinhados" e mecanizados, tornando-se objeto de investigação e manipulação. Dessa maneira, Santin (2000, p. 63) comenta sobre as instituições médicas relatando que:

> As instituições médicas continuam mantendo um poder absoluto sobre a saúde e a doença, sobre a vida e a morte dos corpos. (...) O corpo não passa de um objeto postado submissamente diante do médico (...) ou em um resultado de exames laboratoriais. Não se vê o corpo vivo, de pessoas. Assim, a bioquímica constitui-se no carro-chefe dos conhecimentos e dos produtos usados para restaurar corpos debilitados e doentes. A corporeidade da bioquímica esgota-se nos limites do corpo físico, doente ou sadio. A doença e a vida nunca são percebidas dentro da dinâmica da afetividade, no contexto das situações sociais e culturais.

A corporeidade pensada enquanto corpo físico, na Educação Física, determinava padrões de movimentos esperando resultados do corpo biológico de homens e mulheres. Estabeleceu-se uma diferença entre esses seres humanos e não se permitiu que estes vivenciassem algo fora do atribuído ao seu gênero. Dessa maneira, a categoria médica se apoderou do corpo, mantendo uma distinção entre homens e mulheres, estimulando a "fabricação" de um corpo "forte" mantido em padrões de higiene para não disseminar doenças e também para a eugenia da raça, pois "a preocupação central é com os hábitos de higiene e saúde, valorizando o desenvolvimento do físico e da moral, a partir do exercício" (Darido e Sanches Neto, 2005, p. 2).

Com base no medo da mistura de raças, o corpo era vigiado não só por médicos e militares, como também pela Educação Física. Segundo Santin (2000, p. 63), ao se referir a essa época, afirma que ela "detém a outra fatia do poder de agir sobre os corpos. A Educação Física não classifica os corpos com critérios de doença e de saúde, mas dentro da ótica da aptidão e da capacidade para a prática de determinados exercícios".

Era preciso atingir o ideal de um corpo robusto, saudável, que vem atravessando e estigmatizando a história da Educação Física, que, nessa visão, prende-se à aptidão física podendo ser manipulado e dominado.

> Assim, a Educação Física age sobre o corpo em nome do princípio da utilidade. Ela pensa no uso do corpo. Atualmente, esse uso está quase exclusivamente voltado às práticas esportivas. (Santin, 2000, p. 63)

Agindo sobre o corpo no princípio da utilidade, a Educação Física foi pensada como processo disciplinador capaz de desenvolver e manter processos de obediência. Dessa maneira, acreditava-se que, além da influência da família nos cuidados com o corpo, a Educação Física poderia contribuir com essa "disciplina" fora do ambiente familiar, ou seja, a do controle sobre os corpos que começava na família e poderia ser estendido às aulas de Educação Física, pois esta reforçava padrões higienistas. Soares (2001, p. 34) comenta que:

> Particularmente no âmbito da Instituição Escolar, interessa-nos analisar como um determinado conteúdo – o exercício físico – vai sendo construído a partir de conceitos médicos. Nesse sentido, é importante saber como ele contribuiu para vei-

> cular, entre outras, a ideia da saúde vinculada ao corpo biológico, corpo não-histórico, não-determinado pelas condições sociais que demarcam o espaço que ocupará na produção... corpo de um "bom animal".

O ser humano enquanto corpo, único, integral e histórico não pode ser entendido enquanto um corpo apenas biológico, ou seja, um corpo anatômico que pode ser fragmentado. Freire (2001), em uma de suas obras, deixa claro que a educação precisa ser de corpo inteiro e sugere que, a cada início de ano letivo, o corpo das crianças também seja matriculado às escolas. Santin (2000, p. 64), por sua vez, ressalta que:

> A corporeidade disciplinada é a consequência imediata da compreensão do corpo como parte secundária do ser humano, ou seja, a parte que deve ser sacrificada em função dos ideais verdadeiramente humanos da humanidade, seja em relação aos indivíduos, seja em relação à coletividade. Para que esses ideais superiores pudessem ser realizados, foi estabelecido que os corpos deveriam ser submissos e disciplinados.

As famílias, influenciadas pelas concepções higienistas dos médicos e demais instituições da sociedade, acreditavam que isso era importante na educação escolar, ou seja, os pais começavam o processo de disciplinar os corpos para depois as escolas darem continuidade.

> Foi, portanto, para viabilizar de modo mais eficaz sua "política familiar" e, através dela, desenvolver "ações pedagógicas" na sociedade que os higienistas se valeram também da chamada Ginástica. (Soares, 2001, p. 72)

Portanto, no que diz respeito às aulas de Educação Física, isso não era diferente. A ordem médica baseada nas concepções higienistas impunha, de forma moralizadora e normativa, um modo de ser na sociedade. Assim, mudava hábitos de higiene, costumes, crenças e valores. A Educação Física era instituída na família como a cura de todos os males, sendo concebida como uma educação moralizadora, intelectual e sexual (Soares, 2001).

Porém, a forma como a Educação Física era vivenciada diferia para homens e mulheres. A princípio, as mulheres eram proibidas de realizar as aulas. Sob a influência do militarismo, era inconcebível essa prática para mulheres, consideradas inferiores biologicamente, deturpando-as com um imaginário de "fragilidade". Castellani Filho (2003, p. 46-7) comenta como isso aconteceu dentro dos colégios:

> Podemos afirmar, portanto, terem sido também influenciados pela ação entabulada pelos higienistas, pautada em conotações de cunho nitidamente eugênicas, que os educadores passaram a defender a introdução da Ginástica nos colégios. Tais esforços, porém, não ocorreram sem suscitar resistências próprias ao pensamento dominante da época, que não viam com bons olhos o levar para dentro dos colégios – que assistia a filhos da elite – a prática de atividades físicas, situando-as ao lado daquelas por eles valorizadas, de índole intelectual. Tal contrariedade, se era diminuta em relação aos alunos de sexo masculino, por já terem os pais acostumados à ideia da Ginástica para os homens em razão dos exemplos oriundos das instituições militares, se fazia histérica quando a intenção de sua prática se estendia ao sexo feminino.

Podemos perceber que a Educação Física chega aos colégios enquanto Ginástica e é negada às mulheres. As meninas eram proibidas de realizar essas aulas. A grande justificativa é que as mulheres não possuíam habilidades para essas práticas. São frágeis, dóceis, meigas, não podendo se expor à tamanha "brutalidade". Essa "repugnância" viria da própria família pretendendo não retirar da mulher as suas indispensáveis "qualificações". Soares (2001, p. 28) fala da "necessidade de criar em torno da mulher tarefas que ideologicamente só poderiam ser por elas executadas". Essa autora complementa que "é dentro de um quadro de ameaça à produção que a 'educação' da mulher torna-se fundamental para a manutenção da ordem" (2001, p. 28).

Gênero, corporeidade e a Educação Física escolar

Apesar de muitas resistências, a ideia de inserir a Educação Física nos colégios persistiu. Rui Barbosa instituiu um parecer enaltecendo sua importância na grade curricular. Marinho (1980, p. 163) descreve a situação dizendo como se concluiu o parecer:

> 1º – Instituição de uma seção especial de Ginástica em cada escola normal. 2º – Extensão obrigatória da Ginástica a ambos os sexos na formação do professorado e nas escolas primárias de todos os graus, tendo em vista, em relação à mulher, a harmonia das formas femininas e as exigências da maternidade futura. 3º – Inserção da Ginástica em programas escolares como matéria de estudo, em horas distintas das do recreio, e depois das aulas. 4º – Equiparação em categoria e autoridade dos professores de Ginástica aos de todas as outras disciplinas.

Rui Barbosa seguiu persistente em defender a Educação Física nas escolas. Influenciada pelo pensamento platônico e pelo cartesiano, a Educação Física chegou às escolas dicotomizando o ser humano e atraindo resistências por parte da Igreja, que, parceira da concepção platônica, priorizava a alma em detrimento do corpo (Castellani Filho, 2003). A Educação Física foi introduzida na escola focando o *ser* biológico, com base, ainda, nas influências médico-higienistas:

> O exercício físico era, objetivamente, mais um valioso canal para a medicalização da sociedade. Era necessário adequá-lo, discriminá-lo por idade e sexo, atendendo, assim, exclusivamente ao reconhecimento da existência das diferenças biológicas das crianças.

> Quem detinha o conhecimento sobre essas diferentes capacidades biológicas das crianças senão os médicos? Ora, se eram os médicos que detinham aquele saber, somente eles poderiam prescrever mais este remédio: o exercício físico, com todas as suas particularidades e para todos os corpos particulares. (Soares, 2001, p. 81)

Nesse sentido, Darido e Sanches Neto (2005, p. 3) comentam que "os objetivos da Educação Física na escola eram vinculados à formação de uma geração capaz de suportar o combate, a luta, para atuar na guerra; por isso, era importante selecionar indivíduos 'perfeitos' fisicamente e excluir os incapacitados".

Dessa maneira, o que parecia, a princípio, agressivo à mulher, ganha uma nova conotação de proteção a ela. A ordem médica que antes postulava a não participação das mulheres na prática de exercícios físicos começa agora a defendê-la. Essa determinação que oportuniza para o *ser* mulher os exercícios físicos não visa à sua saúde de forma particular, mas seu esperado compromisso com a maternidade no futuro. A Educação Física a serviço da eugenia das raças teria o papel de deixar as mulheres mais fortes e robustas para, consequentemente, gerarem filhos mais saudáveis para defenderem a pátria ou filhas mais saudáveis para, futuramente, serem mães também fortes e robustas.

Assim sendo, a Educação Física também foi permitida à mulher, entretanto, as diferenças nas práticas acessíveis a homens e mulheres ainda permanecem acentuadas. A participação das mulheres na Educação Física é restrita a algumas atividades que conduzem ao propósito de acentuar sua feminilidade e prepará-la para a maternidade futura, como destaca Carmen Soares (2001, p. 83):

> Entretanto, se de um lado existiam aqueles que a consideravam imoral para as mulheres, de outro, vamos encontrar aqueles que a defendiam por julgá-la necessária. Estes afirmavam que o corpo feminino devia ser fortalecido pela "ginástica" adequada ao seu sexo e às peculiaridades femininas, pois era a

mulher que geraria os filhos da pátria, o bom soldado e o elegante e civilizado cidadão.

Por conseguinte, reforçava-se a ideia da mulher com capacidades físicas inferiores ao homem dentro de um prisma limitado ao biológico. Dentro da concepção médico-higienista, o corpo era visto fora do contexto social e cultural, determinando atividades que consideravam apropriadas à biofisiologia feminina e masculina. Com as mulheres, a ideologia do cuidado era redobrado, mantendo o estereótipo de "fragilidade" e saúde da mulher.

> Centradas em explicações biológicas, (...) especificamente, na fragilidade dos órgãos reprodutivos e na necessidade de sua preservação para uma maternidade sadia, tais proibições conferiam diferentes lugares sociais para mulheres e homens. (Goellner, 2003, p. 31)

Foram criados então alguns decretos (Decreto-lei nº 3.199, de 14 de abril de 1941), deliberações (Deliberação nº 7/65, CND) e projetos (Projeto nº 224, 1882) e leis (Lei 6.503, de 13 de dezembro de 1977), os quais normatizavam a participação da mulher na prática de exercícios físicos. Esses documentos contemplavam a participação das mulheres com exercícios compatíveis à sua natureza, passando pela liberação de determinados desportos a serem praticados (proibindo as lutas, futebol, polo aquático, polo, *rugby*, halterofilismo e beisebol). Além disso, Romero (1990, p. 28) ressalta que:

> Cumpre ainda comentar que o Parecer 540/77, ainda vigente, dispondo sobre a Educação Física em todos os graus e ramos de ensino, em seu artigo 1º (letra f) torna facultativa a prática de Educação Física à aluna que tenha prole. Ora, facultando à mulher o direito de não participar da Educação Física, a legislação dá a entender que a libera para que lhe sobre tempo de se dedicar à prole, como se a educação da prole fosse de responsabilidade unicamente feminina.

Percebemos a predeterminação de gênero nas atividades. O sexo feminino, desde longa data, é privado de alguns momentos dentro de um discurso de cuidados com sua saúde. O ser mulher é, então, "limitado" em determinadas vivências por autoconvencimento e imposição de incapacidade. Essa forma de proteção é uma atitude sutil de disciplinar e controlar o corpo das mulheres; desse modo, "os programas de Ginástica de cada sexo eram diferentes: para o masculino estavam destinados os movimentos militares, esgrima e lutas e, para o feminino, movimentos de flexão, extensão e jogos" (Sousa, 1994, p. 41).

As aulas, a princípio, eram separadas por sexo, com professores e professoras (de acordo com o sexo da criança, ou seja, professoras para as meninas e professores para os meninos), não só nas aulas de Ginástica, como também nas de outras disciplinas, como as de trabalhos manuais. Enquanto homens faziam modelagens em cerâmicas, as mulheres aprendiam corte e costura e trabalhos domésticos (Sousa, 1994). O receio em inserir a mulher nas práticas de exercícios físicos não ficava centrado apenas aos cuidados com a saúde e a maternidade futura. Havia também a preocupação com as formas corporais femininas.

A Educação Física baseada no pensamento higienista e militarista da época acabava por tatuar, nas imagens feminina e masculina, maneiras diferenciadas de vivenciar os exercícios físicos. Alguns vestígios dessas maneiras diferenciadas que ditam o que é apropriado ou não para cada gênero, introjetados na cultura e na corporeidade humana, permanecem na atualidade. A esse respeito, Gonçalves (2001, p. 135) comenta que "nosso objetivo é, sobretudo, assumir um posicionamento crítico ante as práticas que, como resultado desse processo, ainda persistem e, até podemos dizer, predominam na atuação pedagógica dos profissionais dessa área".

O corpo é construído e reconstruído dentro de uma determinada sociedade. Sendo assim, não podemos afirmar que as capacidades físicas para determinadas práticas pairam exclusivamente no contexto biológico. Essas afirmações podem se dissolver se levarmos em consideração a educação, o estilo de vida, a classe social, a etnia, entre outros fatores sociopolíticos, socioeconômicos e socioculturais. Daolio (1995, p. 100) afirma que "nem todas as meninas são inábeis, nem todos os meninos são hábeis. Existe uma enorme gradação entre o mais hábil e o menos hábil, tanto para meninas quanto para os meninos".

Só que a influência cultural no corpo move a corporeidade. Desde muito cedo aprendemos e apreendemos o que poderíamos ou não fazer, do que poderíamos ou não brincar, vestir, falar, desejar ou como comportar-se. Somos um corpo muitas vezes preestabelecido por uma sociedade androcêntrica que determinou nosso modo de ser e estar no mundo. Daolio (1995, p. 101) também comenta que:

> as diferenças motoras entre meninos e meninas são, em grande parte, construídas culturalmente e, portanto, não são naturais, no sentido de serem determinadas biologicamente, e, consequentemente, irreversíveis. (...) Em vez de desconsiderar o tema, os professores deveriam proporcionar oportunidades a todos os alunos de praticar atividades físicas de acordo com seus interesses e compreendemos seu significado. Parece que as aulas têm feito isso somente em relação aos meninos, relegando às meninas o papel de "antas".

A Educação Física escolar, muitas vezes, reforça estereótipos de gênero em suas aulas, propondo atividades diferenciadas para meninos e meninas. A corporeidade culturalizada em matrizes de gênero normativas pode e deve ser revista na escola (ou em qualquer outra esfera da vida) tanto quanto os conteúdos da Educação Física escolar (jogos, lutas, esportes, ginástica, dança) são direcionados e vivenciados por meninos e meninas de formas desiguais, ou seja, lutas e esportes são destinados aos meninos e a ginástica e a dança, às meninas; quanto aos jogos, concebem-se, muitas vezes, os de cooperação como os mais adequados às meninas e os de competição, aos meninos.

Ao não vivenciar algumas atividades, tanto meninos quanto meninas sentem vergonha e, às vezes, incapazes de realizar determinados movimentos. Porém, desse modo, percebemos que a questão não é apenas experenciar o movimento, mas realizá-lo com perfeição, ou, então, o medo e o receio de ser motivo de chacota de outros colegas de turma e, até mesmo, dos pais. Acerca dessas questões, Louro (1997, p. 79) observa que:

> A separação de meninos e meninas é, então, muitas vezes estimulada pelas atividades escolares, que dividem grupos de estudo ou propõem competições. Ela também é provocada, por exemplo, nas brincadeiras que ridicularizam um garoto, chamando-o de "menininha", ou nas perseguições em bandos de meninas por bandos de garotos. Porém, também se constrói na escola uma série de situações que representariam um "cruzamento de fronteiras", ou seja, situações em que as fronteiras ou limites entre os gêneros são atravessados.

Quase sempre as meninas são matriculadas em escolas de balé e Ginástica e os meninos, nas de futebol e lutas, sendo difícil ocorrer o inverso. Não raras vezes, causa certo espanto se um menino pedir para dançar balé ou uma menina, para jogar futebol. Novamente, impera a questão do temor da família em relação à escolha das atividades para seus filhos e a possível relação com a opção sexual da criança. O controle do corpo de meninos e meninas começa com a atitude dos pais ao determinarem as atividades que devem fazer, para não serem tachados de diferentes e, portanto, desviados do "padrão heterossexual" e das matrizes de gênero normativas da cultura.

Dentro da escola isso não é diferente. As opções de atividades extras (além das aulas de Educação Física), que geralmente são oferecidas por escolas particulares, são diferenciadas pelo sexo da criança. Podemos perceber que "as práticas sociais são introjetadas pelos indivíduos que aprendem a dar as respostas esperadas aos estímulos que recebem do mundo e da sociedade" (Siebert, 1995, p. 19).

Incorporam-se e transmitem-se valores esperando comportamentos específicos para homens e mulheres, conforme Daolio (1995, p. 103):

é possível perceber a força da tradição de um determinado valor ou costume cultural. Para uma menina, assumir determinados comportamentos historicamente vistos como masculinos, como ser mais agressiva ou jogar futebol, implica ir contra uma tradição. Implica ser chamada de "machona" pelos meninos ou ser repreendida pelos pais. Da mesma forma, para um menino, assumir uma postura delicada, mais afetiva, e brincar de maneira mais contida implica ser chamado de "bicha" ou "efeminado". Tanto para o menino como para a menina que contrariam a expectativa que deles se têm, há o peso de uma sociedade que os marginaliza. São tidos como rebeldes. Não restam dúvidas de que é mais cômodo cumprir os ditames sociais e, assim, ser valorizado como uma pessoa bem-sucedida.

Desse modo, muitos pais preferem que seus filhos deixem de ampliar seu repertório motor a ter que se sujeitar aos comportamentos "não tradicionais". Dessa maneira, os corpos das crianças em aulas de Educação Física escolar continuam a ser objetos de manipulação. As crianças não vivenciam o que querem, mas o que acham que é bom e certo para elas. Saraiva (1999) diz ser urgente uma reflexão sobre as diferenças biopsicossociais usadas como justificativa para discriminações e preconceitos entre meninos e meninas. Isso deve ser feito em família, na escola e nas aulas de Educação Física, procurando identificar se essas diferenças "são teoricamente válidas particularmente quando se pretende a construção de uma nova concepção de educação e, mesmo, de uma nova ordem social" (p. 27).

Ao não considerar ambos os sexos em sua alteridade, a Educação Física entra em um processo de exclusão, preconceitos e desigualdades. Sendo assim, podemos estar estereotipando os indivíduos e todos os conteúdos da Educação Física quando nos referimos a determinadas atividades como sendo "exclusivamente masculinas" ou "exclusivamente femininas". Os estereótipos sexuais estão fortemente arraigados ao cotidiano das pessoas, e os "papéis masculinos e femininos" são transferidos à Educação Física.

Frente a isso, podemos então comentar sobre a resistência de se fazer aulas coeducativas em Educação Física. Essas aulas podem ter uma conotação diferente das aulas mistas. Muitas aulas podem ser mistas (meninos e meninas), porém as atividades são diferentes para ambos os sexos. A aula coeducativa, segundo Costa e Silva (2002, p. 48):

> considera a igualdade de oportunidades entre os gêneros, porém, é importante destacar que a escola mista não possui o mesmo significado da escola co-educativa. Nesse sentido, para esclarecer os caminhos da co-educação em Educação Física, convém analisar que esta disciplina não aborda a igualdade entre os sexos, mas a equidade, tendo como objetivo criar um clima tal que permita o desenvolvimento integral: afetivo, social, intelectual, motor, psicológico, sem o prejuízo em relação ao gênero, ou seja, uma escola para a formação dos sexos feminino e masculino que valorize as diferentes contribuições e habilidades independentes do sexo.

Já discutimos que matrizes de gênero estão introjetadas em nossa corporeidade, como, também, a incorporação e sentido que damos a essas formas diferentes de perceber os seres humanos em nossa sociedade como homens e mulheres. Essa diferenciação que citamos não diz respeito a diferenças físicas, biológicas, anatômicas e fisiológicas, mas à forma diferenciada de se olhar, sentir, pensar, oportunizar, aceitar esses corpos. Os seres humanos – homens e mulheres –, apesar de serem similares quanto ao "corpo físico", são diferentes em seu "corpo vivido", pois a cultura muitas vezes "molda" a corporeidade enquanto possibilidades de ser.

Nesse raciocínio, percebemos como as influências higienistas e militaristas se arraigaram na Educação Física escolar, influências essas que podem permear muitas escolas (mesmo na atualidade), considerando todo o contexto da história da Educação Física, além de nossa sociedade, familiares, professores e nossas crianças. Vianna e Unbehaum (2004, p. 79) destacam que:

> Nas escolas, as relações de gênero também ganham pouca relevância entre educadores e educadoras, assim como no conteúdo dos cursos de formação docente. Ainda temos os olhos pouco treinados para ver as dimensões de gênero no dia a dia escolar, talvez pela dificuldade de trazer para o centro das reflexões não apenas as desigualdades entre os sexos, mas também os significados de gênero subjacentes a essas desigualdades e pouco contemplados pelas políticas públicas que ordenam o sistema educacional.

Portanto, vale ressaltar a importância de se voltar para as questões de gênero no âmbito escolar. Alguns documentos que balizam a Educação Básica no Brasil já trazem avanços sobre essas questões, pois as relações diferenciadas entre meninos e meninas são questionadas nos Parâmetros Curriculares Nacionais (PCNs). Nesse documento, voltado para o Ensino Fundamental no tópico referente a Orientações Didáticas, encontramos a menção da diferenciação entre meninos e meninas. O documento em referência propõe que:

> Particularmente no que diz respeito às diferenças entre as competências de meninos e meninas, deve-se ter cuidado especial. Muitas dessas diferenças são determinadas social e culturalmente e decorrem, para além das vivências anteriores de cada aluno, de preconceitos e comportamentos estereotipados. As habilidades com bola, por exemplo, um dos objetos centrais da cultura lúdica, se estabelecem com a possibilidade de prática e experiência com esse material. Socialmente, essa prática é mais proporcionada aos meninos que, portanto, desenvolvem-se mais do que meninas e, assim, brincar com bolas se transforma em "brincadeira de menino". (Brasil, 1997, p. 83-4)

Os Parâmetros Curriculares Nacionais que servem de suporte para as propostas didático-pedagógicas na escola salientam a importância da inclusão no processo de ensino-aprendizagem e também citam, nos temas transversais, a importância de considerar, no currículo, a ética, a saúde, a orientação sexual, a pluralidade cultural, até mesmo as questões de gênero dentro de nossa cultura. (Sousa e Altmann, 1999). É importante ressaltar a análise de Vianna e Unbehaum (2004, p. 96), ao destacar que os Parâmetros Curriculares Nacionais:

> realçam as relações de gênero, reconhecendo-as como referências fundamentais para a constituição da identidade de crianças e jovens. Coerentes com os fundamentos e princípios da Constituição Federal, os PCNs trazem como eixo central da educação escolar o exercício da cidadania e apresentam como maior inovação a inclusão de temas que visam resgatar a dignidade da pessoa humana, a igualdade de direitos, a participação ativa na sociedade e a co-responsabilidade pela vida social. O documento adota como eixo norteador o desenvolvimento de capacidades de alunas e alunos, processo este em que os conteúdos curriculares devem atuar como meios para aquisição e desenvolvimento dessas capacidades, e não como fins em si mesmos. Não se trata de negar a importância do acesso ao conhecimento socialmente acumulado pela humanidade, mas de incluir na pauta educacional temas relacionados diretamente ao exercício da cidadania.

Para essa modificação na Educação Física escolar, é fundamental começar a pensar e discutir a atuação do profissional da área, considerando-o também inserido na sociedade e, consequentemente, reprodutor ou construtor de mesmos ou novos valores. Disso se depreende a importância da conscientização desses profissionais em seu processo de formação, oportunizando novos olhares para os corpos, transcendendo para a corporeidade e pensando a motricidade do ser homem e do ser mulher de modo complexo. Professores de Educação Física sentem "dificuldade em se libertar de determinados preconceitos e começar a propor uma prática que propicie as mesmas oportunidades a todos os alunos, meninos e meninas, respeitando as diferenças e os interesses de cada um" (Daólio, 1995, p. 105).

Considerações finais

Compreender a corporeidade à luz da análise de gênero nos faz desmistificar uma série de estereótipos que influenciaram a história da Educação Física quanto às atividades motoras para homens e mulheres. Dessa maneira, podemos compreender como a vivência da Educação Física aconteceu e, em alguns casos, ainda acontecem para o corpo feminino e o corpo masculino.

Os estudos de gênero apresentam-se como elemento teórico importante para podermos começar a entender o significado de *ser* homem e *ser* mulher em nossa sociedade, não se limitando ao fator biológico e fisiológico da diferença anatômica dos sexos, mas por todo um modo singular de *ser-estar* de cada pessoa no mundo, revelando a possibilidade de uma diversidade na construção das identidades de gênero que se constroem nas relações socioculturais.

Essas concepções distintas e desiguais de *ser* homem e *ser* mulher estão arraigadas em nossa sociedade e cultura e se difundem em comportamentos, atitudes, valores e linguagem, reforçando estereótipos rígidos que se fixam em matrizes de gênero, estabelecendo o que é "próprio" e "aceitável" para cada sexo, disseminando e consolidando a discriminação e o preconceito. Desse modo, é importante ressaltar que os profissionais de Educação Física, dentro ou fora da escola, precisam estar atentos para possíveis práticas "sexistas", de modo que não se fortaleçam desigualdades entre homens e mulheres, pois as dimensões de gênero, se consideradas como construções históricas e sociais e não mera determinação biofisiológica, são passíveis de transformações, como se pode observar na sociedade atual.

Portanto, acreditamos ser função principal das aulas de Educação Física escolar a viabilização de um espaço que propicie uma amplitude de movimentos capazes de desenvolver meninos e meninas em seus aspectos motores, afetivos, emocionais, sociais, culturais e cognitivos, oportunizando uma variabilidade de opções em conteúdos e metodologias que propiciem a inclusão e a diversidade, respeitando a individualidade e os interesses dos alunos.

> É preciso experimentar, sentir, pensar o movimento dos corpos nesse cenário novo e desafiador. Tratar de corporeidade em movimento implica pensá-la no contexto maior de sua inserção no ecossistema. Diante da pintura da realidade, ainda não temos respostas. Essas respostas não se formulam humana e individualmente, mas têm um surgimento plural. Ao invés de repostas, seria importante seguirmos com as perguntas, agregando a elas o silêncio de nossa racionalidade estruturadora dos saberes. (Sampaio, 2001, p. 3)

É preciso um espaço que contemple o corpo em movimento em sua complexidade e que nos faça pensar na motricidade humana e na corporeidade neste marco de muitas desinstalações de verdades para dar lugar às construções de novos aportes epistemológicos (Sampaio, 2001, p. 3), e que esse espaço de desconstrução não se limite aos muros das escolas, que transite e invada também todas as instituições que tratam com a corporeidade em movimento, e que essa nova forma de ver, pensar, sentir o ser homem e o ser mulher possa dar novo significado à história da Educação Física como também à cultura esportiva, na qual os esportes possam ser um fenômeno social que transcenda preconceitos e discriminações de gênero, classe e etnia.

Referências

BRASIL. Secretaria da Educação Fundamental. *Parâmetros Curriculares Nacionais*: Educação Física. Brasília: MEC/SEF, 1997.

CARVALHO, M. E. P. O que essa história tem a ver com as relações de gênero? Problematizando o gênero no currículo e na formação docente. In: CARVALHO, M. E. P.; PEREIRA, M. Z. C. (Org.). *Gênero e educação*: múltiplas faces. João Pessoa: Universitária, 2003.

CASTELLANI FILHO, L. *Educação Física no Brasil*: a história que não se conta. 8. ed. Campinas: Papirus, 2003.

COSTA, M. R. F.; SILVA, R. G. A Educação Física e a co-educação: igualdade ou diferença? In: *Revista Brasileira de Ciências do Esporte (RBCE)*, Campinas, v. 23, n. 2, p. 43-54, jan. 2002.

DAOLIO, J. A construção cultural do corpo feminino ou o risco de transformar meninas em antas. In: ROMERO, E. (Org.). *Corpo, mulher e sociedade*. Campinas: Papirus, 1995.

DARIDO, S. C.; SANCHES NETO, L. O contexto da Educação Física na escola. In: DARIDO, S. C.; RANGEL, I. C. A. (Coord.). *Educação Física na escola*: implicações para a prática pedagógica. Rio de Janeiro: Guanabara Koogan, 2005.

FREIRE, J. B. *Educação de corpo inteiro*: teoria e prática da educação física. 4. ed. São Paulo: Scipione, 2001.

FREIRE, J. B.; SCAGLIA, A. J. *Educação como prática corporal*. São Paulo: Scipione, 2003.

GEBARA, I. *Rompendo o silêncio*: uma fenomenologia feminista do mal. Trad. de Lúcia Mathilde Endlich Orth. 2. ed. Petrópolis: Vozes, 2000.

GOELLNER, S. V. A produção cultural do corpo. In: GOELLNER, S. V.; LOURO, G. L.; NECKEL, J. F. (Org.). *Corpo, sexualidade e educação*: um debate contemporâneo na educação. Petrópolis: Vozes, 2003.

GONÇALVES, M. A. S. *Sentir, penar e agir*: corporeidade e educação. Campinas: Papirus, 2001.

LOURO, G. L. *Gênero, sexualidade e educação*: uma perspectiva pós-estruturalista. Petrópolis: Vozes, 1997.

MARINHO, I. P. *História geral da Educação Física*. 2. ed. São Paulo: Companhia Brasil, 1980.

MOREIRA, W. W. Perspectivas da educação motora na escola. In: DE MARCDO, A. (Org.). *Pensando a educação motora*. 2. ed. Campinas: Papirus, 2001.

ROMERO, E. *Estereótipos masculinos e femininos em professores de Educação Física*. Tese (Doutorado). Instituto de Psicologia, SP, 1990.

SAFFIOTI, H. I. B., Rearticulando gênero e classe social. In: COSTA, A. O.; BRUSCHINI, C. (Org.). *Uma questão de gênero*. Rio de Janeiro: Rosa dos Tempos, 1992.

SAMPAIO, T. M. V. Corporeidade: um desafio teórico multidisciplinar. In: *Anais...* Muzambinho [divulgação em CD-ROM], 2001.

_____. Avançar sobre possibilidades: horizontes de uma reflexão ecoepistêmica para redimensionar o debate sobre os esportes. In: MOREIRA, W. W.; SIMÕES, R. M. R. (Org.). *Esporte como fator de qualidade de vida*. Piracicaba: Unimep, 2002.

_____. Corpo ativo e religião. In: MOREIRA, W. W. (Org.). *Século XXI*: a era do corpo ativo. Campinas: Papirus, 2006.

SANTIN, S. Perspectivas na visão da corporeidade. In: MOREIRA, W. W. (Org.). *Educação Física e Esportes*: perspectivas para o século XXI. 5. ed. Campinas: Papirus, 2000.

SARAIVA, M. C. *Co-educação física e esportes*: quando a diferença é mito. Ijuí: Unijuí, 1999.

SCOTT, J. *Gênero*: uma categoria útil para análise histórica. Recife: 1991.

SIEBERT, R. S. S. As relações de saber-poder sobre o corpo. In: ROMERO, E. (Org.). *Corpo, mulher e sociedade*. Campinas: Papirus, 1995.

SOARES, C. L. *Educação Física*: raízes europeias e Brasil. 2. ed. Campinas: Autores Associados, 2001.

SOUSA, E. S. *Meninos, à marcha! Meninas, à sombra! A história do ensino da Educação Física em Belo Horizonte (1897-1994)*. Tese (Doutorado). Unicamp: Faculdade de Educação Física, 1994.

SOUSA, E. S.; ALTMANN, H. Meninos e meninas: expectativas corporais e implicações na educação física escolar. *Caderno Cedes*, ano 19, n. 48, ago. 1999.

VIANNA, C. P.; UNBEHAUM, S. O gênero nas políticas públicas de educação no Brasil: 1998-2002. *Cadernos de Pesquisa*, v. 34, n. 121, p. 77-104, jan./abr. 2004.

13 As habilidades criativas como fundamentos da Ginástica Rítmica
Uma proposta para seu aprendizado e desenvolvimento

Aurora Martínez Vidal
Pino Díaz Pereira

A Ginástica Rítmica possui diferentes classificações esportivas dentro da categoria de esportes artísticos e estéticos, também denominados compositivos (Best, 1980; Sumanick e Stoll, 1989; Arnold, 1991). Ao contrário de outras modalidades esportivas, a expressão, a estética e a criatividade, por meio dos movimentos, são aspectos intrínsecos a seu propósito, condicionando o rendimento das ginastas durante a competição. Assim, o Código de Pontuação (FIG, 2001), elaborado pelo Comitê Técnico da Federação de Ginástica, contempla, entre os critérios que os juízes devem considerar para avaliar os exercícios, diferentes fatores relacionados à qualidade criativa e compositiva das coreografias gímnicas. Entre outros aspectos, o exercício gimnástico é valorizado por aspectos compositivos de sua forma, tais como a unidade coreográfica, a variedade das ações ou a originalidade de seus movimentos.

N.E. Capítulo originalmente escrito em língua espanhola e traduzido por Renata Sangeon.

Além do regulamento técnico, diversos peritos nesse quesito insistem na importância de desenvolver as habilidades criativas como parte do processo de formação de técnicos e esportistas. Martínez (1997), em sua tese de doutorado, descobre o grande paralelismo entre produções artísticas mais tradicionais e os exercícios de Ginástica Rítmica, concluindo que os processos que acontecem durante a prática deste esporte podem ser considerados artísticos por três motivos: por ser uma atividade criativa, expressiva e fonte de experiências estéticas. Essa autora define a Ginástica Rítmica como:

> uma atividade que gira em torno da criação e contemplação dos exercícios ginásticos, que funcionan como objetos artístico e estético, artístico por ser centro de composição, ordenação, estrutura e codificação elaborada por técnicos e ginastas durante o processo criativo; e estético ao ser apreendido e reconstruído pelo objeto artístico no subprocesso perceptivo por parte dos espectadores e juízes, estes como peritos, avaliadores e críticos. (Martínez, 1997, p. 101)

Nessa mesma linha de raciocínio, Le Camus (1992) enfatiza a criatividade como aspecto definitivo da Ginástica Rítmica, oriunda a partir da variedade na manipulação dos aparelhos e as diversas possibilidades criativas; mesmo assim, Helving (1992) ressalta a produção de formas, com o corpo, os aparelhos, os parceiros, a música e o espaço, como essência deste esporte.

Entretanto, apesar do reconhecimento unânime das habilidades criativas como fundamentos deste deporte, as literaturas científica e técnica oferecem recursos e documentos escassos sobre essa temática. Díaz e Martínez (2002), em uma revisão com base em dados da *Sport Discus* (período entre 1960 e 2001), analisam a atenção dedicada aos aspectos artísticos e criativos neste esporte. Os descritores utilizados *rhythmic gymnast* resultaram em um total de 401 documentos, dos quais apenas 5,2% se concentraram no estudo dessas habilidades.

Neste capítulo, propomos dois objetivos fundamentais: identificar e definir quais habilidades criativas condicionam o rendimento na Ginástica Rítmica e propor diferentes estratégias metodológicas de interesse para a formação de futuros técnicos.

O que entendemos por criatividade no contexto ginástico?

Antes de definirmos o que é a criatividade ginástica, trataremos sobre o mais amplo, o de criatividade motriz. Se em algo parecem concordar os diferentes autores que se propuseram ao estudo desse conceito é a dificuldade de encontrar uma definição geral e convencionada. Uma das razões que parece explicar esse desacordo é a natureza complexa desta manifestação humana, que apresenta diversas facetas ou dimensões, desde as que podem ser estudadas, como a criatividade, processo que permite a resolução criativa de um problema, até os produtos criativos.

Partindo, então, desta diversidade de enfoques, os estudos mais recentes sobre esse tema têm mudado uma pergunta de difícil resposta (*o que é criatividade?*), por outras menos abstratas e mais operativas, como (*onde está a criatividade? e quais indicadores possibilitam identificar pessoas ou produtos criativos?*).

Guilford (1981) e Torrance et al. (1989), investigadores pioneiros no estudo da medida da inteligência e da criatividade humana, criaram diferentes provas para avaliar a capacidade nas quais se incluíram alguns indicadores relacionados à criatividade na ação e no movimento. A partir desses primeiros instrumentos, surgiu, na segunda metade do século XX, uma série de testes que pretendiam, especificamente, avaliar a criatividade motriz. Martínez e Díaz (2001) fizeram uma revisão desses testes (ver Wyrick, 1967; Doddos, 1973; Sherrill, 1979; Torrance, 1981; Brennan, 1982; Bertsch, 1983; Cleland e Gallahue, 1993) visando isolar os indicadores utilizados mais frequentemente para avaliar esta capacidade. No Quadro 13.1, pode-se observar uma relação entre eles.

Quadro 13.1 – Indicadores utilizados mais frequentemente na avaliação da criatividade motriz no contexto da atividade física e da dança

Indicador	Definição
Sensibilidade perceptiva	Capacidade de detectar erros, problemas, aspectos inacabados, desequilíbrios, atendendo aos diferentes aspectos presentes em uma situação motriz (posições, movimentos, ritmo, lugar no espaço, atitudes coletivas, formas coreográficas etc.).
Fluência	Capacidade de produzir múltiplas respostas motoras em determinado tempo.
Flexibilidade	Capacidade de variar as categorias de movimento utilizando recursos corporais, espaciais e temporais.
Originalidade	Capacidade de deixar de lado respostas prontas e buscar padrões motores fora dos cânones estabelecidos.
Elaboração	Capacidade de elaborar, a partir de um movimento simples, respostas motoras ricas em matizes, detalhadas, completas e adornadas.
Transformação	Capacidade de transformar ou variar um movimento para dar lugar a outro diferente.
Redefinição	Capacidade para encontrar usos, funções e aplicações diferentes das habituais; definir as coisas de outra forma ou fazer que sirvam para algo distinto, variando sua função.
Combinação	Capacidade para combinar padrões de movimento isolados, uma sequência única de movimentos.
Expressividade	Capacidade de comunicar emoções ou mensagem de diferentes naturezas por meio da linguagem corporal.

Embora todos os indicadores revisados pareçam ter certa relação com o contexto desportivo que nos ocupa, quais deles podemos considerar especialmente interessantes para resolver os problemas criativos que surgem na prática de Ginástica Rítmica? Para responder a esta questão, tomaremos como base o Código de Pontuação (FIG, 2001) desta modalidade, com o propósito de identificar quais critérios de avaliação utilizados pelos juízes poder estar relacionados aos indicadores de criatividade motriz mencionados anteriormente.

```
                    ┌─────────────────────────┐
                    │ Pontuação máxima - 10 pontos │
                    └─────────────────────────┘
                        ↙              ↘
              ┌──────────┐         ┌──────────┐
              │  Música  │         │ Coreografia │
              │ 2 pontos │         │  8 pontos │
              └──────────┘         └──────────┘
                              ↙              ↘
                ┌──────────────────┐   ┌──────────────────────────────┐
                │ Composição de base │   │ Características artísticas particulares │
                │     2 pontos       │   │          6 pontos              │
                └──────────────────┘   └──────────────────────────────┘
```

Variedade Movimentos corporais | Variedade Movimentos tecnicos Aparelhos | Variedade Ocupação no espaço | Unidade coreográfica | Trabalho Dcha-Izda | Uso específico dos aparelhos | Maestria | Originalidade

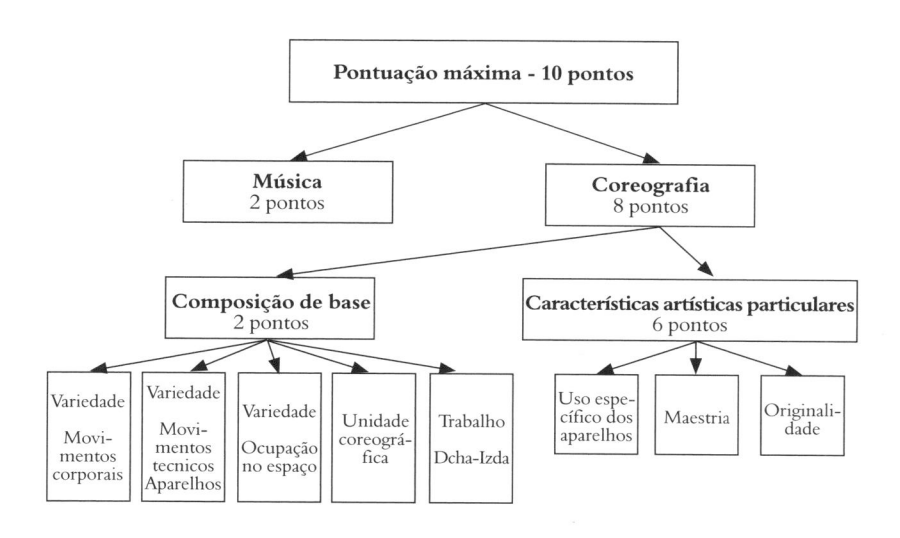

FIGURA 13.1 – Componentes e indicadores do valor artístico na Ginástica Rítmica (FIG, 2001-2003).

Na Figura 13.1, mostra-se uma representação gráfica de alguns dos critérios fundamentais que os juízes de valor artístico levam em consideração para julgar. Três deles parecem mostrar relação direta com diferentes indicadores de criatividade: a variedade dos movimentos da ginasta; a unidade coreográfica e a novidade dos movimentos.

Conforme se pode observar, a *variedade* tem importante peso na valorização do exercício. Segundo Bobo (2002), a variedade coreográfica é um parâmetro indispensável em todo exercício para evitar a monotonia de conteúdo e a repetição. Por sua vez, a diversidade de movimentos (corporais ou com aparelhos) e formas especiais enriquecem a composição, tanto coreográfica como expresivamente. Isso permite diferenciar exercícios que são simples repetições de movimentos estereotipados de outros que apresentam diversidade e qualidade criativa. Esse critério pode se identicar, inequivocamente, com o indicador de criatividade denominado *flexibilidade*, que definimos, anteriormente, como "a capacidade para variar as categorias de movimento por meio de recursos corporais, espaciais e temporais".

Quanto à *unidade coreográfica*, o código estabelece o seguinte: o exercício ginástico deve ter caráter unitário e não ser a junção mecânica de movimentos ginásticos isolados. Quanto a isso, Lisitskaya (1995, p. 62) assinala o seguinte:

> é muito importante compor as combinações de modo que os movimentos, além de sua função técnica independente, estejam entrelaçados entre si de forma lógica. Ao finalizar um elemento, a posição do corpo deve ser posição iniciar para a execução do movimento seguinte.

Este critério de avaliação referido no regulamento pode ser associado ao indicador de criatividade denominado *combinação*, definido anteriormente como "a capacidade de combinar padrões de movimento isolados que compõem uma sequência de movimento único".

Além dos anteriores, o regulamento contempla *a originalidade* como outro critério de qualidade artística. Bobo (2002) afirma que a originalidade coreográfica constitui um indicador do nível de personalização da composição como produto criativo único e bem-sucedido. De acordo com a mesma autora, este conceito se refere a aspectos de conteúdo e à estrutura do exercício ginástico, concretizando-se a partir de quatro subindicadores: movimentos, conexões ou enlaces bem feitos, e música e ideia gerais bem feitas. Este critério apresenta correlação direta com a originalidade, definida como "a capacidade de se afastar de respostas prontas, buscando-se padrões motores fora dos cânones estabelecidos".

A partir desta análise, podemos determinar quais habilidades/indicadores de criatividade resultam do interesse fundamental na Ginástica Rítmica desportiva:

- flexibilidade, ou a capacidade de variar as categorias de movimento;
- combinação, ou a capacidade de combinar movimentos isolados para formar uma sequência única;
- originalidade.

A partir da identificação e da definição de nossos objetivos, abordaremos, a seguir, o estudo dos aspectos metodológicos que permitirão o desenvolvimento dessas capacidades.

Pautas metodológicas para o desenvolvimento das habilidades criativas

A mitologia do "gênio criador" e a concepção psicanalítica do processo criativo como um trabalho inconsciente e de acometimento repentino, sobre o qual é muito difícil intervir, fortaleceu a crença popular de que a criatividade é um talento inato, "um dom divino" que não é possível estimular ou ensinar (Romo, 1997). Entretanto, diferentes estudos (Bertsch, 1983; Jay, 1991; Cleland, 1994) apontaram dados a favor da ideia de que a criatividade pode ser aprimorada por meio de processos de ensino-aprendizagem. Os resultados obtidos confirmam que o desenvolvimento da criatividade motriz não está somente relacionado aos conteúdos, mas, também, às metodologias de ensino que se utilizam com os alunos.

Entre as propostas metodológicas que têm sido mais divulgadas no contexto geral da Educação Física está o *Estilo Divergente ou Variação Sistemática*, de Mosston e Ashworth (1996), cujo objetivo principal é aperfeiçoar a competência dos indivíduos ao utilizar os recursos motores de forma fluída e variada (tanto na quantidade como na qualidade), por meio de situações de ensino nas quais o objetivo é a busca de diferentes soluções para os problemas motores existentes. O procedimento proposto consiste em ensinar o aluno a buscar, sistematicamente, as diferentes possibilidades de variação que são apresentadas por uma habilidade motriz básica, que, em longo prazo, facilitará a produção de formas de movimento mais desprendidas e variadas, favorecendo também, em última instância, a possibilidade de se alcançar produtos novos e originais.

Aplicação do estilo divergente para aprimorar as habilidades de variação e combinação dos movimentos ginásticos

Tomando-se como base a proposta de Mosston e Ashworth (1996), elaboramos uma proposta metodológica que pretende compatibilizar o aprendizado dos modelos técnicos dessa modalidade como o desenvolvimento de habilidades para variar e combinar novas formas de movimento a partir dos padrões técnicos mais básicos. Nosso objetivo não se orienta, unicamente, a que o futuro treinador assimile as bases técnicas dos movimentos ginásticos, mas que, paralelamente, compreenda os elementos sobre os quais repousa sua estrutura (forma de movimento, variáveis especiais e temporais) e, a partir deles, proceda sua variação sistemática visando à criação de novos movimentos.

A sequência metodológica que utilizamos é a seguinte:

- *Fase de assimilação do modelo técnico básico*: apresenta-se por meio da instrução direta da habilidade técnica básica escolhida (salto, lançamento etc.), ressaltando os critérios de qualidade técnica para sua execução correta. Posteriormente, essa habilidade ou modelo técnico funciona por meio do ensino de um para o outro.
- *Fase de busca de variações e transformações*: a partir da assimilação do modelo, o objetivo passa a ser ensinar o ginasta diferentes estratégias para sua variação e transformação. Para isso, são analisados os diferentes fatores de variação que podem ser aplicados a esse modelo técnico e concreto (variantes espaciais, temporais e formais da ação). Posteriormente, o aluno aplica e experimenta, sistematicamente, alguns dos fatores de variação destacados visando buscar novas formas a partir do modelo técnico inicial. Inicialmente, todas as respostas se reforçam, e, a seguir, as mais valiosas são selecionadas para o contexto esportivo. No Quadro 13.2, apresentamos um exemplo de proposta para a variação sistemática da habilidade de lançar uma bola.

Quadro 13.2 – Principais fatores que permitem a variação sistemática de uma habilidade característica da Ginástica Rítmica, como o lançamento da bola

Movimento corporal	Espaço	Tempo	Individual/em grupo

• Estático-dinâmico
• Parte do corpo
  · Uma/duas mãos
  · Pés
  · Braços
  · Pernas
• Tipo de ação corporal
• Deslocamento
• Salto
• Equilíbrio
• Giro
• Flexões/ondas
	• Trajetórias do voo
	  · Vertical
	  · Parabólico
	    (à frente/atrás)
	• Diferentes alturas
	• Diferentes formações espaciais
	  · Linha
	  · Quadrado
	  · Triângulo
	  · Círculo
	  · Semicírculo
	  · T
	  · X
		• Fases de lançamento
		  · Impulso
		  · Voo
		  · Recepção
		• Sincronismo de ações coletivas
		  · Simultâneo
		  · Sucessivo
		  · Canon
			• Um participante
			• Dois participantes
			• Três participantes
			• Quatro participantes
			etc.

- *Fase de combinação*: aqui, o objetivo é aprimorar a habilidade para se combinar os movimentos isolados, formando as sequências unitárias. Lisitskaya (1995) assinala os seguintes princípios metodológicos para desenvolver essa capacidade:

  - As combinações devem incluir movimentos técnicos previamente depreendidos e automatizados de forma isolada.
  - Deve-se partir de um número limitado de movimentos para, progressivamente, incorporar ações diferentes e mais numerosas.
  - Ao final de cada movimento, deve-se voltar à postura inicial do movimento seguinte.
  - Fazer as combinações sempre com acomapanhamento muscular, para que a sequência reproduza a estrutura da música. Deve-se começar com músicas simples e binárias.

- *Fase de criação cooperativa*: após o trabalho individual das sequências anteriores, começa o trabalho coletivo cooperativo, que necessita da utilização dos movimentos criados para elaborar respostas criativas em grupos de diferentes tamanhos. Os grupos poderão ser estabelecidos por níveis de execução ou interesse.

Pautas metodológicas para o ensino do processo de criação do exercício ginástico

A partir da assimilação dos processos de variação e combinação, individual e cooperativamente, estar-se-á em disposição de enfrentar o processo mais ambicioso: a criação e a composição do exercício ginástico.

A literatura técnica na qual se apontam as diretrizes sistemáticas quanto ao processo que se deve seguir para compor um exercício é muito escassa. Inclusive, algumas das autoras mais destacadas (Listiskaya, 1997; Canalda, 1998) refletem sobre a complexidade de estabelecer pautas gerais, uma vez que o processo criativo se encontra muito condicionado por aspectos relacionados à personalidade, à criatividade artística, à experiencia das treinaodras, bem como ao nível técnico das ginastas. Apesar dessas dificuldades, diferentes autoras (Ereño, 1993; Martínez, 1997; Canalda, 1998; Martínez e Díaz, 2003) concordam em assinalar uma série de fases que vão do geral ao particular, ou seja, começam por criar todo o exercício em grandes blocos para, depois, elaborar detalhadamente suas partes separadamente. Concretamente, as fases ou etapas poderiam se estabelecer da seguinte forma.

1ª fase: escolha e estudo da música

A escolha do acompanhamento musical é uma tarefa difícil e de importancia decisiva para a composição. A forma, o conteúdo e a duração da música deve responder às possibilidades técnicas e artísticas das ginastas, que, por sua vez, devem respeitar as exigências normativas estabelecidas no Código de Pontuação:

> A composição musical que deve acompanhar um exercício de Ginástica Rítmica deve apresentar características conforme as necessidades do acompanhamento musical de um exercício ginástico, ou seja, um caráter coerente com o desenvolvimento do exercício e um ritmo bem marcado, claro e eficaz, visando acompanhar o ritmo dos movimentos da ginasta. Desse modo, a música deve conter unidade e não ser uma justaposição de fragmentos musicais sem conexão alguma. (Código de Pontuação, 2001)

Uma vez selecionada a música, procede-se seu estudo, analisando-se os diferentes parâmetros que a formam: forma/estrutura, ritmo, compasso, mensagem melódica etc. "Reconhecer os acentos da passagem musical e utilizá-los adequadamente, saber aproveitar ou respeitar um silêncio, captar o dinamismo e a força da música ou a suavidade ou melodia, são aspectos fundamentais para a montagem" (Canalda, 1998, p. 192).

Após uma análise sistemática desses fatores musicais, alguns treinadores e coreógrafos sugerem a busca de uma possível ideia, uma mensagem, um conto, uma história etc. que seja a base ou a causa do movimento. Trata-se de uma ideia guia que se desprende da música e que será condutora do processo criativo.

2ª Fase: elaborar um esboço do espaço de ação e delinear as formações e trajetórias no tatame

O passo seguinte consiste na realização dos traços de nossa composição, ou seja, o primeiro esboço de nosso exercício. É o que, em termos utilizados pelo balé, se denomina "quadro negro" (Neykov, 1984). Aí se determinam as direções que deve seguir a ginasta e os aparelhos enquanto estão no tatame. Para ocupar ao máximo o espaço de ação, torna-se conveniente evitar a ida e vinda, de modo que todo deslocamento se origine e finalize em pontos distantes do tatame para evitar penalidades por pouca ocupação dele ou pelo fato de o ginasta ter se movimentado pouco. No caso de exercícios coletivos, além da trajetória, devem-se considerar as formações (figuras geométricas que descrevem as ginastas de acordo com a forma de se ocupar o espaço).

Cada formação ou deslocamento no espaço deve se associar a um período musical concreto, sendo conveniente, neste momento, realizar um registro minucioso da quantidade de compassos ou frases musicais associados a cada situação no espaço.

3ª Fase: integração do movimento corporal na estrutura musical e espacial delineada

A partir do aporte técnico de quem executa o movimento, é preciso distribuir os diferentes movimentos e combinações do que dispomos na estrutura espacial e musical previamente delineada. A forma musical exerce grande influência na distribuição dos elementos ao longo da composição. Assim, por exemplo, os momentos mais intensos e potentes se associam às ações de maior dificuldade técnica ou aos elementos mais espetaculares e arriscados (lançamentos, ações de cooperação etc.). Segundo Lisitskaya (1997), os momentos rápidos e decisivos devem conter mais elementos complexos do que as partes mais lentas.

Entretanto, o êxito da composição não se baseia, exclusivamente, nas ações de dificuldade máxima, mas também daqueles denominados elementos ou ações de entrelaçamento. Deve-se ter me mente que a escolha ou a localização no espaço de elementos de entrelaçamento deve ser coerente com a ideia geral do exercício. O uso infundado de movimentos muito fáceis, que enlaçam elementos ou combinações de dificuldade extrema, será considerado uma deficiência compositiva. A novidade e a originalidade dos exercícios podem realizar-se, de acordo com o assinalado no Código de Pontuação, como resultado do uso de elementos e combinações, transições e planos não tão complicados, mas inovadores desde a perspectiva artística.

4ª fase: elaboração detalhada das partes

Uma vez traçada a estrutura global do exercício, procede-se à elaboração das diferentes partes que a compõem. Neste caso, o exercício não deve ser elaborado, obrigatoriamente, em determinada sucessão. Primeiramente, podem-se definir os movimentos culminantes, nos quais se incluem as ações de dificuldade técnica ou expressiva máxima para, em seguida, abordar a definição dos movimentos de transição. Geralmente, o coreógrafo testa algumas variações das que dispõe no aporte técnico de suas ginastas antes de escolher a melhor.

5ª fase: análise geral da coreografia

Uma vez detalhadas as partas, o criador deve mudar seu foco de atenção, passando da análise parcial à observação do exercício como um todo, distanciando-se e revisando a composição de modo único. De acordo com o resultado da observação, a composição será considerada finalizada ou serão necessárias novas reestruturações, parciais ou totais. Terminada a fase compositiva, inicia-se o período de treinamento e automatização do exercício, que não constitui objeto de estudo deste capítulo.

Resumo e recapitulação

Ao longo deste capítulo, discutimos o estudo dos fundamentos criativos da Ginástica Rítmica. Inicialmente, argumentamos quanto ao caráter essencial e definitivo que as habilidades criativas possuem na prática desta modalidade. Para isso, revisamos diferentes fontes (regulamentações e critérios dos peritos), nas quais se manifesta a necessária consideração das habilidades de criação e composição na formação de futuros treinadores.

A partir deste ponto, nossos esforços se orientaram até os seguintes objetivos: definir o que entendemos por criatividade motriz e analisar, por meio do Código de Pontuação, quais habilidades criativas possuem especial importância nos problemas propostos pela prática da Ginástica Rítmica. A capacidade de variação e combinação de movimentos, com o propósito final de compor um exercício ginástico, foi identificada como aspecto criativo mais importante.

Por fim, propomos diferentes pautas metodológicas para o desenvolvimento destas capacidades criativas, atentando, especialmente, à técnica de variação sistemática e às diferentes fases para se desenvolver o processo de composição de um exercício ginástico.

Referências

ALONSO, C. *Qué es la Creatividad*. Madrid: Biblioteca Nueva, 2000.

ARNOLD, P. *Educación Física, movimiento y currículo*. Madrid: Morata, 1991.

BERTSCH, J. *La creativite motrice 1*: son evaluation et son optimisation dans la pedagogie des situations motrices a l'ecole. Paris: Institut National du Sport et de l'Eucation Physique, 1983.

BEST, D. Art and sport. *Journal of Aesthetic Education*, v. 14, n. 2, p. 69-80, 1980.

BOBO, M. *O senso esportivo na Ginástica Rítmica*: uma proposta de avaliação com base em indicadores de rendimento. Tese (Doutorado). Coruña: Universidad de la Coruña, 2002. Não publicado.

BOBO, M.; SIERRA, E. *Ginástica Rítmica desportiva*: treinamento e competição. Santiago: LEA, 1998.

BODO, A. *Ginástica Rítmica desportiva*. Barcelona: Hispano Europea, 1985.

BRENNAN, M. A. Relationship between creative ability in dance and selected creative attributes. *Perceptual and Motor Skills*, v. 55, n. 1, p. 47-56, 1982.

CAGICAL, J. M. Os homens e o esporte. In: *Obras Seletas*. v. 1. Cádiz: Conselho Superior de Esportes/Comitê Olímpico Espanhol, 1986.

CANALDA, A. *Ginástica Rítmica desportiva*: teoria e prática. Barcelona: Editorial Paidotribo, 1998.

CLELAND, F. E.; GALLAHUE, D. L. Young children's divergent movement. *Perceptual and Motor Skills*, v. 77, p. 535-44, 1993.

CLELAND, F. E. Young children's divergent movement ability: study II. *Journal of Teaching in Physical Education*, v. 13, n. 3, p. 228-41, 1994.

DELGADO, M. A. Tipos de ensino na Educação Física. Granada: ICE da Universidade de Granada, 1992.

Diccionario de la Real Academia Española. 21. ed. Madrid: Unigraf, 1992.

DODOS, P. Creativity in movement: models for analysis. *Journal of creative behavior*, 1973.

DORMAN, J. L. *Creativity as a significant concern in sports, dance and physical activity*. Tese (Doutorado). Universidade de Massachusetts, 1968.

FEDERACIÓN INTERNATIONAL DE GIMNASIA. Comitê Técnico de GRD. *Código de puntuación de gimnasia rítmica*. Suíça: FIG, 2001.

FERNÁNDEZ, A. *Ginástica Rítmica desportiva*: aspectos e evolução. Madrid: Esteban Sanz, 1996.

FUENTES, F.; RUIZ, L. M.; VÁZQUEZ, B. Criatividade, educação física e esportes. *Atas do Congresso Mundial Creatividad 1993*, Madrid, 1993.

GRAUPERA, J. L.; RUIZ, L. M. Criatividade e aprendizagem motora na infância. *Revista Espanhola de Educação Física e Esportes*, v. 1, n. 3, p. 26-30, 1994.

GUILFORD, J. P. Higher order structure of intellect abilities. *Multivariate Behavior Research*, v. 16, p. 411-35, 1981.

HELVING, M. M. Et si léleve construisait ses progrés? *Education Physique et Sport*, v. 236, p. 59-62, 1992.

JAY, D. Effect of a dance program and the creativity of preschool handicapped children. *Adapted Physical Activity Quarterly*, v. 8, n. 4, p. 305-16, 1991.

LANGLADE, A.; LANGLADE, N. R. *Teoria geral da Ginástica*. Buenos Aires: Estadium, 1970.

LE CAMUS, C. Du code de pointage a une conception intégrative des processus d'acquisition. *Education Physique et Sport*, v. 234, p. 30-3, 1992.

LISISKAYA, T. Ginástica Rítmica: esporte e entretenimento. Barcelona: Paidotribo, 1995.

MARTÍNEZ, A. A dimensão artística da Ginástica Rítmica desportiva. Tese (Doutorado) – Faculdade de Belas Artes, Espanha, 1997. Não publicada.

MENCHÉN, F. *Descobrir a criatividade*: desaprender para voltar a aprender. Madrid: Pirámide, 1998.

MENDIZABAL, S. *Fundamentos da Ginástica Rítmica*: mitos e realidades. Madrid: Gymnos, 2001.

MOSSTON, M.; ASWORTH, S. *O ensino de educação física*: a mudança dos tipos de ensino. Barcelona: Hispano Europea, 1996.

ROMO, M. *Psicologia da criatividade*. Barcelona: Paidotribo, 1997.

SHERRILL, C. Fostering creativity in handicapped children. *Adapted Physical Activity Quarterly (APAQ)*, v. 3, n. 3, p. 236-49, 1983.

SOPEÑA, A. Esporte e personalidade. *Cátedra universitária de tema esportivo e cultural*, Salamanca: Universidade de Salamanca, 1976.

SUMANICK, I.; STOLL, S. K. A philosophic model to discuss the relationship of sport to art. *Sport Science Review*, v. 12, p. 20-5, 1989.

TORRANCE, E. P. et al. (Ed.) *Handbook of creativity*: perspectives in individual differences. Nova York: Plennum Press, 1989.

WYRICK, W. The development of a test of motor creativity. *The Research Quaterly*, v. 39, n. 3, 1967.

Parte 4

Ginástica para grupos especiais

14 (Re)quebrando e (re)bolando padrões com o idoso

Regina Simões

Gostaria de iniciar a conversa deste capítulo partindo da reflexão sobre os diferentes nomes que definem o processo de envelhecimento, considerando que hoje são várias as nomenclaturas associadas a esta questão, diversificando em função da história e da sociedade.

De certo modo, pode-se dizer que o termo mais conhecido é *terceira idade*, que surgiu com o objetivo de definir o grupo de pessoas que se encontram depois da infância e da fase adulta e, portanto, têm muitos anos de vida. Essa expressão se originou na França, na década de 1960, definindo a idade em que a pessoa se aposenta e se torna improdutiva, pois a infância, mesmo sem produção, tem perspectivas de crescimento, e a fase adulta representa o período de produtividade (Neri e Freire, 2000)

Outras regiões e culturas apontam o termo *quarta idade*, partindo do princípio de que o ser humano segue uma lógica no processo de desenvolvimento. Assim sendo, ele inicialmente é criança, torna-se adolescente, adulto e, finalmente, idoso. Nessa mesma linha de raciocínio, a designação *idade madura* também é utilizada.

Em geral, países da América Latina, como Argentina, Chile e Uruguai, adotam o termo *adulto maior*, realçando a ideia dos adultos mais velhos ou com idade mais avançada. Como a expectativa de vida, em geral, está estabelecida em torno dos 70 a 80 anos e o processo fisiológico de envelhecimento se inicia a partir dos 30 anos, há outra expressão que denota essa fase, a chamada *meia idade*.

No Norte do Brasil, a expressão que caracteriza os idosos é *melhor idade*. Aliás, pode-se dizer que, hoje, o termo apropriado que exprime o momento que o ser humano está vivenciando talvez seja esse, tanto que, no Estado de São Paulo, acontecem anualmente encontros entre idosos de diferentes cidades, onde participam de atividades esportivas, danças, jogos, entre outros. Esse episódio é denominado *Jogos da Melhor Idade*.

No entanto, este capítulo não pretende discutir apenas a questão semântica, pois assumir algum cognome sem considerar o contexto e a história de vida dos idosos é, no mínimo, insensível e dogmático, sendo necessário olhar para cada um deles, bem como para a cultura em que estão inseridos.

Nesse sentido, não se pode romper com a lógica da influência que a cultura exerce no ser humano, em função das diversas interferências sofridas por ele ao longo de sua existência. A formação cultural de cada um está carregada de símbolos, dando a ideia de "capas" como um objeto que recobre e protege, quer de forma doméstica, quer de forma social,

> o homem é um composto de "níveis", cada um deles superposto aos inferiores e reforçando os que estão acima dele. À medida que se analisa o homem, retira-se camada após camada, sendo cada uma delas completa e irredutível em si mesma, revelando outra espécie de camada muito diferente embaixo dela.

> Retiram-se as variedades formais de cultura e se encontram as regularidades estruturais e funcionais da organização social. Descascam-se estas, por sua vez, e se encontram os fatores psicológicos – "as necessidades básicas" ou o-que-tem-você que as suportam e as tornam possíveis. Retiram-se os fatores psicológicos e surgem então os fundamentos biológicos-anatômicos, fisiológicos, neurológicos – de todo o edifício da vida humana. (Geertz, 1989, p. 49)

Embora, esquematicamente, os seres humanos sejam biologicamente da mesma forma, compondo um conjunto de sistemas orgânicos, com o mesmo número de células, os mesmos ossos, órgãos, sangue, músculos, nervos, tecidos etc., a capacidade de estampar costumes, línguas e conhecimentos é construída culturalmente, e o que "os seres humanos têm em comum é a sua capacidade para se diferenciar uns dos outros, (...) pois, se há algo natural nessa espécie particular que é a espécie humana, é sua aptidão à variação cultural" (Laplantine, 1991, p. 22).

Da Matta (1986, p.76) reforça este aspecto dizendo que: "Em todo o planeta, os homens têm o mesmo corpo, mas em toda parte eles o representam, usam, concebem, controlam, enterram, torturam e tiram dele prazer de modo diferenciado".

Associando essa ideia ao idoso, posso afirmar que estudar, discutir e refletir essa temática é considerar as variáveis e diversidades, como consequência da existencialidade do ser idoso e do acúmulo de experiências alicerçadas e alinhavadas ao longo da vida.

Assim, é impossível entender o ser idoso somente como biológico; ele também é cultural, e essa cultura não é adicionada a um ser já formado, ou, como diz Morin (2001, p. 48): "uma cultura fornece os conhecimentos, valores, símbolos que orientam e guiam as vidas humanas. A cultura das humanidades foi, e ainda é, para uma elite, mas de agora em diante deverá ser, para todos, uma preparação para a vida".

Outro autor salienta a inserção da cultura na sociedade dizendo:

> a estrutura biológica do homem lhe permite ver, ouvir, cheirar, sentir, pensar, e a cultura lhe forneceria o rosto de suas visões, os cheiros agradáveis ou desagradáveis, os sentimentos alegres ou tristes, os conteúdos do pensamento. (...) todos os seres humanos têm a capacidade biológica de sentir dor, mas o limite a partir do qual o indivíduo reclamará e passará a gemer é extremamente variável de cultura para cultura. (Rodrigues apud Daólio, 1995, p. 35)

Assim, este capítulo tem como proposta olhar para o idoso como integrante da produção e da vivência cultural, considerando não as perdas e os danos, como as ciências em geral colocam, expondo apenas as alterações que ocorrem ao longo do processo de envelhecimento, mas realçar, no passeio e na conversa com alguns autores, a visão dos idosos frente a seu corpo ou à participação em programas de atividades motoras, além de apontar a necessidade e as possibilidades de participação deles em propostas da área da Educação Física.

Ser idoso: acomodar ou incomodar?

Em tese, a bibliografia que trata do processo de envelhecimento, das diferentes áreas do conhecimento, aborda a temática a partir de um par de óculos obscuro, analisando a falta de possibilidades e possíveis acomodações. Ou seja, o ser idoso é considerado, nesse processo, como o adulto com a pior idade, aquela que ninguém quer alcançar. É uma etapa de decadência, com poucas chances de participação social e acúmulo de dores e doenças, incertezas, conflitos pessoais e familiares, perda de identidade, renúncia a novos projetos, gerando dificuldades para se inteirar na sociedade em geral e reduzindo sua expectativa de vida.

Esse quadro identifica, com algumas exceções, a fragilidade do idoso, tendo suas virtudes descartadas, na medida em que é classificado como um ser que, em diferentes momentos, necessita de cuidados especiais de caráter emocional, físico, comportamental, legal ou financeiro, tanto da família como da sociedade.

Em poucas palavras, sejam biológicas, sociais, individuais ou cognitivas, os idosos são classificados com base em um cenário acumulativo de problemas, incapacidade para realizar tarefas, pressões e privações sociais, aposentados e ajustamento à ideia do tempo que está se tornando cada vez menor.

Vale dizer que essa visão reducionista do idoso esteve presente ao longo dos anos, mas está sendo reformada ou reformulada, pois hoje é muito maior o número de idosos que estão satisfeitos em estar nessa fase da vida do que aqueles que não estão.

Segundo Neri (1993, p. 34): "velhice não é sinônimo de doença. São os incidentes patológicos que produzem um organismo qualitativamente diferente na velhice, e não o envelhecimento, muito menos por causa da passagem do tempo".

Reforço que essa situação não é genérica, na medida em que há muitos idosos insatisfeitos ligados aos dogmas sociais de alteração da sexualidade e do corpo, questões como aposentadoria reduzida e má assistência médica, problemas de saúde, além daqueles que estão longe ou "desmembrados" da família, vivendo isolados em asilos, os quais nem sempre dão o suporte de que o idoso necessita.

Neri (1993), refletindo sobre a idade madura, mostra sua preocupação em relação às ciências biológicas, psicológicas e sociais, afirmando que é essencial viver essa fase de maneira positiva, sendo inclusive uma questão existencial, pois o número de idosos em todo o mundo, atualmente, está aumentando. Nesse sentido, não se deve dar receitas prontas e imutáveis, mas é necessário identificar as condições que possibilitam envelhecer bem, com boa qualidade de vida e senso pessoal de bem-estar.

A mesma autora chama a atenção para outro dado quando diz: "A promoção da boa qualidade de vida na idade madura excede, entretanto, os limites da responsabilidade pessoal e deve ser vista como um empreendimento de caráter sociocultural" (Neri, 1993, p. 9). Em outras palavras, não basta olhar o ser idoso de modo isolado, fragmentado, compartimentado; é preciso, também, observar todo o entorno social que está ao seu redor, fazendo uma trilogia entre indivíduo/ambiente/sociedade, representado pelos sistemas de saúde e educação, pelo razoável planejamento do ambiente de trabalho e do espaço urbano, pelo acesso aos meios de transporte, pela segurança, pelo lazer, como também pela qualidade dos profissionais que atuam nessas áreas, já que essas questões não são exclusivas da velhice, mas estão presentes em toda a vida.

Assim, uma velhice satisfatória é largamente mediada pela subjetividade e referenciada ao sistema de valores que vigora em um período histórico determinado, para uma dada unidade sociocultural (Neri, 1993, p. 10).

Os dados alinhados até aqui permitem perceber que a construção da vida do idoso deve ser considerada com a sua própria história, impregnada de momentos individuais, coletivos e distintos, mas imbricados entre si, edificados em um único processo que se projeta para o futuro, proporcionando qualidade de vida, mas que, necessariamente, remete ao passado, pois dele provêm a experiência e a reflexão sobre o cotidiano de hoje, gestando alterações nos procedimentos de desenvolvimento dessa história.

Associando essas reflexões à ideia geral deste livro, justifico que quanto mais ativo o idoso é, maior será sua satisfação na vida. Apresento algumas reflexões de diferentes estudiosos frente às diversas atividades das quais o ser idoso participa, apontando não apenas o aspecto quantitativo, mas quais, como e o quanto estão envolvidos nessas oportunidades.

Okuma (1998), ao analisar os idosos, participantes de um programa regular de atividades físicas, observa que, a partir dessa experiência, os idosos passam a (re)conhecer e perceber seu corpo de forma diferente, alterando a ideia da subutilização imposta ao longo da vida ou da aceitação irrefletida de que se movimentar além do que o dia a dia exige é "coisa de jovem". Nesse sentido, a prática de atividades físicas não significa apenas ter saúde, mas possuir autonomia, podendo (re)descobrir e lidar com o próprio corpo e seu processo de envelhecimento, realizando as atividades cotidianas de forma mais fácil, de modo a interagir socialmente, gerando um novo interesse pela vida e por aquilo que ela oferece.

Costa (2001), com base em um Projeto de Atividades Físicas e Recreativas para a Terceira Idade, desenvolvido na Universidade Federal de Uberlândia, que aborda algumas questões relacionadas à atividade física, à qualidade de vida e à relação entre homens e mulheres no envelhecimento, considera que a importância desse processo está no acolhimento do fenômeno do envelhecimento junto aos próprios idosos, em que as atividades físicas exercem forte papel mediador na construção da identidade dessas pessoas, fortalecendo a sensação de bem-estar, aumentando a motivação na realização de tarefas, favorecendo a melhora da qualidade de vida, o engajamento dos idosos no mundo social e a inserção no mundo da informação e do conhecimento (educacional, tecnológico, social, entre outros).

Vitta (2000) reconhece, apesar da formação em Fisioterapia, a importância da atividade física e sua influência sobre o bem-estar objetivo e subjetivo dos idosos, salientando que a manutenção das capacidades físicas e da plasticidade está associada a um investimento pessoal adequado em atividades físicas. Nessa lógica, ressalta que a preocupação dos profissionais que atuam nessa área não é a de criar idosos atletas, nem mesmo perseguir ideais estéticos, mas construir uma estrutura de hábitos e valores sentidos sobre a vida ou a saúde, favorecendo capacidades físicas como resistência e flexibilidade, aumentando a resistência a doenças e ao desempenho neuropsicológico, diminuindo o estresse, além de contribuir substancialmente para o senso de domínio e a autoestima.

Simões (1998), ao estudar o corpo idoso, percebe que o caráter negativo em relação ao corpo está nos padrões impostos pela sociedade, a qual exclui o ser idoso, e não neles próprios. Esta questão se ratifica quando eles reconhecem que não possuem um corpo segundo esses padrões, porém, mais importante do que isso, é estar vivo e participar ativamente das oportunidades que ainda estão por vir, considerando que esta fase ainda permite pontos de partida para novos encontros, desafios e experiências. Surge, nessa reflexão, também um alerta às pessoas e também aos profissionais que trabalham com essa faixa de idade para a importância do confiar nas potencialidades do corpo idoso, reconhecendo que, se por um lado há a limitação própria do processo de envelhecimento, por outro lado deve ficar claro que isso não é obstáculo para uma ação consciente na perspectiva de propostas de trabalho.

O idoso e as relações com a atividade motora

Constata-se hoje que o ser idoso tem interesse em participar de propostas de atividades motoras, das mais diferentes categorias. Porém, essa questão é recente, provavelmente não por conta do ser idoso, mas em função da falta de oportunidades que muitas vezes se estabelecia.

O idoso, como os deficientes, diabéticos, cardíacos, ou seja, pessoas que precisam de cuidados especiais, ao longo da estruturação da área da Educação Física, foram excluídos, quer por falta de conhecimentos oriundos da formação profissional, que se preocupava, em especial, pela faixa etária de 7 a 18 anos, quer pela falta de disponibilidade e oportunidade a que esses grupos estavam sujeitos.

A partir do momento em que a Educação Física entra em crise, por volta da década de 1980, há uma preocupação com essas pessoas, no sentido de que essa área não poderia estar voltada única e exclusivamente ao rendimento, ao mecanicismo, em que só participa das atividades aquele que tem aptidão e competência na perspectiva da técnica. Ocorre uma alteração do corpo perfeito para o corpo possível (Moreira, 1995).

Outro dado que contribuiu para essa alteração foi a publicação da Carta de Berlim, que salienta que a Educação Física, ao contrário de épocas anteriores, não mais se destina a estudar o desenvolvimento por faixas etárias, mas por grupos, em busca da saúde, em uma ideia da profilaxia, visando, nesse sentido, à inclusão.

No caso do idoso, essa questão é nítida, pois hoje é possível visualizá-lo caminhando em ruas e parques públicos, participando de aulas de hidroginástica em academias e experenciando aulas de Ginástica em hotéis, além de atitudes mais radicais, como saltar de paraquedas ou rapel, expondo seu corpo sem medo de ser julgado por não apresentar o contorno e a atitude padronizada que a sociedade traça.

> A proposta de colocar o corpo idoso em movimento se justifica considerando que, no mundo de hoje, vários são os enfoques no sentido de chamar atenção dos indivíduos para as consequências da imobilidade e da falta de movimento do corpo, culminando com propostas que possam evitar o desenvolvimento de doenças.

No final do século XX, houve um enorme acúmulo de evidências científicas mostrando que a vida sedentária, subsidiada em especial pelo avanço tecnológico, torna-se um fator de risco para a saúde, particularmente em relação às doenças reumáticas, cardiovasculares, diabetes, obesidade, artrite etc. A falta de atividade motora regular no trabalho, na escola e na sociedade de modo geral, agregada ao abuso de consumo calórico, tem se mostrado um quadro preocupante, gerando temores como dependência de outras pessoas ou falta de autonomia motora, social e até financeira (Matsudo, 2000; Nahas, 2001).

Nessa perspectiva, as diferenças no cotidiano são consideradas significativas ao nos defrontarmos com situações em que, por exemplo, os veículos automotores, em geral, substituem as caminhadas; a distância entre os lugares nos leva a permanecer nos meios de transporte por volta de 30 horas semanais; o elevador poupa subir escadas; a televisão e o trabalho nos mantêm sentados por horas seguidas, impossibilitando tanto o convívio alegre em família como a participação em atividades motoras, recreativas ou esportivas; o "*disk*" contribui para a prevalência da hipocinesia, efetivando o sedentarismo como um dos males das grandes cidades.

No caso do idoso, essa questão torna-se mais relevante ao considerar que fatores como diminuição das reservas orgânicas e alterações do desempenho motor, que comprometem vísceras, sistemas e articulações, aliados a uma vida inativa, confirmam efeitos deletérios do envelhecimento, impossibilitando, assim, a autonomia ao idoso.

A necessidade do movimento é intrínseca a todos nós, pois o ser humano foi criado para estar em constante movimento. O funcionamento eficaz do corpo humano está relacionado ao seu uso, o que significa que quanto mais for utilizado, mais se tornará eficiente. O corpo humano foi feito para o movimento, e não para seu descanso. Seu sistema cardiovascular, metabolismo, ossos, articulações e músculos estão adaptados a realizar, diariamente, atividades variadas em qualquer idade. O ser humano é um ser em movimento (Simões, 1998).

Nesse contexto, o ser humano moderno tende a buscar alternativas que proporcionem uma vida melhor, e a prática regular de atividade motoras, seja por crianças, adolescentes, adultos ou idosos, é uma dessas formas. Vale realçar que, nessa prática, é importante elucidar o potencial que cada indivíduo possui, permitindo, preferencialmente, que as pessoas se ajustem de acordo com sua aptidão, capacidade, característica corporal e, acima de tudo, desejo pessoal, buscando, dessa forma, o aprimoramento da saúde, entendida em seu sentido mais amplo.

No caso do idoso, na elaboração de propostas pedagógicas é necessário priorizar atividades aeróbicas, como caminhada, hidroginástica, natação e ginástica, as quais incitam o retorno venoso, proporcionando o estímulo do sistema cardiovascular. Além disso, destaca-se que a atividade motora regular ajuda a reduzir o nível de gordura no sangue, seja o colesterol, sejam as triglicérides. Como é comum a tendência à obesidade, nessa fase, a prática de exercícios contribui para o controle e a diminuição do peso corporal. Também é pertinente relatar que não são recomendados ao idoso exercícios anaeróbicos ou mesmo isométricos, na medida em que alteram a circulação sanguínea, principalmente para aqueles que não têm, inicialmente, um histórico de prática regular de atividades motoras (Nahas, 2001).

> A atividade motora interage para uma melhor função do organismo do idoso, não isoladamente, mas junto às atividades sociais, contribuindo para que as pessoas se libertem de preconceitos, excitem a autoestima, percam complexos, superem tensões e redescubram a alegria e a espontaneidade, reintegrando-se à sociedade, e talvez o maior benefício seja o grau de independência que essas pessoas podem alcançar. (Rauchbach, 1990, p. 45)

Atualmente se observa uma mudança, não apenas pelo rápido aumento do número de pessoas idosas, mas porque a maioria delas tem se mostrado corporalmente viva, disposta a participar de diferentes atividades em diversos setores, com desejo de progredir, com espaços abertos a novas experiências e convivências, enfrentando possíveis doenças crônicas de outro modo, a fim de permitir uma substancial melhora na qualidade de vida e em sua inclusão social, gerando uma cultura positiva em relação à velhice.

Entender que ser idoso não é símbolo de inutilidade e ausência de novos projetos, mas atributo de uma nova fase da vida, cheia de desafios a enfrentar como ocorre durante todo o curso da vida, é um primeiro passo.

A noção básica dessa vertente é de que quanto mais ativo o idoso, maior sua predisposição a enfrentar os desafios da vida associados à saúde, à motivação, à satisfação pessoal, à produtividade, ao trabalho, à prática regular de atividades motoras, à demonstração de suas potencialidades e à continuidade ou interação em atividades sociais, culturais e familiares.

O idoso é uma pessoa especial que, ao longo de sua vida, enfrentou e acumulou problemas, mágoas, emoções, experiências, valores, condições individuais e grupais de bem-estar físico, psíquico e social, gerando tanto carências ou deficiências (im)possíveis de serem recuperadas com satisfação e prazer.

Olhar o idoso sobre essa nova ótica é abandonar a ideia de um ser escusado, inabilitado, estéril de motivação, interesse ou sabedoria, para dar lugar ao ser humano que necessita relacionar-se com outros seres humanos e que tem, ao longo de sua existência, uma história de vida que lhe é própria e deve ser respeitada.

Se o idoso tem oportunidade gerada por diversos setores, pessoas ou situações, para conviver com outras pessoas, demonstrar suas potencialidades, ter respeitadas suas experiências, ele mostra-se corporalmente vivo.

Mergulhar neste corpo idoso vivo é também entender que a beleza estética padronizada no corpo jovem vai sendo substituída pela vivência madura das emoções. É acreditar que essa maturidade vem de dentro para fora, nas relações de inter-subjetividade que afloram a convivência dos seres humanos, proporcionando encontros, incentivos a novos desafios, participações estruturadas no caráter lúdico e prazeroso da vida que se anima a cada dia (Simões, 1998).

Essas considerações não são fruto de uma visão otimista, com ares de ingenuidade e de falta de senso crítico frente à velhice, mas de duas reflexões relativas ao ser idoso.

A primeira, já discutida anteriormente, é a de que a imagem da pessoa idosa está se alterando nos aspectos culturais, sociais e científicos. Prova disso é a emergência e consolidação do estudo oriundo do aumento da produção acadêmico-científica, tanto nas ciências naturais quanto na área das humanidades, sobre o envelhecimento. Também é preciso considerar, nessa reflexão, a expansão do interesse da mídia, escrita e falada, sobre o processo da velhice, salientando ações que podem ser empreendidas para melhor viver essa fase.

A segunda é oriunda de uma experiência vivida no Projeto de Atividades Físicas para Adultos e Terceira Idade, desenvolvido pela Secretaria de Esportes, Lazer e Turismo – Setel, da Prefeitura Municipal de Piracicaba, interior do Estado de São Paulo, em parceria com a Universidade Metodista de Piracicaba – Unimep, por meio do Curso de Graduação em Educação Física. Esse projeto iniciou-se em 1990 e contou com a participação de 11 comunidades de bairro da cidade, as quais sediavam o chamado Centro de Convivência, que congregava pessoas da comunidade do bairro acima de 50 anos.

Para mediar o processo de desenvolvimento do projeto, foi convidada uma docente do Curso de Educação Física da Unimep, a qual contou com a colaboração dos alunos estagiários do mesmo curso e um grupo de profissionais da Setel da Prefeitura Municipal de Piracicaba.

A gênese da proposta ficou centrada em duas vertentes. Uma delas era oportunizar aos alunos do Curso de Educação Física da Unimep experiências para além da sala de aula, visando a uma formação pessoal, crítica, científica e técnica, gestando um meio de intervenção e investigação no cotidiano e no saber popular do grupo, sem estabelecer um espaço de prestação de serviços.

A outra visou propiciar aos idosos, pertencentes aos Centros de Convivência, condições de participar de atividades físicas/motoras e estimular o envolvimento e a organização em eventos de caráter associativo, como bailes, bingos e viagens.

> A proposta de colocar o corpo idoso em movimento, através da implantação deste projeto, se justifica considerando, como já exposto anteriormente, que no mundo de hoje vários são os enfoques no sentido de chamar atenção dos indivíduos para as consequências da imobilidade e da falta de movimento do corpo, culminando com propostas que possam evitar o desenvolvimento de doenças.

No desenvolvimento do Projeto de Atividades Físicas para Adultos e Terceira Idade, as atividades eram aplicadas pelos alunos estagiários, os quais se deslocavam aos bairros, uma ou duas vezes por semana, sob a supervisão pedagógica da professora da Unimep, ministrando aulas de expressão corporal, ginástica e práticas esportivas adaptadas, respeitando as possibilidades do corpo idoso nesse processo.

Vale salientar que a relevância do projeto estava em "ir onde o povo está" (parafraseando Milton Nascimento), o que gerou uma maior participação dos idosos, na medida em que não necessitavam se afastar de seu *locus* de convivência.

Ficou eminente que esse projeto foi de grande valia na perspectiva de proporcionar a esses grupos chances de demonstrar suas potencialidades, colocando o corpo em movimento tanto nas aulas como nos festivais organizados pela Setel no final do ano. Como prova de envolvimento e sucesso, em 1992 foram criados os *Primeiros Jogos Municipais da Terceira Idade*, evento que até os dias de hoje é realizado não somente na cidade de Piracicaba, mas na região e no Estado de São Paulo.

Portanto, esse projeto constitui-se um dos eixos de uma nova concepção para o corpo idoso, sendo seu compromisso principal gerar nele mecanismos de (re)criar o senso de identidade, autonomia, ampliação de sua capacidade para uma adequação ao seu ambiente, participação, solidariedade e ação comunitária, visando facilitar sua inclusão social.

Assim, a importância do viver não está somente na função direta do número de anos vividos, mas na qualidade de vida satisfatória, o que impõe a necessidade de manter o corpo participando de atividades saudáveis e regulares.

Considerações finais

Ao elencar essas questões, posso dizer que houve uma alteração do vetor sobre o ser idoso, na medida em que ele passa de um ser de "perdas e danos" para um de participação e ação. Assim, considerar essa questão é entender o ser em vida que está presente construindo sua história e sua cultura.

Para finalizar, utilizo os versos de Ivan Lins e Vitor Martins, na música *Daquilo que eu sei*, para demonstrar este ser o idoso integrante do mundo e que vivencia os sentidos do ontem, do hoje e do amanhã.

>Daquilo que eu sei
>Nem tudo me deu clareza
>Nem tudo foi permitido
>Nem tudo me deu certeza
>
>Daquilo que eu sei
>Nem tudo foi proibido
>Nem tudo me foi possível
>Nem tudo foi concebido
>
>Não fechei os olhos
>Não tapei os ouvidos
>Cheirei, toquei, provei
>Ah! Eu usei todos os sentidos
>Só não lavei as mãos
>E é por isso que eu me sinto
>Cada vez mais limpo...

Referências

Costa, G. A. Tempo de ser: atividade física, qualidade de vida, envelhecimento e trama das interações sociais interferindo na relação de gênero. *Revista da Sobama*, v. 6, n. 1, dez. 2001.

Da Matta, R. *Relativizando*: uma introdução à antropologia social. Petrópolis: Vozes, 1986.

Daólio, J. *Da cultura do corpo*. Campinas: Papirus, 1995.

Deps, V. L. A ocupação do tempo livre sob a ótica de idosos residentes em instituições: análise de uma experiência. In: Neri, A. (Org.). *Qualidade de vida e idade madura*. Campinas: Papirus, 1993.

Geertz, C. *A interpretação das culturas*. Rio de Janeiro: Guanabara Koogan, 1989.

Laplantine, F. *Aprender antropologia*. São Paulo: Brasiliense, 1991.

Matsudo, V. Esporte, lazer e qualidade de vida. In: Moreira, W. W.; Simões, R. (Org.). *Fenômeno esportivo no início de um novo milênio*. Piracicaba: Unimep, 2000.

Moreira, W. W. (Org.). *Corpo presente*. Campinas: Papirus, 1995.

_____. (Org.). *Qualidade de vida*: complexidade e educação. Campinas: Papirus, 2001

Moreira, W. W.; Simões, R. (Org.). *Fenômeno esportivo no início de um novo milênio*. Piracicaba: Unimep, 2000.

Morin, E. *A cabeça bem feita*: repensar a reforma, reformar o pensamento. 3. ed. Rio de Janeiro: Bertrand Brasil, 2001.

Nahas, M. V. *Atividade física, saúde e qualidade de vida*: conceitos e sugestões para um estilo de vida ativo. Londrina: Midiograf, 2001.

Neri, A. (Org.). *Qualidade de vida e idade madura*. Campinas: Papirus, 1993.

Néri, A.; Freire, S. A. (Org.). *E por falar em boa velhice*. Campinas: Papirus, 2000.

Okuma, S. S. *O idoso e a atividade física*. Campinas: Papirus, 1998.

Rauchbach, R. *A atividade física para a terceira idade*. Curitiba: Lovise, 1990.

SIMÕES, R. *Corporeidade e terceira idade*. 3. ed. Piracicaba: Unimep, 1998.

_____. (Qual)Idade de vida na (qual)idade de vida. In: MOREIRA, W. W. (Org.). *Qualidade de vida*: complexidade e educação. Campinas: Papirus, 2001.

VITTA, A. Atividade física e bem-estar na velhice. In: NERI, A.; FREIRE, S. A. (Org.). *E por falar em boa velhice?* Campinas: Papirus, 2000.

15 Ginástica especial para os diferentes
Reconhecendo limites e descobrindo possibilidades

Roberta Gaio
Luciana de Souza Cione Bastos

A Ginástica é tão antiga quanto a humanidade, e tão antiga quanto ela é a existência de pessoas diferentes, isto é, pessoas que são, biologicamente, corpos "incompletos" e, portanto, considerados deficientes.

Ser deficiente significa que, por um fato de cunho congênito ou adquirido, o ser humano é um corpo lesionado, seja do ponto de vista medular, dos órgãos, dos sentidos, do funcionamento cerebral ou de qualquer outro fato possível e até, muitas vezes, inimaginável. Assim, essas pessoas, em função disso, têm limitações que se fundamentam em incapacidades, tais como: não andam, não enxergam, não falam, não possuem a lógica de entendimento da sociedade, entre outras impossibilidades.

Porém, apesar de serem deficientes, atualmente, as diversas áreas do conhecimento estão assumindo que essas pessoas não podem sofrer desvantagens e que as diferenças existentes entre os seres humanos devem ser consideradas como possibilidades de trocas de experiências e aprendizagem.

Assim, pretendemos, com este capítulo, abordar essa temática, apresentando uma reflexão sobre a Educação Física inclusiva, tendo como pano de fundo a importância da aplicação das atividades gímnicas para a vida do ser humano, em especial para aquele denominado deficiente e, portanto, com necessidades especiais. Pretendemos, assim, reforçar a ideia de que todas as atividades físicas e esportivas podem e devem ser adaptadas para atender às necessidades do ser humano, uma vez que devemos entender e atender à espécie humana considerando a diversidade existente no ser homem ou mulher; no ser criança, jovem, adulto ou idoso; no corpo "completo" ou "incompleto" biologicamente e demais possibilidades do corpo.

Antes de falarmos especificamente do trabalho de Ginástica para essas pessoas, discutiremos sobre o que significa ser especial, quando e como somos e quando temos essa denominação.

Ser especial significa ser corpo "especial", pois todo ser humano é um corpo que se manifesta frente às necessidades do mundo social. Mas o que é ser "um corpo"? E o que é ser "um corpo especial"?

Segundo Bueno (2004), corpo é "somente um conjunto de órgãos: esqueleto humano revestido de músculos". Mas será somente isso?

Acreditamos que um corpo é muito mais complexo do que essa definição. Entendemos o corpo como algo que se expressa, vive, luta, sente e pressente. Assim, como corpo, o ser humano participa, de maneira individual, do coletivo social, de deveres e direitos estabelecidos por um conjunto de valores, que nascem dessa coletividade.

Notamos que a definição de corpo citada, apesar de não ser abrangente, em nenhum momento especifica o corpo biologicamente "diferente", isto é, corpos lesados, disformes, cegos ou surdos. Mas será somente essa a característica de um corpo "especial"?

Dessa forma, tomamos por base que todas as pessoas são um corpo e não importa como ele é, isto é, suas "diferenças" físicas e funcionais, mas as possibilidades que esse mesmo corpo oferece de *ser* e *participar*.

Assim podemos visualizar o corpo "especial" para além das desfuncionalidades; vislumbramos o corpo que constrói sua própria história, bem como participa da construção da história da sociedade.

Gaio (2006, p. 125) nos reporta a esse ser humano, quando diz:

> o ser humano é um corpo que oferece todas as possibilidades, mesmo que ele se apresente fragilizado. Esse corpo tem poder, e esse poder emerge da auto-organização do ser humano com o meio ambiente, na medida em que esse ser apropria, como corpo, desse poder e se coloca em busca dos seus direitos e deveres como organismo vivo.

Quando estudamos algumas ciências, podemos notar a evolução das espécies e seus comportamentos. O ser humano, esse animal racional, se desenvolveu, aprimorou-se, enfim, se constituiu em um padrão, isto é, se locomove com o auxílio de seus membros inferiores, fala, ouve, enxerga, possui um sistema nervoso bem apurado em relação às outras espécies de seres vivos; porém, não podemos negar que alguns seres humanos são "diferentes" em relação a esse padrão denominado "normalidade". Mas, apesar de essas diferenças causarem uma série de consequências que, até certo modo, dificultam o dia a dia desses corpos, eles existem na perspectiva do humano no ser.

O que notamos é que esses corpos diferentes, deficientes ou, como assumimos neste capítulo, "especiais", vêm sendo estigmatizados por mais de 19 séculos e também vêm bravamente lutando para serem considerados não perfeitos, mas capazes, simplesmente porque a sociedade pode e deve *reconhecer seus limites e descobrir suas possibilidades*.

Nas últimas duas décadas, percebemos uma preocupação maior em relação aos corpos "especiais" e as possibilidades de essas pessoas estarem na sociedade, não somente como alguém em algum lugar, mas exercendo sua cidadania com direitos e deveres.

Percebemos que a libertação do corpo, historicamente dividido, renegado, subestimado, inferiorizado e "coisificado", traz à baila a preocupação com o corpo "especial" e, até certo ponto, sua aceitação e valorização. Passamos da ideia de *ter* um corpo para assumir a realidade de *ser* um corpo e, assim, o ser humano deixa de ser somente um corpo biológico e passa a ser percebido como um corpo bio-subjetivo-social (Gaio, 2006).

Sobre esse ser humano, que é corpo, erótico e cultural, Nunes Filho (1994, p. 35) afirma:

> A vida humana, como a entendemos e vivenciamos hoje, só foi possível pela recusa do homem a seguir tão somente os caminhos preestabelecidos de uma programação biológica. Não obstante, não tendo abandonado a condição de ser vivo, o ser humano optou por construir, ele mesmo, parte significativa da sua vida. Com a constatação da precariedade de sua estrutura biológica, ele procurou uma superação de sua fragilidade para garantia de sua sobrevivência no planeta. Essa garantia foi conseguida graças à criação necessária de um mundo particular que lhe desse sustentação face aos desafios e ameaças do universo. Nasceu aí o que hoje denominamos cultura.

É através desse mundo particular humano, denominado *mundo cultural*, que passamos a entender o corpo "especial" e, assim sendo, para além do corpo visto como deficiente, há também um ser humano complexo que, como tal, não pode ser simplificado e definido como mecanicamente incapaz diante de qualquer tarefa de vida, que produz vida, que constrói história de vida.

Teixeira (2001, p. 70), ao abordar o corpo na trajetória histórica da humanidade, falando sobre ciência, nos mostra a evolução do ser humano rumo à tentativa de vivenciação de um corpo não exterior à pessoa, mas de um "corpo próprio", vislumbrando-se a passagem de um "ter um corpo" para um "ser um corpo".

É nessa perspectiva que visualizamos o corpo "especial" como próprio, complexo e passível de ser sujeito de suas ações no âmbito da vida social.

Porém, somente discursos e atitudes em prol das pessoas deficientes não são o bastante para mudanças. O que tratamos neste momento é da necessidade de quebrarmos paradigmas.

Atualmente, com todo o dinamismo do progresso e a facilidade de comunicação, estudos e pesquisas, as mudanças ocorrem em frações de segundos; porém, o assunto de que estamos tratando envolve mudanças filosóficas e morais.

Sabemos que, para quebrarmos um paradigma, devemos nos desestabilizar, refletir e promover mudanças de atitude que sejam fruto de incorporação de ideias e ideais. Essas mudanças, muitas vezes, levam algum tempo para ocorrer e, consequentemente, mais tempo ainda para serem incorporadas como novas formas de pensar, entender e viver a vida.

Em relação a mais de 19 séculos passados, pensamos que o momento que vivemos hoje é uma fase de erros e acertos em relação ao que denominamos inclusão das pessoas com deficiência, isto é, de pessoas consideradas portadoras de necessidades especiais. Queremos deixar bem claro que esta fase não é formada somente pela pessoa deficiente e/ou sua família, mas por toda a sociedade que os cerca.

Como educadores que somos, sabemos que falar sobre inclusão é fácil; difícil é pôr em prática propostas pedagógicas inclusivas, de maneira que as pessoas que participam desse processo tenham verdadeiras possibilidades de atuação em uma sociedade e não simplesmente o significado de poder estar em uma sociedade. Mas o que podemos considerar como propostas pedagógicas inclusivas?

Educação inclusiva na perspectiva da Educação Física

Acreditamos que o principal motivo das dificuldades da prática da inclusão está no fato de esse processo ser algo muito recente, pois é do século XX a existência da preocupação voltada para a educação das pessoas portadoras de necessidades especiais como forma de valorização dessas pessoas. Porém, entendemos que não podemos ter medo do novo, mas devemos enfrentar esse desafio com competência técnica, política e ética.

Para Sassaki (1999), a inclusão surgiu para derrubar a prática da exclusão social, constante em tempos anteriores e que submetiam as pessoas consideradas deficientes ao afastamento das relações sociais. Segundo esse autor, a exclusão dessas pessoas da sociedade era total, pois eram consideradas inválidas e incapazes de trabalhar ou realizar qualquer outra atividade.

Segundo Ribas (1994), o movimento de inclusão está se organizando desde 1994, quando uma diretriz da agência das Nações Unidas para a Educação, a Unesco, estimulou o fim da separação entre as escolas especiais e as normais, pois os objetivos da educação se fundamentam no desenvolvimento das potencialidades do educando, sua autorrealização e preparação para o trabalho e a prática da cidadania, como patrimônio da sociedade civil.

Aguiar (2004, p. 16), ao analisar os princípios norteados da educação inclusiva e relembrando a Declaração de Salamanca assinada em 1994, afirma:

> Assim, as escolas devem reconhecer e responder às diversas necessidades de seus discentes, respeitando tanto estilos como ritmos diferentes de aprendizagem e assegurando uma educação de qualidade a todos, por meio de currículo apropriado, modificações organizacionais, estratégias de ensino, uso de recursos e parcerias com a comunidade. Desse modo, espera-se que a escola inclusiva seja um dos meios mais eficazes no combate a atitudes discriminatórias, respeitando – e ensinando a respeitar – tanto as diferenças quanto a dignidade de todos os seres humanos.

De acordo com Sassaki (1999), é por meio do processo de inclusão que a sociedade pode se adaptar para poder inserir, em seus sistemas sociais gerais, pessoas com necessidades especiais e, simultaneamente, prepará-las para assumir papéis nessa mesma sociedade. Portanto, trata-se de um processo bilateral no qual as pessoas e a sociedade buscam soluções para problemas comuns e a consequente efetivação das equiparações de oportunidade para todos.

A inclusão e todos os seus prováveis benefícios devem ser almejados de forma interativa, promovendo o entendimento e o consequente atendimento das pessoas deficientes com as respectivas famílias, educadores, profissionais da saúde e sociedade em geral, para que não tenhamos probabilidades de algumas lacunas.

Assim sendo, o ser humano, seja corpo ou corpo "especial", pode e deve escrever sua história no coletivo de relações sociais produzidas para e por ele, para além das características biológicas somente. Sobre isso Berger e Luckmann (1998, p. 75) afirmam:

> Os homens em conjunto produzem um ambiente humano, com a totalidade de suas formações socioculturais e psicológicas. Nenhuma dessas formações pode ser entendida como produto da constituição biológica do homem, a qual, conforme indicamos, fornece somente os limites externos da atividade produtiva do homem. Assim como é impossível que o homem se desenvolva como homem no isolamento, igualmente é impossível que o homem isolado produza um ambiente humano.

Nessa ótica, pensamos que nós, profissionais de Educação Física, podemos contribuir para que o corpo "especial" viva e produza vida na perspectiva do aproveitamento das atividades física e esportiva, em especial da Ginástica. O que falamos neste momento está relacionado ao trabalho dos profissionais de Educação Física com o conteúdo da Ginástica para estimular o desenvolvimento desse grupo de pessoas, com o objetivo de descobrir novas potencialidades e, consequentemente, promover melhora na qualidade de vida desses corpos "especiais".

Sobre qualidade de vida e pessoas deficientes, a partir de uma reflexão sobre Educação Física, Porto e Gaio (2002, p. 145) comentam:

> Ao se movimentar, o ser humano faz história e cultura, por trazer incorporados aos movimentos seus valores e princípios. E o deficiente, como ser humano que é, também vivencia esse processo, mesmo não sendo considerado, muitas vezes, como membro constitutivo da história e da cultura. Precisamos acreditar que as posturas e os movimentos, por mais simples que sejam, estão sempre dizendo alguma coisa à sociedade, dado o seu potencial de significação e comunicação. No dia a dia das pessoas deficientes, as propostas das diversas práticas corporais devem estar presentes, constituindo mais um entre os trabalhos desenvolvidos para elas e por elas.

É a esse corpo "especial", que pode e deve se movimentar, que estamos nos referindo. Esse corpo deve ser entendido para que possa ser atendido e, assim como profissionais de Educação Física, em especial os que trabalham com a temática da Ginástica, devemos reconhecer as limitações e, a partir disso, descobrir as possibilidades desses corpos para além das suas disfuncionalidades, rumo à concretização da inclusão em momentos de ensino e aprendizagem em Educação Física tendo como conteúdo a Ginástica. Diante de tantas e tão ricas oportunidades de reflexão sobre o tema estudado, Gaio (2006, p. 125) afirma:

> Neste sentido, entendemos que, do ponto de vista pedagógico, em especial na relação com a Educação Física, não podemos falar em inclusão se não entendermos a importância de aprender a aprender com os corpos considerados deficientes. Os procedimentos didáticos pedagógicos que propiciam a aceitação e o atendimento desses seres humanos, com respeito e dignidade, só podem advir deles mesmos como sinalização para nossa ação docente. Devemos pensar os corpos considerados deficientes na perspectiva de seres aprendentes, em uma sociedade aprendente que advoga o direito de ensinar, em busca de espaço para agir e se manifestar enquanto corporeidade viva, ao encontro da felicidade.

O corpo "especial" em movimento: movimentos gímnicos

O que nos faz acreditar cada dia mais na importância do movimentar-se é que, ao analisarmos um corpo, podemos notar que ele é um movimento constante. O coração, as conexões nervosas, a respiração e até mesmo os sentimentos são produtos desses movimentos. O corpo, um turbilhão de movimentos voluntários e involuntários, do momento de sua fecundação até sua morte, cresce, se desenvolve, se inter-relaciona e vive sua motricidade, deixando transparecer sua corporeidade.

Como bem diz Freire (1991, p. 63):

> Pela motricidade o homem se afirma no mundo, se realiza, dá vazão à vida. Pela motricidade ele dá registro de sua existência e cumpre sua condição fundamental de existência. A motricidade é o sintoma vivo do mais complexo de todos os sistemas vivos: o corpo humano. Pela corporeidade ele dá testemunho de sua condição material, de sua condição de corpo. É pela corporeidade que o homem diz que é de carne e osso. Ela é testemunho carnal de nossa existência. A corporeidade integra tudo o que o homem é e pode manifestar neste mundo: espírito, alma, sangue, ossos, nervos, cérebro etc. A corporeidade é mais do que um homem só: é cada um e todos os outros. A motricidade é a manifestação viva dessa corporeidade, é o discurso da cultura humana. Enfim, o desenvolvimento da motricidade cumpre um desígnio fundamental: viver. Quem me dera morrer de tanto viver!

Um corpo que se manifesta, seja ele possuidor de algumas diferenças biológicas ou não, é movido por intenções. Assim, apesar de estarmos muitas vezes presos a paradigmas de movimentação, não devemos e não podemos descartar as possibilidades de, por exemplo, uma pessoa tetraplégica dançar, um cego correr, um surdo-mudo se expressar, pois o corpo é deficiente, mas a corporeidade não pode ser considerada como tal.

Eis o ponto em que queríamos chegar. Nós precisamos entender os diversos corpos existentes no mundo e reconhecer que alguns têm limitações, mas que, em todos, podemos descobrir possibilidades de movimentação, de expressão, enfim, de corporeidade.

Os benefícios dessa descoberta já podem ser visualizados em projetos de extensão existentes em diversas universidades, como o Centro de Qualidade de Vida, da Universidade Metodista de Piracicaba, e o Centro Interdisciplinar de Atenção ao Deficiente, da Pontifícia Universidade Católica de Campinas, nos quais desenvolvemos atividades, entre outros. Nesses projetos, os deficientes podem alcançar, por meio do estímulo dos movimentos e da prática de atividades física e esportiva, a tão almejada melhora em seu desenvolvimento cognitivo, motor e afetivo social. Sobre essa prática de extensão, que deve estar presente nas universidades, como um espaço de inclusão para os corpos "especiais", trazendo uma nova roupagem para a Educação Física, Gaio e Porto (2004, p. 87) comentam:

> O discurso da extensão por nós proposto neste espaço de reflexão científica serve, em nossa visão, de expediente para virarmos a página de uma Educação Física meramente prática, desvinculada de um conceito mais amplo de ser humano, que é corpo sensível, inteligível, transcendente e uno, o qual busca sua autossuperação via movimento executado com intencionalidade na perspectiva do esporte e de diversas atividades motoras.

Assim sendo, entendemos que a Ginástica denominada como "especial" é um conteúdo da Educação Física que pode contribuir com o desenvolvimento dessas pessoas em comunhão com outras e ajudá-las a usufruir seus benefícios. A Ginástica especial nada mais é do que adaptações de atividades gímnicas para cada necessidade especial, com o objetivo de criar situações em que o indivíduo possa se conhecer como corpo, em presença de outros corpos, em consonância com aparelhos de grande e pequeno porte, enfim, corpo que absorve o conjunto de exercícios sistematizados que compõe a Ginástica, aproveitando dos benefícios cognitivos, motores, fisiológicos, sociais, culturais e afetivos que esta poderá lhe proporcionar. E nos referimos não a um tipo de Ginástica somente, mas a todos os tipos que compõem o extenso universo ginástico.

Ferreira (2002, p. 105), ao discursar sobre a dança para pessoas com deficiência, leva-nos a pensar no desenvolvimento desse processo artístico e motor, visualizando o limiar entre a impossibilidade de movimentos gerada pelas limitações imposta pela deficiência e a materialização desses movimentos a partir das descobertas de possibilidades que a dança propicia. Assim, a autora acrescenta:

> Colocada na fronteira entre a impossibilidade e a possibilidade, a dança tornou-se um *locus* de contato com a sociedade, um espaço por meio do qual os deficientes reivindicam participação nesta organização social que tende a excluí-los. Embora não possamos dizer que a dança compreende a totalidade da vivência e dos processos de identificação das pessoas com deficiência física, cabe-nos ressaltar que ela é um instrumento para torná-los visível.

Dessa maneira, também pensamos na importância da Ginástica no processo de desenvolvimento dos corpos "especiais", porque ela permitirá experiências diversas de movimentos, com e sem aparelhos, em conjunto e individualmente, desenvolvendo assim habilidades motoras para além das básicas adquiridas culturalmente, fazendo que esses corpos se tornem "possíveis" socialmente.

As palavras de Porto e Gaio (2002, p. 146) traduzem o que colocamos como fundamental para o reconhecimento da Ginástica como um conteúdo a ser trabalhado com os corpos "especiais", os deficientes, as pessoas com necessidades especiais ou qualquer outra denominação que queiramos dar para esse grupo de pessoas "diferentes":

> Ao se dar oportunidade às pessoas deficientes de realizar diversas práticas corporais, elas se descobrem como corpos úteis e como talentos corporais, aceitando suas limitações e acreditan-

do em suas potencialidades. Assim, sua capacidade de agir cognitivamente desperta para novos pensamentos e ideias até então escondidos; sua sensibilidade pode vir a se desenvolver com maior intensidade na sua relação consigo mesma, com o outro e com o mundo; suas ações, de modo geral, poderão se apresentar com maior segurança e autonomia frente a qualquer situação; a descoberta de sua capacidade produtiva, o despertar para a apreciação do belo e a sua criatividade poderão ser revelados e conhecidos.

Apontamentos finais

No início deste capítulo, anunciamos o objetivo de discutir a Ginástica como um conteúdo da Educação Física a ser trabalhado na perspectiva da educação inclusiva, beneficiando os corpos deficientes por nós denominados como "especiais", como seres humanos com limitações e também com possibilidades.

Essas limitações podem e devem ser entendidas para melhor atender a esse grupo de pessoas, pois as desvantagens são produzidas pela sociedade, que ainda não conseguiu assimilar que a diversidade da espécie humana deve ser aproveitada como um elemento vivificador quando se trata de educação, em especial de Educação Física.

Concordamos com Marques (1997, p. 19) ao salientar que "o reconhecimento de que a diferença, por mais acentuada que seja, representa apenas um dado a mais no universo plural em que vivemos, sem que isso signifique a perda do essencial da existência humana, a sua humanidade".

Tendo isso em mente, pensamos que assim podemos estimular a sociedade a viver a prática da inclusão. E é nesta perspectiva que pensamos estimular os profissionais de Educação Física em sua prática pedagógica, quando se trata especificamente do conteúdo denominado Ginástica ou Ginástica especial.

Na contramão da história de séculos de eliminação, exclusão, estigmatização, marginalização dos corpos "especiais", para que possamos encerrar este capítulo, traduzindo a nossa esperança de que a Ginástica seja um instrumento facilitador da inclusão dos corpos "especiais", queremos registrar nossas palavras, em dedicatória feita a eles quando da publicação de nossa tese de doutorado. Essas palavras traduzem nossos sentimentos em relação ao querer, ao lutar e ao buscar um caminho outro, mais digno e satisfatório para esses corpos.

> Meu carinho, respeito e admiração pelas pessoas que me ensinaram que o corpo pode não ser tão perfeito, o sons às vezes podem não existir ou ser diferentes; as imagens podem ser somente vultos em preto e branco; as ideias não tão lógicas, mas que sempre podem existir vida, amor e amizade quando existe compreensão! Compreender as diferenças por meio das semelhanças e aceitar os corpos deficientes é construir uma sociedade mais humana! Com muita alegria dedico esse trabalho a todos os corpos que se encontraram comigo em momentos de Ginástica e dança, em especial aos corpos que compõem o grupo de Ginástica e dança do Centro Interdisciplinar de Atenção ao Deficiente da Pontifícia Universidade Católica de Campinas. (Gaio, 2006)

Referências

AGUIAR, J. S. *Educação inclusiva*: jogos para o ensino de conceitos. Campinas: Papirus, 2004.

BERGER, P.; LUCKMANN, T. *A construção social da realidade*: tratado de sociologia do conhecimento. Petrópolis: Vozes, 1998.

BUENO. *Dicionário da Língua Portuguesa*. (s/l): (s/e), 2004.

FERREIRA, L. E.; FERREIRA, M. B. R.; FORTI, V. A. M. (Org.). *Interfaces da dança para pessoas com deficiência*. Campinas: CBDCR, 2002.

FERREIRA, L. E. A possibilidade na (im)possibilidade de movimentos atravessada pela dança. In: FERREIRA, L. E.; FERREIRA, M. B. R.; FORTI, V. A. M. (Org.). *Interfaces da dança para pessoas com deficiência*. Campinas: CBDCR, 2002.

FREIRE, J. B. *De corpo e alma*: o discurso da motricidade. São Paulo: Summus, 1991.

GAIO, R. C. *Para além do corpo deficiente*: histórias de vida. Jundiaí: Fontoura, 2006.

GAIO, R. C.; PORTO, E. Intervenção: o diálogo entre o fazer e o compreender em propostas de atividades motoras adaptadas. In: MOREIRA, W. W.; SIMÕES, R. (Orgs.). *Educação Física*: intervenção e conhecimento científico. Piracicaba: Unimep, 2004.

MANTOAN, M. T. E. et al. *A integração de pessoas com deficiência*: contribuições para uma reflexão sobre o tema. São Paulo: Memnon, 1997.

MARQUES, C. A. Integração: uma via de mão dupla na cultura e na sociedade. In: MANTOAN, M. T. E. et al. *A integração de pessoas com deficiência*: contribuições para uma reflexão sobre o tema. São Paulo: Memnon, 1997.

MOREIRA, W. W.; SIMÕES, R. (Org.). *Esporte como fator de qualidade de vida*. Piracicaba: Unimep, 2002.

_____. *Educação Física*: intervenção e conhecimento científico. Piracicaba: Unimep, 2004.

NUNES FILHO, N. *Eroticamente humano*. Piracicaba: Unimep, 1994.

PORTO, E.; GAIO, R. Qualidade de vida e pessoas deficientes: possibilidades de uma vida digna e satisfatória. In: MOREIRA, W. W.; SIMÕES, R. (Org.). *Esporte como fator de qualidade de vida*. Piracicaba: Unimep, 2002.

RIBAS, J. B. C. *O que são pessoas deficientes?* São Paulo: Brasiliense, 1985.

SASSAKI, R. K. *Inclusão*: construindo uma sociedade para todos. Rio de Janeiro: WVA, 1999.

TEIXEIRA, D. *O corpo no esporte escolar, de lazer e de alto nível*: um diálogo na busca de significados. Maringá: Edum, 2001.

16 Oficinas de expressão corporal
Trajetórias e representações de usuários de serviços de saúde mental

Chrystiane Vasconcelos Andrade Toscano

Na sociedade em que vivemos, a busca pela cultura do corpo tornou-se, de certa forma, uma exaltação aos mitos de beleza, em que fica clara a exclusão daquele corpo que não se enquadra nos modelos de "perfeição" física. Existe uma preocupação com as formas estéticas, um entrosamento do corpo com a sociedade, o que se torna preocupante quando grande parte não se aceita em sua situação corporal. Santin (1999, p. 12) deixa claro que "a verdadeira valorização do corpo se dá na razão de viver". A busca pelo corpo "perfeito" tornou-se um grande objetivo do homem que está perdendo o sentido do que realmente o corpo representa, sentido do que é ser corpo, viver como e com um corpo. Para Bruhns (1991, p. 64), "devemos começar a nos preocupar sobre como esse corpo reage, como se sente, como guarda sua vivência emocional, sensorial etc". Contudo, torna-se importante saber que o que influencia não é o tamanho ou o formato do corpo, mas toda a essência que vive dentro de nós e como devemos cuidar e proteger esse corpo que vive hoje em um mundo completamente ligado a formas físicas.

Logo, podemos nos dar conta de que devemos ser solidários com nosso corpo e deixar que ele faça o que deve fazer, libertando-o, sempre respeitando seus limites, e tentando, por meio de gestos e movimentos, expressar sentimentos e emoções que tantas vezes são reprimidos. Segundo Bruhns (1991, p. 61), "a repressão enfraquece nossas emoções. Sem nos expressarmos, não podemos sentir".

No passado, as ciências, em seus estudos, faziam a separação de corpo e mente, o que dificultava o entendimento do meio pelo qual os indivíduos se expressavam. Na maioria das vezes, o corpo relata a emoção, o estado de espírito vivido pelo homem. Dessa forma, torna-se evidente que o homem é constituído por um todo, corpo e mente, os quais não podem ser trabalhados nem entendidos separadamente. Portanto, o interesse por esse trabalho surgiu a partir da observação de uma realidade social individualista e discriminatória, na qual o portador de sofrimento psíquico é completamente abandonado por uma população que se julga superior por obedecer "corretamente" às regras que lhes soam preestabelecidas e excluindo aqueles que, de certa forma, mudam seu comportamento por necessitarem apenas de atenção, sendo impedidos de atuarem de maneira produtiva como cidadãos no meio social.

As atividades corporais para o portador de sofrimento psíquico dependem exclusivamente dos seus sentimentos, ou seja, o meio pelo qual o indivíduo demonstra o que está sentindo reflete, nas suas ações e na maneira como elas são conduzidas, o que, segundo Medina (1994, p. 83), "o corpo dos brasileiros é um corpo que perdeu seu ritmo natural, perdeu seu equilíbrio, ou seja, ainda não conseguiu alcançar um estado de profundo e dinâmico bem-estar físico, mental e social".

Nesse sentido é que nos lançamos no campo de estudo com o objetivo de identificar os tipos de atividades corporais desenvolvidos em serviço de saúde mental, bem como descrever o perfil do comportamento social de pacientes psiquiátricos que participam de atividades corporais no CAPS (Centro de Apoio

Psicossocial), levando-se em consideração o meio pelo qual essas atividades podem intervir no comportamento desses pacientes.

História da Psiquiatria no Brasil

O século XVII foi uma época na qual a Psiquiatria passou a ser vista com um critério científico, e a visão médica voltava-se para o doente mental. Para Pinel (1745-1826, apud Nunes, 1996, p. 2): "além das análises das doenças mentais, devemos respeitar o insano como indivíduo, concebendo a insanidade como distúrbio do autocontrole e da identidade, pelo que preferia denominá-la alienação".

A partir dos estudos de Nunes (1996), fica constatado então que, no século XVII, surgiram os primeiros conhecimentos na área da Psiquiatria e que o "louco" tem seu reconhecimento adquirido dentro de um contexto social.

No Brasil, as práticas psiquiátricas surgiram no período republicano, com a fundação do Hospício Pedro II na Praia Vermelha, em 1852, no Rio de Janeiro. Outros estabelecimentos psiquiátricos no Brasil também tiveram a mesma influência e começaram a ser abertos em estados como São Paulo (Asilo Provisório de Alienados, Hospício de Visitação de Santa Isabel), estando em construção os asilos do Pará, Pernambuco, Bahia, Maranhão e Rio Grande do Sul. Em decorrência do tratamento obsoleto no qual o paciente psiquiátrico perdia o contato com o mundo, sentiu-se a necessidade de criar um movimento de liderança, dirigido por Teixeira Brandão,[1] juntamente com alguns outros psiquiatras.

Teixeira Brandão relata o fato de os pacientes do Hospício Pedro II serem mal-atendidos, ficando em pavilhões sujos, com deficiência de vestuário e alimentação. Logo após esse fato, Nina Rodrigues,[2] no anseio de que todos pacientes possuíssem proteção legal, sugeriu a construção de asilos sem dificuldade de relação entre todos. Juliano Moreira, preocupado com o crescimento da Psiquiatria bra-

---

[1] Primeiro catedrático de psiquiatria da Faculdade de Medicina do Rio de Janeiro.
[2] Autor, médico legal e criminalista baiano que se dedicou ao problema do negro no Brasil.

sileira, tenta sugerir novas possibilidades para atender a pacientes em instituições como asilos urbanos, asilos de portas abertas (no meio rural), colônias agrícolas e aldeias de alienados, todos já existentes na Europa.

Posteriormente, foi criada, na Bahia, a Cadeira de Psiquiatria, ministrada pelo professor Pacheco e Silva, mas foi Ulisses Pernambucano que, em 1930, deu início ao diagnóstico precoce, hospitalização curta com auxílio das famílias, tentando integrar o paciente em um contexto sociocultural.

Na década de 1960, as primeiras comunidades terapêuticas foram surgindo no Brasil com o objetivo de melhorar o ambiente hospitalar e valorizar os aspectos gerais do paciente. As primeiras atuações desse sistema foram feitas em Porto Alegre e no Rio de Janeiro, com as comunidades do Engenho de Dentro e do Hospital Pinel.

> Nesse momento, o hospital psiquiátrico viria a calhar. O "louco" é identificado como doente mental, apartado dos outros doentes, o que revela o primitivismo da nossa sociedade, seu caráter traumático. (Foucault, 2000, p. 28)

Contudo, podemos observar que o único interesse da sociedade na construção de Hospitais Psiquiátricos era se livrar do perigo que o homem sentia quando se tratava de loucura. Por volta da década de 1970, surgiu o movimento dos trabalhadores da Saúde Mental, que tentaram, de certa forma, mudar a ideia da exclusão.

O Hospital Dom Pedro II, fundado no Rio de Janeiro em 1852, foi considerado, segundo Resende (1989), o marco institucional da assistência psiquiátrica brasileira. O trabalho da Psiquiatria no Brasil se firmou como terapia adequada, dando aos pacientes oportunidades de inserção social mediante o trabalho e a criação artística.

> Nesse contexto, o trabalho terapêutico no novo modelo de assistência psiquiatra, trata-se de reinventar a vida dos pacientes em seus aspectos mais cotidianos, pois é do cotidiano, principalmente que se encontram privados os chamados doentes mentais. (Amarante, 2000, p. 271)

Contudo, podemos observar que os portadores de sofrimento psíquico precisavam organizar suas vidas, criar seus próprios espaços dentro da sociedade, montar seu cotidiano com objetivos para que pudessem exercer cidadania como os demais cidadãos. Segundo Santos (2002, p. 13), "ser normal era ser trabalhador e ser trabalhador era ser cidadão, ou seja, fora do hospício a sociedade exigia trabalho, disciplina", o que tornava ainda mais evidente que o hospício seria "a casa do louco".

Entretanto, essa visão nos faz concluir que a qualidade de vida é completamente jogada ao acaso dentro dessas instituições, cujo tratamento se baseava em medicamentos e altas doses de eletrochoques. Os pacientes encontravam-se em uma situação tão dramática que chega a ser difícil descrever a forma desumana como eram tratados.

Hoje, depois de vinte anos da prática para com o portador de sofrimento psíquico, houve no tratamento psiquiátrico grandes mudanças.

> A ideia dos serviços alternativos, oferecidos pela reforma preventiva no terreno de contraposição ao processo de alienação e exclusão social dos indivíduos, (...) é, portanto, propícia a instauração dos serviços alternativos à hospitalização de medidas que reduzam a internação. (Amarante, 1995, p. 41)

Diante dessas informações, podemos apontar que a criação de um hospital reformado, eficiente, dedicado à cura da doença mental pode ser conquistada e o doente, reintegrado à sociedade. Essa nova forma de estrutura hospitalar enquadra-se nos novos modelos de serviços psicossociais. Podemos citar como exemplos: CAPS (Centro de Apoio Psicossocial), NAPS (Núcleo de Apoio Psicossocial), Hospital Dia, Oficina Terapêutica, Ambulatório de Saúde Mental e equipes multiprofissionais que abrangem profissionais de outras áreas, em que todos buscam melhorar a convivência social dos pacientes por meio de atividades que priorizam o afeto, o carinho, a aprendizagem e, acima de tudo, a integração social.

A primeira cidade a implantar os novos modelos conhecidos como serviços substitutivos foi Santos (SP), com a finalidade de demolir os manicômios, dando um fim aos tratamentos violentos e construindo uma forma moderna de lidar com a loucura, o que, de acordo com Bezerra Jr. (1992, p.50), "é possível prestar atenção psiquiátrica diferenciada, sob novos cuidados, sem necessidade de asilos, violência, descriminação. É preciso criar novas dimensões, novas subjetividades, que produza vida e não morte".

Logo, os objetivos desses serviços são o resgate da individualidade de cada indivíduo com o mundo que o cerca, deixando de ser tratamento de *doença* mental para ser promoção da *saúde* mental.

História da Psiquiatria em Sergipe

Diante do histórico apresentado anteriormente, entende-se que a história da Psiquiatria no Brasil não se diferencia do quadro da Psiquiatria em Sergipe. Dessa forma, durante o período colonial, não houve qualquer manifestação para a assistência aos doentes mentais nesse Estado, pois o tratamento nesse período era inexistente; os relatos do Dr. Eronides de Carvalho (apud Arruda, 1991, p. 7), deixam explícita a forma como os doentes eram tratados:

> Todos os alienados eram expostos à violência, brutalidade do público; se perigosos, eram internados em cadeias, onde adquiriam vícios, doenças crônicas das espécies mais repugnantes. Os loucos eram presos em cadeias ou cordas no meio de uma sujeira indiscutível, com quartos sem camas no chão frio, onde passavam fome, eram espancados e muitas vezes mortos.

O marco da construção psiquiátrica em Sergipe foi encabeçado por Dr. Garcia Moreno e Dr. Eronides de Carvalho, inspirados pelo Dr. Ulisses Pernambucano. O Dr. Eronides de Carvalho era sergipano e médico, formado na Bahia em 1918, e tinha como objetivo oferecer um tratamento melhor aos doentes mentais de Sergipe.

> Os loucos furiosos eram presos e jogados no Reformatório Penal do Estado, e quando este superlotava os doentes eram despejados em um trem, que servia de transporte de animais, sem comer e beber, chegando ao Asilo São João de Deus em Salvador, onde eram maltratados, enjaulados, sem roupa, fétidos, sedentos de tratamento. (Arruda, 1991, p. 5)

Assim, essa forma se limitava à realidade desumana do tratamento que era oferecido nessa época. Em 1937, em Aracaju, o Dr. Garcia Moreno realizou um trabalho de conscientização por meio de uma palestra sobre a Assistência a Psicopatas, criando assim um ambiente de maior compreensão para os portadores de sofrimento psíquico em Sergipe. Dessa forma, alguns interessados do meio psiquiátrico realizaram visitas a serviços de Psiquiatria em todo o Brasil, visando buscar um modelo decente de tratamento para os doentes sergipanos. Em decorrência dessa procura, o Serviço de Assistência a Psicopatas de Pernambuco conseguiu um grandioso destaque entre os psiquiatras, que o tomou como modelo. O líder desse serviço, o Dr. Ulisses Pernambucano, revolucionou o Nordeste com o sucesso do tratamento prestado aos pacientes, cujo ponto de partida deu-se após ter arrasado a infernal "casa dos doidos", conhecida como Tamarineira, que se localizava em Pernambuco.

O Hospital Eronides de Carvalho foi inaugurado em outubro de 1940, mas só passou a funcionar em 1941, tendo como chefe o Dr. João Batista Peres Garcia Moreno, sendo Luiz da Rocha Cerqueira seu assistente e o Dr. Theotonílio Mesquita seu laboratorista do serviço.

Segundo Arruda (1991, p. 7):

> O espaço físico do hospital constava de 7 pavilhões: o Nina Rodrigues, que destinava-se a pacientes do sexo feminino que estivessem calmos; o Ênjolras Vampré, para o masculino mais calmo. O Gildo Neto era o pavilhão destinado ao refeitório, a cozinha e a lavanderia. O Eugem Bleuler era para pacientes agitados do sexo feminino, com quartos individuais. O Sigmund Freud era para

agitados masculinos e, por fim, o Juliano Moreira era destinado a pacientes contribuintes e nele se localizava a parte administrativa do hospital. Havia também um consultório Otorrino-oftalmo-laringologista e um gabinete dentário, desativados por falta de funcionários. E, por fim, um necrotério-capela, que, em seguida, tornou-se cemitério.

No final da década de 1970 foi construído o Hospital Psiquiátrico Garcia Moreno; em 1962 foi fundada a Casa de Saúde Santa Maria e, em 1980, a Clínica de Repouso São Marcelo, ambas particulares. Após inúmeras lutas, foi desenvolvido em Sergipe o Movimento de Reformas Psiquiátricas, estruturando serviços no Estado, como o NAPS e o CAPS. Este último, Artur Bispo do Rosário (ligado à Associação Luz do Sol), serviu de campo para pesquisa do presente trabalho.

O CAPS, vinculado à Associação Luz do Sol, teve sua origem em 1995, no município de Nossa Senhora da Glória. Em virtude do grande número de clientes, foram necessários a implantação e o apoio de outras áreas, como a social, a artística, a pedagógica, entre outras. A instituição trabalhada neste capítulo, ou seja, CAPS – Artur Bispo do Rosário, é composta de recepção/orientação ao usuário, triagem/encaminhamento, pré e pós-consulta de enfermagem, atividades educativas, setor de ambulatório com atendimento individual ou em grupo, atendimento à família e oficinas. Sua clientela é composta por pessoas de ambos os sexos, que apresentam transtorno mental, preferencialmente psicóticos e neuróticos graves, em fase de agudização ou não, em condições de serem acompanhados em regime de internação parcial, ambulatorial ou em oficinas terapêuticas, e de capacitação/produção, atendendo no horário das 7h00 às 19h00, durante a semana, de segunda a sexta-feira.

Pode-se, a partir desses dados, afirmar que a psiquiatria em Sergipe trabalha com duas linhas distintas que caminham em direções opostas atuando em cima de objetivos diferentes. A primeira delas é ligada ao modelo asilar, pois a instituição é o hospital psiquiátrico ou o manicômio. Seu objetivo é tratar a doença como sendo um problema orgânico. O tratamento é à base de medicamentos, e o paciente é tratado subjetivamente, demonstrando passividade nesse procedimento. Todo resultado obtido se deve aos medicamentos e ao psiquiatra. Para Foucault (2000, p. 173):

> O asilo permite que a verdade da doença mental se revele por meio do delírio, pelo qual se submete à vontade do médico, controlador da doença. Que humanismo é esse dos hospícios, se o médico detém a verdade do louco, se há uma instituição a controlá-lo, que faz a própria loucura calar-se e submeter-se aos tratamentos do isolamento, choques, lobotomias, uso indiscriminado de drogas? Como agir, senão pela ciência? Que seja por uma forma que permita ouvir a própria loucura, evitar a violência, diminuir o sofrimento.

Dessa forma, o médico psiquiatra detém todo o poder sobre o paciente e o único contato entre ambos são os prontuários. Daí o valor do isolamento. A segunda é direcionada aos novos modelos psiquiátricos de atendimento. Nesses serviços, os usuários são atendidos sob um ponto de vista bio-psico-sociocultural e político. Dessa forma:

> a loucura é um fato social, político e, até mesmo, uma experiência positiva de libertação, uma reação a um desequilíbrio familiar, não sendo assim um estado patológico, nem muito menos o louco um objeto passível de tratamento. O louco é, portanto, uma vítima da alienação geral, tida como normal, e é segregado por contestar a ordem pública e colocar em evidência a repressão da prática psiquiátrica, devendo, por isso, ser defendido e reabilitado. (Amarante, 1995 p. 44)

Logo, o tratamento nessas instituições não se limita só à medicação, pois se utiliza de terapia ocupacional, psicoterapia individual ou grupal, até o apoio familiar. A família participava ativamente dentro dos serviços, buscando ajudar o indivíduo na conquista da sua reintegração sociocultural.

Atividades corporais em serviços de Psiquiatria

A partir da revisão de literatura realizada, pode-se afirmar que existe um pequeno número de trabalhos publicados acerca de atividade física dirigida a pacientes psiquiátricos. Dessa forma é que foi aceito um grande desafio: escrever sobre a intervenção das atividades corporais para os portadores de sofrimento psíquico. Mesmo sendo recente o trabalho da Educação Física no meio psiquiátrico, não podemos deixar de mencionar o quanto as atividades corporais têm a contribuir com a saúde do indivíduo, visando aos benefícios diagnosticados em pacientes com transtornos mentais, fato já comprovado cientificamente pelos aportes de Ribeiro (1998), Ramos e Gonçalves (2000) e Roeder e Farias (2002), publicados nas Revistas de Atividade Física e Saúde.

É notável que, a cada dia, o indivíduo busque recursos para aumentar cada vez mais sua qualidade de vida. Segundo Roeder (1999, p. 25), isso significa que "Com a qualidade de vida, a busca por situações prazerosas, em que ter saúde, propiciada pelo nível de capacidade física, emocional, intelectual e social, significa usufruir bem-estar".

Nesse contexto, fica claro que qualidade de vida é sentir-se bem, estar em completa harmonia consigo mesmo, mesmo tendo de enfrentar as adversidades e os contratempos do meio social.

Geralmente, a preocupação com a saúde só acontece quando ela já se encontra sedenta de cuidados, sendo posta em segundo plano, o que acaba proporcionando ao indivíduo a ausência de uma vida salutar. Portanto, para Roeder (1999, p. 63), "as ações e condições de vida estão diretamente relacionadas à saúde e à qualidade de vida". Nessa perspectiva, muitos são os benefícios das atividades corporais para a saúde. Logo, as atividades corporais nesse sentido são entendidas como todas aquelas exploradas pelo corpo, proporcionadas pelas práticas da atividade física, dando ao corpo a possibilidade de se expressar enquanto linguagem.

As atividades corporais, consideradas recursos terapêuticos, envolvem uma série de movimentos, em que são enfatizadas atividades de expressão corporal, alongamento e relaxamento, danças e atividades lúdicas. Partindo desse pressuposto, procura-se descrever a importância dessas atividades dentro de um contexto biológico, psicológico e social para os portadores de sofrimento psíquico. Portanto, para Kiss (1987, apud Ramos, 2000), o homem é uma unidade biopsicossocial, em que será impossível a realização de um trabalho com desunião e todo trabalho deve ser em torno da unidade. Dessa forma, as atividades corporais atuam em um vasto ângulo de dimensões biológicas, comportamentais e sociais. Roeder (1999, p. 63) evidencia que "por meio de um estilo de vida mais ativo, as atividades atuam como agente preventivo da saúde mental, combatendo os fatores de risco das afecções mentais".

Visando aprofundar este capítulo, buscam-se investigar os estudos realizados acerca da patologia escolhida. Portanto, faz-se necessário entender o transtorno mental, que, nesse caso, é a esquizofrenia. É por meio da verificação de que todos os pacientes selecionados para este capítulo sofrem dessa "perturbação", é que iremos defini-la.

Para o CID–10 (Código Internacional de Doenças, 1993, p. 263):

> Esquizofrenia é uma perturbação que dura pelo menos 6 meses e inclui pelo menos 1 mês de sintomas da fase ativa (surto), comportando as seguintes manifestações: delírios, alucinações, discurso e comportamento desorganizado ou catatônico.

Acerca desse mesmo conceito, Nunes (1996, p. 91) aponta que ela pode ser compreendida como "o transtorno maior de que se tratam os psiquiatras. Acometem pessoas precocemente com relação à idade, conduzindo a alterações graves do pensamento, afeto e vontade".

Em decorrência dos tratamentos utilizados nos hospitais psiquiátricos, o fator adaptação do ser humano com o meio natural em que vive não é respeitado, e o indivíduo passa a apresentar uma evolução acentuada da doença, o que acarreta perda dos recursos físicos e mentais, influenciando ainda mais na vida do portador de sofrimento psíquico.

Para Ribeiro (1998, p. 3), em se tratando das atividades corporais:

> os exercícios físicos têm sido uma das mais novas descobertas para o tratamento dos transtornos mentais, de leve a moderado, com seus efeitos antidepressivos recebendo considerável atenção. Junto com o tratamento medicamentoso, as atividades corporais exercem não só em papel de reabilitações, mas também terapêuticos.

Logo, um dos grandes benefícios que as atividades corporais oferecem está ligado ao estado emocional, e sua melhora torna-se um forte indicativo de saúde mental. Para Roeder (2002, p. 28-30):

> as atividades corporais tem um grande significado para a vida do doente mental; é um forte indicativo de que, acima de tudo, estão possibilitando a tomada de consciência dos seus sentimentos e se percebendo como um indivíduo, que sente através dessas atividades.

As atividades corporais ajudam ao paciente a perceber seus sentimentos e os dos outros, levando à melhora da sua autoestima, possibilitando um encontro consigo mesmo, criando um sentimento de aceitação própria, advinda da sensação de prazer e alegria, influenciando em seu estado emocional, despertando a sensação de felicidade e melhorando seu estado de humor. Essas atividades, sem dúvida alguma, têm o poder de trabalhar o corpo do indivíduo portador de sofrimento psíquico dentro do universo corporal que foi esquecido, dando-lhe o direito de se sentir e poder, por meio do movimento, explorar-se, para que, dessa forma, possa encontrar-se como pessoa, tendo consciência da sua atuação no mundo.

Os movimentos corporais buscam uma energia, que, por sua vez, almeja integrar o doente mental com os objetivos ao seu redor. Logo, a sensação de liberdade expressa pelos pacientes após as práticas desses movimentos é algo traduzido por Bruhns como uma maneira esperançosa no que diz respeito à atuação das práticas corporais, dentro dos serviços psiquiátricos.

> Devemos liberar os corpos alienados, adequados a um modelo imposto, e é essa sensação de liberdade de expressão que deverá romper com tabus de uma sociedade tão cheias de condutas, que se diz tão rica em normas estabelecidas. Somente essas atividades que se dediquem a pensar e viver o corpo são capazes de propor e modificar as regras que inibem a consciência corporal, a qual dificulta a manipulação desse corpo onde o homem vive. (Bruhns, 1991, p. 107)

A atividade física inserida no tratamento psiquiátrico desperta no doente mental benefícios de ordem biológica e psicológica. No campo biológico, Ribeiro (1998, p. 23) cita que:

> As hipóteses estão ligadas às endorfinas, hormônios cuja produção, durante o exercício, aumenta, induzindo a pessoa a se sentir melhor. O célebro e outros tecidos produzem várias endorfinas parecidas com a morfina, e ambas produzem a sensação de dor, prazer, bem como o estado de euforia. Portanto, os benefícios das atividades físicas são mediados por mecanismos psicossociais (controle e limite) e fisiológicos (liberação de endorfinas e serotonina).

No campo psicológico, "as práticas físicas voluntárias das atividades promovem bem-estar pessoal essencial para o equilíbrio pessoal da imagem positiva do corpo" (Daminelli, 1984 apud Roeder, 1999). Da mesma forma, Ribeiro (1998) sinalizava que "as atividades físicas trazem maior controle sobre o corpo e a vida, promovendo interação social do indivíduo por meio do convívio com outras pessoas". Ainda neste contexto, Ramos (2000) cita que: "as atividades corporais mostram redução da ansiedade temporária, além do aumento de estabilidade emocional, independência, afirmação, confiança, memória, humor, imagem corporal positiva, bem-estar, eficiência no trabalho e nos estudos".

Logo, os exercícios que visam buscar a energia interior e a expressão corporal destacam-se por proporcionarem ao paciente uma reação bioenergética, na qual o doente mental passa a ser mais ativo para poder realizar as atividades da vida diária.

É certo que existem vários benefícios para o paciente da saúde mental, como o controle do humor, bem como o combate à hipertensão, à osteoporose, às doenças coronarianas, à diabetes e à redução das tensões psicológicas, obtidos por meio dos exercícios físicos, periódicos e com baixa intensidade. Assim, a integração dos trabalhos corporais, bem como a intervenção de um professor de Educação Física dentro das instituições psiquiátricas, é de extrema importância para buscar a saúde mental.

Material e métodos

Este capítulo selecionou a pesquisa descritiva. A população amostra foi composta por dez usuários do CAPS, diagnosticados como portadores de sofrimento psíquico do tipo esquizofrênico. Os critérios para a seleção da amostra foram:

- apresentar o quadro clínico definido do tipo esquizofrenia;
- participar regularmente (dois a três dias/semana) das oficinas de atividades corporais;
- apresentar disposição para colaborar com a pesquisa e ter uma autorização escrita, caso seja tutelado.

Os procedimentos metodológicos foram divididos em quatro momentos. No primeiro momento, foi realizado um levantamento junto à Secretaria de Saúde/Setor de Saúde Mental acerca das Instituições de Saúde Mental do município de Aracaju. No segundo momento, foram realizadas visitas às Instituições de Saúde Mental no município de Aracaju, visando identificar aquelas que oferecem a seus pacientes atividades corporais durante o tratamento. No terceiro momento, foram definidos os campos de estudo e a população amostra. No quarto momento, tentou-se construir um perfil da Instituição de Pesquisa. Nesse último momento, foram realizadas:

- análise documental a partir de leitura de prontuários de usuários do serviço com o objetivo de identificar a amostra de cada instituição selecionada;
- entrevistas com profissionais de saúde mental (terapeuta, psiquiatra, psicólogo, enfermeiro etc.) de cada instituição selecionada para estudo, familiares e usuários envolvidos no estudo.

Objetiva-se, com esses quatro momentos, descrever o perfil do comportamento social dos usuários participantes do estudo, identificar quais as atividades corporais desenvolvidas em serviços de saúde mental e descrever o perfil do comportamento social de pacientes psiquiátricos que participam de atividades corporais no CAPS. Foram selecionados para esse estudo os seguintes instrumentos de coleta de dados:

- Entrevistas semiestruturadas dirigidas a dez usuários do CAPS – quinze profissionais de saúde mental e cinco famílias. O objetivo desse instrumento foi coletar informações acerca do comportamento social dos usuários participantes de estudo, que participam de atividades corporais.
- Diário de investigação, construído a partir do método observacional. As observações foram participativas e sistemáticas durante as oficinas de atividades corporais, entre elas a dança, o teatro, a expressão corporal com frequência de duas vezes por semana, visando identificar as características do comportamento social dos participantes do estudo.

Resultados e discussão

As sete instituições visitadas foram: CAPS – Álcool e outras drogas; CAPS – Capistrano; CAPS – III; CAPS – Arthur Bispo; Ambulatório de Psiquiatria; Hospital São Marcelo e Hospital Santa Maria. Cinco ofereciam aos seus usuários atividades corporais. Entre as atividades corporais, destacam-se atividades de expressão corporal, teatro, dança, atividades lúdicas e esporte. Ressalta-se que, nos serviços de saúde mental, as atividades corporais são compreendidas como aquelas que exploram o corpo, favorecendo sua expressão enquanto linguagem. As demais atividades realizadas nos serviços de saúde mental são classificadas como manuais, entre elas as oficinas de crochê, bordado, corte-costura, parafina e arte-culinária. Durante as visitas realizadas no CAPS – Artur Bispo do Rosário, pôde-se verificar, ainda, o quanto se encontra limitada e pouco explorada pelos profissionais de Educação Física a área da saúde mental, muito embora eles tenham alegado, em depoimentos, que a universidade não lhes oferece qualquer subsídio acerca dessa área de atuação e, por esse motivo, muitas vezes disponibilizam na instituição outros tipos de atividades que geralmente não estão correlacionadas a sua área específica. Dessa forma, foi constatado que, entre os dez profissionais que trabalham com oficinas de atividades corporais, dentro das instituições, foram encontradas somente dois professores de Educação Física, que realizam os trabalhos dentro da sua área.

Das cinco instituições de saúde mental que ofereciam atividades corporais, dentro das atividades de atenção ao paciente esquizofrênico, apenas uma, o CAPS – Arthur Bispo do Rosário, apresentava um grupo significativo de usuários esquizofrênicos que participavam dessas atividades (dança, teatro, expressão corporal e esporte). Aqui, alguns depoimentos dos usuários do serviço de atenção psicossocial Arthur Bispo do Rosário, usuário nº 2 (U2) "é bom, porque gosto de fazer movimentos no corpo"; usuário (U3), "não gosto de ficar parado, se ficar sem fazer nada, piora a doença"; usuário (U4) "é bom as atividades corporais porque acalmam os nervos". (Diário de Investigação, mai. 2003). Diante desses depoimentos, podemos inferir que os usuários, mesmo com um conhecimento de senso comum, acreditam que as atividades corporais são importantes durante o processo de tratamento porque há uma relação direta entre estado mental, perturbação esquizofrênica e estado corporal, que nos leva a perceber que, segundo Roeder (1999, p. 68-9): "a prática regular da atividade física influencia diretamente no estado de humor, tanto nos afetos negativos quanto nos positivos, gerando bem-estar e aumentando a resistência física do indivíduo".

Segundo esse autor, quando se trata da esquizofrenia, há a presença de um quadro de evolução ligada ao funcionamento cardiovascular, à melhora da habilidade social, à redução de agitação psicomotora ou ainda reduzindo os sintomas de alucinação.

A segunda categoria selecionada para análise refere-se ao motivo que levou cada usuário a selecionar, durante seu período de tratamento no CAPS – Arthur Bispo do Rosário, atividades corporais. O usuário nº 3 (U3) justifica sua escolha pelas atividades corporais apontando que: "quem toma remédio controlado fica com o corpo mole, com o exercício o corpo se anima" (Diário de Investigação, mai. 2003); o usuário; 9 (U9) opina que é "porque gosto de danças"; e o usuário 10 (U10) aponta que as atividades corporais "são boas porque distraem".

A partir desses depoimentos, pode-se inferir que há um prazer muito grande dos usuários em participar das atividades corporais. Cada um apresentou justificativas diferenciadas, mas podemos visualizar dois grupos: um primeiro que correlaciona as atividades corporais como algo que favorece a melhora do seu estado clínico, e outro grupo que seleciona essas atividades pelo simples fato de se sentirem bem durante a vivência delas. Vale destacar que, em nosso diário de campo, também registramos, durante a conversa com cada um dos usuários selecionados para estudo, que há uma mudança em suas expressões faciais quando se fala das atividades corporais. Eles demonstram alegria, satisfação e felicidade em relatar suas impressões acerca dessas experiências com as atividades corporais durante o tratamento.

A partir das entrevistas realizadas com dez usuários, pôde-se constatar que das dez entrevistas apenas três usuários nunca tinham sido internados, e entre aqueles que foram internados anteriormente alguns depoimentos afirmam o seguinte: usuário nº 7 (U7), "estava internado, acabei de chegar, lá não tem nada, não existe, fiquei amarrado porque estava agressivo, sem comer e sem beber, estava todo dolorido..."; usuário nº 8 (U8), "em 1996 fui internada e lá tinha uma psicóloga que dançava com a gente, mas lá não tem nada para as mulheres..."; usuário nº 9 (U9), "tinha jogo de bola com a enfermeira e música", usuário nº 10 (U10), que "lá eu jogava bola, tinha um professor de Educação Física..." (Diário de investigação, mai. 2003). Tais depoimentos revelam que na maioria dos casos não existe a prática das oficinas de atividades corporais nas outras instituições e as poucas existentes, quando são realizadas, não comportam um profissional qualificado na área de Educação Física. Assim, pode-se afirmar, com base em Andersen (1983, apud Pellegrinoti, 1998, p. 24) que "a atividade física constitui uma parte integral da vida humana, e o homem necessita de um mínimo dessa atividade para se manter orgânica e emocionalmente sadio".

Também foi perguntado como cada usuário selecionado para estudo se sentia após essas oficinas. Segundo os depoimentos do usuário nº 1 (U1), "cansada, mole, as pernas doem, fico muito suada, mas a cabeça fica leve"; do usuário nº 2 (U2), "fiz ginástica e uma vez caí e não fiz mais, fico cansada, mas fico calma..."; o usuário nº 3 (U3) responde "quando termina, sinto-me bem, a cabeça fica agitada, fico suando, dá uma fome brava..."; do usuário nº 4 (U4), "bem, eu consigo fazer todos os movimentos e isto é bom..."; do usuário nº 5 (U5), "deixa o corpo leve, estira as pernas, fico mais relaxado"; do usuário nº (U6), "sua muito, a cabeça dói direto, quando acabo de fazer não sinto nada"; do usuário nº 8 (U8) se sente "mais disposta, só é um pouco puxado, porque tenho problemas na coluna, mas não dói e me distrai"; do usuário nº 9 (U9), "quando caminho dá dor nas pernas, na coluna, fico um pouco dolorido, o professor faz massagem e alivia a dor das costas, sinto fome e aguento fazer toda a oficina, fico despreocupada..." e, do usuário nº 10 (U10), "sinto uma paz de espírito depois da dança, dá muita satisfação, sento-me bem" (Diário de Investigação, mai. 2003).

Diante desses depoimentos, pode-se inferir que, apesar de se sentirem bem, mais calmos, muitos sentem dores, seja nas pernas, na coluna, na cabeça, ou ainda reclamam do cansaço, que, em alguns casos, impede que concluam as aulas, o que evidencia que alguns trabalhos podem estar sendo realizados incorretamente, acarretando, assim, prejuízo à saúde do usuário. Logo, as dores e alguns problemas posturais podem ocorrer em virtude de exercícios físicos mal-orientados. Nesse contexto, um aspecto a ser levado em consideração é o fato de muitos técnicos/oficineiros que trabalham com as atividades não serem formados em Educação Física nem, tampouco, deterem o conhecimento da parte anatômica, fisiológica etc. Muitos não sabem os riscos que essas atividades podem causar se aplicadas incorretamente.

Em contrapartida, vale salientar a criatividade e o interesse que esses técnicos têm em realizar os trabalhos com os usuários dentro das oficinas que utilizam o corpo, e a atuação do profissional de Educação Física é muito escassa na área de Saúde Mental. Há falta de conhecimento nessa área, bem como desinteresse dos professores de Educação Física em trabalhar a partir de uma fundamentação teórica mais consistente com os doentes mentais. Deixando de transmitir seus conhecimentos, perdem a oportunidade de aplicar atividades que lhes são próprias. Dessa forma, torna-se fácil a entrada de outras pessoas, formadas ou não, em um campo que é de direito do professor de Educação Física.

Nesse contexto, a Educação Física visa à inclusão social, pois atua de maneira ampla na vida de cada indivíduo. Então, o profissional de Educação Física deve assegurar um meio de participar dessa ação de conscientização para com o trabalho junto à saúde mental, visando assim a um efeito de "mente sã e corpo são". No entanto, alguns profissionais não possuem subsídios apropriados para programar suas intervenções na saúde mental; dessa forma, também não possuem objetivos para essas intervenções. Em decorrência disso, não alcançam seus ideais, o que interfere no desenvolvimento futuro dos usuários. Após a utilização desse guia de entrevista organizado em categorias, foi decidido realizar observações sistemáticas nas intervenções corporais realizadas no CAPS, visando identificar os tipos de atividades corporais desenvolvidas em serviços de saúde mental e descrever o perfil do comportamento social de pacientes psiquiátricos que participam de atividades corporais no CAPS.

Por meio das observações sistemáticas, pode-se identificar que os profissionais de Educação Física, diferentemente do leigo, teoricamente são mais bem preparados, pois é de extrema importância para o profissional que trabalha diretamente com os usuários saber respeitar suas limitações, entender suas histórias de vida, bem como traçar objetivos para suas intervenções. Nesse sentido, um leigo não apresenta uma forma apropriada e uma metodologia consistente. Apesar da ausência de conhecimento científico, o leigo que atua junto aos portadores de sofrimento psíquico tem uma percepção aguçada de que esses pacientes requerem um tratamento especial; no entanto, isso não é suficiente, pois é necessário conhecimento específico, e é o domínio desse conhecimento que diferencia o leigo do profissional de Educação Física.

Quando perguntamos aos profissionais de áreas como Serviço Social, Psicologia, Enfermagem, Tecnologia em Enfermagem e Pedagogia acerca de como as atividades corporais são importantes para os usuários, em seus depoimentos eles admitiram que, para o profissional nº 1 (P1), "elas são essenciais, porque muitos usuários perderam a identidade pessoal e, com ela, a consciência corporal. Eles perderam a noção do corpo. A dança e o exercício físico, principalmente a atividade aeróbica, possibilitam ao usuário conhecer seu corpo"; o profissional nº 3 (P3) comenta: "São de fundamental importância porque melhoram os movimentos, a percepção motora, da noção de espaço, o tempo, a satisfação interior, porque eles estão produzindo"; para o profissional nº 4 (P4), "são importantes porque durante a atividade há uma troca de energia positiva"; o profissional nº 5 (P5) comenta que "a importância vem logo em seguida, com conhecimento da arte, da cultura, sem contar com a alegria e o avanço psicomotor"; o profissional nº 6 (P6) diz que há "na integração, no contato, no toque, o aprender a ter respeito pelo outro, a criar limites", e, para o profissional nº 7 (P7), "são importantes, porque proporcionam a interação e facilitam o método terapêutico, centralizando o corpo, além de relaxar" (Diário de Investigação, mai. 2003).

Dando continuidade à entrevista, perguntou-se se os usuários que participavam das oficinas do corpo apresentavam alguma mudança no comportamento e, se sim, quais seriam os mais evidentes. O profissional nº 1 (P1) disse que "sim, eles perdem a timidez, ficam mais extrovertidos, são felizes"; o profissional nº 4 (P4) diz que "sim, eles passam a ter limites, percebem o espaço do outro e respeitam"; e, para o profissional nº 5 (P5), "sim, independência para se movimentar, andam sem ajuda, apresentam autoconfiança, conhecimento do corpo e respeito" (Diário de Investigação, mai. 2003).

Para reforçar a pergunta anterior, questionou-se a respeito da qualidade de vida e, dessa forma, como as atividades corporais influenciam nela. Então, foram citadas as seguintes respostas: para o profissional nº 1 (P1), "claro que sim; se por um lado há uma perda que vocês chamam de calorias, em compensação há um ganho de energia psíquica, o qual leva o indivíduo a cuidar de si, proporcionando o alívio do estresse"; o profissional nº 2 (P2) diz que "sem dúvida, resgata a cidadania, o convívio com o meio"; o profissional nº (P3) diz: "Muito. Influencia neles como ir para academia, influencia na gente"; o profissional nº (P4) diz que "sim, porque todo exercício físico é bom, pra mente, pro corpo, pra alma"; e, para o profissional nº 7 (P7), "sim, porque eles melhoram com relação à imagem física" (Diário de investigação, mai. 2003).

Finalizando o guia de entrevistas com os profissionais, foi necessário perguntar-lhes se acham importante a intervenção do profissional de Educação Física para realizar esse trabalho com o corpo. E entre as respostas dadas, foram selecionadas as seguintes: o profissional nº 1 (P1) comenta que "é fundamental, o que falta é uma questão de consciência, muitos têm preconceito, ou, às vezes, falta a oportunidade de conhecer um pouco da Psiquiatria"; para o profissional nº 2 (P2), "sim, mas se não tiver esses professores, as oficinas também funcionariam. A diferença só está na teoria, porque vocês conhecem mais, mas na prática é tudo igual"; o profissional nº 3 (P3) diz que é "fundamental, porque conhece a terapêutica do corpo humano, vocês sabem os limites de cada indivíduo, o professor especializado detém o saber. Há muito que ensinar, porque vocês gostam de esportes"; o profissional nº (P4) diz que, "sim, o professor especializado tem mais capacidade de atender aos usuários com limitações corporais"; e, para o profissional nº 6 (P6), "é importante, se ele tiver uma noção de como lidar com doente mental" (Diário de Investigação, mai. 2003).

Por meio desses depoimentos, observa-se que os profissionais entrevistados consideram importante a atuação do professor de Educação Física. Eles reconhecem e valorizam o trabalho que é realizado por esses profissionais. Entretanto, enfatizam que a ação de todos os profissionais é de extrema importância, principalmente se essa atuação for em conjunto.

Os familiares diferenciam ou assemelham suas ideias e percebem a relevância, durante a atividade, das oficinas corporais, e a família nº 1 (F1) cita: "Ele apresenta uma melhora muito grande, você fala com ele e ele entende, está mais aberto, ajuda mais em casa, você vê uma melhora incrível, ele já faz tudo sozinho com independência, conversa com os colegas e escuta música, o que, antes, ele odiava"; para a família nº 4 (F4), "essas atividades ajudam porque eles têm algo para fazer, ela já me ajuda muito em casa com a comida, ela está feliz"; a família nº 6 (F6) comenta que "ele está tão melhor que quer trabalhar, antes ele não tinha disposição para nada"; e, para a família nº 7 (F7), "hoje ela já sai, anda de ônibus, vai ao banco, faz tudo sozinha, no começo ela era irritada e precisava de alguém, não deixava ninguém dormir, agora ela está feliz" (Diário de Investigação, mai. 2003).

Conclusão

Observou-se, no decorrer de nosso trabalho, por meio das respostas obtidas na amostra pesquisada, que a Educação Física enquanto prática/atividade é realizada dentro das instituições, mas, no que diz respeito aos profissionais, estes são em número bastante reduzido. Nesse contexto, torna-se notório que o fator determinante dentro das instituições é a escassez de profissionais de Educação Física, que perde a oportunidade de demonstrar, pela prática, que, nos serviços de Psiquiatria, tem o poder de desenvolver trabalhos educativos e de conscientização para com o doente mental, evidenciando que eles têm esse direito enquanto seres presentes no mundo.

Enfim, os objetivos deste capítulo foram alcançados. Para o profissional de Educação Física, fica como tarefa um maior aprofundamento nos estudos acerca da saúde mental, a fim de que possam organizar projetos, pois a saúde mental será um crescente campo de intervenção para a nossa categoria. Dessa forma, concordamos com as palavras de Amarante (2000, p. 297): "a luta para com o portador de sofrimento psíquico não é um mar de rosas, mas, no fundo, colhemos belas flores". Logo, ficamos satisfeitos quando, dentro de cada olhar, enxergamos a gratidão. Isso foi um estímulo que nos fez seguir adiante, ensinando muita gente que apesar de tudo ainda vale a pena viver.

Deixamos aqui uma reflexão destinada a todas aquelas pessoas que se sentiram atraídas em se juntar a nós para dar continuidade com novas ideias ao futuro deste trabalho. Para finalizar, citaremos um poema de um poeta usuário, que, na sua lucidez, não compreende os normais:

Curso ômega

Queria ter percepção extrassensorial para saber quando você é natural.

Você é um ente desprovido de emoção. Age com a cabeça e pensa com a razão.

Ora bolas! Pra que tanta normalidade?

Cursar cursinho e faculdade, estagiar no instituto.

Ah, meu Deus! Quanta maldade,

no trato com o semelhante que quer ter certeza a todo instante

Se é um homem ou uma cobaia.

Não, não fuja da raia antes que a máscara caia.

Seja humano e saia pros corredores do coração.

(Ricardo Marques. Usuário. *Caderno* IPUB, 1999. p. 184).

Referências

AMARANTE, P. D. Carvalho. *Psiquiatria social e reforma psiquiátrica*. Rio de Janeiro: Fiocruz, 1994. p. 202.

_____. *Loucos pela vida*: a trajetória da reforma psiquiátrica no Brasil. Rio de Janeiro: Fiocruz, 1995.

ARAÚJO, I. L. *Foucault e a crítica do sujeito*. Curitiba: Ed. da UFPR, 2000. p. 220.

ARRUDA, M. A. *Primórdios da assistência psiquiátrica em Sergipe*. Aracaju: Fundação Augusto Franco, 1991.

ATIVIDADES SENSOMOTORAS: uma contribuição para a qualidade de vida das pessoas com transtornos metais. *Revista Brasileira de Atividade Física e Saúde*, v. 7, n. 1, Londrina, 2002.

BENEFÍCIOS DA ATIVIDADE física em pessoas com transtornos mentais. *Revista Brasileira de Atividade Física e Saúde*, v. 4, n. 2, Londrina, 1999.

BRUHNS, H. T. *Conversando sobre o corpo*. Campinas: Papirus, 1991.

CADERNO IPVB. Práticas ampliadas em saúde mental: desafios e construções do cotidiano. *Anais...* Instituto de Psiquiatria da UFRJ, n. 14. Rio de Janeiro: UFRJ, 1999.

DUARTE JR., J. F. *A política da loucura*: a antipsiquiatria. 3. ed. Campinas: Papirus, 1987.

GUIA DOS SERVIÇOS DE SAÚDE MENTAL DA REDE INTEGRADA. Secretaria de Saúde. *Manual diagnóstico e estatístico dos transtornos mentais* (DSM-IV/CID-10).

MEDINA, J. P. S. *O Brasileiro e o seu corpo*. Campinas: Papirus, 1994.

NUNES FILHO, E. P. *Psiquiatria e saúde mental*: conceitos clínicos e terapêuticos fundamentais. São Paulo: Atheneu, 1996.

SANTIN, S. *Educação Física, educar e profissionalizar*. Porto Alegre: EST, 1999.

SANTOS, L. S. *Exclusão/inclusão da loucura no Estado de Sergipe*. Monografia. Centro de Educação e Ciências Humanas, SE, 2002.

TRIVIÑOS, A. N. S. *Introdução à pesquisa em ciências sociais*: a pesquisa qualitativa em educação. São Paulo: Atlas, 1987.

17 Ginástica para a melhor idade

Christiano Bertoldo Urtado
Cláudio de Oliveira Assumpção

Um segmento populacional que vem crescendo mundialmente é o de indivíduos com mais de 60 anos. O estilo de vida sedentário é um dos fatores de riscos primordiais para aquisição de doenças crônicas degenerativas associadas à "melhor idade" (Yanowitz, 2002).

A preocupação e os cuidados com a saúde no século XXI vêm se expandindo rapidamente entre a população de idade avançada. A expectativa de vida praticamente dobrou entre o início e o final do século XX (US Department of Health and Human Services, 2000; Federal Interagency Forum on Aging-Related Statistics, 2000). Nos Estados Unidos, pessoas com mais de 65 anos correspondem a 13% da população atual e é o subgrupo que cresce com maior rapidez. O envelhecimento pode ser associado ao prejuízo das funções homeostáticas e à perda do "poder de recuperação", o que aumenta a instalação de patologias ditas comuns na velhice (Yanowitz, 2002).

Nas últimas décadas, observa-se uma tendência no incremento da expectativa de vida dos brasileiros. Segundo o IBGE (2005), a população de idosos representa um contingente de quase 15 milhões de pessoas com 60 anos ou mais (8,6% da população brasileira). As mulheres são maioria e representam 62,4% dos idosos (8,9 milhões), têm em média 69 anos e ocupam cada vez mais um papel de destaque na sociedade. Nos próximos 20 anos, a população idosa do Brasil poderá ultrapassar os 30 milhões de pessoas e deverá representar quase 13% da população ao final desse período.

O envelhecimento pode ser definido como uma série de processos que ocorrem nos organismos vivos e que, com o passar do tempo, leva a uma perda da adaptabilidade e das alterações funcionais. É um processo fisiológico que não necessariamente corre paralelamente à idade cronológica e apresenta considerável variação individual (Kuroda e Israell, 1988).

Velhice e corpo são termos de difícil definição. Há uma dificuldade em definir *corpo* porque não se têm o hábito de fazê-lo, e também não se define *velhice* face à heterogeneidade e à complexidade do processo. Entretanto, podemos compreender o corpo como um conjunto de órgãos e funções e a velhice, como as alterações que nele ocorrem (Domingues, 2004). Corroborando tais definições, Bookstein et al. (1993) cita a dificuldade de mensurar o envelhecimento por considerá-lo um processo conjunto entre o avanço da idade e a deterioração do sistema fisiológico. Diante de tais fatos, a abordagem de temas relativos à terceira idade é de fundamental importância, permitindo o entendimento dos processos que estão envolvidos no envelhecimento, do controle dos fatores de risco para essa faixa etária, assim como das intervenções necessárias para melhorar sua qualidade de vida.

Em relação a essa parcela da população, faz-se fundamental a compreensão de seus aspectos anatômicos e fisiológicos, entre eles, alterações antropométricas, neuromusculares e cardiorrespiratórias.

Várias alterações acontecem com o aumento da idade cronológica, e as mais evidentes são nas dimensões corporais. Com o envelhecimento, ocorrem mudanças, especialmente na estatura, no peso e na composição corporal, e estatura e peso sofrem interferência também de fatores como dieta, atividade física etc.

Por volta dos 40 anos de idade, o indivíduo apresenta uma diminuição na estatura na ordem de 1 cm por década. Isso se dá em virtude da diminuição dos arcos do pé, do aumento das curvaturas da coluna e de uma diminuição da espessura dos discos inter-corpo-vertebrais. Esse processo acomete mais as mulheres em razão da prevalência da osteoporose após a menopausa; já o peso corporal aumenta a partir dos 45 anos, estabilizando-se aos 70 e declinando aos 80 (Fiatarone, 1998).

Com essas mudanças na estatura e no peso, o índice de massa corporal (IMC) também é modificado com o transcorrer dos anos. A importância do IMC no processo de envelhecimento se deve ao fato de que valores acima da normalidade estão relacionados ao aumento da mortalidade por doenças cardiovasculares e diabetes, enquanto valores abaixo desse Índice relacionam-se com câncer, doenças respiratórias e infecciosas. No entanto, o risco relativo de morte associado ao maior IMC diminui com a idade, sendo assim, esse índice é maior na faixa de 30 a 44 anos, diminuindo dos 65 aos 74 anos (Fiatarone, 1998).

As alterações na composição corporal, especialmente a diminuição na massa livre de gordura corporal, o incremento da gordura corporal e a diminuição da densidade óssea, são as variáveis mais estudadas associadas ao avanço da idade (Bemben et al., 1995; Fiatarone, 1996; Visser et al., 1997).

O aumento do tecido adiposo, principalmente na região abdominal, e perdas na massa muscular (sarcopenia) estão relacionados, pois, com a diminuição da massa muscular, há diminuição na taxa metabólica basal, levando ao aumento substancial da porcentagem de gordura corporal (Shephard, 1994). Segundo o mesmo autor, os níveis do metabolismo basal podem estar deprimidos em cerca de 10% a partir da segunda década de vida até 50 e 55 anos.

O aumento no peso corporal, bem como o acúmulo de gordura, parecem advir de padrões genéticos, mudanças na dieta e nível de atividade física relacionados ao envelhecimento, ou de uma interação entre esses fatores (Visser et al., 1997).

Zamboni et al. (2003) afirmaram que as alterações na composição corporal em idosos podem ser diferentes entre os sexos, e o aumento do IMC foi mais evidente em mulheres (1,18%) em comparação aos homens (1,13%), assim como a diminuição do peso, que foi mais significante em mulheres (0,55%) que em homens (0,42%). Os mesmos autores relataram que essas diferenças independem da atividade física, concentração hormonal e concentração sérica de albumina.

Outra mudança observada é a perda da massa mineral óssea como consequência do avanço da idade. Essas alterações no sistema ósseo são consequentes do aumento da atividade dos osteoclastos, da diminuição dos osteoblastos ou mesmo da combinação de ambos os fatores. As perdas começam no homem entre a quinta e a sexta década de vida a uma taxa de 0,3% ao ano e, na mulher, ocorre mais precocemente, a uma taxa de 1% ao ano, dos 45 aos 75 anos. Mulheres aparentemente saudáveis experimentam, aos 70 anos, uma diminuição na faixa de 20% na densidade mineral óssea vertebral e de 25% a 40% no fêmur, enquanto homens na mesma situação têm deprimidos 3% da densidade mineral óssea vertebral e de 20% a 30% da densidade do fêmur (Going et al., 1995).

Em conformidade com os achados anteriores, Nichols et al. (2000) acrescentam que mudanças na densidade mineral óssea são influenciadas por fatores genéticos. Contudo, associam outros fatores à osteoporose, como estado nutricional, hormonal e nível de atividade física.

Podemos então enfatizar a complexidade do envelhecer, a qual envolve muitas variáveis. No entanto, fica claro que a participação em atividades físicas regulares fornece um número de respostas favoráveis que contribuem para o envelhecimento saudável.

Alterações neuromusculares

O aumento da idade cronológica está intimamente relacionado a alguns fatores. Podemos citar a sarcopenia, que é caracterizada pela diminuição na massa muscular e também em sua área de secção transversa, diminuindo os índices na qualidade da contração muscular, na força e na coordenação dos movimentos (Lexell, 1988).

Segundo Baumgartner et al. (1998), a sarcopenia pode contribuir ainda com o aumento ao risco de quedas, a perda da independência física funcional, as dificuldade no andar e no equilíbrio e o significativo incremento do risco de doenças crônicas, como diabetes e osteoporose. Outro aspecto importante ligado à readequação postural mediante a situação de quedas em idosos é a diminuição da potência muscular, que pode ser definida como a capacidade de produção de força no menor tempo possível (Barbanti, 1988).

Entre a segunda e a sétima década de vida, há uma diminuição substancial da massa magra (ou massa livre de gordura), chegando a 16%. Tal fato associa-se diretamente ao processo de envelhecimento, especialmente em razão de perdas nas massas óssea e muscular, bem como na água corporal total (Going et al., 1995).

Embora a massa magra inclua água, tecidos moles, massa mineral óssea, tecido conjuntivo e massa muscular, observamos a perda mais significativa com o processo de envelhecimento nesta última, chegando a incríveis 40%. Para mensuração exata da porcentagem de massa muscular, seria necessária a dissecação (processo utilizado em cadáveres). No entanto, *in vivo*, estimativas usando a excreção de creatina pela urina indicam perdas ainda maiores, atingindo 50%, entre 20 e 90 anos (Spirduso, 1995).

Com relação ao comportamento da força ao longo da vida, há um declínio por volta de 15% entre a sexta e a sétima década de vida. Após os 70 anos, esse índice pode alcançar 30% da força máxima (Harries e Bassey, 1990).

Nessa perspectiva, Westcott e Baechle (2001) relatam perdas de 15% a 20%, não descartando a influência de fatores nutricionais, endócrinos, hormonais e neurológicos no processo de diminuição da força muscular. Além da força máxima, a força rápida ou potência muscular apresentam significativas perdas.

A diminuição tanto da força como na potência muscular não se apresenta de forma homogênea, considerando o sexo, os diferentes tipos de fibras musculares e de contração (Lauretani et al., 2005). Fleck e Kraemer (1999) sugerem que as mulheres apresentam um declínio mais acentuado da força em relação aos homens, sendo expressa por uma diminuição na força de preensão manual em cerca de 3% ao ano em homens e 5% em mulheres, após um estudo longitudinal de quatro anos.

Corroborando os achados desses autores, Jan et al. (2005) verificaram em seu estudo que, independentemente da faixa etária (21 a 40 anos, 41 a 60 anos, 61 a 80 anos), as mulheres possuem maior declínio da produção de força em comparação aos homens. Tal fato relaciona-se com a diminuição da área de secção transversa do músculo que é mais acentuada em mulheres.

Em contrapartida, Lauretani et al. (2005), em um estudo realizado com 1.162 participantes, sendo 515 homens e 647 mulheres com idades entre 21 e 96 anos, perceberam uma mudança similar entre os sexos na área de secção transversal e força muscular, sugerindo que essas mudanças intrínsecas particularmente são causadas pela diminuição do número de motoneurônios.

Em estudo para verificação da qualidade muscular, Hakkinen e Hakkinen (1991) elucidaram as diferenças relacionadas ao sexo, aos grupos musculares e aos tipos de contração. Os resultados revelaram perda mais pronunciada da qualidade muscular nos membros inferiores que nos superiores.

Lynch et al. (1999), em estudo semelhante, submeteram 703 homens e mulheres com idades entre 19 e 93 anos a testes para mensuração do torque muscular em contrações concêntricas e excêntricas dos membros inferiores e superiores. Os resultados expressaram perda aumentada na qualidade muscular dos membros inferiores em relação aos superiores na ordem de 30%.

O idoso apresenta alterações também em seus tipos de fibras musculares, ocorrendo uma diminuição nas fibras tipo I (contração lenta) e tipo II (contração rápida), explicando a menor velocidade que é observada nos movimentos dos idosos e sendo considerada uma importante alteração do sistema neuromuscular (Petroianu e Pimenta, 1999).

Nessa mesma perspectiva, os músculios dos idosos exibem uma grande proporção de fibras musculares nas quais múltiplas "cabeças pesadas" de miosina são expressas, marcando a distribuição entre fibras tipo I e tipo II (Andersen, 2003).

Pesquisadores descrevem mudanças no sistema motor envelhecido, as quais são responsáveis pela deterioração nas capacidades de produção de força por idosos (Patten e Craik, 2000; Vandervoort, 2002; Enoka, 2003). A diminuição da força e da potência do músculo, bem como a capacidade de produzir firmemente a força, originam-se dos processos degenerativos difusos que afetam os músculos, os motoneurônios e as regiões do sistema nervoso central (Enoka, 2003).

A desproporcional atrofia de fibras musculares de contração rápida (tipo II) reduz também a capacidade de gerar força máxima e produzir rapidamente a força (Lexell, 1995). A perda do tecido muscular ocorre após a morte dos motoneurônios na medula espinhal (Larson, 1995). Depois da apoptose dos motoneurônios, algumas fibras desnervadas do músculo são reinervadas e tornam-se incorporadas a outras unidades motoras; as fibras desnervadas que não são reinervadas não sobrevivem (McComas, 1995).

Há, atualmente, uma forte evidência de que as mudanças moleculares e celulares em fibras musculares de idosos conduzem a uma diminuição na tensão específica do músculo e na velocidade máxima deles (Lowe et al., 2001). O resultado dessas mudanças é que os músculos de idosos são menores e contêm poucas unidades motoras. Além de redução no número de fibras musculares, há também diminuição no tamanho da própria fibra (Andersen, 2003).

Essas mudanças podem influenciar na qualidade de vida dos idosos e relacionar-se diretamente à autonomia e ao bem-estar deste segmento populacional.

Alterações cardiorrespiratórias

Segundo Savioli Neto et al. (2004), o envelhecimento proporciona alterações no sistema cardiorrespiratório que vão desde alterações nos pulmões até nos vasos sanguíneos, nos músculos e nas válvulas cardíacas; no entanto, o predomínio dessas alterações relacionadas ao sedentarismo dificulta a determinação fidedigna imputadas pelo envelhecer.

Com o avanço da idade, os vasos, especialmente a aorta, têm seus diâmetros internos aumentados para contrabalançar o enrijecimento de suas paredes, resultando em um possível decréscimo dos efeitos hemodinâmicos ocasionado por essa alteração. Esse enrijecimento surge em decorrência de uma diminuição no número de fibras elásticas, um aumento no número de fibras colágenas e uma deposição de sais de cálcio junto à parede dos vasos, processo chamado de aterosclerose (Rebelatto e Morelli, 2004).

De acordo com Petroianu e Pimenta (1999), o coração apresenta aumentos em massa de aproximadamente 1 g/ano em homens e 1,5 g/ano em mulheres, a partir da terceira década de vida. Nota-se, ainda, maior aumento na espessura do septo interventricular; se comparado à parede do ventrículo esquerdo, verifica-se um acúmulo de gordura especialmente nos átrios, o que muitas vezes não apresenta intercorrência clínica. Outras alterações características do coração do idoso são fibroses, degeneração basófila, hipertrofia concêntrica, calcificação e amiloidose.

Foram encontrados em idosos em repouso alterações no volume diastólico final e no volume sistólico para assegurar a manutenção do débito cardíaco diante de uma discreta e não significativa redução de frequência cardíaca (Savioli Neto, Ghorayeb e Luiz, 2004).

O aumento da Pressão Arterial (PA), decorrente dos processos ateroscleróticos, parece representar o desencadeamento das demais alterações da função cardíaca, as quais são inerentes ao envelhecimento normal, e tal aumento é responsável pela pós-carga cardíaca, resultando em espessamento da parede ventricular e no aumento do peso do coração (Soiza et al., 2005).

Com o avanço da idade, o padrão das respostas cardiovasculares muda em resposta à atividade física quando comparados a indivíduos jovens. Rodeheffer et al. (1984), em seu estudo realizado com jovens e idosos, observaram que os aumentos do débito cardíaco entre os grupos são similares, porém, por meio de mecanismos distintos quando submetidos à realização de exercícios submáximos.

Os mesmos autores sugerem que a elevação do débito cardíaco em exercícios submáximos deve-se aos maiores aumentos do volume diastólico final e do volume sistólico em idosos comparados aos jovens.

A frequência cardíaca (FC) e a pressão arterial (PA) apresentam retardo em idosos, o que pode acarretar falta de oxigênio (O_2) para os músculos, comprometendo o desempenho e a continuidade da atividade submáxima. Apesar de necessitar de um tempo maior para atingir o equilíbrio em relação à demanda funcional submáxima, as respostas de pressão arterial são sempre maiores nos idosos se comparados a adultos não idosos (Ishida et al., 2000).

A resposta diminuta da FC frente aos exercícios submáximo e máximo decorre da diminuição da estimulação ß-adrenérgica sobre o sistema cardiovascular, a qual tem início a partir dos 30 anos, tanto em homens como em mulheres. A menor sensibilidade ß-adrenérgica em idosos é responsável pela diminuição da resposta vasodilatadora periférica, o que contribui para o aumento na pressão arterial durante o esforço máximo em função da resistência vascular periférica (Seals, 1994).

Petroianu e Pimenta (1999) relataram que o sistema respiratório é acometido por mudanças em pulmões, nariz, articulações costoesternais, cartilagens costais e músculos respiratórios. Em decorrência de tais alterações, o volume máximo de ar inspirado por indivíduos com 70 anos é 50% deprimido em relação a indivíduos com 30 anos; consequentemente, o idoso utiliza o diafragma com maior intensidade para compensar a perda de elasticidade da caixa torácica.

Drinkwater et al. (1975) avaliaram 109 mulheres de 10 a 68 anos evidenciando que, até os 50 anos, as diferenças entre os grupos etários nas variáveis cardiovasculares e respiratórias foram mínimas; no entanto, houve uma diminuição nessas variáveis com o avanço da idade em mulheres com menor condicionamento físico. Esse decréscimo se torna evidente a partir dos 50 anos e poderia ser explicado por alterações nas concentrações hormonais, as quais podem ter efeitos metabólicos que afetam a potência aeróbica. Mulheres de 20 a 49 anos tiveram valores de VO_2máx significativamente menores que o grupo mais jovem, no entanto, foi interessante observar que mulheres mais idosas com nível de condicionamento aeróbico acima da média tiveram valores similares os de mulheres sedentárias de 20 anos, sugerindo que as diferenças no VO_2máx estão mais relacionadas ao nível de condicionamento físico do que com a idade.

Em conformidade com esses achados, Macedo et al. (1987) mensuraram 90 mulheres brasileiras com faixa etária entre 30 e 59 anos. Como resultados, encontraram o VO_2máx deprimido com o avanço da idade, estando em 12,9% para o grupo de 40 a 49 anos, 14,1% no grupo de 50 a 59 anos e 27% para o grupo com mais de 55 anos, valores comparados ao VO_2máx das mulheres de 20 anos.

Em contrapartida, Wells et al. (1992) sugeriram que o treinamento físico regular promove mudanças na FCmáx mas não no VO_2máx quando comparadas mulheres atletas jovens a idosas em um protocolo submáximo em esteira com 8% de inclinação.

Kohrt et al. (1991) avaliaram se a alteração e a adaptação do VO_2máx com o treinamento de *endurance* eram similares entre idosos acima de 60 anos e jovens. Os indivíduos realizaram caminhada e corrida entre 9 e 12 meses, com aumento progressivo da intensidade até 80% da FCmáx. Concluíram que as adaptações no sistema respiratório e do VO_2máx são independentes de gênero, idade e condição física inicial dos participantes do protocolo de exercício.

Em contrapartida, Fleg et al. (1995) sugeriram que a idade e o gênero têm um significante impacto na resposta cardiorrespiratória de indivíduos idosos submetidos ao exercício em bicicleta horizontal. Os autores sugeriram que a taxa de trabalho no ciclismo diminui 40% com a idade em ambos os sexos, porém, essa diminuição é mais evidente em indivíduos do sexo masculino.

A função cardiorrespiratória, a FCmáx e a de repouso também se apresentaram diferentes com o avanço da idade. Guénard e Marthan (1996) estudaram a hipótese de que a estrutura e a função pulmonar seriam capazes de manter adequadas as trocas gasosas com o aumento da idade. Para tal, mensuraram a tensão arterial de O_2 e CO_2, diferença alvéolo-arterial dos mesmos gases e o estado estável da capacidade de transferência dos pulmões para o monóxido de carbono

(CO), assim como a taxa de troca gasosa em 74 indivíduos com mais de 68 anos. Como resultados, obtiveram uma manutenção da tensão arterial de O_2 com a idade, diminuição do estado estável de transferência pulmonar e, como consequência disso, um prejuízo no transporte de O_2 em decorrência da idade. Pickering et al. (1997) confirmaram melhora do VO_2máx (16%) e do volume plasmático (11%) em homens de 62 anos após um treinamento de *endurance* realizado três vezes por semana, durante 16 semanas, em que inicialmente trabalhou-se de 50% a 80% do VO_2máx e, passadas 8 semanas, incrementou-se a intensidade, passando para 80% a 85% do VO_2máx.

Mais recentemente, Prioux et al. (2000) realizaram um teste incremental em um cicloergômetro comparando-se dois grupos, um com nove homens jovens com média de 23 anos e outro com nove homens idosos com média de 68 anos. Após aquecimento com 30 watts (W), a potência foi aumentada em 30 w até a exaustão, em que observaram aumento no volume ventilatório de CO_2 (0,05; 0,75; 1,0; 1,25 L/min) no grupo de homens idosos. Sugeriram com os resultados que as respostas ventilatórias são influenciadas pela idade uma vez que se apresentaram mais elevadas no grupo dos idosos comparados ao grupo de jovens.

A Tabela 17.1 resume os efeitos deletérios do envelhecimento dos 20 aos 89 anos.

Tabela 17.1 – Efeitos deletérios do envelhecimento dos 20 aos 89 anos

Variáveis antropométricas	Ano		Década
	Absoluto	Relativo (%)	Relativo (%)
Peso	0,2★	0,4	4
Estatura	-0,4 a 0,3 cm	-0,18	-1,8
Circunferência de cintura	0,2 cm	-	-
Relação cintura/quadril	0,002	0,2	1,8 a 2,4
Gordura corporal	0,22 a 0,36	0,3 a 0,5	3 a 5,2
Massa livre de gordura	-0,12 a 0,36	-0,6 a -0,4	-4 a -6
Mineral	-0,013 kg	-2	-20
Água	-0,07 a 0,2 kg	-1,2	-12

continua

continuação

Variáveis antropométricas	Ano		Década
	Absoluto	Relativo (%)	Relativo (%)
Proteína	-0,04 a 0,06 kg	-0,5	-5
Potássio	-0,003 a -0,007 g/kg	-0,3 a -0,6	-3 a -6
Taxa metabólica de repouso	-	-1,0	-10
Massa óssea total	-0,001 a -0,003 g/cm2	-0,6 a -1,7	-6 a -17

Após 70 anos, o peso decresce em torno de 0,2 a 0,8 kg/ano.
Adaptado de Matsudo (2001).

Ginástica e prescrição de atividade física na "melhor idade"

A Ginástica tem um papel importante quando se trata das alterações antropométricas, neuromusculares, metabólicas e psicológicas na "melhor idade".

Fiatarone et al. (1998) sugerem que a maioria dos estudos transversais relata o efeito benéfico da Ginástica e atividade física em geral, na modificação das alterações do peso e da composição corporal relacionadas à idade. De acordo com essa autora, indivíduos que se classificam como mais ativos têm menor peso corporal, índice de massa corporal, porcentagem de gordura corporal e relação cintura/quadril do que os indivíduos também na melhor idade, porém não praticantes de nenhum tipo de atividade física.

A autora afirma que, em relação ao acúmulo e distribuição de gordura corporal, essas variáveis sofrem modificações com o incremento generalizado da atividade física (caminhada, Ginástica). Tal fato se deve a alterações no balanço energético durante muitos anos, ao contrário do que acontece com a massa muscular, que requer adaptações mais específicas obtido com atividades de alta resistência.

Talvez um dos dados mais interessantes neste aspecto seja o proveniente dos atletas "*master*", em que a dificuldade em separar os efeitos do treinamento e do envelhecimento seja também a forma de explicar as alterações na composição corporal com o tempo. Hagerman et al. (1996), que acompanharam por um período de 20 anos atletas olímpicos, evidenciaram um aumento da gordura corporal de 12,3% para 15,6% entre 24 e 44 anos, e a maior parte do acúmulo aconteceu na primeira década, quando os atletas diminuíram o volume de treinamento, mas, ainda assim, a média de gordura daqueles indivíduos foi menor do que os não-atletas. Deste modo, parece que o exercício com ginástica não evita completamente o acúmulo de gordura corporal que acontece com a idade, especialmente após os 60 anos. As observações transversais e longitudinais sugerem que a participação voluntária em programa de atividades como a ginástica atenua o declínio da taxa metabólica de repouso relacionado à idade e o aumento dos estoques centrais e totais de gordura corporal.

De acordo com os dados apresentados por Fiatarone (1998), a maioria das revisões e meta-análises apresenta poucas evidências de que o exercício isoladamente em forma de ginástica contribui para modificar significativamente o peso e a composição corporal em idosos normais. Da mesma forma, em idosos obesos faltam estudos metodologicamente adequados que permitam concluir que a Ginástica Aeróbica sem restrição dietética pode reduzir significativamente o peso corporal, a porcentagem de gordura corporal, a adiposidade central ou o perfil lipídico. No entanto, algumas evidências apresentadas por Hurley e Hagberg (1998) mostram que tanto a Ginástica Aeróbica como a contrarresistência provocam redução dos estoques de gordura em homens e mulheres idosos, mesmo sem restrição calórica. De acordo com os autores, os dois tipos de exercícios são efetivos em diminuir os estoques de gordura intra-abdominal de pessoas idosas e, surpreendentemente, a atividade aeróbica não resultou em um impacto muito maior que a Ginástica Contrarresistência, o que poderia ser explicado em parte pelo aumento da taxa metabólica de repouso com esse último tipo de exercício, mecanismo ainda controverso.

A prática regular e sistematizada de atividade física é necessária para a promoção da saúde; no entanto, devem-se levar em consideração algumas recomendações para tal.

Até alguns anos atrás, a recomendação para a prescrição de exercícios predominantemente aeróbicos era de que fossem realizados de três a cinco vezes por semana, com duração de 20 a 30 min., com intensidade de leve a moderada. Alternativamente a essa prescrição formal, podem-se acumular 2.000 kcal ou mais de gasto energético semanal, o que reduz de forma expressiva a mortalidade geral e cardiovascular. Esse gasto energético pode ser atingido tanto por meio de atividades programadas (como caminhar, nadar, pedalar, fazer hidroginástica) como também de atividades do cotidiano e de lazer, como subir escadas, cuidar de afazeres domésticos, cuidar do jardim e dançar (ACSM, 1998).

Entretanto, em alguns indivíduos idosos, a baixa capacidade funcional não permite a prescrição de exercícios da forma ideal. É, portanto, necessária uma fase inicial de adaptação na qual a intensidade e a duração serão determinadas em níveis abaixo dos ideais.

A Ginástica deve ser iniciada por uma fase de aquecimento, atividade principal em menor intensidade e exercícios de aumento da mobilidade articular. O aquecimento é uma fase importante, pois diminui os riscos de lesões e aumenta o fluxo sanguíneo para a musculatura esquelética. A redução progressiva da intensidade do exercício é igualmente importante por prevenir a hipotensão pós-esforço. Esses efeitos podem ser exacerbados nos idosos, pois apresentam mecanismos de ajustes hemodinâmicos mais lentos e, frequentemente, utilizam medicamentos de ação cardiovascular (Pollock et al., 1997).

A intensidade da fase aeróbica pode ser determinada por meio do percentual do consumo máximo de oxigênio (VO_2máx) ou da frequência cardíaca máxima (FCmáx) previamente estabelecidos em um teste ergométrico ou estimadas por meio de fórmulas. O uso de medicamentos de ação cardiovascular pode alterar a relação entre FC e intensidade de esforço; nesse caso, pode-se utilizar a escala de percepção subjetiva do esforço (escala de Borg), uma excelente alternativa para qualquer indivíduo. Geralmente, é recomendada uma intensidade moderada, como 40% a 75% do VO_2máx ou 55% a 85% da FCmáx, o que corresponde em geral à escala de Borg de 3 a 5 ou de 12 a 13, conforme a escala preferida (0-10 ou 6-20, respectivamente). Deve-se observar que sessões com intensidade alta podem estar associadas a um maior risco de desistência em razão do desconforto muscular, especialmente nas fases iniciais de um programa de exercícios. A duração da atividade varia de 30 a 90 min, guardando relação inversa com a intensidade. Os chamados idosos "frágeis" e aqueles em fase inicial do programa de exercícios podem se beneficiar de sessões de curta duração (5 a 10 min), realizadas em dois ou mais períodos ao dia (ACSM, 1998, 2001).

Recomenda-se a prática de exercícios por um número maior de dias ou mesmo por toda a semana. Dessa forma, mais provavelmente se pode atingir o gasto energético necessário para obtenção dos benefícios para a saúde (ACSM, 1998).

Na fase inicial de um programa é importante dar segurança, educando quanto aos princípios do exercício e estimulando a automonitorização. É importante fazer que o hábito do exercício se transforme em algo tão natural como, por exemplo, cuidar da própria higiene (Spirduso, 1980).

Leitão et al. (2000) recomendam que um programa ideal de exercícios físicos deve ser realizado na maior parte dos dias da semana, com duração das sessões variando entre 30 e 90 min, de forma contínua ou não. A intensidade da fase aeróbica pode ser determinada por meio do percentual de $VO_2máx$ ou da FCmáx previamente estabelecidos em um teste de esforço ou estimados por meio de fórmulas, utilizando como parâmetros moderados correspondentes de 40% a 75% do $VO_2máx$ e de 55% a 85% da FCmáx. Pode-se ainda utilizar a escala de percepção subjetiva do esforço (escala de Borg), a qual se recomenda uma intensidade também moderada, o que corresponde à demarcação de 12 a 13 da escala, que varia de 6 a 20.

O ACSM (2001) indica a prática de exercícios físicos com intensidade moderada, com frequência de cinco a sete dias por semana, em que devem estar integrados ao programa de exercícios de flexibilidade, que proporcionam o incremento da flexibilidade e a amplitude de movimento, exercícios de *endurance*, que podem ajudar a manter e melhorar vários aspectos da função cardiovascular, entre eles $VO_2máx$, débito cardíaco e diferença artério-venosa de O_2, bem como incrementar a *performance* submáxima, e exercícios contrarresistência, que ajudam a compensar a redução na massa e força muscular tipicamente associada com o envelhecimento normal, bem como melhoram a saúde óssea e, portanto, reduzem o risco de osteoporose, melhoram a estabilidade postural e reduzem, assim, o risco de quedas, lesões e fraturas associadas.

Já com relação à Ginástica contrarresistência, as Tabelas 17.2 a 17.4 ilustram o posicionamento do ACMS, da Sociedade Brasileira de Medicina do Esporte e da Sociedade Brasileira de Geriatria e Gerontologia, com relação à prescrição para idosos, idosos frágeis, muito frágeis e o aumento de massa magra para idosos.

Tabela 17.2 – Recomendações da prescrição do treino para idosos

Repetições	6 a 12.
Intensidade	A partir de 60% de 1 RM.
Frequência	Duas a três vezes por semana, em dias alternados.

Adaptado do posicionamento oficial da Sociedade Brasileira de Medicina do Esporte e da Sociedade Brasileira de Geriatria e Gerontologia (1999).

Tabela 17.3 – Recomendações da prescrição do treinamento para idosos frágeis e muito frágeis

Grupos musculares relevantes clinicamente	Extensão de quadril e do joelho, flexores do joelho e coluna, dorsiflexores plantares, bíceps, tríceps, ombro, extensores da coluna e musculatura abdominal. Acrescentar exercício com peso livre para treinar equilíbrio.
Intensidade	A partir de 80% de 1 RM (exercícios de alta intensidade são mais seguros que os de baixa intensidade).
Frequência	Duas a três vezes por semana

Adaptado do posicionamento oficial do ACMS (1998).

Tabela 17.4 – Recomendações da prescrição do treinamento para idosos para ganhos de força e hipertrofia

Repetições	8 a 12.
Intensidade	A partir de 70% de 1 RM.
Progressão	Inicialmente em máquinas e na progressão em pesos livres.

continua

continuação

Grupos musculares	Recomendam-se exercícios multiarticulares e monoarticulares.
Frequência	duas a três vezes por semana.
Tempo de recuperação entre as séries	Um a dois minutos.

Adaptado do posicionamento oficial do ACMS (2002).

Da mesma forma que têm sido relatados efeitos da atividade física e do exercício nos aspectos biológicos e ligados à saúde, evidências apontam também para efeitos nos aspectos psicológicos e sociais do envelhecimento (McAurey e Rudolph, 1995; Van Boxtel et al., 1997; Wood et al., 1999; Okuma, 1998, 1999; Lin et al., 2007): melhora do autoconhecimento, da autoestima, da imagem corporal, contribuição no desenvolvimento da autoeficácia, diminuição do estresse, ansiedade, melhora da tensão muscular, insônia, diminuição do consumo de medicamentos, melhora das funções cognitivas e da socialização.

Este capítulo esclareceu que existe a necessidade de incluir atividades aeróbicas e de força muscular em programas de Ginástica para idosos como forma de promover a melhor função física e a manutenção da independência, além de reduzir o impacto negativo da idade sobre as variáveis da aptidão física, especialmente no enfraquecimento muscular e na debilidade motora, que são os principais fatores de prevalência, dependência e fraturas, que, como consequência, aumentam os custos com tratamentos médicos e internações hospitalares e, então, as taxas de incidência de morbidade e mortalidade, tendo muitas implicações para as estratégias de saúde pública.

Simultaneamente, os benefícios associados à Ginástica regular e à atividade física contribuem para um estilo de vida independente e saudável, melhorando muito a capacidade funcional e a qualidade de vida para o segmento de nossa população, que cresce rapidamente.

Referências

AMERICAN COLLEGE OF SPORTS MEDICINE. Exercise and physical activity for older adults: stand position. *Medicine Science Sports Exercise*, v. 30, n. 6, p. 992-1008, 1998.

_____. *Guidelines for exercise and prescrition*. Lippincott: Williams and Wilkins, 2001, p. 6.

_____. Progression model in resistance training for healthy adults: stand position. *Medicine Science Sports Exercise*, v. 34, n. 2, p. 364-80, 2002.

ANDERSEN, J. L. Muscle fiber type adaptation in the elderly human muscle. *Scand. J. Med. Sci. Sports*, v. 13, p. 40-7, 2003.

BARBANTI, V. J. *Treinamento físico*: bases científicas. 2. ed. São Paulo: (s/e), 1988, p. 41-81.

BAUMGARTNER, R. N. et al. Epidemiology of sarcopenia among the elderly in New Mexico. *Am. J. Epidemiol.*, v. 147, p. 755-63, 1998.

BEMBEN, M. G. et al. Age-related patterns in body composition for men aged 20-79 yr. *Medicine Science Sports Exercise*, v. 27, p. 264-9, 1995.

BOOKSTEIN, F. et al. Aging as explanation: how scientific measurement can advance critics gerontology. In: COLE et al. *Voices and visions of aging: toward a critical gerontology*. Nova York: Springer Publishing Company, 1993, p. 20-45.

DOMINGUES, M. A. *Fonoaudiologia em geriatria; identificando o universo do idoso*: mapa mínimo de relações: instrumento gráfico para identificar a rede de suporte social do idoso. Tese (Doutorado). São Paulo: Universidade Estadual de São Paulo, 2004.

DRINKWATER, B. L.: HORVATH, S. M.; WELLS, C. L. Aerobic power of females, ages 10 to 68. *J. Gerontol.*, v. 30, p. 385-94, 1975.

ENOKA, R. M. et al. Mechanisms that contribute to differences in motor performance between young and old adults. *J. Electromyogr. Kinesiol.*, v. 13, p. 1-12, 2003.

FEDERAL INTERAGENCY FORUM ON AGING-RELATED STATISTICS: OLDER AMERICANS 2000. *Key indicators of well-being*. Federal Interagency Forum on Aging-Related Statistics. Washington: US Government Printing Office, 2000.

FIATARONE, M. A. Physical activitity and functional independence in aging. *Res. Q. Exerc. Sport*, v. 67, suppl. 3, p. 70, 1996.

_____. Body composition and weight control in older adults. In: LAMB, D. R.; MURRAY, R. (Ed.). *Perspectives in exercise science and sports medicine*: exercise, nutrition and weight control, 1998, v. 11. Carmel: Cooper, p. 243-88.

FLECK, S. J.; KRAEMER, W. J. *Fundamentos do treinamento de força muscular*. 2 ed. Porto Alegre: Artmed, 1999. p. 200-11.

FLEG, J. L. et al. Impact of age on the cardiovascular response to dynamic upright exercise in healthy men and women. *J. Appl. Physiol.*, v. 78, p. 890-900, 1995.

GOING, S.; WILLIAMS, D.; LOHMAN, T. Aging and body composition: biological changes and methodological issues. In: HOLLOZY, J. O. (Ed.). *Exer. Sport Sci.*, (Revisto) Baltimore: Williams and Willkins, v. 23, p. 411-49, 1995.

GUÉNARD, H.; MARTHAN, R. Pulmonary gas exchange in elderly subjects. *J. Eur. Respir.*, v. 9, p. 2573-7, 1996.

HAGERMAN, F. C. et al. A 20-yr longitudinal study of olympic oarsmen. *Medicine Science Sports Exercise*, v. 28, n. 9, p. 1150-6, 1996.

HAKKINEN, K.; HAKKINEN, A. Muscle cross-sectional area, force production and relaxation characteristics in women at different ages. *European Journal of Applied Physiology*, v. 62, p. 410-4, 1991.

HARRIES, U. J.; BASSEY, E. J. Torque-velocity relationships for the knee estensors in women in their 3rd and 7th decades. *European Journal of Applied Physiology*, v. 60, p. 87-190, 1990.

HURLEY, B. F.; HAGBERG, J. M. Optimizing health in older persons: aerobic or strength training? *Exerc. Sport Sci. Rev.*, v. 26, p. 61-89, 1998.

IBGE. Disponível em: <http://www.ibge.gov.br>. Acesso em: out. 2005.

ISHIDA, K. et al. Initial ventilatory and circulatory responses to dynamic exercise are slowed in the elderly. *J. Appl. Physiol.*, v. 89, p. 1771-7, 2000.

JAN, M. et al. Effects of age and sex on the results of an ankle plantar-flexor manual muscle test. *Phsical Therapy*, v. 85, n. 10, 2005.

KOHRT, W. M. et al. Effects of gender, age, and fitness level on response of VO$_2$max to training in 60-71 yr olds. *J. Appl. Physiol.*, v. 71, p. 2004-11, 1991.

KURODA, Y.; ISRAELL, S. Sport and physical activities in older people. *The Olympic Book of Sports Medicine*. Oxford: Blackwell Scientific Publications, 1988.

LARSON, L.; ANSVED, T. Effects of ageing on the motor unit. *Prog. Neurobiol.*, v. 45, p. 397-458, 1995.

LAURETANI, F. et al. Axonal degeneration affects muscle density in older men and women. *Neurobiology of Aging*, 2005.

LEITÃO, M. B. et al. Posicionamento oficial da Sociedade Brasileira de Medicina do Esporte: atividade e saúde na mulher. *Revista Braileira de Medicina e Esporte*, v. 6, n. 6, 2000.

LEXELL, J. Human aging, muscle mass, and fiber type composition. *J. Gerontol. Biol. Sci. Med.*, v. 50, p. 11-6, 1995.

LEXELL, J.; TAYLOR, C. C.; SJOSTROM, M. What is the cause of the ageing atrophy? *J. Neurol. Sci.*, v. 84, p. 275-94, 1988.

LIN, M. R. et al. A randomized, controlled trial of fall prevention programs and quality of life in older fallers. *Journal of the American Geriatrics Society*, v. 55, n. 4, p. 499, 2007.

LOWE, D. A. et al. Electron paramagnetic resonance reveals age-related myosin structural changes in rat skeletal muscle fibers. *Am. J. Physiol. Cell.*, v. 280, p. c540-c7, 2001.

LYNCH, N. A. et al. Muscle quality: age-associated differences between arm and leg muscle groups. *J. Appl. Physiol.*, v. 86, n. 1, p. 188-94, 1999.

MACEDO, I. F.; DUARTE, C. R.; MATSUDO, V. K. R. Análise da potência aeróbica em adultos de diferentes idades. *Revista Brasileira de Ciência e Movimento*, v. 1, p. 7-13, 1987.

MATSUDO, S. M. *Envelhecimento e atividade física*. Londrina: Midiograf, 2001.

MCAUREY, E.; RUDOLPH, D. Physical activity, aging, and psychological well-being. *Journal of Aging and Physical Activity*, v. 3, p. 67-96, 1995.

MCCOMAS, A. J. Motor unit estimation: anxieties and achievements. *Muscle Nerve*, v. 18, p. 369-79, 1995.

Nichols, D. L. et al. Relationship of regional body composition to bone mineral density in collage females. *Medicine and Science in Sport and Exercise*, v. 27, p. 178-82, 2000.

Okuma, S. S. Impacto da atividade física sobre a dimensão psicológica do idoso: uma análise sob a ótica da velhice bem-sucedida. In: *Anais...* 7º Congresso de Educação Física e Ciências do Esporte dos Países de Língua Portuguesa, Florianópolis, 1999.

_____. Investigando o significado da atividade física para o idoso. In: _____. *O idoso e a atividade física*. Campinas: Papirus, 1998. p. 111-9.

Patten, C. T.; Craik, R. L. Sensorimotor changes and adaptation in the older adult. In: Guccione, A. A. (Ed.). *Geriatric Physical Therapy*. 2. ed. St. Louis: Mosby, p. 78-109, 2000.

Petroianu, A.; Pimenta, L. G. *Clínica e cirurgia geriátrica*. Rio de Janeiro: Guanabara Koogan, 1999.

Pickering, G. P. et al. Effects of endurance training on the cardiovascular system and water compartments in elderly subjects. *Journal of Applied Physiology*, v. 83, p. 1300-637, 1997.

Pollock, M. L. et al. Twenty-year follow-up of aerobic power and body composition of older track athletes. *The Journal of Applied Physiology*, v. 82, p. 1508-16, 1997.

Prioux, J. et al. Effect of ageing on the ventilatory response and lactate kinetcs during incremental exercise in man. *Eur. J. Appl. Physiol.*, v. 81, p. 100-7, 2000.

Rebelatto, J. R.; Morelli, J. G. S. *Fisioterapia geriátrica*: a prática da assistência ao idoso. Barueri: Manole, 2004.

Rodeheffer, R. J.; Gerstenblith G.; Becker, L. C. Exercise cardiac output is maintained with advancing age in healthy human subjects: cardiac dilation and increased stroke volume compensate for a diminished heart rate. *Circulation*, v. 69, n. 2, p. 203-13, 1984.

Savioli Neto, F.; Ghorayeb, N.; Luis, C. C. C. Atleta idoso. In: Ghorayeb, N.; Barros Neto, T. L. *O exercício*: preparação fisiológica, avaliação médica, aspectos especiais e preventivos. São Paulo: Atheneu, 2004. p. 387-92.

Seals, D. R. et al. Exercise and aging: autonomic control of the circulation. *Medicine Science Sports Exercise*, v. 26, p. 268-73, 1994.

Shephard, R. J. *Alterações fisiológicas através dos anos*. Rio de Janeiro: Revinter, 1994.

Sociedade Brasileira de Medicina do Esporte; Sociedade Brasileira de Geriatria e Gerontologia. Posicionamento oficial. *Revista Brasileira de Medicina do Esporte*, v. 5, n. 6, p. 207-11, 1999.

Soiza, R. L.; Leslie, S. J.; Harrild, K. Age-dependent differences in presentation, risk factor profile, and outcome of suspected acute coronary syndrome. *J. Am. Geriatr. Soc.*, v. 53, p. 1961-5, 2005.

Spirduso, W. W. Physical fitness, aging and psychomotor speed: a review. *Journal of Gerontology*. v. 35, p. 850-65, 1980.

_____. *Physical Dimensions of Ageing*. 1. ed. Champaign: Human Kinetics, 1995.

US Department of Health and Human Services. *Healthy People 2010* (Conference edition, in two volumes). Washington: US Department of Health and Human Services, 2000.

Van Boxtel, M. P. et al. Aerobic capacity and cognitive performance in a cross-sectional ageing study. *Medicine Science Sports and Exercise*, v. 29, p. 1357-65, 1997.

Vandervoort, A. A. Aging of the human neuromuscular system. *Muscle Nerve*, v. 25, p. 17-25, 2002.

Visser, M. et al. Density of fat-free body mass: relationship with race, age, and level of body fatness. *Am. J. Physiol.*, v. 272, p. 781-7, 1997.

Wells, C. L.; Boorman, M. A.; Riggs, D. M. Effect of age and menopausal status on cardiorespiratory fitness in masters women runners. *Medicine Science Sports Exercise*, v. 24, p. 1147-54, 1992.

Westcott, W.; Baechle, T. *Treinamento de força para a terceira idade*: para condicionamento físico e performance ao longo dos anos. São Paulo: Manole, 2001.

Wood, R. H. et al. Physical fitness, cognitive function, and health-related quality of life in older adults. *Journal of Aging and Physical Activity*, v. 7, p. 217-30, 1999.

Yanowitz, F. G.; Lamonte, M. J. Physical activity and health in the elderly. *Current Sports Medicine Reports*, v. 1, p. 354-61, 2002.

Zamboni, M. et al. Body composition changes in stable-weight elderly subjects: the effect of sex. *Aging Clin. Exp. Res.*, v. 15, p. 321-7, 2003.

Parte 5
Ginástica como esporte

18 Ginástica Rítmica
Reflexões sobre arte e cultura

Márcia Regina Aversani Lourenço
Roberta Gaio

A Ginástica Rítmica é, entre outras modalidades, um dos esportes considerados artísticos, que envolve demonstração e análise de pontuação relacionada à coreografia, que é feita tendo como referencial a música, os elementos corporais e os aparelhos oficiais da modalidade. Por ser um esporte artístico, a GR, como é mais conhecida, se justifica enquanto arte: a arte relacionada ao esporte.

Vieira (1989, p. 130) escreve sobre a expressão da arte relacionada à Ginástica Rítmica:

> a GRD não é apenas um esporte, mas também uma arte de expressão corporal e se como tal for considerada poderá, também, assim como as demais artes que se utilizam dos movimentos, expressar diferentes significações artísticas, visto que, como arte, ela deve

> expressar livremente o sentimento do artista e as suas ideias, por meio do domínio da técnica.

Neste capítulo, propomos uma reflexão sobre a valorização da cultura, em especial a brasileira, na ampliação do conceito artístico para os conceitos de Ginástica Rítmica tendo como referencial o conjunto da seleção brasileira no período de 1995 a 2004, que teve como técnico a professora Bárbara Laffrenchi, que deixou de seguir influências de outros países, assumindo suas próprias características culturais.[1]

Tratar sobre arte é imensamente prazeroso: é nos imaginar imbuídos das nossas características particulares, sentimentos e admiração. Discorrer sobre a cultura de um povo é buscar, em suas raízes, a realidade atual por meio das transformações sofridas em toda uma história de vida. Um povo carrega consigo toda uma bagagem de ideias, realizações, desejos, ansiedades, acrescentados às suas angústias e dúvidas produzidas pelas convivências em sociedade, certamente produto de cultura vivida com arte.

Acreditamos que as transformações das sociedades estão inteiramente ligadas à cultura, isto é, as formas de organização dos grupos humanos e como ocorre a resolução de problemas é fruto de uma convivência sociocultural, pois, ao mesmo tempo que estar com o outro é receber influências das regras e costumes já existentes, essa convivência também traz à baila novas formas de ver e viver a existencialidade. São sempre várias vivências, por muitos e muitos anos, até que novas atitudes a respeito de um determinado problema surgem para substituir velhos costumes, e assim sempre, pois o ser humano está sempre em desenvolvimento e, a cada instante, podem-se gerar novas ideias, que o fará rever antigos conceitos e criar novos. Assim acontece a evolução e assim vivenciamos e expressamos a cultura.

A cultura surge a partir do momento em que o ser humano, enquanto ser em sociedade, necessita travar uma luta pela sobrevivência e assim se garantir dentro de toda uma estrutura de espaço e tempo. Nunes Filho (1997, p. 35), ao falar do ser eroticamente humano, trata dessa constatação como um desafio:

---

[1] Para mais informações sobre a seleção de 1995 a 2004, acessar o *site* www.unopar.br

> A vida humana, como a entendemos e vivenciamos hoje, só foi possível pela recusa do homem a seguir tão somente os caminhos preestabelecidos de uma programação biológica. Não obstante, não tendo abandonado a condição de ser vivo, o ser humano optou por construir, ele mesmo, parte significativa da sua vida. Com a constatação da precariedade de sua estrutura biológica, ele procurou uma superação de sua fragilidade para a garantia de sua sobrevivência no planeta. Essa garantia foi conseguida graças à criação necessária de um mundo particular que lhe desse sustentação face aos desafios e ameaças do universo. Nasceu aí o que hoje denominamos cultura. Podemos defini-la como uma construção, diferenciada entre os grupos humanos, resultante da necessidade comum de "organizar sua vida social, de se apropriar dos recursos naturais e transformá-los, de conceber a realidade e expressá-la".

Para esse autor, foi como um desafio à espécie humana que a cultura nasceu, criando um mundo a parte, no qual elementos da natureza foram transformados para o benefício próprio da espécie. Assim, o ser humano, a partir da cultura, constrói e reconstrói a si próprio e a própria cultura, dizendo não à simplicidade e buscando a complexidade como forma de emergirem novas tendências, novas vontades, novos valores e novas sociedades, verdadeiros organismos vivos (re)formando cultura.

Quando falamos em organismos vivos, o que nos leva a imaginar tais organizações são funções preestabelecidas e específicas para cada integrante dessa organização. Porém, sabemos que os seres humanos não são apenas organismos vivos, pois possuímos a característica da mutabilidade, que, de acordo com Capra (1991), nos leva a escolher novos caminhos, novas formas de vida e não obrigatoriamente estar com essa organização por toda nossa vida.

A escolha de novos caminhos é possível em virtude da capacidade que o ser humano possui de adaptação ao meio ambiente e às suas variações, o que é uma característica essencial dos sistemas sociais. O grande número de opções que existe ou se cria para interagir com o meio ambiente, Capra (1991) denomina *homeostase*, isto é, são essas variáveis do estado de equilíbrio dinâmico que permeiam o ser humano.

Da possibilidade de escolhas surgem novos grupos e novas civilizações, e o destino de cada nova organização se deve à maneira como se organizam, por exemplo, os sedentários e os nômades nas sociedades primitivas. No sedentarismo, havia a alteração dos recursos naturais, como a domesticação de animais e plantações de alimentos para o próprio sustento; já os nômades optavam por mudanças contínuas após o término dos recursos naturais disponíveis no local escolhido como sede; a essas maneiras diferentes de se viver chamamos adversidades.

Mas a cultura não está associada somente às organizações sociais e sua compreensão, como também às manifestações artísticas, ao conhecimento, às crenças, às festas e outras tantas diversidades. É, portanto, um produto coletivo de toda uma vivência de reações, sugestões e realizações históricas de um povo.

Podemos citar também como elemento cultural a palavra. Nunes Filho (1997), ao dizer que os seres humanos são mais simbólicos do que práticos, classifica a palavra como o símbolo mais presente ao longo de nossas vidas e finaliza dizendo que a palavra é um sinal de comunicação, fonte da capacidade de pensar, de prazer e uma extensão de nós mesmos.

Expressão da linguagem, a palavra é uma dimensão humana de extrema importância transformadora, que deixa de ser um conjunto de símbolos para ser a própria expressão do sentido que habita o pensamento. Segundo Gonçalves (1994, p. 98), por meio da linguagem, podemos promover a união social:

> A linguagem é o lugar da confluência do individual com o social. É o elemento de articulação da minha interioridade com a interioridade do outro. Por meio dela, o homem assume-se como ser social. É também uma forma de o homem ultrapassar, de certo modo, sua temporalidade e sua espacialidade, pois, pela linguagem, posso comunicar intenções futuras e realizações possíveis, como também comunicar-me a distância.

Outra forma de comunicação ligada à cultura é a obra de arte, provavelmente a forma mais expressiva da cultura humana, em que se podem exprimir inquietações, paixões e esperanças que, segundo Nunes Filho (1997, p. 56), se dão por meio de um estado de embriaguez:

> Essa experiência de embriaguez, que origina a obra de arte, constitui-se na maior violência aos esquemas repressivos que pretendem comandar o comportamento humano. A arte traz em seu núcleo o germe da ruptura com a lógica imposta, uma vez que incita a atuação desse mundo incontrolável, não determinado pela simploriedade dos esquemas morais e não direcionável pela ideologia. Esse mundo é o corpo.

Assim, a arte distorce a realidade e nos obriga a repensar nas várias verdades absolutas que fazem parte de nossas vidas. Ao traduzir toda essa experiência por meio do corpo, Nunes Filho (1997) nos leva a outra forma de arte expressiva que são os movimentos, que, realizados individual ou coletivamente, nos levam a entender e conhecer a cultura de toda uma sociedade.

Entendemos que o movimento é arte e linguagem, e assim, por meio deles, percebemos as marcas de valores sociais, bem como as mudanças sofridas pela sociedade. São os próprios movimentos que nos conduzirão ao caminho do entendimento desses valores, que são delineados com o tempo e absorvidos pelo imenso fluxo social. Uma possibilidade importante que os movimentos propiciam é a criatividade, pois o corpo que cria e se expressa neste processo comunicativo tem importante participação nas inter-relações sociais.

Durante essa comunicação não verbal, a linguagem corporal apresenta inúmeras variações, baseando-se nas técnicas corporais que estão relacionadas às formas básicas de locomoção, que são o andar, o correr, o saltitar e o saltar. Essa linguagem corporal também está relacionada aos movimentos expressivos, aos padrões de estética e aos sentimentos sobre a aparência do próprio corpo, além do controle dos impulsos e das necessidades, conforme Gonçalves (1994). Esses mesmos movimentos caracterizarão elementos técnicos de diversas áreas desportivas e não somente movimentos do dia a dia.

Relacionando o movimento à sua importância cultural, podemos perceber o sentido de expressões e gestos daqueles que nos cercam e todas as demais pessoas, próximas ou não a nós. Esse reconhecimento faz que a linguagem corporal do outro ultrapasse barreiras de tempo e espaços, mesmo que inconscientemente.

Ao tomar consciência da linguagem corporal, podemos formar nossa própria imagem corporal, que nos permitirá entender e viver acontecimentos relacionados com o meio em que vivemos. Gonçalves (1994, p. 109) comenta sobre esse fenômeno:

> Essa capacidade de imagem corporal é que nos permite compreender como os indivíduos de uma determinada cultura assimilam os valores, as normas e as formas de sentir e agir de uma determinada sociedade de maneira tão profunda, que podemos dizer que eles os in"corpo"ram em seu ser. Os significados, os valores adquiridos desde o início da vida, são os que promoverão a direção da empatia e da imitação e adquirirão aspectos positivos e negativos, sendo aqui importante o papel da identificação.

A assimilação desses valores está ligada às diferentes formas de encarar questões dentro de uma sociedade e ainda entender e aceitar os valores de outras sociedades. Essas questões estão relacionadas à arte, à linguagem e ao movimento corporal e a mais uma infinidade de realizações sociais praticadas pelos e para os seres humanos em suas organizações em sociedade.

Cada organização depara-se com a construção particular de sua cultura, que é o resultado da sua história e das inter-relações com as histórias de outras organizações. Assim, a cultura caminha de forma cíclica, enquanto renovação constante, e de forma acíclica enquanto possibilidade de mudanças, e as características diferenciadas de cada uma delas influenciam as demais, e isso acontece sucessivamente:

> cada povo tem o seu temperamento e o seu gênio próprio que, elaborados através de séculos, são o produto do meio físico, dos elementos raciais e do progresso de sua evolução social, e se manifestam tanto na sua história e nas suas instituições, quanto na sua

> língua e na sua literatura, nas suas obras de arte e de pensamento. A cultura, nas suas múltiplas manifestações, sendo a expressão intelectual de um povo, não só reflete as ideias dominantes em cada uma das fases de sua evolução histórica e na civilização de cuja vida ele participa, como mergulha no domínio obscuro e fecundo em que se elabora a consciência nacional. Por mais poderosa que seja a originalidade que imprime à sua obra, literária ou artística, o gênio individual, nela se estampa, com maior ou menor nitidez de traços, a fisionomia espiritual e moral da nação. (Azevedo, 1963, p. 45)

Ao tentar identificar a cultura de uma sociedade, também nos deparamos com as demais culturas implícitas nela e identificamos traços de uma dentro da outra. As diferentes maneiras de viver e atuar na vida em sociedade são algumas vezes repensadas e alteradas em função de alternativas percebidas em outras organizações, o que possibilita essa mudança ou esse repensar em possibilidades de mudanças. Esses acontecimentos se dão principalmente em sociedades que tiveram influências iniciais de outra organização, ou seja, colônias organizadas a partir de um modelo, países colonizados por outros, sociedades que surgem a partir de opiniões contrárias às existentes, entre outros exemplos.

De acordo com Daólio (1995), sabemos que nenhuma sociedade é única em sua cultura, mas apenas uma cultura entre tantas outras possíveis e, talvez, a partir de outras tantas. Ela é passada pelo conhecimento que se dá pela compreensão do sentido de manifestações culturais próprias que permitem aos seres humanos, apesar de serem da mesma espécie, se expressarem de formas diferenciadas.

Para se criar, então, uma característica particular e formar sua própria cultura, é impossível se desvincular das características anteriores herdadas das primeiras convivências, pois agora elas já fazem parte dessa nova cultura, dessa nova sociedade; a grande diferenciação será, então, a forma de propagação de ideias e atuação delas em um novo universo. Novas sociedades formadas por pessoas de várias partes do mundo carregam várias culturas que se interligam para, então, formar uma única característica dessa nova organização social.

A sociedade brasileira é um grande exemplo disso, pois o contingente de pessoas oriundas de outras regiões do mundo que vive em nosso país é muito grande, e essa diferença cultural é refletida em nosso plano cultural. Como as culturas humanas são dinâmicas, o reflexo desse grande número de variedades está presente também nas mudanças do nosso dia a dia, provando que a cultura não é fechada nem está finalizada, entando em constante construção.

Santos (1994, p. 48) afirma que é comum que a cultura seja tratada como algo estático, porém reforça que a mudança é fundamental no processo:

> No entanto, às vezes se fala de uma cultura como se fosse um produto, uma coisa com começo, meio e fim, com características definidas e um ponto final. Facilmente encontramos referências à cultura grega, à cultura germânica, à cultura francesa e tantas outras. Nesses casos, o que se faz é extrair da experiência histórica de um povo produtos, estilos, épocas, formas, e constrói-se com isso um modelo de cultura.

É nossa intenção adentrar ao mundo da cultura brasileira iniciando por um resgate histórico dos acontecimentos que fizeram gerar nossa cultura. Para falar dela, faz-se necessário, segundo Sodré (1980, p. 7), situar suas etapas:

> Primeira etapa: cultura transplantada anterior ao aparecimento da camada social intermediária, a pequena burguesia; segunda etapa: cultura transplantada posterior ao aparecimento da camada intermediária, a pequena burguesia; e terceira etapa: o surgimento e o processo de desenvolvimento da cultura nacional, com alastramento das relações capitalistas.

Nas duas primeiras etapas, a sociedade brasileira era formada por senhores de escravos ou servos e a classe dominante era feudal ou escravista, sem uma camada intermediária. Uma data para marcar o ponto de passagem da primeira etapa, chamada de Fase Colonial, para a segunda fase, a Fase de Transição, de acordo com Sodré (1980), seria a partir da metade do século XVIII, período em que foi assinado o Tratado de Madri, houve a fundação do Seminário de Mariana, a expulsão dos jesuítas e quando o Rio de Janeiro passou a ser a sede do governo colonial em razão do grande crescimento das questões da mineração, o que acarretou as primeiras possibilidades de surgimento de uma camada social intermediária.

Para Sodré (1980), é aceitável a data de 1930, em virtude da Revolução, como passagem da segunda para a terceira etapa, denominada Fase da Cultura Nacional, pois aqui aconteceu a ascensão da burguesia e o fim do escravismo; embora com remanescentes feudais, houve também o avanço das relações capitalistas no Brasil. Essa mudança de classe dominante propiciou o surgimento da cultura de massa.

Faz-se necessário relatar historicamente um tema de grande influência cultural, a miscigenação, na qual as três etnias – branca, vermelha e negra –, misturaram-se especialmente nos primeiros séculos, resultando em uma enorme variedade de tipos mestiços e na formação da populações brasileira. De acordo com Azevedo (1963), a escassez de mulheres brancas estimulou a mestiçagem de negros e índios, surgindo o mameluco.

Sodré (1980) comenta que há heterogeneidade nas três correntes humanas da colonização sociocultural brasileira. Ele as divide como o índio, o negro e o português e afirma que a forma cultural anterior dessas organizações influenciou nossa formação de cultura atual, ou seja, o índio, em sua forma primitiva de sociedade, o feudo português, além do regime escravista em que se encontrava o negro.

Muitos autores se referem à questão da identidade nacional como um problema: ser brasileiro é fazer parte de uma miscigenação cultural e social, pois somos produtos do cruzamento de três etnias/culturas distintas: branca, negra e índia (Ortiz, 1994).

Moraes (1998, p. 29) trata das diferentes etnias e povos emigrantes que compõem a identidade cultural do povo brasileiro:

> Seremos mais os herdeiros das nações indígenas, em termos de configuração cultural? Ou seremos mais uma reedição diferenciada das bases culturais lusas? Do ponto de vista das heranças culturais, não seremos mais diretamente beneficiários dos

povos africanos para aqui trazidos em regime de escravidão? Mas hoje em dia há já gerações de imigrantes turcos, judeus, poloneses, alemães, italianos, japoneses e outros, compondo nosso cenário etnocultural e lançando-nos questionamentos que tornam cada vez mais difícil a definição de nossa identidade cultural.

De acordo com Lopez (1994), politicamente, a harmonia racial obrigou-nos a conviver cordialmente, desmistificando características puramente raciais e sociais, e contribuindo para a integração de formação de um "senso comum". O autor comenta sobre essa aceitação de diversidades:

> Ao se aceitar a diversidade da formação étnica do Brasil, passou-se a admitir a diversidade das manifestações culturais em conexão com a diferente prevalência de diferentes raças por esse país afora. Em outras palavras, a desigual distribuição das raças e a diversidade regional das atividades econômicas explicariam as variedades regionais do perfil cultural brasileiro. (p. 16)

Não acreditamos que definir a identidade cultural brasileira seja simples, porém, é justamente esse grande número de culturas interligadas, seja de colonizadores ou imigrantes, que auxiliam na promoção de possibilidades de identificação cultural de um país, em especial do Brasil. Nosso cenário etnocultural é o verdadeiro quadro de nossa realidade cultural, da qual podemos extrair gestos, movimentos, posicionamentos políticos, discursos os mais variados que surgem de norte a sul de um país tão imenso, tanto em extensão quanto em diversidades culturais.

Dentro das diversidades da cultura brasileira, direcionaremos nossa explanação ao relato da expressão dessa cultura, por se tratar de nosso interesse mostrar como essas formas de expressão, especialmente por meio do movimento, podem identificar nossa cultura no contexto mundial.

Sabemos que o povo brasileiro é essa mistura de etnias, que, entrelaçadas, criam uma forma de expressão extremamente particular, inovadora e sedutora, a ponto de nos levar a um passeio pela forma de vida de nosso país, de nos embrenhar em nossa cultura e de fazer pessoas do mundo todo se render aos encantos e particularidades dela.

Representar a cultura de um povo nos dá muitas possibilidades de expressão, que são questões subjetivas, ou seja, relacionadas à realidade de quem se expressa, e é nesse ponto justamente que ela se torna complexa, pois encontramos na cultura nacional uma enorme composição de elementos diferenciados.

O povo brasileiro carrega consigo a energia e a alegria de várias nações, que, aliadas às formas de posicionamento perante determinados assuntos, nos permite atitudes bastante peculiares, que refletem em nossa maneira de agir e de encarar determinadas posições de forma muito distinta, que faria uma sociedade organizada diferentemente da nossa.

Expressar nossa cultura por meio de novos movimentos é, ao mesmo tempo, tarefa simples e complexa, além de ser muito prazerosa. Consideramos simples por encontrarmos movimentos de fácil execução nas danças populares e folclóricas ou demais expressões culturais que se dá no bojo do povo, que representam histórias de uma determinada região; e complexa na extensão dos significados dessas expressões folclóricas das danças, das tradições como um todo, da cultura popular.

Referimo-nos à *cultura popular* no sentido de ser oposta à cultura das classes dominantes, ou seja, ao conhecimento e à compreensão das condições de vida das classes menos favorecidas, que incorpora o folclore e não transforma cultura em seu sinônimo:

> Mais recentemente, as classes dominantes souberam transformar em símbolos nacionais certas manifestações e aspectos ligados a uma origem popular, como o samba, derivado do batuque dos bantus, e a feijoada, antiga comida dos escravos, feita com restos da mesa dos senhores. A mesma coisa ocorreu com a umbanda e o ritual da malandragem, fenômeno ocorrido também nos Estados Unidos, em relação ao *jazz*, a apropriação de elementos da cultura popular por parte das elites. (Lopez, 1994, p. 10)

É chegado o momento no qual toda essa reflexão sobre cultura e cultura brasileira deve interagir com a nossa preocupação sobre a GR brasileira como uma manifestação cultural por meio do esporte. Assim, partimos de um olhar crítico para as apresentações de Ginástica Rítmica, uma modalidade esportiva que nos permite interpretar a comunhão da música com os movimentos e transformar toda essa linguagem corporal em história vivida, produzindo no corpo a própria síntese da cultura de um país, em momentos de arte.

Segundo Vidal (1997, p. 42):

> Os movimentos, longe de reproduzir mecanicamente o tempo, incluem variações de intensidade, amplitude e frequência, com a finalidade de desenvolver uma dinâmica interna, produzida pelo diálogo entre os elementos sonoros e os corporais.

Mais do que reproduzir as exigências de unidade nas composições, que é de contar uma história dentro de uma ideia-guia, como reza o Código de Pontuação (2009-2012), nossa pretensão, neste capítulo, é apresentar o panorama histórico de uma nação, que é, na verdade, o reflexo, o espelho da história de um povo e, assim, deixa de ser apenas uma composição gímnica de um grupo de atletas que se apresentam para ser a representação de um país com suas emoções, sentimentos, dores e alegrias.

Esta unidade que se espera em uma coreografia refere-se a uma ideia central que caracteriza uma forma unitária de estilo de movimento do começo ao fim, com a utilização de todos os elementos possíveis em que se unem música, corpo e aparelho. Esses elementos podem vir traduzidos em forma de dificuldades técnicas corporais ou, então, apenas movimentos livres que possam valorizar a parte artística da composição coreográfica, ou, até mesmo, movimentos que demonstrem todo o potencial de domínio corpo-aparelho que uma ginasta ou conjunto possa apresentar.

Para a elaboração e consequente produto final de uma coreografia, podemos dizer que são utilizados, então, comportamentos corporais do dia a dia, de forma refinada e envolvida com a técnica dos aparelhos próprios do esporte.

Vidal (1997, p. 42) comenta sobre o princípio de coerência que a ideia central de uma composição coreográfica de Ginástica Rítmica deve apresentar:

> a criação de um estilo que supõe a construção de gestos sob um princípio de coerência no qual, independentemente do estilo (clássico ou moderno), se inclui em um projeto de interpretação sob a unidade plástica expressiva. Essa coerência na invenção de linhas de força e volumes supõe mais que perfeição formal, continuidade, originalidade e expressão.

Daólio (1995) faz uma importante discussão sobre expressões corporais baseados em Rodrigues e Santos, quando estes analisam as manifestações corporais como características de cada cultura, as quais representam princípios, valores e normas, e são verdadeiros símbolos culturais impressos nas representações corporais. Essas manifestações acontecem a partir da interação natureza-cultura, pois não se pode deixar de lado a questão de ser o corpo totalmente de natureza social. O autor conclui afirmando que, por meio das possibilidades de reinvenções e recriações da cultura, o corpo se torna produto dela e se difere na sua construção pelas sociedades diversificadas "Fica evidente, portanto, que o conjunto de posturas e movimentos corporais representa valores e princípios culturais" (p. 42).

A maneira tradicional de se movimentar em qualquer que seja a sociedade pode ser denominada técnica corporal. São hábitos motores existentes na humanidade, que acontecem quase sempre por imitação, porém, transmitidos de geração em geração, o que faz que esse movimento seja eficaz em razão da experiência das gerações que o executaram e aprimoraram sua forma de execução.

Por meio dos movimentos executados em uma composição de Ginástica Rítmica, há a promoção da expressão caracterizada pela individualidade cultural de cada um, e não apenas repetições de técnicas corporais.

Quando assistimos a uma coreografia, especificamente denominada folclórica, percebemos nitidamente qual é a origem dos passos utilizados: dança espanhola, russa ou portuguesa. Porém, não é disso que estamos tratando neste momento. Fica claro que é diferente do tipo de expressão cultural de que tratamos aqui, que provém da utilização de movimentos técnicos próprios da especificidade da modalidade, em que encontramos diferentes estilos, teoria essa reforçada por Daólio (1995, p. 39):

> Assistindo-se a uma Copa do Mundo de futebol, também se pode diferenciar com nitidez uma Seleção de outra, a despeito de todas jogarem segundo as mesmas regras e apesar de os esquemas táticos atuais tentarem nivelar todas as seleções privilegiando o preparo físico dos jogadores. É notória, por exemplo, a diferença entre a expressão corporal da Seleção brasileira de futebol e a da Seleção alemã. Fala-se com propriedade que elas possuem estilos diferentes.

De acordo com Vidal (1997), existem algumas formas de entender o corpo como expressão artística: formas tradicionais, ou seja, que nascem de raízes populares; ou revolucionárias, em que incluímos as artes plásticas e o mundo esportivo onde está inserida a Ginástica Rítmica. Sobre movimento expressivo e técnica, a autora tem a seguinte opinião:

> Evidentemente, todas estas formas de fazer arte, em alguns casos com mais reconhecimento que em outros, são distintas, mas têm algo em comum, que é o movimento corporal ou a ação motriz como meio de expressão e técnica utilizado sobre o corpo humano, que, por sua vez, se apresenta como objetivo artístico. (p. 36)

Para essa autora, a denominação que mais se encontrou próxima ao trabalho desenvolvido na Ginástica Rítmica, como expressão artística, foi o termo relacionado à coreografia. É no sentido da arte da composição coreográfica que se busca como base o aspecto de criação e elaboração da composição de movimentos e não simplesmente em uma expressão espontânea. Nessa perspectiva é que permeia a composição coreográfica específica dessa modalidade.

É importante definir denominações para uma modalidade tão recente e carente em produções científica, e não menos importante é apontar a diferenciação exposta no que se refere à subjetividade transmitida ao público e também ao árbitro, com movimentos que expressam a intenção da realização técnica sem falhas e, ao mesmo tempo, com a beleza. O belo é subjetivo, pois o que parece belo aos olhos de uma pessoa pode não parecer aos olhos de outra pessoa...

Muitos autores tratam a arte de perceber o belo como estética. Assis (1994) acredita que foi a partir do momento em que o ser humano atingiu a posição ereta e obteve a sensação de verticalidade ao andar, o que o oportunizou a olhar para frente e para cima, que ele se percebeu, se sentiu e ganhou uma nova dimensão, a dimensão estética. A partir daí, passou-se a buscar constantemente o belo, uma procura pelos ideais de beleza padronizados com o passar do tempo nas diferentes culturas.

Relacionando experiências de vida aos padrões de estética, Santin (1992), ao citar Schiller, diz que julgamos esteticamente quando algo nos causa prazer pela mera contemplação ou pelo modo que nos aparece, e que existe uma educação para o gosto e para a beleza, assim como há educação para a saúde, a moralidade e o pensamento. Por fim, desenvolve nossas faculdades sensíveis e espirituais em grande harmonia:

> Acontece que o impulso sensível desperta com a experiência de vida e o racional, com a experiência da lei; por isso, segundo Schiller, a humanidade do homem não se dá com a racionalidade, mas com a descoberta da beleza, isto é, dos valores estéticos. (p. 69)

Para Vidal (1997), a definição de beleza em Ginástica Rítmica deve ser entendida também como precisão quanto às formas do movimento que podem ser caracterizadas com linhas curvas e ondulantes na execução das ondas e com linhas quebradas, que, geralmente, se apresentam nos gestos expressivos.

O ser humano é o instrumento para realização do belo e da arte coreográfica, pois é por meio dos movimentos corporais que percebemos a coreografia, bem como a intenção do coreógrafo, no caso da Ginástica Rítmica, e do técnico.

Somente a ginasta, a partir da expressão da sua subjetividade, pode colocar em prática a coreografia para além do que o técnico compôs:

> Com base em um conceito menos restrito, defende-se que quando o corpo humano, animado pelo ritmo, movimento e cores, constrói um esquema particular e dinâmico que supera a técnica e utiliza o próprio corpo como meio de expressão artística. (p. 39)

Encontramos então a ação como base de uma composição coreográfica, que, de acordo com Vidal (1997), são verdadeiros acontecimentos que podem ser observados individualmente, nas competições individuais e em grupo, nas competições de conjunto. Por meio da trilogia característica da Ginástica Rítmica, ou seja, ginasta, aparelho e música, além da utilização dos espaços, que é facilmente visualizada nas composições de conjunto, podemos considerar uma série de GR como um "acontecimento coreográfico", isto é, a visualização do panorama histórico cultural no período de dois minutos e quinze segundos a dois minutos e trinta segundos, representado por um grupo de ginastas que, além das exigências técnicas, conseguem demonstrar toda essa valorização coreográfica.

É relevante ressaltar, neste momento, a importância de uma coreografia específica de Ginástica Rítmica ser composta por uma infinidade de exigências, mas de nada vale cumpri-las se não conseguirmos, na especificidade da modalidade, passar o "acontecimento coreográfico" para o público e o árbitro. O "acontecimento coreográfico" que procuramos está nas possibilidades de expressão dos movimentos e, nessa expressão, fazer identificar-se sua cultura, representar sua gente e espalhar pelos cantos do mundo o significado de uma história. Podemos interpretar uma música e expressá-la de forma que todos apreciam, mas utilizar sua própria história para tal não deixa de ser imensamente desafiador e tentador.

Deixar transparecer o "acontecimento coreográfico" em uma demonstração de Ginástica Rítmica parece não combinar com os movimentos extremamente técnicos da modalidade, porém, o que se espera é a união da rigorosidade técnica à arte, em que possamos visualizar um equilíbrio entre as duas linhas de atuação e, assim, transcender os movimentos meramente mecânicos.

Ao público e aos árbitros deve-se dar a oportunidade de entender essa transcendência aliada à perfeição técnica e, para que isso aconteça, de acordo com Vidal (1997), é necessária a unidade entre corpo e espírito, ou seja, o princípio da totalidade amplamente divulgado por Bode, que hoje denominamos *corpo objetivo* e *corpo subjetivo*.

De acordo com Alexander (1983), podemos considerar como primeira tarefa da expressão o despertar da sensibilidade da pele, pois faz parte do desenvolvimento integral na intenção do movimento, recuperando a imagem do corpo, que envolve músculos, órgãos e estrutura óssea. A expressão popular "é de arrepiar", que indica que nossos pelos se arrepiam a partir de uma sensação corporal refletida pela pele, pode ser considerada um exemplo interessante neste momento.

Nunes Filho (1997, p. 93) também escreve sobre essa sensibilidade por meio do tato e das sensações internas e trata o maior órgão do nosso corpo, a pele, como fundamental do contato humano: "A pele recobre a totalidade do nosso corpo e é através dela que temos as sensações mais significativas da nossa experiência sensitiva. Há quem diga que o sentido do tato precedeu os demais na evolução da raça humana".

Unindo todas essas possibilidades como características da Ginástica Rítmica, percebemos que as coreografias se apresentam de forma que tenham uma total sintonia entre movimento e música, e é por meio desse envolvimento com a música que o público se identifica e também se envolve com a apresentação, ao mesmo tempo que a arbitragem analisa e interpreta a composição coreográfica. Quando a música traduz as características de um povo, ou seja, uma música folclórica nacional, reconhecida internacionalmente como representante de seu país de origem, isso faz que o espectador penetre na cultura dessa sociedade em um momento único, ao mesmo tempo que valoriza pontualmente o artístico da composição.

Novamente recorremos a Nunes Filho (1997, p. 90), que comenta sobre a transcendência do ser humano quando em momentos artísticos de encontro com a música:

> Se minha pele se arrepia com a beleza de uma música é porque meu corpo está também onde a música está sendo executada, não importa se em um auditório ou toca-discos. Meu corpo é capaz de captar a música e trazê-la até mim, assim como é capaz do processo inverso, ou seja, de levá-la até outros corpos.

Transcender na Ginástica Rítmica é alcançar o mais alto grau de rendimento técnico e artístico, e é por meio desse alto nível técnico e artístico que o técnico percebe o reconhecimento do seu trabalho, seja pelas palmas do público ou, obviamente, pelas notas dos árbitros, que avaliam, a partir de um código de regras preestabelecidas, a objetividade e a subjetividade da composição. A subjetividade promove avaliações diferenciadas, pois cada avaliador traz consigo experiências de vida e, inevitavelmente, encara as exibições de diferentes formas. Assim, nem sempre a equipe campeã é a mais aplaudida, pois a visão do público não é a mesma da arbitragem que, com certeza, busca uma técnica apurada dentro da beleza da realização dos movimentos e da coreografia como um todo.

A busca da unidade em toda a coreografia e seu consequente sucesso se traduz certamente em um momento uno, como sabiamente escreve Fontanella (1995): o esporte é como um dos raros momentos em que o homem se torna uno, juntamente com a dança, o sexo, a arte e o lúdico. Ao assistir a uma coreografia bem elaborada de Ginástica Rítmica, podemos perceber a mágica desse momento, em que as junções da técnica corporal aos movimentos do aparelho, aliados à música, nos proporcionam realmente momentos de rara beleza.

Capra (1991, p. 296), também sugere momentos unos por meio do esporte e da arte:

> Em raros momentos de nossas vidas podemos sentir que estamos sincronizados com o universo inteiro. Esses momentos podem ocorrer sob muitas circunstâncias – acertar um golpe perfeito no tênis ou encontrar a descida perfeita em uma pista de esqui, em meio a uma experiência sexual plenamente satisfatória, na contemplação de uma obra de arte ou na meditação profunda. Esses momentos de ritmo

> perfeito, quando tudo parece estar exatamente certo e as coisas são feitas com grande facilidade, são elevadas experiências espirituais em que todo tipo de separação ou fragmentação é transcendido.

Percebemos claramente diferentes visões quanto à beleza e à expressividade dos movimentos. Porém, se a verdadeira intenção dos movimentos estiver impressa nos leves e precisos exercícios realizados pelas ginastas, podemos enxergar o que denominamos como "acontecimento coreográfico". Os olhos dos experientes árbitros que, realmente, conhecem o valor de um movimento expressivo para além da sua realização mecanizada, percebem e enxergam a preciosidade desses movimentos, traduzindo em valoração esses momentos pontualmente. São essas particularidades, como a interdependência dos aspectos técnicos e expressivos, que fazem da Ginástica Rítmica uma modalidade bela e interessante.

Mensurar esses momentos parece não combinar muito com toda a magia que cerca uma demonstração elaborada de movimentos ginásticos; porém, é nosso interesse instigar leitores, técnicos, estudiosos e simpatizantes da Ginástica Rítmica a nunca perderem de vista a beleza que emana de todo movimento rítmico e expressivo, mesmo que ele tenha que ser executado de acordo com normas e regras rígidas e não tão permissíveis.

Referências

Assis, R. O corpo e a dimensão estética. In: Dantas, E. (Org.). *Pensando o corpo e o movimento*. Rio de Janeiro: Shape, 1994.

Azevedo, F. *A cultura brasileira*: introdução ao estudo da cultura no Brasil. 4. ed. Brasília: Ed. da UnB, 1963.

Alexander, G. *O princípio da eutonia*. São Paulo: Summus, 1983.

Capra, F. *O ponto de mutação*. São Paulo: Cultrix, 1991.

DAÓLIO, J. *Da cultura do corpo*. Campinas: Papirus, 1995.

FEDERAÇÃO INTERNACIONAL DE GINÁSTICA. *Código de Pontuação de Ginástica Rítmica*. 12. ciclo. 2009-2012.

FONTANELLA, F. C. *O corpo no limiar da subjetividade*. Piracicaba: Unimep, 1995.

GAIO, R.; BATISTA, J. C. F *A Ginástica em questão*: corpo e movimento. Ribeirão Preto: Tecmed, 2007.

_____. *Ginástica Rítmica popular*: uma proposta educacional. 2. ed. Jundiaí: Fontoura, 2007.

_____. (Org.). *Ginástica Rítmica*: da iniciação ao alto nível. Jundiaí: Fontoura, 2008.

GONÇALVES, M. A. S. *Sentir, pensar, agir*: corporeidade e educação. Campinas: Papirus, 1994.

LOPEZ, L. R. *Cultura brasileira*: das origens a 1808. 2. ed. Porto Alegre: Ed. da UFRGS, 1994.

LOURENÇO, M. R. A. *Ginástica Rítmica no Brasil*: a revolução de um esporte. Dissertação (Mestrado). Piracicaba: Unimep, SP, 2003.

MORAES, R. *Cultura brasileira e educação*. Campinas: Papirus, 1998.

NUNES FILHO, N. *Eroticamente humano*. Piracicaba: Unimep, 1997.

ORTIZ, R. *Cultura brasileira & identidade nacional*. 5. ed. São Paulo: Brasiliense, 1994.

SANTIN, S. Perspectivas na visão da corporeidade. In: MOREIRA, W. W. (Org.). *Educação física & esportes*: perspectivas para o século XXI. Campinas: Papirus, 1992.

SANTOS, J. *O que é cultura?* Coleção Primeiros Passos. 14. ed. São Paulo: Brasiliense, 1994.

SODRÉ, N. W. *Síntese de história da cultura brasileira*. 8. ed. Rio de Janeiro: Civilização Brasileira, 1980.

VIDAL, A. M. *La dimensión artística de la gimnasia rítmica deportiva*: análisis del conjunto como acontecimiento coreográfico. Galícia: Centro Galego de Documentación e Ediciones Deportivas, 1997.

VIEIRA, R. M. M. *O fenômeno da expressão na ginástica rítmica desportiva*. Dissertação (Mestrado) – Escola de Educação Física, Unicamp, Campinas, 1989.

19 A dinâmica da Ginástica Olímpica

Yumi Yamamoto Sawasato
Maria Fátima de Carvalho Castro

A Ginástica Olímpica (GO) teve origem na Alemanha, cujo precursor foi Friedrich Ludwig Jahn. Chegou ao Brasil com o início da colonização alemã no Rio Grande do Sul, em 1824 (Publio, 1998).

Após o período histórico, a Ginástica Olímpica brasileira foi oficializada em 1951 e filiada à Federação Internacional de Ginástica. Esse foi um ano muito importante na história da Ginástica nacional, pois nele iniciaram-se os Campeonatos Brasileiros.

"A Ginástica Olímpica é um dos mais belos e incríveis esportes da humanidade." Essa é uma das frases mais proferidas pela mídia para se referir a esse esporte.

A GO é visualizada como um esporte olímpico de alta *performance*. Todo o esporte de alto rendimento exige treinamento e dedicação exclusiva, visando à disputa de medalhas e troféus.

A preparação de atletas de alto nível é precedente de uma especialização precoce, em busca de resultados em curto ou médio prazo. Esse é o percurso a seguir após um teste de seleção, na descoberta de jovens talentos. Busca-se levar em consideração a escolha da própria criança e dos pais que pretendem desenvolver o potencial de seus filhos.

Desde muito cedo, essas crianças tendem a seguir as exigências de um treinamento que deve ser realizado com prazer, disciplina e responsabilidade. Essa opção não pode ser considerada prejudicial, uma vez que o objetivo é alcançar.

O profissional responsável deve ser bem preparado, com conhecimento profundo acerca das características e do desenvolvimento da criança e do esporte. É de fundamental importância saber dosar a intensidade das tarefas propostas e entender a criança como um todo, motivando-a e conduzindo-a à realização desse ideal.

Não existe atleta que atinja seu ápice sem sentir dores e esgotamento. Entretanto, treinar também proporciona grandes momentos de glória, apesar do esforço exigido na tentativa de ultrapassar os limites do corpo.

A consciência e a determinação são fatores imprescindíveis para a formação de um campeão.

A vontade de vencer é que determina o nosso sucesso.

Um enfoque mais abrangente pode ser dado a essa modalidade, como uma atividade física de base, formativa e educativa, dando continuidade à necessidade de movimentos do ser humano, que deve ser estimulada e difundida quanto à sua importância, em uma perspectiva pedagógica de vivência e experiência motora.

A Ginástica Olímpica é o domínio do corpo em situações inabituais, em diferentes alturas, velocidades, deslocamentos, po-

sicionamentos e empunhaduras, que proporcionam diversificadas experiências motoras e cognitivas. (Carrasco, 1982)

Para Bourgeois (1998), a GO proporciona inúmeras e variadas experiências por meio da globalidade de movimentos e atividades, buscando a precisão ou a tentativa de execução correta nas situações e no controle das posições invertidas.

Todas as crianças têm necessidade de desenvolver as habilidades físicas básicas e devem ser estimuladas na exploração do ambiente que a atividade pode colocar à disposição, abrangendo a vasta gama de movimentos do corpo como um todo.

Os primeiros passos para a atividade podem ser considerados provenientes da evolução natural dos movimentos do ser humano: dos deslocamentos simples aos saltos e giros, do rastejar e engatinhar aos apoios invertidos, do pendurar e apoiar nos balanços e os giros nos aparelhos, das rotações para frente, para trás e para o lado às reversões e aos mortais.

A GO, como atividade física básica, deve ser conduzida por meio de uma progressão definida passo a passo, com a construção de tarefas desafiadoras.

Essas tarefas devem ser estruturadas de forma que garanta o sucesso a partir da primeira tentativa e evolua gradativamente, procurando sempre superar os desafios propostos.

Os preconceitos que existem em relação à prática dessa modalidade, quanto ao crescimento e desenvolvimento, podem ser considerados "meros" tabus, pois não se deve ligar a prática esportiva ao biotipo ideal para a alta *performance*.

Para Baxter (1995), o treinamento intenso a que são submetidos os jovens atletas tem pouco ou nenhum efeito sobre o crescimento e a estatura.

Malina (1991) destaca que o perfil de atletas jovens de elite pode ser extremamente específico, possuindo características morfológicas, antropométricas e nutricionais, diferentes da média da população, de maneira que não se sabe exatamente se a diferença na estatura se deve ao treinamento ou se é inerente aos próprios atletas.

Biomecanicamente, os indivíduos que apresentam baixa estatura encontram maior facilidade em executar determinados elementos característicos da Ginástica Olímpica por serem mais rápidos e possuírem facilidade de girar mais vezes no ar em virtude da localização do centro de massa e, consequentemente, do torque nos giros (McGinnis, 2002).

Malina (1991) enfatiza que a baixa estatura observada nos ginastas pode ser atribuída em decorrência da pré-seleção e não do treinamento.

O crescimento é um processo que depende dos fatores genéticos, ambientais e nutricionais, que interagem de maneira complexa; a atividade física e o treinamento são outros dos fatores (Baxter, 1995).

A GO é uma atividade que proporciona inúmeras contribuições para o desenvolvimento bio-psicossocial e oferece oportunidade para que todas as crianças possam executar as habilidades por meio da descoberta e do prazer pela prática. Essa prática pode levar ao sucesso, e as crianças poderão buscar, com alegria, uma grande motivação, contribuindo na formação de um cidadão perseverante, autoconfiante e determinado.

Ginástica Olímpica *vs.* Ginástica Artística

> Ginástica Olímpica é o nome popularizado no Brasil e oficializado junto ao Conselho Nacional de Desportos, por ocasião da aprovação dos Estatutos da Confederação Brasileira de Ginástica, homologado pelo Ministério da Educação e Cultura e publicado no Diário Oficial da união de 16 de maio de 1979. (Publio, 1998, p. 173)

A Confederação Brasileira de Ginástica utiliza oficialmente a denominação *Ginástica Olímpica*, aprovada em Assembleia em janeiro de 2004.

As siglas que caracterizam a modalidade são:

- *GOF* – Ginástica Olímpica Feminina.
- *GOM* – Ginástica Olímpica Masculina.

Ginástica Artística é a denominação oficial utilizada pela Federação Internacional de Ginástica (FIG).

A *Revista do Confef* de maio de 2004, que abordou a Ginástica Olímpica como tema principal, destaca a designação da nomenclatura oficial no Brasil e esclarece que a Federação Internacional de Ginástica designa essa modalidade de *Artistic Gymnastics*, em inglês, e *Gymnastique Artistique*, em francês (Conselho Federal de Educação Física, 2004).

Ainda são encontradas outras denominações para essa modalidade esportiva na bibliografia: Ginástica Desportiva; Ginástica Esportiva; Ginástica de Solo e Aparelhos; e Ginástica em Aparelhos.

O que é Ginástica Olímpica?

A GO pode ser entendida e subdividida em dois grupos de atividade:

- *Ginástica Olímpica – atividade física*:
  - GO – atividade física formativa;
  - GO – preparação física;
  - GO – ao alcance de todos.

- *Ginástica Olímpica – esporte*:
  - iniciação;
  - nível intermediário;
  - alto nível.

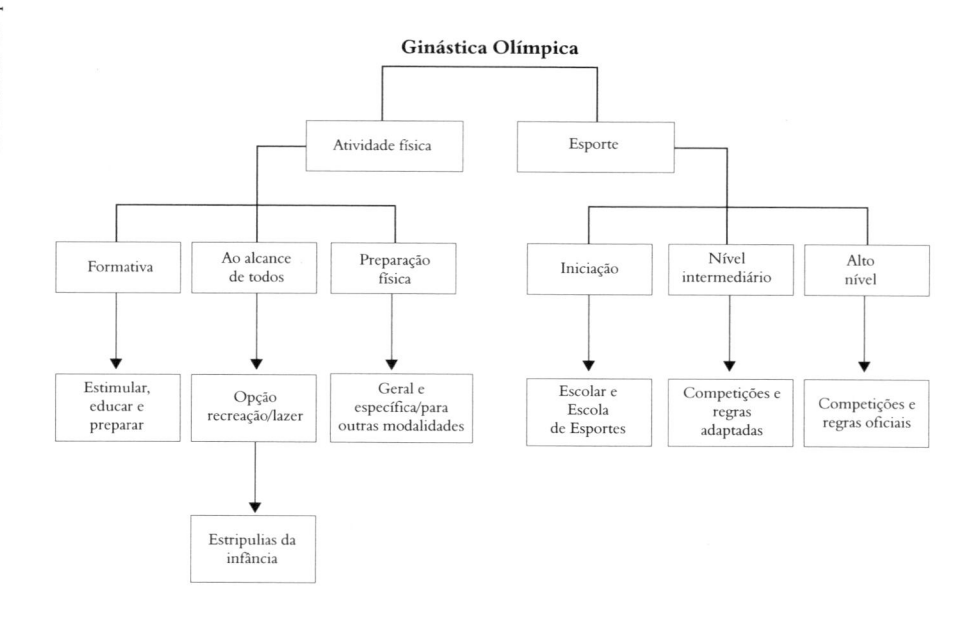

```
                          Ginástica Olímpica
                         /                  \
                 Atividade física         Esporte
                /      |      \          /    |      \
         Formativa  Ao alcance Preparação Iniciação Nível   Alto
                    de todos    física              intermediário nível
             |         |          |          |         |         |
         Estimular,  Opção     Geral e    Escolar e Competições Competições
         educar e  recreação/ específica/para Escola  e regras   e regras
         preparar    lazer   outras modalidades de Esportes adaptadas oficiais
                      |
                  Estripulias da
                     infância
```

FIGURA 19.1 – Divisão da Ginástica Olímpica.

Ginástica Olímpica – atividade física

A partir dos movimentos naturais e espontâneos, os alunos obtêm recursos que permitem desenvolver, com maior amplitude e dinâmica, as ações motoras descritas por Leguet (1987). As principais ações são deslocamentos, saltos, giros no eixo longitudinal e transversal, equilíbrios, balanços em apoio e suspensão, passagem pelo apoio e apoio e suspensão invertida, que devem ser coordenadas e enriquecidas progressivamente para se transformar em elementos acrobáticos.

Essa prática orientada permite que a criança tenha consciência de suas possibilidades motoras e venha a desenvolver suas aptidões, percebendo o quanto é capaz. O professor deve se utilizar de método pedagógico seguro, levando a criança a se superar progressivamente.

Hostal (1982) enfatiza a ideia de que a criança deve explorar o material colocado à sua disposição, apoderando-se dele e adaptando seu corpo de modo a transformá-lo em um instrumento de sua própria habilidade, imaginando gestos e construindo, desse modo, formas de utilização como fonte de criação.

Constata-se a importância desse processo, em que a criança explora, pouco a pouco, o seu corpo e o espaço que a cerca. É preciso, para tanto, estimulá-la e não limitá-la a gestos e comportamentos inadequados, mas com a devida correção postural, imprescindível durante a aprendizagem esportiva.

A GO pode ser incluída e considerada importante no contexto educacional da criança, levando-a à aquisição de um bom conhecimento sobre si mesma e ao domínio do mundo que a cerca, desde que a prática seja cuidadosamente planejada e elaborada, permitindo uma evolução a cada aula. "Nosso corpo nada mais é, na verdade, que nosso modo de ser no mundo, é por meio dele que aprendemos". (Hostal, 1982).

Ginástica Olímpica – atividade física formativa

A GO é uma atividade física de base formativa e educativa, que favorece uma diversidade de experiências motoras. Por meio de pesquisas realizadas acerca do desenvolvimento motor da criança praticante de GO, pode-se verificar um grande ganho motor, além da preparação de talentos a partir de uma proposta que apresenta evoluções significativas em um espaço, com aparelhos diversificados específicos e adaptados.

A GO aplicada como objetivo formativo deve visar proporcionar à criança iniciante a obtenção de uma cultura corporal, levando-a a uma aprendizagem segura.

O professor deve levar em consideração a importância da aquisição de experiências motoras oriundas das vivências que a GO pode oferecer, favorecendo o desenvolvimento futuro. Para tanto, deve também estar atento com relação às fases do desenvolvimento e crescimento em que as crianças se encontram, evitando que elas sejam submetidas a esforços além de suas possibilidades físicas e psíquicas.

A prática da GO proporciona o desenvolvimento das percepções, graças ao acúmulo de gestos e vivências motoras, tornando-os progressivamente significativos. Fazem parte desse aprimoramento os seguintes itens:

- experiência em espaços físicos e situações que promovam o contato com aparelhos de diferentes formas, alturas, larguras e densidades, favorecendo situações de apoio, suspensão, rotações nos eixos transversal, longitudinal e combinado, posições invertidas, aterrissagens de diferentes alturas por meio de saltos;
- enriquecimento das percepções sensório-motoras específicas, aperfeiçoadas por meio das combinações de ações e repetições e da elaboração e construção de movimentos diversificados dentro de um espaço que possibilite a relação entre o aluno e o meio, percebidos no decorrer da evolução de movimentos que se tornam complexos, mediante sucessivas introduções de novos gestos;
- tomada de consciência progressiva dos movimentos, posicionamentos e deslocamentos do corpo por meio da coordenação das percepções, levando à aquisição e ao aprimoramento em função das características específicas da modalidade em face das necessidades técnicas.

Ginástica Olímpica – preparação física

A GO possibilita o trabalho do corpo de forma global, desenvolvendo as capacidades físicas, em essencial a força estática, dinâmica e explosiva e a flexibilidade, além da coordenação motora, consciência corporal e noções do corpo no espaço.

A prática da GO pode ser utilizada como parte da preparação física nas diversas modalidades esportivas, proporcionando:

- domínio do corpo e autocontrole, por meio de aperfeiçoamento do esquema e de consciência corporal;
- diversidade e variedade de movimentos e situações – orientação espaço/tempo;
- potencialização e desenvolvimento das capacidades físicas – educação do movimento;
- harmonia no equilíbrio entre o máximo e o mínimo para a superação dos limites.

A formação básica, por meio da prática da GO, permitirá aos seus praticantes a aquisição de um bom potencial acerca das habilidades e capacidades físicas, ampliando, assim, o repertório motor e possibilitando a prática de diferentes modalidades esportivas.

Ginástica Olímpica – ao alcance de todos

Independentemente da faixa etária, do sexo e do nível de habilidade, a prática da GO como opção de atividade física promove uma grande satisfação pessoal, pois proporciona experiências motoras, cognitivas e socioafetivas por meio da utilização de materiais em situações diversificadas, possibilitando o enriquecimento da consciência corporal nas ações vivenciadas individualmente e em grupo.

Ao evidenciar as principais características e contribuições, ressalta-se a GO como uma atividade física que visa ao bem-estar dos praticantes, em suas experiências físicas e emocionais.

A execução de elementos que compõem essa atividade, a busca das emoções por meio da realização desses elementos, que se tornam cada vez mais complexos e em condições variadas, é o que proporciona a superação, além de ser uma atividade que pode ser prazerosa, pois lembra as estripulias da nossa infância.

Contribuição da GO no desenvolvimento

Quadro 19.1 – Habilidades desenvolvidas pela GO no desenvolvimento

Domínio motor	Domínio cognitivo	Domínio psicoafetivossocial
• Desenvolvimento das capacidades físicas • Flexibilidade muscular • Mobilidade articular • Força estática • Dinâmica • Explosiva • Velocidade • Potência (impulsos de braços e pernas) • Coordenação • Postura e tônus muscular	• Consciência corporal • Controle e coordenação neuromuscular • Senso de orientação do corpo no espaço em diferentes posicionamentos • Atenção • Reflexão • Concentração • Percepção	• Controle da emoção • Ousadia • Determinação • Autodomínio, autoconfiança • Espírito de luta, perseverança • Integração • Cooperação • Responsabilidade • Disciplina • Respeito

Ginástica Olímpica – esporte

"A GO é um esporte de arte e perfeição."

É um esporte olímpico em constante evolução, que segue regras estabelecidas pelo Código Internacional de Pontuação da Federação Internacional de Ginástica (FIG), atualizado a cada ciclo olímpico.

Para Fourdan (1995), a GO é uma atividade criada para ser apreciada e avaliada de acordo com as regras estabelecidas em um código determinado.

Segundo Estapé et al. (1991), no âmbito das competições, as regras são reconhecidas pelo Código Internacional de Pontuação da Federação Internacional de Ginástica (FIG) e as adaptações são elaboradas pelas Federações Nacionais e Estaduais.

A GO como esporte pode ser subdividida em níveis de aprendizagem e aperfeiçoamento, cada qual com objetivos diferenciados, desde o esporte praticado nas escolas e clubes esportivos até o alto nível.

O esporte escolar, geralmente, desenvolve-se como atividade extracurricular, visando à participação em competições especiais, seguindo regras estabelecidas pelas próprias escolas organizadoras, com base em um trabalho fundamentado e estruturado pela Federação local.

Para o esporte de nível intermediário, as Federações Estaduais e Nacionais elaboraram um programa adaptado, visando à evolução e ao desenvolvimento, simplificando as exigências do Código Internacional vigente no ciclo para as diferentes faixas etárias e nível de habilidades.

O esporte de alto nível segue as regras estabelecidas pelo Código Internacional de Pontuação vigente no ciclo olímpico, com o objetivo de formar atletas visando à participação em Campeonatos.

Iniciação

Essa etapa da aprendizagem é determinada pelo trabalho de base, que deve ser estruturado por meio da elaboração de programas, em que a abordagem das particularidades dos elementos básicos da GO seja o fator essencial no estudo das posições e seleção dos elementos chaves, com controle e correção postural.

Um trabalho de base deverá proporcionar um aprendizado, visando à perfeição, e deve ser fundamentado e estruturado, conforme os padrões ideais de execução técnica.

Incarbone (1990) afirma que a iniciação esportiva deve ser construída no período em que a criança inicia, de forma específica, a prática de um ou mais esportes, dando continuidade à formação motora geral e devendo se adaptar às possibilidades de cada um, não implicando apenas a competição regular, mas com fins educativos.

É importante que a criança adquira o gosto pelo esporte para, assim, evoluir progressivamente. O aprimoramento dos detalhes dependerá da vontade e da maturação determinantes para um bom desempenho.

Mesmo que a criança seja estimulada a competir, inicialmente o objetivo não deve ser medido apenas pelos resultados. Deve-se valorizar o processo ensino-aprendizagem. Como afirma Estapé (1991), a GO não deve ser praticada apenas como um fim, mas como um meio ou instrumento de formação do aluno.

Para Sérgio (1985), a competição deve proporcionar a oportunidade de encaminhar o aluno à sua própria superação, em um movimento que conduza à paz consigo mesmo e com os outros.

A competição nessa fase pode ser um referencial de autoavaliação, apresentando como objetivo a autossuperação e a formação.

A Federação Paulista de Ginástica (FPG), por meio dos Comitês Técnicos, desenvolve um programa elaborado com a finalidade de difundir e incentivar a prática da GO como iniciação esportiva nas escolas, escolas de esportes, clubes, agremiações, centros educacionais, entre outros; dar uma diretriz de base de apoio para os praticantes e profissional; e conduzir a um trabalho preparatório e fundamentado, visando aprimorar a prática da modalidade.

Esse programa é parte integrante do calendário nacional da FPG e foi elaborado com níveis progressivos de dificuldades, por meio de séries obrigatórias como uma proposta que privilegie os aspectos qualitativos da atividade.

Muitas das escolas pertencentes à rede pública e privada participam desse programa, oferecendo a prática da GO como atividade extracurricular, conseguindo, assim, ampliar e introduzi-la como esporte para crianças e jovens, adequando os treinamentos de acordo com o nível de habilidade e aprendizagem.

Todo esporte visa à competição, porém o ideal do esporte não deve ser apenas a formação de atletas campeões. A competição pode ser também um conteúdo educativo em todas as faixas etárias, servindo como estímulos desafiadores.

Nível intermediário

Esta etapa do treinamento é uma fase de transição com objetivos distintos por faixa etária e nível de desenvolvimento. Fazem parte desses objetivos os seguintes itens:

- preparar crianças e jovens que apresentam potencial dentro de um esquema de trabalho que as conduzam para um futuro, visando ao alto nível;
- oportunizar a participação de crianças e jovens em competições de acordo com o nível de habilidade;
- direcionar a prática da modalidade, utilizando regras adaptadas;
- buscar embasamento para atingir altas *performances* e evoluir progressivamente no esporte;
- aprimorar detalhes, lapidar técnicas e melhorar o desempenho.

A Confederação Brasileira de Ginástica (CBG) dispõe de um programa por categoria de idade subdividida em *pré-infantil*, *infantil*, *juvenil* e *adulto*, estabelecendo regras adaptadas e visando à preparação para o esporte de alto rendimento.

Quadro 19.2 – Divisão por categoria (nacional e estadual)

Categoria	Feminino	Masculino
Pré-infantil	9 e 10 anos	9 e 10 anos
Infantil	10 a 12 anos	Infantil – 11 e 12 Infanto-juvenil – 13 e 14 anos
Juvenil	12 a 15 anos	A – 14 a 16 anos B – 17 e 18 anos
Adulto	16 em diante Obs.: é permitida a participação de ginastas a partir de 13 anos	16 em diante

Obs.: serão consideradas as idades completas no ano.

As federações estaduais, cada qual, podem elaborar suas estratégias, facilitando a participação de um maior número de ginastas.

A Federação Paulista de Ginástica (FPG), em seu regulamento, subdivide a categoria pré-infantil e infantil em níveis *A*, *B* e *C*; a categoria juvenil e adulta em *A* e *B*, sendo *A* a oficial, seguindo as mesmas normas de exigências da CBG, e, para as categorias *B* e *C*, são realizadas as adaptações em progressão de dificuldade, possibilitando a diferenciação por nível de habilidade e evolução técnica por faixa etária.

Outro programa idealizado pela FPG é a subdivisão em níveis iniciante, aspirante, intermediário, avançado e experiente, proporcionando a progressão, independentemente da faixa etária.

Alto nível

A GO é um esporte olímpico que se caracteriza pela apresentação precisa de alta *performance* de dificuldade dos elementos nas provas oficiais.

Para a precisão da execução técnica, é imprescindível que a Ginástica de elite siga as estratégias de um planejamento bem estruturado, desde o seu trabalho de base, e evolua cumprindo o objetivo que demanda o esporte quanto à perfeição dos elementos, cada vez mais complexos, inseridos no Código Internacional de Pontuação da FIG.

Os elementos que constam no Código de Pontuação são divididos em partes de valor: *A* – fáceis; *B* – médios; e *C* – difíceis. As partes de dificuldade foram divididas em *D* – alta dificuldade; *E* – altíssima dificuldade; e *Super E* – extrema complexidade.

No alto nível, deve ser observada, essencialmente, a *performance* na execução técnica e postural dos elementos que envolvem coordenação de rotações simples ou múltiplas em torno dos eixos corporais, com finalizações estáveis e controladas.

São quatro as provas oficiais no setor feminino: salto, barras paralelas assimétricas, trave de equilíbrio e solo. São seis as provas oficiais no setor masculino: solo, cavalo com alças, argolas, salto, barras paralelas simétricas e barra fixa.

Provas oficiais

Ordem olímpica de rodízio nas competições

Setor masculino: solo, cavalo com alças, argolas, salto, barras paralelas simétricas e barra fixa.

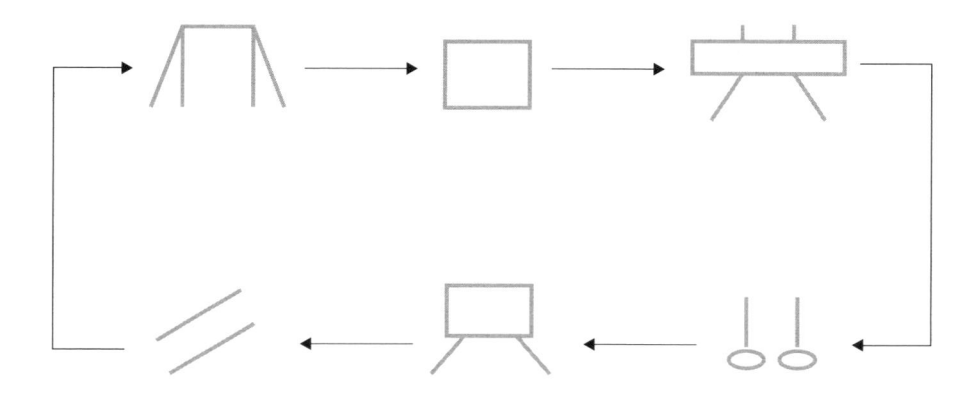

Figura 19.2 – Setor masculino.

Setor feminino: salto, barras paralelas assimétricas, trave de equilíbrio e solo.

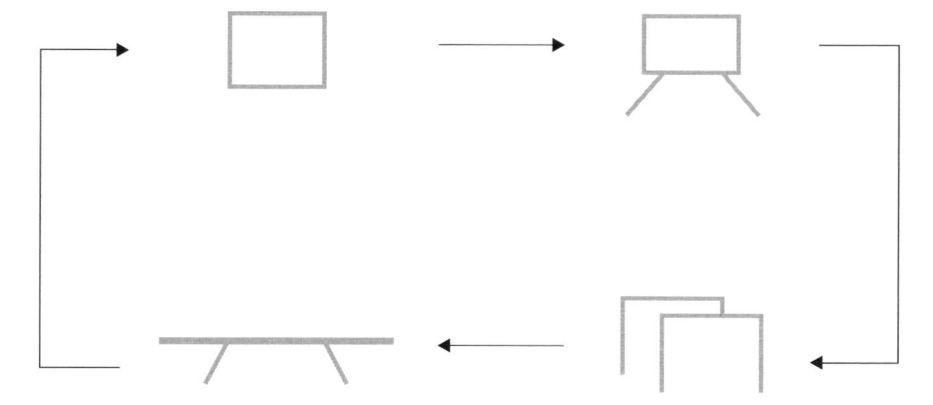

Figura 19.3 – Setor feminino.

Características das provas femininas

Salto

A prova de salto se originou com Ling e seus seguidores, que utilizaram como modelo o animal vivo (Publio, 1998).

O aparelho sofreu inúmeras transformações até o ano 2000. No setor feminino, o cavalo era colocado em sentido transversal à corrida. A partir de 2001, um novo formato inovador foi oficializado para esse aparelho.

Figura 19.4 – Cavalo.

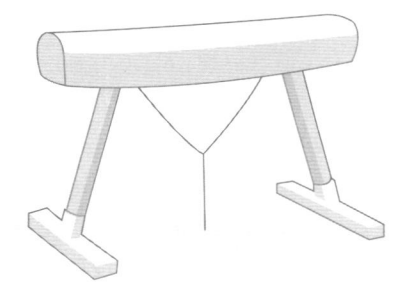

A característica dessa prova é a impulsão simultânea dos pés sobre o trampolim de frente ou de costas para o aparelho, a impulsão de ambas as mãos sobre a superfície do aparelho, resultando em uma segunda fase de voo, em que se executam rotações simples ou múltiplas em torno dos eixos transversal e/ou longitudinal, finalizando com uma aterrissagem firme e estável sobre ambos os pés, de frente ou de costas para o aparelho.

Barras paralelas assimétricas

Foi utilizado oficialmente pela primeira vez nos Jogos Olímpicos de Berlim, em 1936 (Publio, 1998).

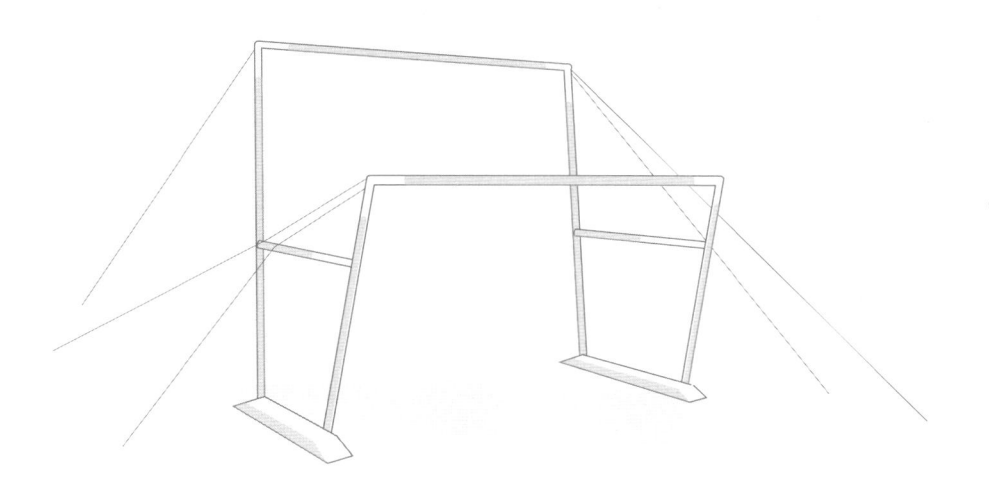

FIGURA 19.5 – Barras paralelas assimétricas.

A prova apresentava movimentos estáticos, além dos elementos de impulso e giros. A partir de meados dos anos 1960, o aparelho sofreu diversas transformações: de um aparelho móvel como as paralelas masculinas, tornou-se duas barras fixas em diferentes alturas.

A característica atual da prova é a execução de elementos exclusivamente de impulso, que geram os elementos de balanços, giros e voos, sem pausas e balanços intermediários, observando-se a continuidade e a fluência do exercício com constantes trocas de barras.

Trave de equilíbrio

Foi introduzida por Ling e Speiss e existe desde o século XVIII, denominada *tronco flutuante*. Era um desafio natural para crianças e fazia parte do *playground* de Jahn (Publio, 1998). Porém, a primeira vez que se teve notícia de competições na trave de equilíbrio foi em Berlim, em 1936.

FIGURA 19.6 – Trava de equilíbrio.

A evolução da Ginástica exigiu que o aparelho sofresse inúmeras transformações, passando um aparelho de madeira maciça, até meados dos anos 1960, a uma superfície forrada e com um sistema que possibilita a impulsão e o amortecimento, dando às ginastas maior segurança e melhoria da *performance*.

A característica da prova na trave de equilíbrio é a combinação dos elementos acrobáticos e da dança e movimentos coreográficos com variação rítmica, apresentando um trabalho artístico executado com beleza, elegância, expressão e estilo pessoal em equilíbrio dinâmico, estático e recuperado, em um tempo de duração de, no máximo, um minuto e trinta segundos.

Solo

O solo feminino foi incluído nos Jogos Olímpicos de Helsinque em 1952. Apareceu, pela primeira vez, em 1923, em um "memorando" que continha propostas de regras para Campeonatos Mundiais. Porém, foi em 1930, no Campeonato de Luxemburgo, que fez parte pela primeira vez do programa de competições no setor masculino e em 1952, nos Jogos Olímpicos de Helsinque para o setor feminino (Publio, 1998).

FIGURA 19.7 – Competição no solo.

A série de solo feminino se caracteriza pela coreografia harmoniosa e em uma troca dinâmica e rítmica dos elementos acrobáticos e da dança, como saltos e giros com acompanhamento musical de orquestra ou instrumental, em um trabalho artístico, demonstrando graça e beleza com elegância e expressão, com duração de, no máximo, um minuto e trinta segundos.

Características das provas masculinas

Solo

Os exercícios de solo vieram dos calistênicos (do grego *sthenos*), associados ao desenvolvimento muscular e o bem-estar, e foram acrescentados os exercícios acrobáticos (Publio, 1998).

FIGURA 19.8 – Competição no solo.

Em 1930, em Luxemburgo, o solo fez parte pela primeira vez do programa de competição masculina, incluindo-se saltos acrobáticos e flexibilidade. Em 1932, foi incluído nos Jogos Olímpicos de Los Angeles.

A característica atual da série de solo é a combinação de elementos acrobáticos com os ginásticos, tais como apoios invertidos estendidos (parada de mãos) e elementos de flexibilidade, força e equilíbrio, compondo uma série rítmica e harmoniosa, executada em um tablado elástico de 12 x 12 m.

Cavalo com alças/arções

O cavalo foi criado pelos romanos em 375 d.C. Era usado para exercícios de cavalaria. É, sem dúvida, o mais antigo dos aparelhos da ginástica.

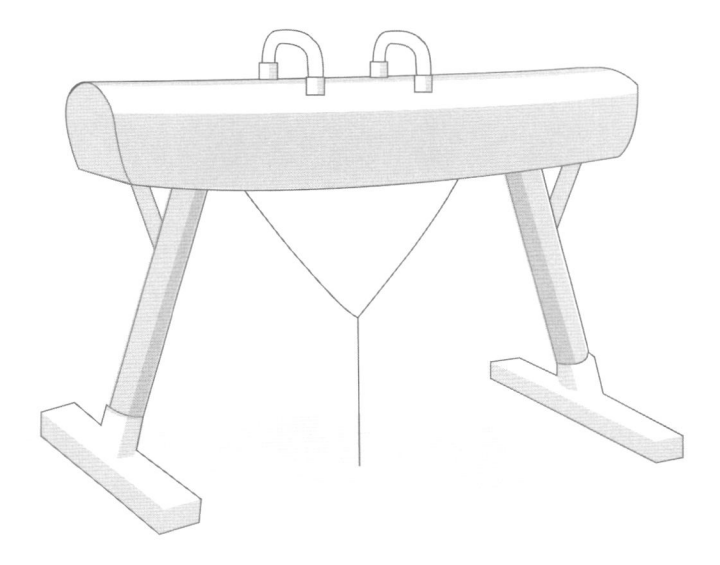

Figura 19.9 – Cavalo com alças/arções.

O modelo inicial era o animal vivo. Os primeiros cavalos utilizados pela Ginástica eram recobertos de curvim; a crina era costurada (Publio, 1998).

Com o passar dos anos, os cavalos foram se transformando, modificadas as dimensões e as alças para facilitar a empunhadura e, consequentemente, a *performance* técnica.

A prova no cavalo com alças caracteriza-se por elementos de impulso circulares denominados *volteios* e balanços pendulares, as *tesouras*, que devem ser executadas em todas as partes do cavalo, utilizando ou não as alças, exclusivamente em posição de apoio.

Predominam os volteios com as pernas unidas, e não são permitidos interrupções e elementos de força.

Argolas

As argolas têm origem romana e, até o início dos anos 1950, os exercícios eram apresentados nas argolas com balanço.

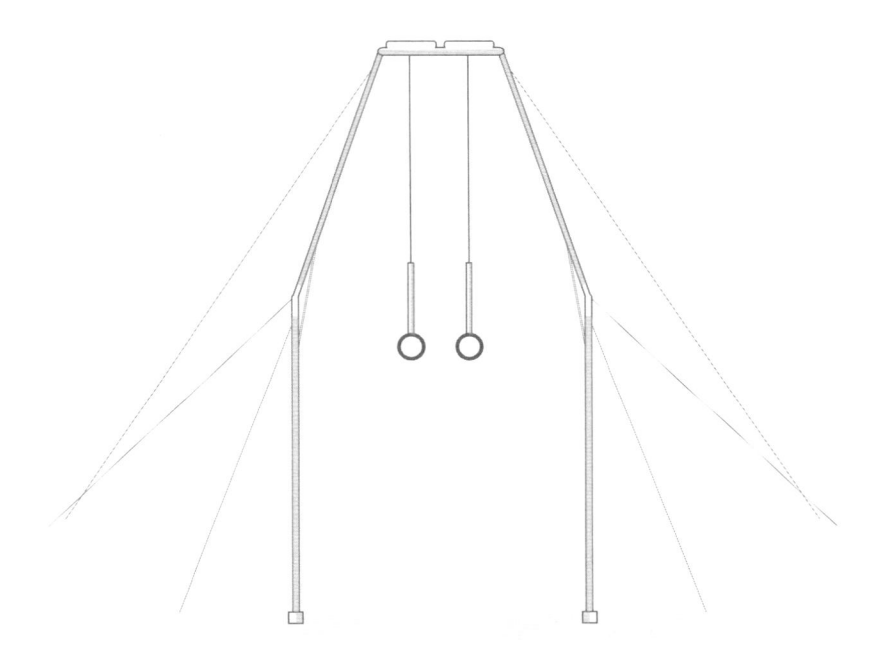

Figura 19.10 – Argolas.

As argolas, inicialmente, tinham formas diferenciadas e, com a evolução, tornaram-se redondas e feitas de fibra de vidro recoberta de madeira (Publio, 1998).

A prova nas argolas deve ser composta por elementos de impulso, força e estáticos, em proporções aproximadamente iguais. Os elementos e as ligações podem ser executados da suspensão para o apoio, do apoio para a suspensão e do apoio ao apoio em transições entre os elementos de impulso e força.

Salto

O cavalo teve como modelo o próprio animal. Após inúmeros estudos biomecânicos, com o avanço da tecnologia, a FIG decidiu por uma total transformação no seu formato. Até o ano 2000, o aparelho era colocado em sentido longitudinal à corrida e, a partir de 2001, passou a ter um formato totalmente inovador.

Figura 19.11 – Cavalo.

O salto caracteriza-se por uma corrida de aproximação e um impulso com os dois pés sobre o trampolim, de frente ou de costas para o aparelho, seguido de um impulso das duas mãos sobre o cavalo. Pode conter rotações, simples ou múltiplas em torno dos eixos corporais, finalizando com os dois pés de frente ou de costas para o aparelho.

Barras paralelas simétricas

Idealizada por Jahn, em 1812, para o fortalecimento dos braços. Desde os Jogos Olímpicos da era moderna, em 1896, as paralelas têm sido utilizadas como disciplina olímpica.

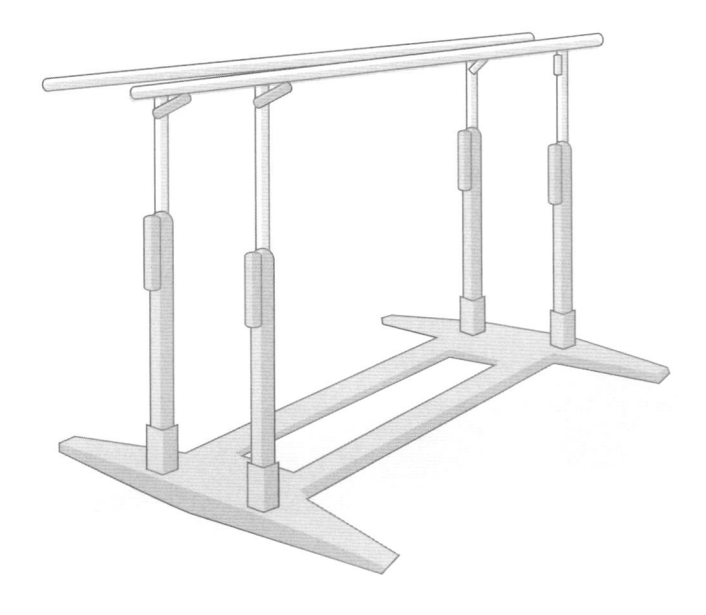

FIGURA 19.12 – Barras paralelas simétricas.

Atualmente, as barras paralelas são ajustáveis na altura e na largura, possibilitando ao ginasta impulsionar o corpo com elasticidade, compondo uma série com elementos de impulso e voo, executados em contínua transição entre suspensão e apoio. São apresentados também elementos estáticos, que mostram o domínio das posições em apoio.

Barra fixa

Originou-se da natureza, onde as crianças exploravam as subidas nas árvores e os balanços nos galhos. Foi Jahn quem iniciou a exploração da barra fixa que, até meados do século XIX, era de madeira.

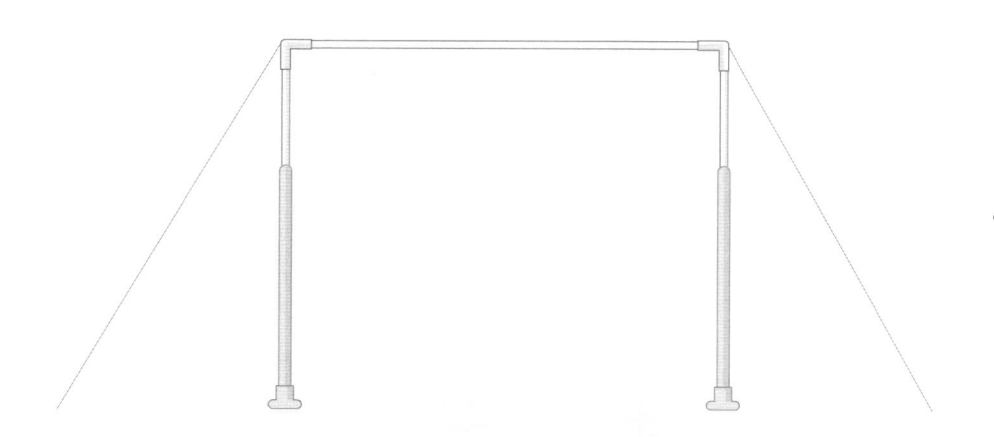

FIGURA 19.13 – Barra fixa.

Atualmente, é um dos aparelhos mais espetaculares em que os ginastas se apresentam como "homens voadores".

A série nas barras caracteriza-se por elementos exclusivamente de impulso, que são executados sem interrupção, contendo giros gigantes com diferentes empunhaduras e combinações com giros no eixo longitudinal, combinados com elementos de voo, na passagem pelo apoio invertido estendido, como também elementos de voo, com ou sem a execução de mortais.

As competições

A GO é um esporte individual e por equipe. Uma equipe deve ser composta por, no máximo, seis e, no mínimo, quatro ginastas.

As competições são realizadas em quatro etapas e subdivididas em:

```
                    ┌─────────────────────────┐
                    │  Competição I – (CI)    │
                    │       Preliminar        │
                    └───────────┬─────────────┘
          ┌─────────────────────┼─────────────────────┐
┌─────────┴──────────┐ ┌────────┴─────────┐ ┌─────────┴──────────┐
│ Competição II–(CII)│ │Competição III–(CIII)│ │Competição IV–(CIV)│
│ Final individual Geral │ │ Final por provas │ │  Final por equipe  │
└────────────────────┘ └──────────────────┘ └────────────────────┘
```

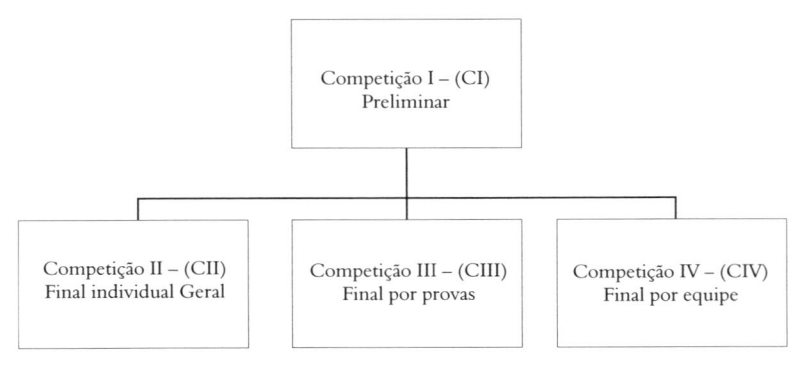

FIGURA 19.14 – Etapas das competições.

Em que:
- CI – Preliminar e classificatória para CII;
- CII – Competição individual geral;
- CIII – Competição por prova;
- CIV – Competição por equipe.

Para a CII, classificam-se os vinte e quatro melhores ginastas, no máximo dois de cada país, por meio da somatória das seis provas no setor masculino e das quatro provas no setor feminino.

Para a CIII, classificam-se os oito melhores ginastas, no máximo dois de cada país, por meio da pontuação obtida em cada uma das provas.

Para a CIV, classificam-se as oito melhores equipes por meio do sistema 6-5-4.

Dos seis ginastas que compõem uma equipe, no máximo cinco competem em cada uma das provas e, para efeitos de pontuação, considera-se a somatória das quatro melhores notas de cada uma das provas.

- *CII (Final individual geral)* – os vinte e quatro melhores ginastas classificados na CI executam suas provas em todos os aparelhos e a pontuação é obtida por meio da somatória de pontos nas seis provas masculinas ou quatro femininas. Disputa-se, nessa competição, o título máximo da GO: o campeão individual geral.

- *CIII (Final individual por provas)* – os oito melhores ginastas de cada uma das provas classificados na CI executam sua prova no aparelho em que foi qualificado, disputando os títulos de campeões das seis provas masculinas e das quatro provas femininas.
- *CIV (Final por equipe)* – as oito melhores equipes classificadas na CI disputam o título para seu país e o resultado é obtido pelo sistema 6-3-3. Dos seis ginastas que compõem uma equipe, competem três ginastas em cada uma da provas e, para efeitos de pontuação, considera-se a somatória das três notas obtidas pelos ginastas em cada uma das seis provas masculinas ou quatro provas femininas.

Jogos olímpicos: campeonatos mundiais

Quadro 19.3 – Campeonatos mundiais e classificações

CI	*Preliminar – classificatória para CII, CIII e CIV.* Para CII – 24 ginastas – máximo de dois por país. Para CIII – oito ginastas por aparelho – máximo de dois por país. para CIV – oito equipes (sistema 6-5-4).
CII	*Final individual geral.* Masculina – somatória das notas das seis provas. Feminina – somatória das notas das quatro provas.
CIII	*Final por provas* Masculino – oito finalistas em cada uma das seis provas. Feminino – oito finalistas em cada uma das quatro provas.
CIV	*Final por equipes.* Oito melhores equipes. Resultado – sistema 6-3-3.

Os Campeonatos Mundiais por equipes são realizados de dois em dois anos. Um ano antes da Olimpíada, realiza-se o Campeonato Mundial Pré-Olímpico, no qual se classificam os 12 melhores países com equipes completas de, no máximo, seis ginastas; do 13º ao 18º classificado, dois ginastas de cada país; a partir do 19º classificado e países com participação individual, dez países com um representante, entre os que obtiveram as maiores pontuações na classificação individual geral e mais quatro vagas atribuídas como "*Wild Card*" aos países indicados. São realizados também Campeonatos Mundiais por provas.

O regulamento das competições estaduais e nacionais visando à classificação e à disputa de títulos é realizado com regras adaptadas.

CI – Final por equipe e individual geral

Preliminar – classificatória para CIII. Para a CIII, classificam-se as oito melhores ginastas de cada uma das provas.

O resultado da somatória de pontos para a classificação por equipe se obtém pelo sistema 6-6-4. Dos seis ginastas que compõem uma equipe, os seis podem competir em todas as provas e, para efeitos de pontuação, considera-se a somatória das quatro melhores notas de cada uma das provas.

O resultado da classificação individual geral se obtém por meio da somatória de pontos nas seis provas masculinas ou quatro provas femininas.

CIII – Final individual por provas

Os oito melhores ginastas classificados na CI executam sua prova no aparelho em que foi qualificado, disputando os títulos de campeões das seis provas masculinas ou quatro provas femininas.

Campeonatos brasileiros e estaduais

Quadro 19.4 – Campeonatos brasileiro e estaduais

CI	Preliminar – classificatória para CIII – oito ginastas por prova. Final por equipes (sistema 6-6-4). Final individual geral.
CIII	Final por provas *Masculino* – oito finalistas em cada uma das seis provas. *Feminino* – oito finalistas em cada uma das quatro provas.

Referências

BAXTER JONES, A. D. G. Growth and development of male gymnasts, swimmers soccer and tennis players: a longitudinal study. *Annals of Human Biology*, v. 22, n. 5, p. 381-94, 1995.

BOURGEOIS, M. La gymnastique en milieu scolaire. Boletim *AFRAGA*, n. 4, p. 10-3. In: ESTAPÉ, E. *Las habilidades gimnasticas en el ámbito educativo*. Barcelona: Inde, 1998.

Federação Internacional de Ginástica, *Boletim FIG*, Suíça, n. 183, p. 133-7, 2001.

CARRASCO, R. *Ginástica Olímpica*: tentativa de sistematização da aprendizagem. São Paulo: Manole, 1982.

_____. *Ginástica de aparelhos*: a atividade do principiante. São Paulo: Manole, 1998.

CÓDIGO INTERNACIONAL DE PONTUAÇÃO. *Ginástica Olímpica Feminina*. Suíça: FIG, 2001.

_____. *Ginástica Olímpica Masculina*. Suíça: FIG, 2001.

CONSELHO FEDERAL DE EDUCAÇÃO FÍSICA. *Revista Confef*, n. 12, ano III, 2004.

ESTAPÉ, E; LÓPEZ, M.; GRANDE, I. *Gimnasia Artística*: práctica individual en el aprendizaje. Leon: Inef, 1991.

_____. *Las habilidades gimnásticas y acrobáticas en el ámbito educativo*. Barcelona: Inde, 1999.

FOURDAN, R. *La Gymnastique* : mais de quelle Gymnastique parlez-vous? Paris: Amphora, 1995.

HOSTAL, P. *Ginástica em aparelhos*: espaldar, banco, plinto, corda. São Paulo: Manole, 1982.

_____. *Pedagogia da Ginástica Olímpica*. São Paulo: Manole, 1982.

INCARBONE, O. Iniciação desportiva. *Revista Brasileira de Ciência e Movimento*, v. 4, n. 3, p. 98-103, 1990.

LEGUET, J. *As ações motoras em Ginástica esportiva*. São Paulo: Manole, 1987.

MCGINNIS, P. *Biomecânica do esporte e do exercício*. São Paulo: Artmed, 2002.

MALINA, R. M. *Growth, maturation, and physical activity*. cap. 22 e 26. Nova York: Human Kinetcs, 1991.

PUBLIO, N. *Evolução histórica da Ginástica Olímpica*. São Paulo: Phorte, 1998.

REGULAMENTO TÉCNICO. Curitiba: CBG, 2001.

_____. São Paulo: FPG, 2001.

_____. Curitiba: FIG, 1999.

SÉRGIO, M. *Para um desporto do futuro*. Lisboa: Desporto, 1985.

20 Ginástica Rítmica
Da iniciação ao treinamento de alto nível

Bárbara Elisabeth Laffranchi
Márcia Regina Aversani Lourenço

A Ginástica Rítmica é uma modalidade que combina, de forma harmoniosa, diversas qualidades. Possui uma exigência técnica corporal apuradíssima que se apresenta aliada ao manejo de seus aparelhos específicos: a corda, o arco, a bola, as maças e a fita.

Segundo Lourenço (1999), a união dos movimentos corporais ao trabalho realizado com os aparelhos cria uma dinâmica única com tamanha fluência que se confundem, dando-nos a ideia de ambos serem apenas um. Essa expressividade artística presente no esporte, por meio dos movimentos da dança e com o importante auxílio da música, nos permite fazer uma pequena discussão relacionando Ginástica Rítmica e arte.

Conceitos de beleza e graça estão sempre ligados à mulher de várias formas, sendo a Ginástica Rítmica um esporte criado para elas e, ainda, atualmente praticado somente por elas em nível de competição, de acordo com a Federação Internacional de Ginástica. A busca pelo belo nas composições de conjunto e individual é imprescindível. Laffranchi (2001, p. 3) analisa com propriedade a ligação desporto/arte:

> Em seu lado arte, a Ginástica Rítmica é conceituada como busca do belo, uma explosão de talento e criatividade, em que a expressão corporal e o virtuosismo técnico se desenvolvem juntos, formando um conjunto harmonioso de movimento e ritmo. Como esporte, a Ginástica Rítmica é uma modalidade esportiva essencialmente feminina, que requer alto nível de desenvolvimento das capacidades físicas, com exigências de rendimento elevadas, visando à perfeição técnica da execução de movimentos complexos com o corpo e com os aparelhos.

De acordo com Róbeva (1991), na busca da arte, percorremos um difícil caminho na tentativa de encontrar a força criativa que nos permite gerar novas perspectivas de movimentos que resultará em composições maravilhosas. A Ginástica Rítmica reúne uma grande variedade de capacidades físicas e artísticas das ginastas, proporcionando a criação de movimentos harmônicos, que podem representar, significativamente, as potencialidades expressivas da mulher.

Para se criar essas inúmeras possibilidades de movimentos, há de se trabalhar com a criança desde muito cedo, pois sabemos que uma ginasta, para ocupar um lugar de destaque, tem um período de, aproximadamente, seis anos de trabalho sistemático. A idade ideal para o início da prática da Ginástica Rítmica é, em média, dos 5 aos 8 anos, e independentemente de a iniciante ser uma grande campeã ou não, ela deverá ter a oportunidade de desfrutar dos benefícios da modalidade, que, segundo Hernandéz e Bouza (1982), são: melhora da postura, contribuições estéticas, facilidade para se expressar por meio dos movimentos, graça, elegância e consequente proveito para a saúde geral.

Quando se trabalha a iniciação visando alcançar o alto nível, a criança deverá passar por uma infinidade de atividades direcionadas para que possa ter domínio exato dos segmentos corporais e noções de tempo e espaço, a fim de que chegue a realizar os movimentos corporais e com os aparelhos de forma harmoniosa e precisa. Exemplos disso são a execução de um grande lançamento e a recuperação do aparelho fora do campo visual, após uma sequência de elementos acrobáticos.

Todo esse trabalho deverá envolver as capacidades físicas e as habilidades motrizes de forma que a futura ginasta adquira um excelente vocabulário motor, o que facilitará seu desempenho e auxiliará na elaboração das futuras coreografias de competição.

Iniciação

Com o intuito de auxiliar os profissionais da área, apresentamos a estrutura de organização do trabalho de iniciação em Ginástica Rítmica realizado na Universidade Norte do Paraná (Unopar), que mantém um projeto de ensino, pesquisa e extensão há aproximadamente trinta anos, cujos objetivos principais são a popularização do esporte, o desenvolvimento contínuo da modalidade por meio da estruturação do trabalho de base na própria instituição e no município de Londrina, a contribuição na formação física e consequente elevação da saúde, valorizando a qualidade de vida da clientela e a descoberta de novos talentos para a participação futura em eventos estaduais, nacionais e internacionais.

Todas as crianças interessadas em praticar Ginástica Rítmica realizam um teste para entrar no programa, desde que tenham entre 5 e 10 anos. Os testes são realizados sempre nos meses de fevereiro e julho e seguem um planejamento anual. Em um primeiro momento, as meninas aprovadas são divididas por faixa etária e grau de flexibilidade e, após um tempo predeterminado, ocorre a divisão de novas turmas por meio da avaliação do desenvolvimento das pequenas ginastas nas aulas.

As turmas são divididas da seguinte forma: *Iniciação A e B* (dos 5 aos 6 anos), *Iniciação C* (dos 7 aos 8 anos) e *Mirim-adiantado* (ginastas que se destacaram nas turmas de iniciação). As avaliações são realizadas pelo controle de frequência, com o registro dos conteúdos ministrados e também de exames trimestrais, e a última avaliação no ano é a participação em um festival, no qual cada turma apresenta uma coreografia em grupo.

Nas avaliações trimestrais, são avaliados elementos corporais e do aparelho, que estão na programação de cada uma das turmas, primeiramente visando ao trabalho da postura e ao desenvolvimento da flexibilidade e, em um segundo momento, aos demais elementos técnicos, que são os fundamentos da Ginástica Rítmica: saltos, equilíbrios, *pivots*, flexibilidade e ondas, bem como a utilização de um determinado aparelho. Na avaliação, leva-se em consideração a aprendizagem e o nível da execução do movimento realizado pela criança.

Após passar pelo processo de iniciação e suas respectivas avaliações, a criança estará apta ou não a ingressar em uma equipe de pré-competição (a partir dos 8 anos), que denominamos Pré-equipe. É importante ressaltar que as crianças que não chegam a integrar equipes de pré-competição continuam nas demais turmas até haver o desinteresse natural pela prática, porém os pais são informados da situação da ginasta no projeto. O próximo passo após integrar a Pré-equipe é fazer parte da equipe de competição da categoria Pré-infantil, que, de acordo com o Regulamento Técnico da Confederação Brasileira de Ginástica (CBG), vai dos 9 aos 10 anos.

Para que todo esse processo aconteça com um resultado satisfatório e realmente tenhamos crianças aptas a participar de competições, segue-se uma programação de conteúdos em que os mínimos detalhes fazem a diferença. Neste planejamento, a uniformidade da execução dos elementos é muito importante, pois, na medida em que as crianças vão mudando de turma, a técnica exigida pelo novo professor deve ser a mesma aplicada pelo professor anterior. Como exemplo, podemos citar a posição do braço utilizado para o salto pulo, que será a mesma para o salto *enjambée* ou o salto corza em qualquer turma, mudando apenas o nível da dificuldade exigida em cada salto. Todo esse cuidado evitará que a futura ginasta tenha vícios de execução e saiba colocar-se corretamente em qualquer situação solicitada, seja para executar uma dificuldade de alto nível, seja para lançar um aparelho corretamente.

Para Hernandéz e Bouza (1982, p. 286), esta realmente deve ser uma preocupação no trabalho de base:

Este cuidado evitará, no futuro, que se tenha que abandonar hábitos indesejados para se formar outros novos. Estamos nos referindo a quando a ginasta troca de treinadora como parte de etapas superiores de sua formação, o que implica a perda de um importante tempo ao se provocar mal-estar entre as ginastas, que não se sentem à vontade com estas mudanças, o que, às vezes, significam esforços pouco menos que infrutíferos, pois os maus hábitos arraigados são muito difíceis de se erradicar.

A seguir, apresentamos alguns quadros com os conteúdos ministrados em cada turma para cada trimestre.

Turmas de iniciação, A, B e C

Quadro 20.1 – Iniciação

Abril (1ª avaliação)	Elemento obrigatório	Execução
	Postura: andar e correr	Posição correta: coluna vertebral e cabeça, braços ao lado do corpo, abdômen contraído e pés em meia ponta durante toda a execução.
Julho (2ª avaliação) Obs.: os mesmos elementos serão avaliados, porém a exigência na execução é maior.	Saltito: 1º saltito	Braços à altura dos ombros, braço contrário da perna da frente. Joelho de base estendido, pés estendidos.
	Saltito: galope	Mãos na cintura, posição correta da coluna, joelhos altos e pés estendidos.
	Saltito: *chassé*	Braços a altura dos ombros e ao lado do corpo. Pés unidos e estendidos durante o saltito. Meia ponta durante toda a execução.
	Equilíbrio: *en passe*	Braços em 2ª posição. Pernas em *andehors*. Joelho de base estendido e meia ponta alta.

continua

continuação

	Elemento Obrigatório	Execução
Abril (1ª avaliação) **Julho** (2ª avaliação) Obs.: os mesmos elementos serão avaliados, porém a exigência na execução é maior.	Equilíbrio: *grand écart* lateral e facial com ajuda	Execução com apoio na barra. Posição correta do quadril. Joelho de base estendido e meia ponta alta.
	Pivot: *en passé*	Preparação em 4ª posição. Executar meia volta.
	Flexibilidade: borboleta	Posição correta da coluna, joelhos apoiados no solo. Executar a flexão do tronco sobre as pernas.
	Flexibilidade: ponte	Sair da posição no solo. Braços estendidos próximos à cabeça.

	Elementos obrigatórios	Execução
Outubro (3ª avaliação)	Salto: salto pulo com a perna da frente flexionada	Braços na altura dos ombros, braço à frente contrário da perna, joelhos estendidos.
	Equilíbrio: *grand écart* facial e lateral com ajuda	Braço livre à altura da cabeça, joelhos estendidos.
	Equilíbrio: *arabesque*	Braços na altura dos ombros, braço à frente contrário da perna, joelhos estendidos.
	Pivot: *en passé andedã* – 360°	Braços em 1ª posição, passe *andehors*, joelhos de base estendidos.
	Flexibilidade: *grand écart* frontal no solo e *grand écart* lateral no solo com flexão do tronco à frente	Executar com as duas pernas, posição correta do quadril e joelhos estendidos durante toda a execução.

	Elementos Obrigatórios	Execução
Dezembro (4ª avaliação)	Coreografia do festival	Serão avaliados todos os elementos obrigatórios trabalhados durante o ano.

Turma Mirim-adiantado

Quadro 20.2 – Adiantado

	Elemento Obrigatório	Execução
Abril (1ª avaliação)	Salto: salto pulo com a perna da frente flexionada	Braços na altura dos ombros, braço à frente contrário da perna, joelhos estendidos.
	Equilíbrio: *grand écart* facial e lateral com ajuda.	Braço livre à altura da cabeça, joelhos estendidos.
	Equilíbrio: *arabesque*	Braços na altura dos ombros, braço à frente contrário da perna, joelhos estendidos.
	Pivot: en passé andedã – 360°	Braços em 1ª posição, passe *andehors*, joelhos de base estendidos.
	Flexibilidade: *grand écart* frontal no solo e *grand écart* lateral no solo com flexão do tronco à frente.	Executar com as duas pernas, posição correta do quadril e joelhos estendidos durante toda a execução.

	Elemento obrigatório	Execução
Julho (2ª avaliação)	Salto: salto *ejambée*	Braços à altura dos ombros, braço contrário à perna da frente.
	Salto de *biche* (corza)	Braços à altura dos ombros, braço contrário à perna da frente.
	Equilíbrio: ver mês de abril	Ver mês de abril, manter a posição em meia ponta por mais de dois segundos.
	Pivot: 540° *en passé*	Ver mês de abril.
	Flexibilidade: passagem pelo solo em *grand écart* com rolamento lateral	Tronco flexionado sobre a perna da frente, quadril na posição correta, joelhos estendidos.
	Flexibilidade: *grand écart* frontal no solo com puxada de perna atrás	O braço que pega a perna atrás deve estar estendido, perna da frente em *andehors*.

continua

continuação

	Elemento obrigatório	Execução
Julho (2ª avaliação)	Bola: balanceios e circunduções	A mão toma o formato da bola, braços estendidos e não encostar a bola no antebraço.
	Bola: quicadas ativas	A mão toma o formato da bola, executar com braços estendidos, com as duas mãos e com mãos alternadas.
	Bola: rolamento no solo	A mão toma o formato da bola, braços estendidos. O último contato com a bola deve ser a ponta dos dedos. Rolar de uma mão para outra.
	Bola: rolamento da mão para o peito	A mão toma o formato da bola, braços estendidos, executar com os dois braços e com os braços alternados.
	Lançamento por impulso	Os dedos da mão deverão formar uma linha única com o pulso e o antebraço. O último contato com a bola deve ser a ponta dos dedos. Manter a posição do braço estendido do lançamento até o momento da recuperação. Recuperar com as duas mãos.

	Elemento obrigatório	Execução
Outubro (3ª avaliação)	Salto: ver mês de julho	Ver mês de julho, executar com maior amplitude que na avaliação anterior.
	Equilíbrio: ver mês de julho	Ver mês de julho.
	Pivot: ver mês de julho	Ver mês de julho.
	Flexibilidade: ver mês de julho	Ver mês de julho.
	Flexibilidade: reversão para frente e para trás	Executar com os joelhos estendidos.
	Corda: balanceios e circunduções	Empunhadura correta, executar com os dois nós em uma mão e em mãos separadas. Braços estendidos e plano da corda definido.

continua

continuação

	Elemento obrigatório	Execução
Outubro (3ª avaliação)	Corda: rotações	Empunhadura correta, executar em todos os planos e direções.
	Corda: saltitos por dentro da corda	Executar com as pernas unidas e estendidas, unidas e flexionadas. Executar os saltitos em meia ponta e braços estendidos.
	Corda: escapadas	Empunhadura de um nó, corda estendida no solo. Executar a puxada com braços estendidos. Recuperação com a palma da mão para cima, dedos unidos e estendidos.
	Corda: lançamento por impulso	Segurar os dois nós em uma mão, corda posicionada ao lado do corpo. Impulso, braços estendidos, soltar a corda com os dedos unidos e estendidos, manter esta posição até o momento da recuperação. Recuperação pelo nó com as palmas das mãos para cima.

	Elemento obrigatório	Execução
Dezembro (4ª avaliação)	Coreografia do festival (com aparelho)	Serão avaliados todos os elementos obrigatórios trabalhados durante o ano.

Treinamento de alto nível

Para buscar o alto rendimento desportivo, encontramos nas bases científicas do treinamento o suporte necessário ao desenvolvimento de metodologias de trabalho que sistematizam as grandes *performances* procuradas e que, muitas vezes, são consideradas inatingíveis. As *performances* nada mais são do que um produto real de um treinamento planejado conscientemente em seus mais variados detalhes, produto de organização e aplicação de um trabalho multilateral que visa ao desenvolvimento harmonioso de todo o corpo da ginasta, assim como a adaptação de seu organismo às exigências específicas da modalidade.

A preparação técnica é um componente do treinamento cujo principal objetivo é a realização do movimento ginástico com a máxima eficiência e o mínimo esforço, por meio do virtuosismo da execução. Para se alcançar a perfeição do gesto desportivo e o automatismo correto da execução dos movimentos, a ginasta deve passar por um caminho de infindáveis repetições durante sua preparação e suportar extenuantes e exigentes correções detalhadas de cada exercício (Valle, 1991).

Fórmulas determinadas e aplicadas em uma sistemática avaliação da *performance* das ginastas permitem identificar as insuficiências ou erros e eliminá-los, o que possibilitará alcançar o máximo rendimento do treinamento e atingir elevados índices de execução ginástica, que, coordenados à periodização e à planificação do treinamento, proporcionará a obtenção do ápice da forma física e técnica durante as principais competições.

Ao planejar a preparação técnica, calculam-se as cargas que serão aplicadas nas repetições dos exercícios com base em fórmulas determinadas com o propósito de dirigir o plano de treinamento.

Visando ao virtuosismo da execução, procura-se desenvolver um treinamento técnico que seja homogêneo entre seus componentes e progressivo nas aplicações contínuas de carga de treino. Assim, planeja-se a preparação técnica de uma temporada, dividindo-a em fases distintas, cada uma com características e objetivos próprios, e apropriando-as dentro da periodização do treinamento.

Na Ginástica Rítmica, quando se observa a ginasta sendo laureada com o título de campeã, torna-se difícil imaginar quão árduo é o caminho do sucesso, quantas barreiras tiveram que ser transpostas e quantas variáveis contribuíram para a vitória. Na intenção de definir esse caminho, surge a necessidade de conceituar o treinamento desportivo: conjunto planejado e organizado de meios e procedimentos utilizados para se conduzir uma ginasta ao desenvolvimento pleno de suas capacidades físicas, técnicas e psicológicas, visando à máxima *performance* durante as competições (Fernandes, 1981).

O treinamento desportivo evidencia a necessidade de se planejar sistematicamente a atividade a ser desenvolvida no processo como um todo, tendo em vista objetivos predeterminados. Esse processo organizado deve ser conduzido com base em princípios científicos para garantir modificações orgânicas que influenciarão significativamente na capacidade de rendimento da ginasta.

O treinamento desportivo de alta competição pode ser considerado, em termos organizacionais, como uma composição de quatro preparações fundamentais (física, técnica, tática e intelectual/psicológica) sob um efetivo controle (planificação) e em uma adequação de fatores influenciadores que possam vir a interferir no êxito do treino (material desportivo, ginásio de treino, clima etc.).

A coordenação de uma organização do treinamento deve ser sustentada pela reunião e harmonização dos trabalhos planejados pelas quatro preparações. Essa coordenação é um dos fatores mais importantes do treinamento, porque é geralmente muito difícil determinar precisamente as atividades e os limites de cada tipo e parte da preparação (Tubino, 1985).

Visando elaborar um treinamento racional, com sincronia e coordenação entre as partes e, também, viável para as equipes que não possuem grandes estruturas de pessoal qualificado para sua realização, propomos um sistema de planejamento dessas preparações que poderão ser desenvolvidos pelo treinador.

A preparação técnica

A preparação técnica é um componente do treinamento que visa à realização do movimento ginástico com a máxima eficiência e o mínimo esforço (Dantas, 1986). Essa preparação se dá por meio do virtuosismo da execução, sendo este o principal objetivo de todo o treinamento da Ginástica Rítmica.

No treinamento das coreografias, alguns movimentos são simples e outros, complexos. Aqueles que a ginasta é capaz de realizar e compreender desde o princípio do treinamento técnico serão eficientemente treinados como unidades integrais. Porém, partes ou movimentos isolados da composição deverão ser praticados quando a ginasta errar continuamente ao desempenhá-lo. Assim, no ensino da técnica, utilizamos o "método de ensino parcial", em que, primeiramente, são instruídos os movimentos mais difíceis e complexos. Esses movimentos são treinados em partes para, posteriormente, serem articulados uns aos outros. Esse método é indicado para o treinamento técnico da GR, já que não é possível treinar de uma só vez uma coreografia em sua totalidade, pois os pequenos detalhes de um movimento são decisivos para o desempenho (Weineck, 1989).

A possibilidade de concentrar a atenção da ginasta no movimento em destaque e seu aperfeiçoamento mais detalhado constitui o aspecto positivo desse método. Durante o trabalho com os elementos isolados, executam-se repetidamente os movimentos não assimilados para corrigi-los. Assim, pode-se evitar que surjam erros estáveis. A execução das partes isoladas é menos cansativa do que a execução da composição integral; por conseguinte, é possível o aumento do número de repetições dos elementos em questão (Zakharov, 1992).

Assim, para se alcançar a perfeição do gesto desportivo e o automatismo correto da execução dos movimentos, a ginasta deve passar por um caminho de infindáveis repetições durante sua preparação e suportar extenuantes e exigentes correções detalhadas de cada movimento.

Essas repetições são aplicadas sobre a execução dos exercícios, e, para que se possa alcançar o objetivo da preparação técnica, propomos dividir cada exercício ou composição em fragmentos distintos, que representam os componentes da preparação técnica, os quais denominamos *partes de um exercício* e *elemento isolado*. O exercício inteiro define a composição em sua totalidade, formando um bloco compacto, um todo, em que os movimentos devem estar ligados uns aos outros sempre em estreita relação com a música. Partes de um exercício compreendem uma série de sete a quinze elementos ligados entre si e executados sem interrupção. O elemento isolado é definido como a menor unidade de um exercício que pode ser realizado separadamente (Valle, 1991).

Ao planejar a preparação técnica, calculamos as cargas que serão aplicadas nas repetições dos exercícios, de tal forma que o trabalho tenha como característica principal a homogeneidade e a continuidade da aplicação das cargas de treino, visando ao alcance do ápice da *performance* ginástica durante as principais competições.

A carga básica

A carga básica é a principal diretriz para o planejamento da preparação técnica; expressa a quantidade inicial de repetições de uma temporada e orienta a aplicação das variáveis volume e intensidade de trabalho. Quando se fala de repetições, faz-se referência à execução repetida de elementos isolados, de partes de um exercício ou de um exercício inteiro.

Para iniciar o cálculo da carga básica, toma-se como ponto de partida o número total de elementos repetidos por semana na temporada anterior durante o período preparatório básico, como um *start* para o cálculo das cargas de treinamento da periodização atual. Para chegarmos a esse total, faz-se necessário levantar o número de elementos executados diariamente pela ginasta na preparação técnica do ano anterior e agrupá-los semanalmente.

A partir desse valor, adiciona-se o percentual planejado para o aumento das cargas de treino da temporada em questão. A carreira da ginasta deve ser planejada ao longo dos anos de treinamento, e o aumento progressivo das cargas de treino é aplicado neste ponto (Zakharov, 1992). Assim, temos a seguinte fórmula para o cálculo da carga básica:

$$CB = X + \% APC$$

em que CB corresponde a carga básica da temporada, X corresponde ao número total de repetições por semana do ano anterior e % APC corresponde ao percentual de aumento anual progressivo da carga de treinamento.

A contagem dos elementos

Como elemento, definimos cada movimento que compõe uma coreografia, desde a pose inicial até a final, que pode ser executado isoladamente, em coordenação com o manejo do aparelho.

Geralmente, os exercícios individuais contêm aproximadamente de 30 a 40 elementos e os exercícios de conjunto, de 45 a 60 elementos.

Levantando o número total de elementos que contém cada coreografia, extrai-se a média dos elementos dos exercícios inteiros:

$$I = \frac{I1 + I2 + \ldots}{NI}$$

em que I corresponde à média dos elementos dos exercícios inteiros; I1 corresponde ao número total de elementos de cada coreografia e NI corresponde ao número de coreografias que uma ginasta individual ou conjunto treinará. O Código de Pontuação de G.R. estabelece quatro coreografias para as provas individuais e duas coreografias para as provas de conjunto (Federação Internacional de Ginástica, 2001).

Aplicando esta fórmula para os exercícios individuais, temos:

$$I = \frac{I1 + I2 + I3 + I4}{4}$$

Aplicando esta fórmula para os exercícios de conjunto, temos:

$$I = \frac{I1 + I2}{2}$$

O cálculo da oscilação das cargas de treino

Com o intuito de calcular as repetições que serão executadas durante o planejamento da preparação técnica, faz-se necessário primeiramente determinar a oscilação das cargas de treino para o microciclo de trabalho. Para tal, partimos dos valores obtidos na carga básica com o objetivo de definir o número total de repetições para um dia de treinamento. Assim, dividimos a carga básica pelo número de dias de treino em uma semana, isto é:

$$X = \frac{CB}{N}$$

em que X corresponde ao total de repetições para um dia de treinamento; CB corresponde à carga básica; e N corresponde ao número de dias de treino em uma semana.

Sabendo o total de repetições que deverão ser realizadas em um dia de treino, apropriamos as oscilações diárias das cargas, definidas de maneira a atender ao planejamento da periodização, e seu percentual de variação será determinado de acordo com o objetivo de trabalho de cada treinador.

Tabela 20.1 – Percentual de variação para o treinamento de equipes de alto nível em Ginástica Rítmica (Dantas, 1986)

Dia/semana	Segunda--feira	Terça--feira	Quarta--feira	Quinta--feira	Sexta--feira	Sábado
Nível/carga	Média	Alta	Baixa	Média	Alta	Baixa
Variação(R)	R = X	R = X + 20%	R = X – 20%	R = X	R = X + 20%	R = X – 20%

Calculando-se as variações dos percentuais acima citados, encontraremos os totais de repetições por dia no microciclo (R). Esses valores obedecerão ao nível de carga determinada para cada dia de treino, facilitando sua aplicação e dirigindo o treinamento técnico em relação aos princípios da sobrecarga, da continuidade e da especificidade.

O planejamento da preparação técnica

Visando ao virtuosismo da execução, procura-se desenvolver um treinamento técnico que seja homogêneo entre seus componentes e progressivo nas aplicações contínuas de cargas de treino. Assim, planeja-se a preparação técnica de uma temporada, dividindo-a em três fases distintas, cada uma com características e objetivos próprios.

A fase básica

No planejamento da preparação técnica, a fase básica tem como objetivo principal a condução à assimilação e à automatização de novos elementos e combinações que compõem a coreografia. Para que se logrem a assimilação e a precisão do gesto, a ênfase do treinamento deve recair sobre o volume, que é representado pelo grande número de repetições e, simultaneamente a essas repetições, realizar as correções cabíveis ao movimento. Com esse objetivo, dividimos o treinamento em três tipos de treino distintos: o treino de repetições de elementos isolados, o treino de partes de um exercício e o treino de inteiros.

O treino de repetições de elementos isolados consiste na execução repetida dos elementos que apresentam um alto grau de dificuldade ou complexidade técnica e exigem precisão do movimento, como no caso dos lançamentos, das dificuldades corporais coordenadas com o manejo do aparelho, das trocas para o conjunto e dos elementos de sincronia e cooperação entre as ginastas. O treino de partes consiste em repetir um grupo de elementos isolados na ordem em que são apresentados na coreografia. O treino de inteiros consiste em repetir a composição inteira com música (Valle, 1991).

Sabendo-se qual o número de repetições que deverão ser executadas por dia (R), podem-se distribuir essas repetições nos diferentes tipos de treino, apropriando uma menor quantidade desse total (40%) para a execução dos elementos isolados e uma quantidade maior (60%) do total para as execuções de partes ou inteiros, já que reúne grande número de elementos em uma única repetição. Essa distribuição visa dirigir a preparação técnica em relação ao princípio de interdependência volume – intensidade de acordo com a fase do macrociclo em questão (Valle, 1991).

Treino de elementos isolados (T1)

$$T1 = \frac{R - 60\%}{E}$$

em que R corresponde ao número de repetições que serão executadas em determinado dia do microciclo; e E corresponde ao número de elementos isolados que deverão ser treinados.

O valor obtido com o resultado do T1 representa o total de repetições que deverá ser aplicado em cada um dos elementos isolados que serão treinados.

Treino de partes ou inteiros (T2)

$$T2 = \frac{R - 40\%}{I}$$

em que R corresponde ao número de repetições que serão executados em determinado dia da semana; e I representa a média dos elementos dos exercícios inteiros.

O resultado obtido com o T2 representa o número de repetições que serão aplicados nas execuções das partes e dos inteiros. Como essa fase da preparação técnica visa ao volume do treinamento, aconselha-se a executar um maior número de repetições de partes da coreografia, para que o treinador possa realizar as correções necessárias dos movimentos, e um menor número de exercícios inteiros para que, mesmo com o fator insegurança gerada pelo pouco domínio dos movimentos, a ginasta esteja sempre apta a enfrentar o desafio de executar a coreografia em sua totalidade.

A fase específica

É na fase específica do planejamento da preparação técnica que acontece a transferência da variável-volume para a variável-intensidade (Dantas, 1986). Essa mudança é caracterizada pela exigência da execução dos elementos sem falhas e pela mudança na distribuição do total diário de repetições, sendo apropriado um maior número de repetições para os exercícios inteiros.

Na fase anterior, a ginasta deveria cumprir os totais calculados para cada tipo de treino, independentemente da execução correta ou não dos elementos. Nesta etapa do planejamento, passa-se a requerer um determinado total de elementos corretos para cada tipo de treino. Por esse motivo, faz-se necessário reduzir a carga diária do treinamento técnico, em virtude de que somente serão levadas em consideração as repetições sem falhas técnicas. Assim, no princípio da fase específica, observa-se uma estabilidade ou até mesmo um aumento do número das repetições para que a ginasta consiga atingir o número de elementos sem falhas, conforme determinado pelo planejamento. Posteriormente, de modo gradativo, passa-se a observar uma redução destas repetições, em que o nível de acertos torna-se relativamente alto, equivalendo ao número de repetição planejado.

A preparação técnica para esse período resume-se em dois tipos de treino: o treino de elementos isolados e o treino de inteiros.

Para calcular o total de elementos corretos a serem executados, utilizamos as seguintes fórmulas:

$$T1C = \frac{(R - 80\%)}{E} - 30\% \text{ e } T2C = \frac{(R - 20\%)}{I} - 30\%$$

O resultado obtido com T1C corresponde ao total de repetições que deverão ser executadas sem erro de cada elemento isolado. O resultado obtido com T2C corresponde ao total de repetições dos exercícios inteiros que deverão ser executados com o menor números de falhas possível, sendo considerado como repetição válida somente as boas execuções.

A fase competitiva

Aqui, a principal variável do treinamento é a intensidade. Treinamentos intensos propiciam a obtenção de altos rendimentos técnicos, que são imprescindíveis para o alcance de grandes *performances* competitivas (Valle, 1991). Por esse motivo, a preparação técnica resume-se às execuções sem falhas. Outro indicativo da ênfase do trabalho sobre a intensidade é a mudança na distribuição do total de repetições diárias, em que 90% dessas repetições são aplicadas sobre a execução de exercícios inteiros sem falhas.

As fórmulas descritas a seguir deverão ser utilizadas para o cálculo de T1C e T2C em cada dia do microciclo:

$$T1C = \frac{R - 90\%}{E} \text{ e } T2C = \frac{R - 10\%}{I}$$

O resultado obtido com T1C corresponde ao total de repetições dos elementos isolados que deverão ser executados sem erro. O resultado obtido com

T2C corresponde ao número de exercícios inteiros que deverão ser executados sem falhas.

Ao final da fase competitiva, a ginasta individual ou em conjunto atingirá o ápice de sua forma técnica, encontrando-se apta para participar das competições. As cobranças realizadas sobre as execuções sem falhas aproximam a ginasta da situação competitiva, quando terá que executar sua coreografia uma única vez buscando atingir a maestria técnica em sua apresentação.

Referências

CURADO, J. *Planejamento do treino e preparação do treinador*. Lisboa: Caminho, 1982.

DANTAS, E. H. M. *A prática da preparação física*. 2. ed. Rio de Janeiro: Sprint, 1986.

FEDERAÇÃO INTERNACIONAL DE GINÁSTICA. *Regulamento técnico*. 2001.

FERNANDES, J. *O treinamento desportivo*. 2. ed. São Paulo: EPU, 1981.

GAIO, R. *Ginástica Rítmica "popular"*: uma proposta educacional. 2. ed. Jundiaí: Fontoura, 2007.

HERNÁNDEZ, A.; BOUZA, A. *Gimnasia rítmica deportiva*. Buenos Aires: Stadium, 1982.

LAFFRANCHI, B. *Periodização de treinamento de alto rendimento na ginástica rítmica desportiva*. Monografia. Universidade Norte do Paraná, PR, 1997.

_____. *Treinamento desportivo aplicado à ginástica rítmica*. Londrina: Ed. da Unopar, 2001.

LOURENÇO, M. R. A. O Brasil descobre a GRD. *Revista Cultural Fonte/Universidade Norte do Paraná*, Londrina, v. 2, 1999.

MATHEWS, D. *Bases fisiológicas da educação física e dos desportos*. 3. ed. Rio de Janeiro: Guanabara Koogan, 1986.

MATVÉEV, L. *Fundamentos do treinamento desportivo*. Moscou: Raduga, 1983.

_____. *Preparação desportiva*. Londrina: Centro de Informações Desportivas, 1996.

Róbeva, N. *Escola de campeãs*: ginástica rítmica desportiva. São Paulo: Ícone, 1991.

Tubino, M. *As qualidades físicas na educação física e desportos*. 4. ed. São Paulo: Ibrasa, 1985.

Weineck, J. *Manual de treinamento esportivo*. 2. ed. São Paulo: Manole, 1989.

Zakharov, A. *Ciência do treinamento desportivo*. Rio de Janeiro: Grupo Palestra Sport, 1992.

Parte 6
Ginástica e formação profissional

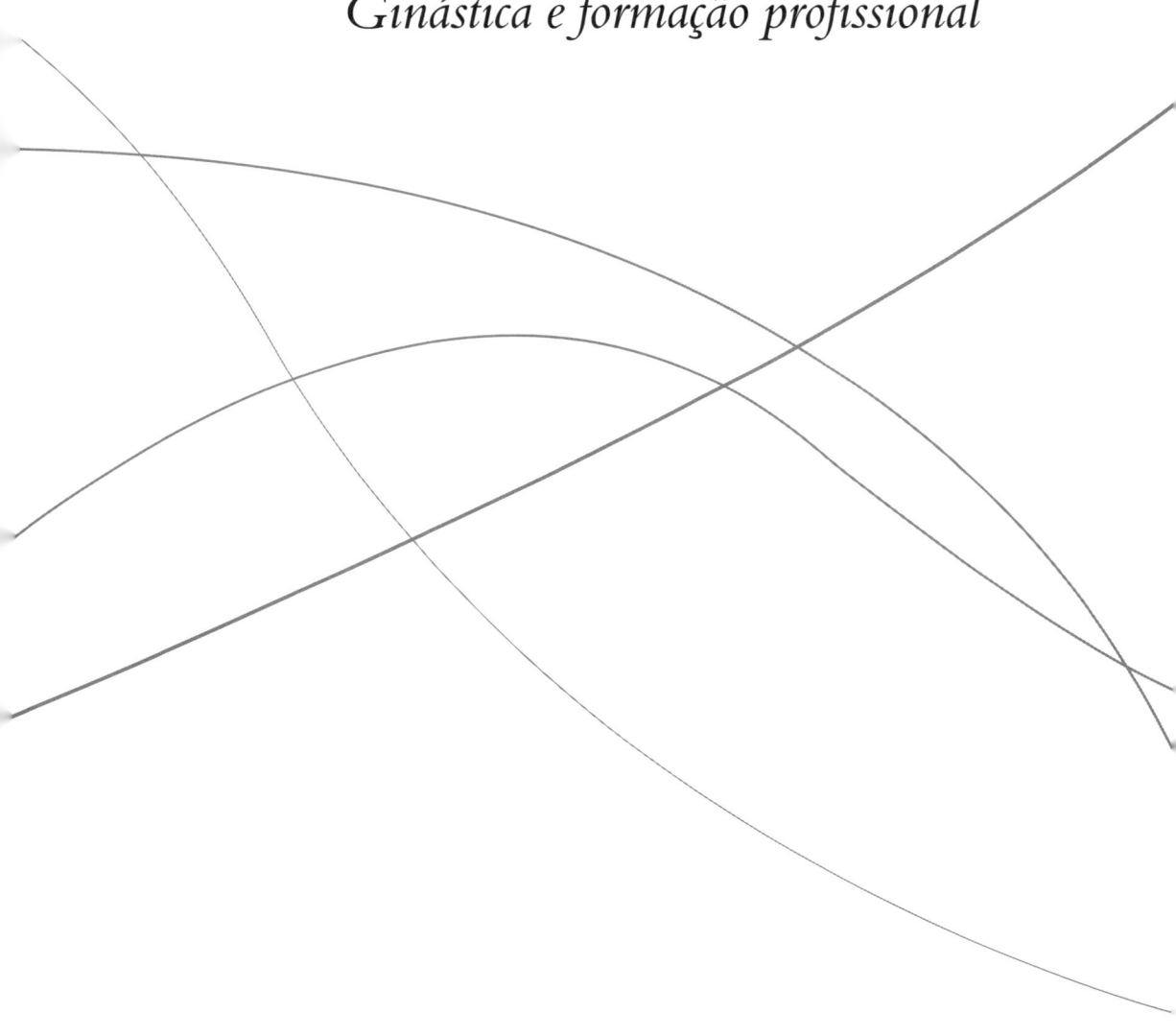

21 Discussões sobre a Ginástica de Academia no curso de Educação Física
Possibilidades de encontro

José Carlos de Freitas Batista

Esta discussão visa analisar a importância da Ginástica de Academia como conteúdo nos cursos de Educação Física (graduação/bacharelado ou licenciatura). Tenta estabelecer uma reflexão acerca das mudanças conceituais sobre Ginástica de Academia no âmbito da Educação Física e da educação como um todo e discutir essas mudanças na prática educativa e profissional, além das dificuldades encontradas para sua aplicação.

As condições de vida nas quais o indivíduo hoje se encontra exposto levaram-no a uma vida mais sedentária, e consequentemente, ao aumento de problemas como obesidade, hipertensão, diabetes, entre outras. Esta já seria uma grande justificativa para o desenvolvimento dos conteúdos da Ginástica em academias, visto que os problemas aqui apresentados se encontram tanto no ambiente escolar como no não escolar.

Como podemos ver, ao mesmo tempo que a tecnologia se desenvolve, ampliando a qualidade de vida, existem, porém, situações que colocam a vida sob intensa ansiedade e riscos reais. O indivíduo passou a permanecer cada vez mais dependente das máquinas; os espaços para as diversas manifestações corporais se extinguiram, e com eles a prática de atividades físicas.

Ao analisarmos sobre essa perspectiva, pode-se dizer que é cada vez mais necessária a presença do profissional de Educação Física, preparado para uma nova forma de ação, preocupado com o indivíduo e a sociedade na qual está inserido, não em busca de viver mais, mas de viver melhor.

Com o advento da qualidade total, hoje não se está em busca do indivíduo que somente faça, mas que, além de fazer, crie, encontre soluções e seja participativo. Para se conseguir este equilíbrio, nada melhor do que a atividade física bem orientada e que atinja as necessidades de uma sociedade. O que queremos dizer é que não podemos fragmentar o homem em pensar, agir ou sentir; é nessa linha de pensamento que vemos o indivíduo como um "ser uno", indissociável.

Por isso, este "novo" profissional de Educação Física deverá assumir um compromisso com a sociedade à qual pertence e possuir, em sua formação, fatores como autonomia, flexibilização e adaptabilidade.

No entanto, o que se viu durante muito tempo é que a Educação Física conservou conceitos, práticas e metodologias que lhe configuravam um grau de vulnerabilidade, permitindo os mais diferenciados estigmas sob influências pedagógicas, biológicas e esportivas.

Podemos afirmar que houve uma grande evolução; porém, ainda existe uma grande lacuna entre teoria e prática. Como exemplo, podemos citar aulas de Educação Física, nas quais o esporte é o veículo mais utilizado como forma de difusão do movimento corporal.

Assim, o esporte passou a ser conteúdo hegemônico da Educação Física. Sentidos como o expressivo, o criativo e o comunicativo, que se manifestam em outras atividades de movimento, não são explorados quando o conteúdo escolar é apenas o esportivo. (Kunz, 1989).

Reforçamos ainda mais essa tendência no discurso de Bracht (1999), que afirma que apesar de a Educação Física haver lançado mão de um amplo leque de objetivos, como o desenvolvimento do sentimento de grupo, cooperação etc., o objetivo da escola é tão somente a aprendizagem do esporte, *ficando a ginástica e a corrida, por exemplo, como simples aquecimento* (grifo nosso), além dos jogos populares terem sido transformados em "pré-desportivos".

Podemos dizer, ainda, que modalidades como o atletismo, a dança e a ginástica, esta última sendo nosso principal foco de discussão, raramente são difundidos nas escolas.

Não queremos, de forma alguma, questionar a importância do esporte, pois está mais do que comprovado o seu valor cultural e social. Queremos demonstrar que existem outras possibilidades que podem vir a complementar a formação do ser humano em sua integridade.

Tendo em vista que os currículos de professores incluem disciplinas como dança, capoeira, judô, atividades rítmicas e a ginástica, de acordo com as opções de cada instituição, como explicar a pouca utilização desses conteúdos? Falta de aceitação da sociedade? Falta de espaço/material? Comodismo? Ou será que os professores desenvolvem somente os conteúdos com os quais têm maior afinidade (Betti, 1992)?

Muitos podem ser os motivos. Acreditamos que esses fatores sempre estarão nos acompanhando, porém não podem ser mais utilizados para justificar porque não fazer; é necessário que se busquem soluções e que se encontrem caminhos, afinal, precisamos abandonar a ideia de que "é sempre mais fácil fazer o que sempre fizemos".

Betti (1992) justifica sua preocupação em uma pesquisa desenvolvida em oito escolas da rede pública e particular, nas quais se verificou que o conteúdo desenvolvido raramente ultrapassa a esfera esportiva; mais do que isso, restringe-se ao voleibol, ao basquetebol e ao futebol. Um fato ainda mais alarmante foram as respostas dos alunos que, na maioria, afirmaram que gostariam de aprender outros conteúdos. Mais uma vez, é necessário deixarmos de lado afirmações como "os alunos só querem jogar futebol".

Mas por que a Ginástica de Academia?

Utilizamos *Ginástica de Academia* pela familiarização do termo e por estar incorporado culturalmente em nossa sociedade. Antes de apresentarmos sugestões e considerações para o programa de Ginástica de Academia, algumas reflexões acerca do assunto são necessárias.

Conforme já discutido anteriormente, o que queremos é levar o indivíduo a uma prática reflexiva, oferecendo subsídios para que ele desenvolva condições de autonomia por meio de aquisição de conhecimentos, que compõem o desenvolvimento para um ser integral, além de prepará-lo para sua vida profissional.

Por isso, o que propomos é a ideia de *discussão*, pois acreditamos que gera conflito, que, certamente, levará a uma reflexão, que possivelmente promoverá mudanças e, dessa forma, gerará novas discussões, novas reflexões, novas mudanças, em um caminho contínuo e sem fim.

Encontramos nas diretrizes curriculares da Educação Física orientações que inicialmente podem nortear essa discussão:

> Na perspectiva de assegurar a flexibilidade, a diversidade e a qualidade da formação oferecida aos estudantes, as diretrizes devem estimular o abandono das concepções antigas e herméticas das grades (prisões) curriculares e atuarem, muitas vezes, como meros instrumentos de transmissão de conhecimento e informações e garantir uma sólida formação básica, preparando o futuro graduando para enfrentar os desafios das rápidas transformações da sociedade, do mercado de trabalho e das condições de exercício profissional.

Sendo assim, a proposta que queremos apresentar, a disciplina de Ginástica de Academia como conteúdo do curso de Educação Física, está diretamente relacionada à discussão dicotômica que, por muitos anos, perdurou entre teoria/prática dessa modalidade e/ou atividade e suas reflexões no contexto social e cultural com o corpo. Dessa maneira, a prática pedagógica da Ginástica de academia também pode explorar as experiências vividas por cada aluno e valorizar seu potencial visando à formação integral dele.

Necessitamos, assim, conhecer e compreender um pouco do que é essa Ginástica. Para compreendê-la como parte integrante e fundamental da Educação Física, é necessário falarmos um pouco de sua história e alguns conceitos que fundamentam esse fenômeno.

Na Antiguidade, o movimento ginástico, antes de ser sistematizado, era compreendido como expressão da cultura (Marinho, 1980).

No século XV, na Itália, surgiram obras como *A arte da Ginástica*, com base nas ideias dos antigos gregos, em que são apresentados pressupostos teóricos e práticos sobre os exercícios físicos.

Bracht (1999), analisando os métodos ginásticos, afirma que são construídos por meio de conhecimentos da Anatomia, Fisiologia e Medicina e aplicados ao campo dos exercícios físicos. A Educação Física, como coloca o mesmo autor, se fundamenta em uma prática que tematiza, com a intenção pedagógica, as manifestações da cultura corporal do movimento.

Segundo Barbanti (1994):

> O termo *ginástica* originou-se aproximadamente em 400 a.C. É derivado de *Gymnos*, que quer dizer nu, levemente vestido, e geralmente se refere a todo tipo de exercícios físicos para os quais se deve tirar a roupa de uso diário. Durante o curso da história, as interpretações de Ginástica variaram.

Esse conceito define um padrão para a Ginástica que, no decorrer da história, se modifica segundo características de cada povo, região e costume. De acordo com os métodos europeus, a Ginástica tinha uma conotação mais rígida, padronizada com finalidades político-sociais, a qual, por influência, também foi adotada no Brasil e que foi se transformando, hoje com uma característica mais criativa e espontânea.

Para Soares (1998):

> Pode-se entender a Ginástica contemporânea como uma forma particular de exercitação em que, com ou sem o uso de aparelhos, abre-se a possibilidade de atividades que provocam valiosas experiências corporais, enriquecedoras da cultura corporal das crianças, em particular, e do homem em geral.

Em Ayoub (1996), a Ginástica é vista como:

> um fenômeno sociocultural que compreende determinadas situações de caráter gímnico. Baseia-se em fundamentos das diferentes modalidades ginásticas, da dança, do folclore, das artes cênicas, das técnicas circenses, em relação aos seus aspectos técnicos e metodológicos e de acordo com as suas finalidades.

Gallardo e Sousa (1998) a definem como:

> Uma manifestação da cultura corporal que reúne as diferentes interpretações da Ginástica e demais expressões do ser humano, de forma livre e criativa. Pela sua amplitude de opções, proporciona uma gama infinita de experiências motoras, além de estimular a criatividade, a socialização, o prazer do movimento e o resgate da cultura de cada povo, sendo, dessa forma, plenamente adequada para a Educação Física escolar e comunitária.

Podemos verificar, nas definições propostas pelos autores, que a Ginástica compreende um vasto leque de atividades físicas fundamentadas nas atividades gímnicas, assim como em manifestações corporais com particular interesse no contexto cultural e social.

Reforçando ainda mais esta ideia, em 1921 foi fundada a Federação Internacional de Ginástica (FIG), órgão responsável pela divulgação esportiva/competitiva da modalidade em todo o mundo, em que podemos verificar modalidades como: a Ginástica Olímpica, a Ginástica Rítmica, a *Ginástica Aeróbica Esportiva* (grifo nosso) – esta por nascer nas academias –, esportes acrobáticos e trampolim, a dança, as atividades acrobáticas com e sem o uso de aparelhos, além de expressões folclóricas nacionais, destinadas a todas as faixas etárias e para ambos os sexos, sem limitações para a participação e, fundamentalmente, sem fins competitivos.

Entre os objetivos da Ginástica, segundo a FIG, podemos citar os seguintes:

- oportunizar a participação do maior número de pessoas em atividades físicas de lazer fundamentadas nas atividades gímnicas;
- integrar várias possibilidades de manifestações corporais às atividades gímnicas;
- oportunizar a autossuperação individual e coletiva, sem parâmetros comparativos com outros;
- oportunizar o intercâmbio sociocultural entre os participantes ativos ou não;
- manter e desenvolver o bem-estar físico e psíquico pessoal;
- promover uma melhor compreensão entre indivíduos e os povos em geral;
- oportunizar a valorização do trabalho coletivo, sem deixar de valorizar a individualidade nesse contexto;
- realizar eventos que proporcionem experiências de beleza estética a partir de movimentos apresentados, tanto aos participantes quanto aos espectadores;
- mostrar nos eventos as tendências da ginástica.

Com base nessas considerações, pode-se verificar que a Ginástica possibilita uma nova leitura do movimento corporal, de forma natural, criativa e expressiva, contribuindo com aspectos da formação humana. Entretanto, há grande probabilidade, atualmente, de que esses conceitos não estejam presentes na prática pedagógica dos profissionais da Educação Física.

O que queremos dizer é que a Ginástica de Academia, como prática pedagógica, utiliza o movimento como meio de expressão, tendo como base, para o trabalho, a consciência corporal, a cultura regional, o caráter lúdico e a experiência de vida que, aliadas aos objetivos educacionais, enriquecem a formação do indivíduo em sua totalidade. Dessa forma, a Ginástica de academia, desenvolvida como disciplina, também aborda os aspectos da cultura corporal do indivíduo e se ocupa em fundamentar o trabalho com base no desenvolvimento do ser humano.

Neste momento, discutiremos como pode ser desenvolvida esta proposta, utilizando, como ponto de partida, a caracterização da área de Educação Física segundo as diretrizes curriculares.

A Educação Física caracteriza-se como um campo de intervenção profissional que, por meio de diferentes manifestações e expressões da atividade física/movimento humano/motricidade humana (tematizadas na ginástica, no esporte, no jogo, na dança, na luta, nas artes marciais, no exercício físico, na musculação, na brincadeira popular, bem como em outras manifestações da expressão corporal), presta serviços à sociedade caracterizando-se pela disseminação e aplicação do conhecimento sobre a atividade física, técnicas e habilidades, buscando viabilizar aos usuários ou beneficiários o desenvolvimento da consciência corporal, possibilidades e potencialidades de movimento, visando à realização de objetivos educacionais, de saúde, de prática esportiva e expressão corporal.

Podemos observar que as diretrizes curriculares também contemplam as diferentes manifestações corporais e, sobretudo, viabilizam a todas as pessoas a possibilidade da prática da atividade física, utilizando como uma das áreas temáticas a Ginástica.

Essa ideia pode ser reforçada por Betti (1992):

> Quando um aluno passa por novas experiências, ele pode definir sobre suas preferências, além de uma autonomia futura, e não apenas quando suas experiências são somente na área esportiva e, pior ainda, quando se restringem a apenas dois ou três esportes.

Devemos, assim, despertar para um novo olhar, no qual possamos criar condições de desenvolvimento no sentido da totalidade do indivíduo, e isso não pode ser visto apenas de uma única forma. Trata-se de uma modificação na nossa cultura, uma reavaliação de nossas atitudes, uma mudança fundamental na forma de reagir e repensar.

O programa de Ginástica de Academia

No que diz respeito aos objetivos da disciplina de Ginástica de Academia, deverá ocorrer uma preocupação referente à integração do aluno no decorrer do curso com os conteúdos desenvolvidos e as demais disciplinas e sua relação com o campo profissional.

Nessa visão, o aluno deverá conhecer, em um primeiro momento, os conceitos da Ginástica e sua relação com a área de conhecimento da Educação Física, que vai de sua história e dos conhecimentos de terminologias relacionadas a disciplina aos fundamentos necessários para a discussão e sua interface com as outras áreas de conhecimento. Sendo assim, as interdisciplinas oferecem ao aluno uma compreensão mais profunda do movimento corporal, refletindo e analisando sobre os conteúdos relacionados à prática, em que podemos verificar, de acordo com Sérgio (1996), que "não basta uma prática, mas uma compreensão da prática".

Esses objetivos desenvolvidos pela disciplina também vão de encontro aos objetivos citados pelos PCNs (Parâmetros Curriculares Nacionais – Ministério da Educação, 1997), que apresenta que o aluno deverá:

> participar de atividades corporais, estabelecendo relações equilibradas e construtivas com os outros, reconhecendo e respeitando características físicas e de desempenho de si próprio e dos outros, sem discriminar por características pessoais, físicas ou sociais... Desfrutar da pluralidade de manifestações de cultura corporal do Brasil e do mundo... Solucionar problemas de ordem corporal em

diferentes contextos, regulando e dosando o esforço em um nível compatível com as possibilidades... Conhecer, organizar e interferir no espaço de forma autônoma, bem como reivindicar locais adequados para promover atividades corporais de lazer, reconhecendo-as como uma necessidade básica do ser humano e um direito do cidadão.

Papel do profissional em Ginástica de Academia

Em relação à formação do professor, Pimentel (1992) diz que o aluno, no decorrer do curso, cria seu próprio caminho em busca da construção de conhecimento, formando, pouco a pouco, sua metodologia.

Segundo Xavier (1989), alguns profissionais utilizam uma miríade de métodos, com base em suas experiências na graduação e nas características da clientela. Para o autor, o bom professor é aquele que busca, constantemente, um novo método, adequado à sua realidade de ensino.

Assim, o papel do profissional é situar o problema, determinar metas, escolher meios e teorizar as formas de repensar a realidade e, a partir daí, elaborar e buscar novos procedimentos metodológicos. Para conhecer o fenômeno da cultura corporal, são necessários estudos que venham fundamentar uma proposta pedagógica, como, por exemplo, a anatomia, a neurofisiologia, a biomecânica, a psicologia, a sociologia, a antropologia, a metodologia e a didática, a aprendizagem e o desenvolvimento motor, além da influência de fatores como a musicalidade, entre outros.

Portanto, esse profissional deve conhecer o objeto de estudo com o qual trabalha, ter consciência de suas limitações científico-pedagógicas, buscar constantemente o conhecimento, estabelecer uma boa relação afetiva com seus alunos, ter atitudes, responsabilidades e respeito, ser criativo e ter flexibilização e estar pronto para novas ideias.

Em face disso, podemos verificar, em Betti (1992), que o conceito de reflexão na ação caracteriza-se pelo conhecimento que o professor adquiriu em sua formação, durante sua experiência e reflexão passada (conceitos, teorias, crenças e técnicas), frente a novas situações da prática.

Devemos buscar, nessa visão, uma prática pedagógica prazerosa, em que o profissional reflita sobre suas ações, que surgem da satisfação do aluno em querer buscar novos conhecimentos e desafios, saber perceber que é capaz, independentemente de vivências anteriores ou nível de aptidão, que é possível arriscar sem ter medo de errar e se movimentar, sentir e gostar.

Este profissional, segundo as diretrizes curriculares da Educação Física, deverá possuir, também, competências técnico-científicas, ético-políticas e socioeducativas.

Uma discussão sobre os conteúdos

Necessitamos, para esse fim, repensar a Ginástica da Academia, como devemos fazer na escolha de seus conteúdos e quais preocupações devemos ter ao desenvolvê-los.

Para isso, utilizamos como base estudos teóricos segundo Libâneo (1994, p. 23):

> Conteúdos de ensino são o conjunto de conhecimentos, habilidades, hábitos, modos valorativos e atitudinais de atuação social, organizados pedagógica e didaticamente, tendo em vista a assimilação ativa e aplicação pelos alunos na sua prática de vida. Englobam conceitos, ideias, fatos, processos, princípios, leis científicas, regras.

Podemos dizer que os conteúdos devem retratar a experiência social da humanidade quanto a conhecimentos e modos de ação, transformando-se em instrumentos pelos quais os alunos assimilam, compreendem e enfrentam as exigências teóricas e práticas da vida social.

Libâneo (1994) ainda apresenta alguns questionamentos importantes para a seleção desses conteúdos, como: o que se pretende ao selecionar determinados conteúdos? Que conteúdos (conhecimentos, habilidades, valores) os alunos deverão adquirir a fim de que se tornem preparados e aptos a enfrentar as exigências objetivas da vida social? Que utilidades terão no dia a dia do aluno? Que métodos e procedimentos didático-pedagógicos são necessários para viabilizar o processo de transmissão-assimilação de conteúdos?

Além disso, alguns critérios para a seleção dos conteúdos como: *validade*: atualização; *significado*: relação com as experiências dos alunos; *utilidade*: relação com o meio ambiente dos alunos; *autonomia*: o aluno poderá organizar selecionar e criticar; *viabilidade*: devem ser selecionados dentro das limitações de tempo e recursos disponíveis; *flexibilização*: os conteúdos já selecionados devem estar sujeitos a modificações, adaptações e enriquecimentos, que são necessários para que os objetivos do programa sejam atingidos.

Os conteúdos curriculares dos cursos de Educação Física serão guiados pelo critério da orientação científica, da integração teoria e prática e do conhecimento do homem e sua corporeidade, da cultura, da sociedade e da natureza e as possibilidades de interação desses conceitos que permitam a intervenção profissional. Eles deverão possibilitar uma formação abrangente para a competência profissional de um trabalho com seres humanos em contextos histórico-sociais específicos, promovendo um contínuo diálogo entre as áreas de conhecimento científico e as especificidades da Educação Física.

A Educação Física abrange todo campo de ação da área, incluindo o jogo, o esporte, a ginástica, a dança, a recreação, o lazer etc.

Portanto, os conteúdos relacionados à atividade física devem contemplar: conhecimentos biodinâmicos, comportamentais, socioantropológicos, científico--tecnológicos, pedagógicos, técnico-funcionais aplicados, sobre a cultura, sobre equipamentos e materiais.

Podemos concluir que a escolha de conteúdos vai além, portanto, dos programas oficiais e da simples organização lógica da disciplina.

A abordagem da Ginástica como disciplina integrante dos currículos das escolas de Educação Física brasileira é fundamental para uma melhor compreensão dessa modalidade como possibilidade importante na formação da sociedade, assim como também oferece a possibilidade de mostrar aos futuros profissionais da área como ela pode oportunizar a expressão de ações criativas e originais, permitindo mostrar a diversidade da nossa cultura (Santos, 2001).

Entende-se, neste momento, a Ginástica em um contexto amplo: a Ginástica Rítmica, a Ginástica Geral, a Ginástica de Academia, a Ginástica Olímpica etc.

Neste momento, apresentaremos uma das possíveis formas de atuar com a disciplina de Ginástica de Academia no curso de Educação Física. Não queremos apresentar receitas, mas, como verificamos anteriormente, ousar e arriscar uma nova forma de (re)pensar a Ginástica de Academia, que vem sendo desenvolvida em instituições de ensino em que lecionei e outras em que ainda leciono.

A disciplina *Ginástica em Academia* deve ter caráter teórico/prático, visando preparar o aluno para a aprendizagem didática e metodológica, tendo como foco fundamental a formação crítica quanto aos aspectos da motricidade humana, que estuda os homem em suas diferentes vertentes (cultural, social, ambiental, biológica e psicológica). Ainda podemos dizer que os conteúdos desenvolvidos na disciplina, que serão apresentados posteriormente, tornam-se um excepcional agente motivacional, facilitador do processo de desenvolvimento global do indivíduo e que permite o aumento da percepção corporal, a melhora das capacidades físicas e o aprendizado das habilidades motoras, além da sociabilização.

O programa de Ginástica de Academia deve ser adequado e desenvolvido conforme a exigência da instituição de ensino. Exemplificaremos aqui uma das formas mais comuns de apresentação de um programa de disciplina: *ementa* – resumo breve da disciplina; *objetivos* – significam onde queremos chegar; *conteúdos* – o que vai ser trabalhado para alcançarmos os objetivos predeterminados; *procedimentos metodológicos* – de que forma iremos trabalhar com esses conteúdos; *critérios de avaliação* – para verificação do aprendizado e constante reestruturação do trabalho; e *referencial teórico básico* (bibliografia) – suporte essencial para fundamentação da proposta. Esta estrutura deverá ser adequada para o curso de Licenciatura ou Graduação/Bacharelado.

Sugestão para a disciplina de ginástica de academia

I – Ementa

Fundamentos, aplicações e estratégias no desenvolvimento de Ginástica de Academia que possibilitem ao aluno compreender essa modalidade e/ou atividade, e como ela pode oportunizar a expressão de ações criativas e originais, permitindo mostrar a diversidade da nossa cultura. Desenvolvimento de programas de atividades físicas, que permitem o aumento da percepção corporal, a melhora das capacidades físicas e o aprendizado das habilidades motoras, além da socialização e consequente melhora na qualidade de vida. Trata dos aspectos da metodologia da Ginástica, em que são discutidos subsídios teóricos e práticos a partir de informações atuais que possam ser aplicadas no campo de trabalho e que facilitem pesquisas referentes à área.

II – Objetivos

Aprendizagem didática e metodológica da disciplina, por meio da participação dos alunos, proporcionando uma integração com o campo profissional; dar subsídios aos alunos que possibilitem uma postura crítica perante sua atividade profissional e a realidade; conhecer e utilizar nomenclaturas relacionadas à profissão; levar o aluno a uma autonomia no desenvolvimento de atividades e aplicá-las posteriormente no campo de trabalho; desenvolver consciência corporal e profissional; desenvolver programas de ginástica e sua relação interdisciplinar; conscientizar profissionais a organizar, elaborar e aplicar programas de ginástica de academia, além de ser agente facilitador em pesquisas referente à área; promover subsídios teóricos e práticos a partir de informações atuais e que possam ser aplicados no campo de trabalho.

III – Conteúdo programático

Unidade 1 – Fundamentos da Ginástica de Academia (GA)

1.1   Introdução

1.2   Definições, conceitos e características da GA

1.3   Terminologia e suas aplicações

1.4   Histórico da Ginástica e da Ginástica de Academia

1.5   A GA no contexto da Educação Física

Unidade 2 – A Ginástica de Academia e a consciência corporal e profissional

2.1   Exercícios com e sem o uso de aparelhos

2.2   Estudo da percepção corporal e controle corporal, por meio de exercícios relacionados à Ginástica de Academia

2.3   O papel do profissional na elaboração dos programas de ginástica

Unidade 3 - Capacidades físicas e habilidades motoras na Ginástica de Academia

3.1   Conceitos e aplicação

3.2   Condutas e desafio

3.3   Elaboração de coreografias em GA: conceitos, criação e aplicação

3.4   Organização e elaboração de atividades para o desenvolvimento das capacidades e aprendizagem das habilidades

Unidade 4 – Programas de Ginástica de Academia

4.1   Estruturas de aulas de Ginástica

4.2   Aspectos criativos e motivacionais, para programas de ginástica escolar e não escolar

4.3   O ritmo e a música

4.4   Variáveis de uma aula (características do grupo, local, material, carga horária, entre outros)

4.5   Tendências em Ginástica de Academia (*step*, treinamento personalizado – crianças, adolescentes, adultos e idosos – musculação, *fit ball*, RML, hidroginástica)

4.6   Meios e métodos de condicionamento físico

IV – Procedimentos metodológicos

Recursos – aulas teóricas e práticas
- Materiais – audiovisual, apostilas, livros, textos, pequenos e grandes aparelhos (bolas, pesos, faixas elásticas, bastões, arcos, cordas, colchões, banco sueco, plinto, trampolim, *steps*, entre outros) materiais alternativos (caixas de madeira, pneus, toalhas, entre outros).
- Humanos – aluno, professor, palestrante.
- Local – em quadra, salas de aulas, salas de ginástica e espaços alternativos.

Técnicas
- Individuais – estudo dirigido, fichas didáticas, pesquisa, vivências corporais.
- Em grupo – debates, seminários, elaboração de atividades.

V – Critérios de avaliação

- Leituras prévias, resenhas, resumos, relatório de atividades, individual e/ou em grupo com critérios definidos sobre participação e contribuição no desenvolvimento da atividade.
- Trabalhos práticos e teóricos, individuais e/ou em grupos (construção coreográfica, pesquisas relacionadas à área).
- Avaliação teórica contendo questões dissertativas e testes, relacionados ao programa.
- Avaliação prática: desenvolvidas por meio de fichas relacionadas à disciplina, à qual o aluno deverá criar atividades que demonstrem sua compreensão, reflexão e autonomia para a atuação profissional.

Considerações finais

Para concluir, ou melhor, não concluir, o que se pode perceber de verdade é que a disciplina *Ginástica de Academia* pode ser uma ferramenta importante na construção do conhecimento corporal quanto aos aspectos socioculturais, os quais favorecem o desenvolvimento do indivíduo. Desmistificando a Ginástica como prática sistematizada, ela passa a ser prazerosa, pois possibilita que o indivíduo enriqueça seu acervo motor por meio de atividades culturalmente praticadas, respeitando sua individualidade, expressividade, criatividade e o respeito ao trabalho em grupo. Sendo assim, o educador deve respeitar o aluno no ato de ser, expressar e criar.

Não se pode encerrar aqui a discussão sobre a disciplina *Ginástica de Academia* nos cursos de Educação Física. A proposta apresentada deve ser constantemente repensada e rediscutida. Não podemos nos esquecer dos nossos alunos, os seus anseios e em que contextos culturais e sociais estão inseridos.

Dessa forma, acreditamos que o programa de Ginástica de academia possa atender tanto ao curso de Licenciatura quanto ao de Graduação/Bacharelado.

Este capítulo apenas tentou abrir a discussão em torno de uma nova tendência. Cria-se, dessa forma, uma nova reflexão: "O que parecia impossível se torna realidade, assim avançamos mais um degrau e, para nossa sorte, outros aparecerão para serem percorridos. Acredite: é possível mudar."

Referências

BARBANTI, V. J. *Dicionário da Educação Física e do esporte*. São Paulo: Manole, 1994.

BETTI, M. Perspectivas na formação profissional. *Educação física e esportes*: perspectivas para o século XXI. 2. ed. São Paulo: Papirus, 1992.

BETTI, I. C. R. *O prazer em aulas de Educação Física escolar*: a perspectiva discente. Dissertação (Mestrado). Faculdade de Educação Física, Campinas: Unicamp, 1992.

BRACHT, V. *Educação Física e ciência*: cenas de um casamento (in)feliz. Ijuí: Unijuí, 1999.

_____. *Educação Física e aprendizagem social*. Porto alegre: Magister, 1992.

COLETIVO DE AUTORES. *Coletânea Encontro de Ginástica Geral*. Campinas: Unicamp, 1996.

DIRETRIZES CURRICULARES NACIONAIS DO CURSO DE GRADUAÇÃO EM EDUCAÇÃO FÍSICA. Conselho Nacional de Educação/Câmara de Educação Superior. Parecer n. CNE/CES 0138/2002. Aprovado em: 3 abr. 2002

GALLARDO, J. S. P. *Educação Física*: contribuições a formação profissional. Ijuí: Unijuí, 1997.

KUNZ. E. O esporte enquanto fator determinante da Educação Física. *Contexto e Educação*, v. 15, p. 63-73, 1989.

LIBÂNEO, J. C. *Didática*. São Paulo: Cortez, 1994.

MARINHO I. P. *História geral da Educação Física*. São Paulo: Cia. Brasil Editora. 1980.

MINISTÉRIO DA EDUCAÇÃO. *Parâmetros Curriculares Nacionais*. Educação Física. Brasília, 1997.

PIMENTEL, M. G. *O professor em construção*. 3. ed. São Paulo: Papirus, 1992.

SÉRGIO, M. *Epistemologia da motricidade humana*. Lisboa: Edições FMH, 1996.

SANTOS, J. C. E. *História da ginástica geral no Brasil*. Rio de Janeiro: J. C. E. dos Santos, 2001.

SOARES, C. L. *Metodologia do ensino de Educação Física*. São Paulo: Cortez, 1998.

XAVIER, T. P. *Métodos de ensino em Educação Física*. São Paulo: Manole, 1989.

22 Ginástica Geral
Uma reflexão sobre formação e capacitação profissional

Patrícia Stanquevisch
Maria Teresa Bragagnolo Martins

Discorrer sobre a Ginástica Geral é, a cada dia, muito mais complexo, pois, apesar de constantes estudos sobre esta modalidade, descobrimos que parece fácil expressá-la muito mais com o corpo e atitudes do que com palavras.

Isso nos traz várias inquietações, pois como se pode defendê-la, por meio de conceitos teóricos e científicos, se as respostas que encontramos facilmente estão impregnadas em nossos sentimentos, em nossas limitações físicas ou até em nossas virtudes? Essa dúvida acontece perante a pouca literatura sobre o tema. Mas, apesar deste turbilhão de conflitos, consideramos ter capacidade de compor este capítulo, de forma que o leitor se envolva com a visão de uma ginástica que todos podem praticar.

Na atualidade, podemos observar a tendência da Ginástica enquanto prática de uma atividade física, caminhando para diversos pontos. Um deles, que nos importa no desenrolar deste capítulo, é a Ginástica como modalidade esportiva, que exige do seu praticante a *performance* para competição. A Ginástica Geral (ou GG, como é conhecida) surgiu como uma opção contrária a estas modalidades gímnicas competitivas, que priorizam o rendimento e tornam-se elitistas em sua prática. A Federação Internacional de Ginástica (FIG), propondo o esporte para todos, criou a GG com a intenção de aumentar a participação, para que cada grupo possa demonstrar momentos de sua cultura, independentemente de limitações de execução, gênero e idade, respeitando a história corporal e características individuais dos praticantes.

A FIG (1998, p. 8) define que:

> A Ginástica Geral descreve um aspecto da Ginástica que é orientado para o lazer e oferece uma gama de programas de exercício que retratam (caracterizam) características especiais, como segue: (...) oferece também variadas atividades esportivas apropriadas para todos os grupos de idade que compreendem exercícios essencialmente do campo da Ginástica com e sem aparelhos, assim como jogos. (Tradução nossa)

Relacionados a essas diretrizes da FIG, entre os objetivos principais da GG, podemos citar os que mais são encontrados nas poucas literaturas existentes, porém há, ainda, um conteúdo mais rico a ser descoberto e revelado em futuros trabalhos. Segundo Santos e Santos (1999, p. 1) os objetivos da Ginástica Geral são:

> Oportunizar a autossuperação individual e coletiva, sem parâmetros comparativos com outros; oportunizar o intercâmbio sociocultural entre os participantes ativos ou não; manter e desenvolver o bem-estar físico e psíquico pessoal; promover uma melhor compreensão entre os indivíduos e os povos em geral;

oportunizar a valorização do trabalho coletivo, sem deixar de valorizar a individualidade nesse contexto.

Esses são objetivos seguramente validados pelos envolvidos com a Ginástica Geral no Brasil; porém, percebemos que ela é praticada de três formas diferenciadas e atendem a objetivos diferentes.

Como atividades gímnicas em escolas, clubes, associações, sem denominação e conceituação, a GG é aplicada por professores de Educação Física e dança, porém com desconhecimento de que a estão utilizando como instrumento ou conteúdo de sua aula, independentemente do objetivo almejado. Souza (1997) comenta que as escolas comemoram comumente as datas festivas com demonstrações de Ginástica, organizadas muitas vezes por professores de Educação Física.

Ainda em escolas, clubes e associações, a GG é praticada com caráter gímnico, porém com denominação e característica total de GG. Os profissionais envolvidos são conhecedores das regras dessa modalidade e, no geral, participam dos festivais promovidos por entidades responsáveis pela divulgação e prática da modalidade, tais como as Federações Estaduais, a Confederação Brasileira de Ginástica, a FIG, entre outras. Nessa prática, não há preocupação do praticante em superar o outro, mas buscar a autossuperação.

Outra forma de prática, rara, porém existente, é a modalidade utilizada em festivais visando à competição. Apesar de a maioria dos participantes da Ginástica Geral divulgarem e apoiarem a não competição, há, atualmente, uma vertente no Brasil que realiza esses festivais e vê coerência entre os objetivos da modalidade com este tipo de participação.

Fundamentadas no pensamento de Soares (2001) de que a Ginástica leva o indivíduo à prática do movimento pelo seu prazer, respeitando as características do seu povo e suas manifestações socioculturais, refletimos sobre a prática da GG de forma não competitiva no Brasil.

A GG é uma proposta de amplitude da Ginástica para que se possa permitir a todos, quanto ao rendimento, a possibilidade de sentir prazer pela prática de uma modalidade plasticamente bela, com musicalidade, expressão e que permite o desenvolvimento da criatividade e socialização.

De acordo com nosso ponto de vista, por se tratar de uma prática que não visa à seleção, a GG pode ser considerada como atividade física inclusiva, abrindo um leque de participação, seja o praticante portador de necessidade ou cuidados especiais, seja um indivíduo com capacidades físicas desenvolvidas naturalmente, em seus próprios limites.

A competição dessa modalidade implica limitação da participação, pois a autossuperação não é mais objetivo individual, mas o objetivo coletivo da superação do outro. Implica também atingir e superar um objetivo estabelecido por uma regra, e, em dado momento, alguns praticantes passam a não acompanhar a evolução dessas regras. Se, de acordo com a regra estabelecida, o grupo necessita alcançar um objetivo, a tendência será direcionar à modalidade específica da Ginástica que a maioria possa executar com melhor aptidão. Nesse caso, ocorrerão dois fatores: o praticante que não se adapta a essa situação específica é excluído; e a característica da Ginástica Geral de abrangência de todas as ginásticas se perde, valendo a especificidade da modalidade escolhida pelo grupo.

Podemos refletir que se a GG é caracterizada pela cultura individual de cada elemento do grupo, ela possibilita que, a partir de sua prática, haja uma continuidade, e qualquer praticante pode optar por uma outra modalidade, seja ela competitiva ou não.

Em todas as formas citadas, as práticas da GG geralmente se desenvolvem em grupos e têm como ponto culminante uma sequência ginástica coreografada, com temas preestabelecidos pelos praticantes, o que permite a pesquisa e o enriquecimento dos conhecimentos gerais.

Uma das técnicas utilizadas para a prática da GG é permitir ao aluno a criação de uma coreografia por meio de sua experiência corporal vivida anteriormente, socializando essa experiência, possibilitando a troca das vivências e enriquecendo o acervo motor de todos os praticantes.

Stanquevisch (2004, p. 50) afirma que a GG pode ser aplicada em aula com a mesma constituição das demais modalidades da Ginástica com uma proposta de metodologia diferenciada, adaptando-se os elementos às condições do praticante.

Vemos esta potencialidade da GG enquanto atividade motora que possui infinita possibilidade de contribuir com o desenvolvimento do indivíduo na sua forma global, integral, como ser histórico e social, respeitando seus limites, seus interesses e o meio ambiente em que vive.

Lima (2000, p. 25) convalida nossos pensamentos:

> o aluno deve ser visto como um ser humano completo, dotado de ações, sentimentos e pensamentos próprios em suas dimensões individuais: motrizes, afetivas e cognitivas; um ser complexo, que está em relação de interdependência com o mundo que o cerca, pois, ainda que suas dimensões individuais possam ser identificadas e analisadas separadamente, ele não pode ser descartado de seu contexto social e cultural, nem compreendido a partir de uma somatória de parte.

A proposta de amplitude da Ginástica, para que possa permitir ao diferente, quanto ao rendimento, a possibilidade de sentir prazer pela prática de uma modalidade plasticamente bela, com musicalidade, expressão e que permite o desenvolvimento da criatividade e socialização, faz da GG, enquanto modalidade esportiva, uma prática que possibilita uma nova leitura de movimento corporal, de formas naturais, criativas e expressivas e contribuindo com os aspectos da formação humana (social, afetivo, cognitivo e motor). É possível incitar no discente de Educação Física uma nova postura profissional, em grupos de pesquisas prática e teórica.

Concordamos com Gallardo (1997, p. 81) que a função do professor, enquanto facilitador de aprendizagem, quanto à formação da criança, "consiste na criação de condições que a orientem e apoiem em seu crescimento como ser capaz de viver o autorrespeito e o respeito pelos outros".

Segundo o mesmo autor, para que isso ocorra, o professor necessita estar capacitado "na criação de espaços de ações, onde se exercitem as habilidades que se desejam desenvolver, ampliando-se as capacidades de fazer com reflexão sobre esse fazer, como parte da experiência que se vive e se deseja viver" (p. 82).

Entendemos que a GG é um instrumento para que se atinjam os objetivos básicos na formação do aluno. Por uma característica de trabalho em grupo, ela incita a cooperação, a socialização e o respeito pelo outro. A participação direta do praticante na composição da coreografia possibilita o desenvolvimento da criatividade, com pesquisa de temas livres, valorizando a cultura do grupo e a reflexão sobre os valores individuais. Alguns exemplos se referem às brincadeiras infantis, como bola, corda, bambolê, amarelinha e rodas cantadas, que podem estar inseridas, todas, no contexto coreográfico da modalidade. Por meio das brincadeiras habituais das crianças, o professor pode estimular a criação da coreografia e orientá-las para o objetivo de um tema, que pode estar relacionado ao conteúdo de outra disciplina.

O professor pode, por meio de uma metodologia específica, utilizar a GG para evitar a estagnação do aluno. Concordamos com Freire (1997, p. 94) quando diz que "o educador deve ser um provocador de desequilíbrios desde que eles sejam compatíveis com o nível da criança, isto é, desde que ela possa superá-los". Esta superação na GG não é relacionada ao outro, mas ao próprio aluno.

Seu desenvolvimento se dá por meio da integração dessas novas possibilidades de trocas motoras, atingindo um dos objetivos, que é a cooperação mútua para um resultado positivo. No estudo da criação de movimentos, de forma simples ou complexa, em grupo ou individualmente, respeitam-se as características de cada aluno, levando à criação da sequência ginástica coreografada. O desenvolvimento das habilidades motoras e capacidades físicas se torna prazeroso, pois os alunos utilizam suas próprias experiências e socializam com os colegas.

Ao nos referirmos sobre a GG desenvolvida na escola, logo nos vem à mente a formação do profissional de Educação Física. Como ele vê a GG? Como foi seu contato com ela em sua formação acadêmica? Ele sabe que desenvolve GG quando demonstra suas sequências ginásticas coreografada?

Essas inquietações são pertinentes quando se pensa no conteúdo de formação abordada nos cursos de Educação Física. Não se trata da disciplina Ginástica, mas da modalidade esportiva não competitiva, explorada dentro da disciplina, pois as características de formação da GG apoiam a ideia de uma Educação Física humanista como vem se buscando (FIEP, 2000).

Com os olhares voltados à formação e à capacitação do professor, a GG pode ser desenvolvida no curso de Educação Física como atividade extracurricular, grupos de estudo, TCCs, fortalecendo o seu desenvolvimento e a sua prática no âmbito escolar, sendo, portanto, relevante sua abordagem no conteúdo de disciplinas afins no curso de Educação Física.

Visualizamos a possibilidade de a Ginástica Geral ser desenvolvida por meio de uma prática pedagógica enfocada de forma teórica e prática. O conhecimento surge a partir da teoria em que a prática é a aplicação desses conceitos. Em Betti (1992), verifica-se o conceito de reflexão na ação que se caracteriza pelo conhecimento que o professor adquiriu em sua formação e durante sua experiência e reflexão passada.

Nosso discurso sobre a formação e capacitação do profissional de Educação Física defende a interdisciplina no curso e propõe a prática específica da GG como instrumento facilitador na educação acadêmica do indivíduo.

Concordamos com Ayoub (2003, p. 108) quando afirma:

> Não tenho dúvidas de que ainda teremos muito trabalho pela frente até que os cursos de graduação em Educação Física realizem efetivamente as suas responsabilidades e compromissos ou, mesmo, que a Ginástica Geral se torne um conhecimento a ser estudado na Educação Física escolar. Mudanças não ocorrem "num passe de mágica"; ao contrário, demandam tempo, persistência, trabalho coletivo.

Apesar de esse passo ainda ser lento, quanto à capacitação do profissional para trabalhar e divulgar a GG, encontramos alguns autores como Gallardo,

Soares, Betti e outros, que enfocam a nova tendência da Educação Física e possuem, em seus conteúdos, a prática da Ginástica.

A Educação Física é o caminho para divulgar a prática da GG, já que, de acordo com os Parâmetros Curriculares Nacionais (1997, p. 35), estabelecidos pelo governo, é por meio da atividade física que:

> o aluno deverá ser capaz de reconhecer e respeitar as características físicas de si próprio e dos outros, sem discriminar características físicas, sexuais e sociais... Desfrutar da pluralidade de manifestações da cultura corporal do Brasil e do mundo... Solucionar problemas de ordem corporal em diferentes contextos (...)

Parecemos repetitivos quanto aos conceitos, às características e às formas de trabalho da G.G., mas se faz necessário esclarecer e relacionar a formação do professor. No Brasil, historicamente, é projetado um ensino com base em um discurso extremamente específico da área de atuação do professor mestre. Atualmente se discute a versatilidade tanto do professor mestre quanto do discente de Educação Física em verificar o interesse coletivo, de forma criativa e inovadora.

Particularmente, entendemos que a interdisciplinaridade seja um meio pelo qual o discente em Educação Física possa se relacionar com vivência teórica e prática de GG

A forma de abordar a GG, nesse contexto, nos faz acreditar que é perfeitamente lógico desenvolvê-la no curso de Educação Física, inserida em disciplinas afins como Ginástica Formativa, Artística, Rítmica e dança, relacionando-as a História, Anatomia, Fisiologia etc.

Portanto, um dos itens mais abordados e explorados pelas disciplinas é a criatividade, que está diretamente ligada à originalidade.

Freire (1997) critica a formação nos cursos de Educação Física, no sentido de não ser explorada a criatividade do discente, e acredita que os alunos deveriam ser estimulados a analisar e criticar as atividades, com um envolvimento direto no desenvolvimento delas. A criatividade é um fator que fará falta na aplicação da Educação Física na escola, pois, atualmente, como se resolveria o problema de falta de materiais de uma maneira mais imediata, por exemplo? Com criatividade e competência e trabalhando com o novo e o inesperado.

Entendemos por criatividade a definição de Tibeau (1997, p. 173):

> a capacidade que envolve a combinação de conhecimentos obtidos em experiências anteriores ou em algum acontecimento que se observa na vida cotidiana, para chegar a uma ou mais soluções diferentes para um mesmo problema... Também é entendida como a expressão livre da consciência daquilo que flui espontaneamente do inconsciente.

No desenvolvimento de uma composição coreográfica da GG, a criação acontece pelo aluno, na exploração da sua história corporal, socializada com os demais participantes e também na interação do seu corpo com o aparelho, o material alternativo e a música. É explorada a visão de meio ambiente, onde o grupo vive, de forma individual e coletiva. Esse enfoque faz que a nossa cultura histórico-social apareça com mais propriedade, pois, historicamente, temos muitas influências que são percebidas em situações vividas diariamente. A GG também se privilegia dessas influências podendo explorar muitas formas de movimentos corporais.

A criatividade e/ou originalidade podem ser desenvolvidas a partir da intervenção do professor, que é agente de intermediação, mas não reprime a criticidade do aluno, estimulando o processo de criação. A não cobrança da *performance* perfeita incita a espontaneidade e a busca por novas possibilidades corporais.

Neste processo de formação acadêmica, o discente, ampliando sua visão criativa e seu processo crítico, tenderá a transferir esta experiência para seu aluno na escola.

Mesmo com nossa insistência em afirmar a importância da atuação do professor de Educação Física com a GG na escola, não podemos nos esquecer da sua aplicação em clubes, centros comunitários e academias.

Independentemente do local onde aconteça a prática da GG, podemos perceber a riqueza da criatividade e originalidade dos grupos, que exploram as culturas regionais. No Brasil, encontramos diversas formas diferenciadas de desenvolvimento da modalidade, seguindo uma tendência musical local, como, por exemplo, no Nordeste, onde há exploração dos movimentos afros, e no Sul, que explora o folclore europeu. A influência acontece com relação à vestimenta, ao clima, à alimentação, à religiosidade, criando trabalhos que contam a história do país.

As manifestações culturais na GG acontecem no mundo todo, diferenciado em cada país, pois são retratadas de acordo com a cultura de cada um, mas a essência é a mesma: ser fiel à história corporal do seu povo e transmitir esta história para outros povos.

Em festivais, os expectadores podem conhecer os temas que serão apresentados, pois estão geralmente relacionados ao folclore ou à cultura nacional e regional, mas há sempre a expectativa de como será desenvolvido aquele tema e quais as estratégias utilizadas para demonstrar com plasticidade a intenção da coreografia.

Nesse aspecto, a criatividade e a originalidade são facilmente percebidas, bem como a possibilidade de desenvolvimento do folclore e das manifestações culturais de diversas sociedades, havendo sempre possibilidades de novas criações.

Todos os argumentos discutidos neste capítulo resumem nossa ideia de propor uma atividade que desenvolva o aluno em sua complexidade e totalidade.

O comentário de Gonçalves (1994, p. 133) traduz nosso entendimento da GG nesta visão:

> Promover a autenticidade do aluno como ser pessoal e social significa que o processo educativo envolve uma busca de aprimoramento global das potencialidades individuais e singulares do aluno, sem ignorar o sentido social da ação humana, isto é, integrando as capacidades individuais do projeto global, histórico, de humanização do homem e da sociedade.

Podemos visualizar na GG a possibilidade de despertar a autenticidade citada pela autora, quando, por meio dela, estimulamos a expressão dos sentimentos do participante em uma sequência ginástica coreografada, ou quando, na pesquisa do tema em desenvolvimento, vemos este participante situando-se no contexto histórico e social a ser coreografado, pois, apesar dos temas diversos abordados, pode-se perceber um pouco da essência de cada um do grupo. Isso acontece, seja na melhora de suas capacidades individuais, seja na descoberta delas, que outrora estavam adormecidas, havendo a vontade de superação, não do outro, mas de si. Dessa forma, encontram-se suas possibilidades e seus limites e aprende-se a lidar com eles.

Como praticantes da GG, podemos afirmar que, por meio dela, podemos sentir o corpo no meio e no mundo em que vivemos, e Gonçalves (1994, p. 103) define, sem intenção, esta nossa vivência:

> Ser no mundo com o corpo significa estar aberto ao mundo e, ao mesmo tempo, vivenciar o corpo na intimidade do Eu: sua beleza, sua plasticidade, seu movimento, prazer, dor, harmonia, cansaço, recolhimento e contemplação. Ser no mundo com um corpo significa ser vulnerável e estar condicionado às limitações que o corpo nos impõe pela sua fragilidade, por estar aberto a uma infinidade de coisas que ameaçam sua integridade... Ser no mundo com o corpo significa movimento, busca e abertura de possibilidades, significa penetrar no mundo e, a todo o momento, criar o novo.

Pensando neste corpo, o objetivo deste capítulo foi contribuir para uma reflexão contínua sobre a importância da GG, que pode ser instrumento da prática profissional nas mais diversas esferas e, também, uma forma de se movimentar com prazer e felicidade.

Referências

AYOUB, E. *A ginástica geral e a educação física escolar.* Campinas: Ed. da Unicamp, 2003.

BETTI, M. Perspectivas na formação profissional. *Educação física e esportes*: perspectivas para o século XXI. 2. ed. Campinas: Papirus, 1992.

FEDERAÇÃO INTERNACIONAL DE EDUCAÇÃO FÍSICA (FIEP). *Manifesto Mundial da Educação Física.* Foz de Iguaçu: FIEP, 2000.

FÉDÉRATION INTERNATIONALE DE GYMNAESTIQUE. *General Gymnastics manual*: version revised of the first edition that was published in 1993. CTGG/FIG, 1998.

FREIRE, J. B. Antes de falar de educação motora. In: DE MARCO, A. (Org.). *Pensando a educação motora.* Campinas: Papirus, 1997.

GALLARDO, J. S. P. (Coord.). *Educação física*: contribuições à formação profissional. 2. ed. Ijuí: Ed. Unijuí, 1997.

GONÇALVES, M. A. S. *Sentir, pensar, agir*: corporeidade e educação. 5. ed. Campinas: Papirus, 1994.

LIMA, L. M. S. *O Tao da educação*: a filosofia oriental na escola ocidental. São Paulo: Agora, 2000.

MINISTÉRIO DA EDUCAÇÃO E CULTURA. *Parâmetros Curriculares Nacionais.* Disponível em: <http://www.mec.gov.br/sef/estrut2/pcn/pdf/livro07.pdf> Acesso em: 20 jun. 2004.

SANTOS, J. C. E. ; SANTOS, N. G. M. *História da ginástica geral no Brasil.* Rio de Janeiro: (s/e), 1999.

SOARES, C. *Educação física*: raízes europeias. 2. ed. Campinas: Autores Associados, 2001.

SOUZA, E. P. M. *Ginástica geral*: uma área do conhecimento da educação física. 1997, 163 p. Tese (Doutorado). Faculdade de Educação Física, Campinas: Unicamp, 1997.

STANQUEVISCH, P. S. *Possibilidades do corpo na ginástica geral a partir do discurso dos envolvidos.* Dissertação (Mestrado). Piracicaba: Universidade Metodista de Piracicaba, 2004.

TIBEAU, C. Ginástica rítmica desportiva e criação. In: REYNO, A. F.; ALARCON, T. J. *Ginástica rítmica desportiva, estilos de dança na ginástica rítmica desportiva*: estudos de elementos corporais. Universidade de Playa Ancha, 1997.

23 Educar a partir das experiências individuais
Reflexões sobre o processo ensino-aprendizagem da Ginástica Geral

Ana Angélica Freitas Góis

A realização deste capítulo tem como objetivo relacionar reflexões sobre a manifestação expressiva da Ginástica Geral e sua possível inserção na educação escolar como ferramenta pedagógica e de extrema importância pela sua linguagem artística, expressiva e criativa. Para tal reflexão, optamos pela revisão bibliográfica de obras que destacam a Ginástica Geral, a corporeidade como uma forma de linguagem e comunicação, assim como a obra do pensador John Dewey (1978), intitulada *Vida e Educação*.

Observar e estudar a grande relação da educação com as inúmeras linguagens significativas do ser humano, tais como as manifestações rítmicas, neste estudo, especialmente a Ginástica Geral, tornam-se uma importante reflexão no meio acadêmico e no meio social, visto que sua existência tem se concretizado em vários âmbitos no Brasil e no mundo, a partir das suas características tão diferenciadas.

Para contextualizar este capítulo, é necessário apresentar a Ginástica Geral como uma expressão artística humana que se caracteriza em uma área de relevância social, um espaço de possibilidades acerca da constante troca de conhecimentos e movimentos que resultam em inúmeras comunicações e expressões entre os praticantes e os que nela estão envolvidos de alguma forma.

Para Santos (2001, p. 23) a Ginástica Geral:

> é um campo bastante abrangente da Ginástica, valendo-se de vários tipos de manifestações, tais como danças, expressões folclóricas e jogos, apresentados por meio de atividades livres e criativas, sempre fundamentadas em atividades ginásticas. Visa promover o lazer saudável, proporcionando bem-estar físico, psíquico e social aos praticantes, favorecendo a *performance* coletiva, respeitando as individualidades, em busca da autossuperação pessoal, sem qualquer tipo de limitação para sua prática, seja quanto às possibilidades de execução, sexo ou idade, ou ainda quanto à utilização de elementos materiais, musicais e coreográficos, havendo a preocupação de apresentar neste contexto aspectos da cultura nacional, sempre sem fins competitivos.

Na importante relação entre educandos e educadores, existente na educação escolar, pretendemos apresentar a Ginástica Geral como um possível conteúdo, uma linguagem corporal, entre tantas aplicadas para a diversificada grade de disciplinas oferecidas por escolas, associações, clubes, academias, entre outros importantes espaços para o seu desenvolvimento.

É importante, neste estudo, relacionar a essa escola as características do meio que está inserida, sua cultura e a rica diversidade de ambientes e possibilidades dos educandos neste processo de relações e convivências.

Segundo Read (2001, p. 12):

> A educação é incentivadora do crescimento, mas, com exceção da maturação física, o crescimento só se torna aparente na expressão – signos e símbolos audíveis ou visíveis. Portanto, a edu-

cação pode ser definida como o cultivo dos modos de expressão – é ensinar crianças e adultos a produzir sons, imagens, movimentos, ferramentas e utensílios... Se consegue produzir boas imagens, é um bom pintor ou escultor; se pode produzir bons movimentos, é um bom dançarino ou trabalhador. Todas as faculdades, de pensamento, lógica, memória, sensibilidade e intelecto, são inerentes a esses processos, e nenhum aspecto da educação está ausente deles. E são todos processos que envolvem a arte, pois esta nada mais é que a boa produção de sons, imagens etc. Portanto, o objetivo da educação é a formação de artistas – pessoas eficientes nos vários modos de expressão.

A Ginástica Geral produz uma comunicação plural e dinâmica para o desenvolvimento dos educandos e pode fazer do espaço escolar seu constante palco com diferentes espetáculos neste grande jogo de ensinar e aprender.

É necessário praticar Ginástica Geral na escola a partir do entendimento e da busca constante de conhecimentos, criações e recriações, da fundamentação teórica que serve de sustentação para a relação histórica da educação, da arte e do processo de ensino – aprendizagem do movimento para as práticas corporais ao longo dos tempos e que subsidiarão o percurso dos profissionais e demais pessoas envolvidas neste processo de conhecimento, visando a uma evolução dessas importantes atividades para o desenvolvimento do ser humano.

As implicações pedagógicas, por meio das experiências positivas e/ou negativas na atuação dos praticantes da Ginástica Geral na escola, deverão ser aprofundadas e ter uma proveitosa relação com a aprendizagem da própria vida.

Freire (2005, p. 5) propõe uma forma de educar que produza conhecimentos que se incorporem à vida do aluno, abrindo-lhe possibilidades de ser livre e decidir de acordo com sua própria consciência. Para o autor, os alunos nunca saberão exatamente o que é que lhes definiu a vida, pois tantas são as coisas que se misturaram na imensa complexidade educacional. A repercussão do que ensinamos não é apenas imediata, ou seja, aprender não é apenas incorporar automaticamente conteúdos, mas exercitar uma das mais importantes funções de nossas vidas.

Na obra *A educação pela arte*, Read (2001, p. 45) afirma:

> o objetivo da arte na educação, que deveria ser idêntico ao propósito da própria educação, é desenvolver na criança um modo integrado de experiência, com sua correspondente disposição física "sintônica", em que o "pensamento" sempre tem seu correlato na visualização concreta – em que a percepção e o sentimento se movimentam em um ritmo orgânico, em sístole e diástole, em direção a uma apreensão mais completa e mais livre da realidade.

Diferentes alunos e alunas vivem em contextos sociais, políticos, econômicos e culturais tão desarmônicos, mas se encontram, ainda assim, dispostos a acompanhar ritmos próprios para executar constantes apresentações que podem ser impostam pelos modelos educacionais em nosso país, reforçando, assim, a exclusão, a padronização e a mecanização de movimentos, o que reflete e resulta, dessa forma, na possível limitação de pensamentos e sentimentos.

Nesse grande universo de percepções, sentidos e significados, é possível observar, nas atividades corporais, de um modo geral, a grande capacidade de os seres humanos transformarem suas ações e gestos em histórias e movimentos em personagens. Assim, a partir de tantas passagens e diferentes épocas, vislumbramos a imensa relação da corporeidade com as mais ricas manifestações expressivas, entre elas a Ginástica Geral.

Assmann (1994, p. 101) afirma:

> Nós somos encadeamento de fases de trânsito, somos constante passagem, somos estruturalmente motricidade, porque somos o que, em hebreu, se expressa com *pessah* (páscoa, passagem). Somos histórias e não apenas natureza. Somos duplamente tempo: tempo cronológico, que se mede no relógio (*chronos*) e tempo único, intenso, existencial ("duração", *durée*; *kairós*, "hora da graça"). Não somos pedras, não somos máquinas, não somos estátuas. Somos energia desatada em movimentos.

Nós precisamos entender que nossos alunos, assim como nós, são movimento, portanto, cheio de nuances, possibilidades e limitações, tanto na Ginástica Geral como no cotidiano que nos influencia constantemente. As aulas devem privilegiar esse importante aspecto para que o processo de criação e recriação do movimento aconteça com maior coerência e uma busca de sentidos a partir das diferentes práticas de vida se faça presente.

Elegemos no cenário educacional John Dewey (1859-1952), pensador norte-americano da Pedagogia, que, em seus avanços teóricos, fundamenta a "escola nova". O pensamento desse filósofo pragmatista (instrumentalista) centraliza as virtudes e a importância do individualismo e dos valores da democracia a partir da educação como método fundamental para o progresso da sociedade.

Para Dewey, a escola democrática poderia desenvolver pessoas capazes e "fazedores" de inúmeras ações a partir de esforços próprios, seja por estudos, pesquisas e atuações, alcançando, dessa forma, caminhos promissores ao longo da vida, além da educação. A política, a cultura, a economia e a ciência tornavam-se preocupações e objetos de estudos na obra do filósofo norte-americano. Para ele, a ênfase na ciência seria sempre a chave para o futuro da humanidade, provocando mudanças importantes e necessárias para a vida social.

A verdade para Dewey só poderia ser encontrada na *experiência*, na vida prática humana. Para ele, o ser e o conhecimento não estão acabados, prontos e precisos, são processos amplos e complexos, impossibilitando limites e exatidões.

Buscando aproximações das concepções do pensador e o universo da Ginástica Geral na educação escolar, optamos em relacionar o movimento humano como um elo de expressão, cultura, corporeidade e possibilidade de transformação.

Movimento, neste capítulo, é entendido como possibilidade de deslocar-se na vida, no meio em que há interações, em busca do melhor gesto, expressão motora, afetiva, cognitiva, cultural, política e social.

Ao analisar a relação entre o movimento e a cultura por meio da Ginástica Geral, observamos as diferenciadas formas com que as pessoas expressam esta atividade. O movimento existe como uma expressão própria do ser humano e, ao longo dos tempos, é possível observar transformações em seus diversos aspectos. A partir dos inúmeros objetivos desejados, é possível encontrar relações com o divino, a natureza, a sociedade e o próprio corpo, o ritmo e a música, estabelecendo uma comunicação dinâmica e significativa entre os indivíduos.

Entre tantas importantes relações entre a Ginástica Geral e os indivíduos, a educação nos apresenta, em estudos de diferentes pensadores, pressupostos que podem enriquecer cada vez mais o nosso exercício diário de mediar e subsidiar conteúdos para uma prática mais crítica e participativa.

Dewey apresenta a educação como: necessidade da vida, função social, direção, crescimento etc., estabelecendo assim uma profunda e essencial necessidade de ampliação de funções e sentidos atribuídos ao processo educacional e, nessa perspectiva, acreditamos que a Ginástica Geral faz parte desse crescimento e dessa ampliação de movimento na escola e em outros espaços de atuação.

Considerando esses aspectos tratados na relação entre educação, vida e Ginástica Geral, caberia aos professores que desenvolvem esta arte o envolvimento e o compromisso com novas formas de pensar, sentir e agir na sua prática profissional. Enunciamos e acreditamos nas diversas possibilidades de comunicação da educação e seus ricos conteúdos com a cultura, a motricidade e a corporeidade dos educandos, bem como com o vasto leque de atividades características das danças, dos cantos, das festas populares e suas relações com o cotidiano das pessoas que são possuidoras de valores importantes e enriquecedores para os alunos, que merecem um criativo e crítico repertório de atividades, desde o seu planejamento até a sua execução.

Read (2001, p. 60) diz que o objetivo da educação é dar assistência à criança nesse processo de aprendizagem e maturação, e a questão é se nossos métodos educativos são próprios e adequados para esse propósito.

A intenção de Dewey em reforçar a relação do meio ambiente e o meio social na educação é constante, pois há uma preocupação de conexão do meio em ser mais do que um lugar demarcado; é a própria continuidade do ser. O meio social modela os seres imaturos, por meio das atividades sociais e educativas provocando inúmeras mudanças.

A linguagem torna-se o principal meio para se aprender e transmitir o conhecimento para o outro. Nesta importante troca, é possível construir e vivenciar experiências compartilhadas e conexões operantes entre crianças e adultos. Dewey acreditava que o ensino, a escola e o conhecimento deveriam se basear em experiências práticas e identificar a experiência individual, como a expressão da vida. Assim, vida é educação, educação é vida e vida é experiência. O ensino de forma consciente é mais rico de significação para a sociedade e os avanços da humanidade. Para ele, a atividade física, assim como a arte, é uma experiência prática de vida e assume destaque em seus estudos.

Pensar e vivenciar a atividade física, o movimento e a Ginástica Geral na escola como forma de comunicação e expressão torna-se uma experiência significativa, uma rica teia de conhecimentos que surgem da capacidade de construções e reconstruções, das conquistas e da existência do ser humano, um complexo e amplo ser de possibilidades e limitações.

Os espaços preenchidos pelo ser no espaço parecem e devem ser localizados como algo além do lugar e de determinações verdadeiras e absolutas. Conceber a abertura que possuímos no hábito de aprender e experimentar é algo primordial no processo ensino-aprendizagem.

As inúmeras práticas corporais devem ser distanciadas desse referencial de ensino que apenas reproduz. A aproximação dos educandos com a experimentação e a criação deve ser norteadora de qualquer planejamento. O panorama do ensino das atividades dançantes e dos movimentos deve recorrer às fundamentações teóricas encontradas na história das várias áreas de conhecimento.

John Dewey enriquece o universo dessa atividade quanto à visão de valorização da experiência humana em nossa cultura e à necessidade de entendermos o significado das ações educativas na ampla teia de relações com a ciência, a economia e a política da sociedade. A Ginástica Geral será relacionada e entrelaçada nesta teia de conhecimentos e relações, proporcionando, dessa forma, outras compreensões e manifestações de movimento e de intenções.

Existem, atualmente, diversos olhares, metodologias e, especialmente, compromissos para se praticar a Ginástica Geral no Brasil e na escola, já que também são diferentes as formas de vida das pessoas e das regiões que compõem nosso imenso país, demonstrando a riqueza e a diversidade presentes nesse "jeito de ser brasileiro", um jeito de produzir e ter tantas misturas, um caldeirão explosivo de histórias e culturas.

Discorrer sobre cultura é tão complexo que correremos sempre o constante risco de expressar reflexões superficiais ou, até mesmo, reducionistas em relação à sua ampla realização em nossa existência única e completa: a própria vida.

Nestas próximas linhas, referenciaremos temas que podem refletir a necessidade de entendermos a nossa existência como um forte e gerador impulso das manifestações culturais e suas diversas representações ao longo dos tempos nos mais diversos grupos sociais de nossa humanidade.

Quanto aos temas destacados neste texto, poderemos ter uma ordem de ideias não estabelecida como lógica. As reflexões são resultantes de diálogos e fluentes pensamentos ao longo dos nossos encontros durante o primeiro semestre de 2006 em Teorias e Métodos em História da Educação do Programa de Pós-Graduação em Educação da Universidade Metodista de Piracicaba, ministrada pelo Prof. Dr. José Maria Paiva, um estudioso de História da Educação que não desvincula qualquer aspecto da cultura com valiosas filosofias de vida, ou seja, inúmeras histórias humanas.

A concepção de movimento constante do nosso ser, nossa existência, nossas ações, sentidos e funções compreende uma ampliação de entendimento das nossas realizações, reflexões, comportamentos e necessidades. Pensando nessas necessidades, enfatizamos a importância das relações e das nossas trocas constantes com as pessoas, consigo mesmo e o ambiente em que estamos inseridos. Nossas histórias são representações dinâmicas de nossa pluralidade, nossos anseios e das diversas experiências ao longo dos tempos, fazendo-nos sempre atores principais da manifestação e existência da cultura.

Culture, termo sintetizador dos anteriores por Edward Tylor (1832-1917): este todo complexo que inclui conhecimentos, crenças, arte, moral, leis, costumes ou qualquer outra capacidade ou hábito adquirido pelo homem como membro de uma sociedade. A diversidade é explicada por ele como o resultado da desigualdade de estágios existentes no processo de evolução. Para entender Tylor, é necessário compreender a época em que viveu e, consequentemente, seu *background* intelectual.

Para Geertz (1973), o maior papel da moderna teoria antropológica era diminuir a amplitude do conceito de cultura e transformá-lo em um instrumento mais especializado e mais poderoso teoricamente. A maior parte do crescimento cortical humano foi posterior e não anterior ao início da cultura. O homem se torna, assim, não apenas o produtor da cultura, mas, também, em um sentido especificamente biológico, o produto da cultura, a busca de uma definição de homem com base na definição de cultura, compreendida como um conjunto de mecanismos de controle, planos, receitas, regras e instruções para governar o comportamento. Todos os homens são geneticamente aptos para receber um programa, que é o que chamamos de cultura. Os símbolos e os significados são partilhados pelos atores (os membros do sistema cultural) entre eles, mas não dentro deles. São públicos e não privados.

Os valores culturais vêm sofrendo influência de várias formas ao longo da sua formação e sua história, influenciando, assim, nas imposições de modelos, valorizações de padrões, moldes e símbolos dos corpos e costumes nos mais diferentes níveis para toda a sociedade.

Esses corpos encontram-se na educação, na prática da Ginástica Geral, resultando também nos mais diferentes modelos. Cada indivíduo, inserido na sociedade, em cada cultura, possui sua própria imagem corporal, repleta de características e modelos impostos pelos valores vigentes em cada época historicamente situada.

Norbert Elias (1994) apresenta reflexões sobre o padrão de hábitos e comportamento a que a sociedade, em uma dada época, procurou acostumar o indivíduo por meio de instrumentos diretos de "condicionamento" ou "modelação". É possível observar a divergência entre o que eram consideradas, em épocas diferentes, boas e más maneiras, assim como também o sentido do corpo, as atitudes da alma e da condição espiritual.

Para Elias e Dunning (1995, p. 26) o poder:

> É uma característica de todas as relações humanas... Nós dependemos dos outros; os outros dependem de nós. Sempre que somos mais dependentes dos outros do que estes o são de nós, eles possuem poder sobre nós, quer nos tenhamos tornado dependentes deles pela sua utilização de força, ou pela nossa necessidade de

sermos amados, pela nossa necessidade de dinheiro, cura, estatuto, carreira, ou simplesmente por excitação.

O mundo infantil é referenciado na obra de Norbert Elias, que relata a grande possibilidade de esse universo sofrer tais padrões e controles desde cedo, contribuindo, assim, com as funções corporais, correspondentes ao controle e ao domínio das emoções. O mundo adulto imprime referências a anjos da guarda, importante instrumento para condicionamento de crianças, da mesma forma que evidencia razões higiênicas como uma função da família, instituição que caracteriza grande força no controle e na repressão de impulsos, bem como na instalação de controles.

Nesta perspectiva, devemos refletir sobre o nosso processo ensino-aprendizagem na Ginástica Geral, a partir dos nossos modelos de transmissão de conteúdos e as formas que avaliamos esses pequenos seres humanos que descobrem, a partir desta prática corporal, possibilidades de comunicação com o mundo, os outros seres humanos e sua rica imaginação. O caráter lúdico pode enriquecer essa prática e dar maior sentido às movimentações e técnicas de trabalho, visando ao acompanhamento individual e, especialmente, à construção e à realização coletiva dos envolvidos nesta atividade tão rica de oportunidades.

Assmann (1998, p. 26) enfatiza:

> A pedagogia escolar deve estar ciente, por um lado, de que não é a única instância educativa e, por outro, de que não pode renunciar a ser aquela instância educacional que tem o papel peculiar de criar conscientemente experiências de aprendizagem, reconhecíveis como tais pelos indivíduos envolvidos. Para adquirir essa consciência, deve estar atenta, sobretudo, ao fato de que a corporeidade aprendente de seres vivos concretos é a sua referência básica de critérios.

A partir das reflexões de estudiosos, entendendo o ser humano em sua totalidade com a intenção de romper paradigmas, dogmas e valores ultrapassados, buscamos apresentar uma possibilidade, que se manifesta culturalmente, na expressão de sentidos, significados, histórias, desejos e crenças: a representação do corpo, fruto dos inúmeros significados e intenções de diferentes indivíduos e de uma herança culturalmente diversificada.

Entre tantas transcendências necessárias para obter uma melhor compreensão de *ter* e *viver* a Ginástica Geral na escola, busca-se, por meio desse movimento na educação e desse simples e infinito trabalho, apresentar reflexões, contribuições e ações que vislumbrem um maior comprometimento com as diversas formas de sentir, pensar e agir das crianças nas nossas escolas com as diversificadas expressões de arte, tais como as atividades corporais.

Considerações finais

Este capítulo não obedece a um encadeamento lógico de princípios e modelos de sistematizar um processo de ensino e aprendizagem na Ginástica Geral, mas remete à necessidade de refletirmos sobre tantos temas importantes para nossa inserção, nosso mergulho e rigor científico para preparar e abraçar nosso objeto de estudo e nossa prática profissional, superando a grande inércia que acomete tantos trabalhos em nossa especial área do movimento humano.

Daólio (1995, p. 49) propõe "analisar as representações que os professores possuem, tanto a respeito do corpo como de sua prática profissional, apresenta-se como importante tarefa quando se visam à reciclagem desses profissionais e à consequente qualificação do seu trabalho".

Há muito por desvelar no universo dos estudos do movimento humano, da educação e da Ginástica Geral sendo necessário considerar de extrema importância a valorização das diferentes contribuições das diversas áreas do saber nesta grande busca de sustentação para argumentar os inúmeros benefícios e atitudes que poderemos transformar em nossa atuação profissional e, especialmente, nossa relação com nossos educandos, principais elos de nossas experiências.

A partir da visão de corporeidade, de cultura como uma expressão de significados, intenções e, especialmente como uma totalidade, é necessário entender e compreender a sua relação com a educação. Neste capítulo, a relação de corporeidade e cultura se definirá simplesmente por existir, ser presente, relacionar-se com as coisas e com o mundo. A Ginástica Geral, no contexto educacional, privilegiará essa relação e comunicação, evidenciando sua possibilidade de existência nas escolas, como em outros espaços, por meio de suas representações sociais em clubes, favelas, praças, fábricas, igrejas e ruas.

Barreto (1998, p. 117-8) afirma que:

> não proclamo circunscrever uma cultura oficial ou erudita que compreenda tudo que é apreendido nas escolas, nos templos de grandes religiões, nas universidades e outros lugares, de características escrita e formalista, à qual se oponha uma cultura popular, ligada à tradição oral, livre, profana, extravagante e coletiva.

Vale salientar o grande compromisso da educação, por meio de seus conteúdos, o estabelecimento de uma comunicação com este vasto leque de possibilidades oriundas da cultura e da sua amplitude de representações sociais, por meio de manifestações presentes no cotidiano das pessoas envolvidas neste processo de ensino-aprendizagem.

Martins (2001, p. 49) afirma:

> A Ginástica Geral, como disciplina, favorece a compreensão e a interpretação dessa pedagogia, pois explora o máximo das experiências vividas, procura resgatar os movimentos básicos, por meio de atividades da vida cotidiana, levando-nos à compreensão de sua prática (...) possibilita uma nova leitura do movimento corporal, de forma natural, criativa e expressiva, contribuindo com aspectos da formação humana.

Acreditando e reforçando nosso compromisso como educadores na possível contribuição para formação humana, assumimos essas reflexões com o intuito de dar continuidade ao debate na área acadêmica sobre os desafios encontrados na arte de ensinar e viver a Ginástica Geral.

Referências

ASSMANN, H. *Paradigmas educacionais e corporeidade*. Piracicaba: Unimep, 1998.

BARRETO, L. *Sem fé, sem lei, sem rei*. Aracaju: Sociedade Editorial de Sergipe, 1998.

DANTAS, M. *Dança*: o enigma do movimento. Porto Alegre: Ed. da UFRGS, 1999.

DAÓLIO, J. *Da cultura do corpo*. 7. ed. Campinas: Papirus, 1995.

DEWEY, J. *Vida e Educação*. São Paulo: Melhoramentos, 1978.

ELIAS, N. *O processo civilizador*: uma história dos costumes. v. 1. Rio de Janeiro: Jorge Zahar, 1994.

ELIAS, N.; DUNNING, E. *A busca da excitação*. Lisboa: Difel, 1995.

GÓIS, Ana A. F. *A Dança de São Gonçalo em São Cristóvão:* a corporeidade no folclore sergipano. Dissertação (Mestrado). Piracicaba: Unimep, 2004.

MARTINS, M. T. B. *Ginástica geral*: uma prática pedagógica na Faculdade de Educação Física de Santo André. Dissertação (Mestrado). São Paulo: Universidade Salesiana, 2001.

READ, H. *A Educação pela arte*. São Paulo: Martins Fontes, 2001.

SANTOS, J. C. E. *Ginástica geral, elaboração de coreografias*: organização de festivais. Jundiaí: Fontoura, 2001.

SANTOS, J. C. E.; SANTOS, N. G. M. *História da ginástica geral no Brasil*. Rio de Janeiro: (s/e), 1999.

VENÂNCIO S.; FREIRE, J. B. (Org.). *O jogo dentro e fora da escola*. Campinas: Autores Associados, 2005.

Sobre o Livro
Formato: 17 x 24 cm
Mancha: 11,6 x 19,2 cm
Tipologia: Aldine401 BT
Papel: Offset 90 g
nº páginas: 488
2ª edição: 2010

Equipe de Realização
Edição de Texto
Nathalia Ferrarezi (Assistente-editorial)
Renata Sangeon (Preparação e copidesque)
OK Linguística (Revisão)

Editoração Eletrônica
Renata Tavares (Projeto gráfico, capa e diagramação)
Ricardo Howards (Ilustrações)

Impressão
Edelbra Grafica